沪通铁路跨区间
既有线改造施工安全技术研究

潘成杰　殷学国
邵寅旭　尹紫红　编　著

西南交通大学出版社
·成都·

图书在版编目（CIP）数据

沪通铁路跨区间既有线改造施工安全技术研究 / 潘成杰等编著. 一成都：西南交通大学出版社，2018.5
ISBN 978-7-5643-6148-8

Ⅰ. ①沪… Ⅱ. ①潘… Ⅲ. ①铁路线路 – 线路改造 – 工程施工 – 安全技术 – 研究 Ⅳ. ①U212.3

中国版本图书馆 CIP 数据核字（2018）第 079854 号

沪通铁路跨区间既有线改造施工安全技术研究

潘成杰　殷学国
邵寅旭　尹紫红　编著

责任编辑	孟苏成　王　旻
封面设计	何东琳设计工作室
出版发行	西南交通大学出版社 （四川省成都市二环路北一段 111 号 西南交通大学创新大厦 21 楼）
邮政编码	610031
发行部电话	028-87600564　028-87600533
官网	http://www.xnjdcbs.com
印刷	成都勤德印务有限公司
成品尺寸	185 mm × 260 mm
印张	18
字数	451 千
版次	2018 年 5 月第 1 版
印次	2018 年 5 月第 1 次
定价	80.00 元
书号	ISBN 978-7-5643-6148-8

图书如有印装质量问题　本社负责退换
版权所有　盗版必究　举报电话：028-87600562

前　言

铁路作为我国国民经济的先导产业、基础产业，在经济社会发展中具有特别重要的地位和作用。目前，我国的大型工程项目，尤其是铁路建设工程项目进入了一个新的高峰期，铁路建设的速度已经超乎人们的想象。但与此同时，在铁路建设过程中的安全事故也时有发生，风险无处不在、无时不有。风险如不被人所知，并及时采取相应措施，将带来巨大的人员伤亡、财产损失，还可能对环境产生破坏；反之，若风险得到科学的管理，就可实现以最小的经济代价取得安全可靠的保障，实现安全可靠性和经济性的完美统一。

风险评估与控制起源于20世纪50年代的美国，迄今已得到迅速的发展，目前是国内外各行各业研究的重点和热点，在现代管理活动中，占据着越来越重要的地位。

沪通铁路跨区间既有线改造施工安全技术研究是在综合跨区间既有线改造施工安全风险及安全事故致因分析、施工安全技术方案和管理措施研究、系统监测、分析邻近营业线路基沉降和位移变化规律、动力仿真以及运营性能评估研究等内容的基础上进行的。工程风险评估与控制的目标是控制和处理项目不确定性而引发的风险，防止和减少损失，减轻或消除不利风险对沪通铁路的不利影响，以最低的成本取得对项目安全保障的满意结果，保障沪通铁路工程的顺利进行。

本书是基于以上认识而编写的，力求全面系统、深入浅出，并将有关风险知识编入书中，以便更多读者阅读、参考。作者在参考国内外现有资料的基础上，对沪通铁路施工过程中的重、难点工程进行了详细深入的剖析，并将研究结果反映在本书中。本书涵盖了沪通铁路工程风险分析、风险评价、风险估计、风险决策等项目的全部风险管理的流程，较系统地阐述了工程项目风险管理的理论、技术、内容及方法，并结合沪通铁路工程实际情况，附有重难点案例分析，以使读者加深理解并增强本书的实用性。

本书在编写过程中，参阅了国内外专家、学者关于工程项目风险管理的大量著作和论述；在出版过程中，得到了西南交通大学出版社的大力支持，在此一并表示感谢！

对于工程风险评估和控制这样一个庞大的主题，笔者深感无法面面俱到。限于个人水平，书中定会有许多疏漏和不妥之处，恳请专家和广大读者批评指正。

编 者

2018 年 2 月

目 录

第1章 绪 论 ··· 1
 1.1 研究背景及意义 ··· 1
 1.2 国内外研究现状 ··· 3
 1.3 研究主要内容及技术路线 ·· 12
 1.4 课题研究方法 ··· 15
 1.5 课题研究要达到的目标、成果形式及主要技术指标 ······························ 15

第2章 工程概况及调研过程 ·· 17
 2.1 工程概况 ··· 17
 2.2 调研过程 ··· 22

第3章 蕴藻浜Ⅰ线特大桥施工风险管理研究 ··· 30
 3.1 蕴藻浜Ⅰ线特大桥工程概况 ··· 30
 3.2 蕴藻浜Ⅰ线特大桥安全施工风险识别与评估 ···································· 33
 3.3 蕴藻浜Ⅰ线特大桥施工安全风险管理 ··· 52
 3.4 蕴藻浜Ⅰ线特大桥施工安全损失控制 ··· 63
 3.5 蕴藻浜Ⅰ线特大桥施工风险监控 ·· 73
 3.6 蕴藻浜Ⅰ线特大桥施工风险管理预期效果 ······································· 75
 3.7 小 结 ··· 76

第4章 与既有京沪线同孔 G1501 绕城高速风险管理研究 ·························· 77
 4.1 与既有线同孔下穿 G1501 绕城高速工程概况 ································· 77
 4.2 与既有京沪线同孔下穿 G1501 绕城高速施工安全风险识别 ·············· 79
 4.3 与既有京沪线同孔下穿 G1501 绕城高速风险评估 ·························· 88
 4.4 紧邻既有线铁路施工安全技术与应急指南管理策略 ························· 94
 4.5 与既有京沪线同孔下穿 G1501 绕城高速施工安全解决方案 ············ 113
 4.6 与既有京沪线同孔下穿 G1501 绕城高速施工风险监控 ··················· 120
 4.7 与既有京沪线同孔下穿 G1501 绕城高速施工风险管理预期效果 ······ 122
 4.8 小 结 ·· 122

第5章 临近既有线深基坑施工风险管理研究 ··· 124
 5.1 临近既有线深基坑工程概况 ·· 124
 5.2 临近既有线深基坑施工风险识别与评估 ·· 127

  5.3 临近既有线深基坑施工风险管理与防控措施 ……………………… 154
  5.4 临近既有线深基坑安全施工解决方案 …………………………… 167
  5.5 临近既有线深基坑安全施工风险监控 …………………………… 172
  5.6 临近既有线深基坑安全施工预期效果 …………………………… 174
  5.7 小 结 …………………………………………………………… 175

第 6 章 下穿既有桥梁路基施工风险管理研究 …………………………… 176
  6.1 下穿既有桥梁路基施工工程概况 ………………………………… 176
  6.2 下穿既有桥梁路基施工安全风险识别与分析 …………………… 178
  6.3 下穿既有桥梁路基施工安全风险评价 …………………………… 183
  6.4 下穿既有桥梁路基施工安全风险管理策略 ……………………… 188
  6.5 下穿既有桥梁路基安全施工风险应对 …………………………… 192
  6.6 下穿既有桥梁路基安全施工风险监控 …………………………… 200
  6.7 下穿既有桥梁路基施工安全预期效果 …………………………… 202
  6.8 小 结 …………………………………………………………… 204

第 7 章 黄封下行联络线特大桥 64 m 钢桁梁临近营业线施工组织研究 …… 205
  7.1 研究的背景和意义 ………………………………………………… 205
  7.2 黄封下行联络线特大桥 64 m 钢桁梁施工组织编制原则及依据 … 205
  7.3 黄封下行联络线特大桥 64 m 钢桁梁工程概况 ………………… 207
  7.4 黄封下行联络线特大桥 64 m 钢桁梁总体施工组织安排 ……… 209
  7.5 大型临时工程 ……………………………………………………… 211
  7.6 工程重点、难点 …………………………………………………… 212
  7.7 施工方案 …………………………………………………………… 212
  7.8 施工组织设计管理 ………………………………………………… 222
  7.9 小 结 …………………………………………………………… 238

第 8 章 基于动力仿真模型进行风险分析与评估 ………………………… 240
  8.1 概 述 …………………………………………………………… 240
  8.2 多体系统动力学基本理论 ………………………………………… 240
  8.3 多体动力学 SIMPACK 概述 ……………………………………… 248
  8.4 SIMPACK 的前处理 ……………………………………………… 251
  8.5 SIMPACK 的后处理 ……………………………………………… 258
  8.6 高速动车动力学建模 ……………………………………………… 262
  8.7 车辆系统动力学指标及评价系统 ………………………………… 266

第 9 章 结 论 …………………………………………………………… 274

参考文献 …………………………………………………………………… 276

第1章 绪 论

1.1 研究背景及意义

1.1.1 研究背景

铁路作为我国国民经济的先导产业、基础产业,在经济社会发展中具有特别重要的地位和作用。目前我国的大型工程项目,尤其是铁路建设工程项目进入了一个新的高峰期,铁路建设的速度已经超乎人们的想象。但与此同时,在铁路建设过程中的安全事故也时有发生,如:2006年10月1日,石太客专太行山隧道8号斜井正洞左线石家庄方向DK89+534处,由于钢筋焊接位置不良引燃了泄水管、防水板以及通风管,致使隧道发生火灾,造成4人死亡、多人受伤;2007年8月6日,石太客专南庄隧道出口DIK151+603掌子面处上导坑开挖刚完成,在准备架设拱架过程中,上导坑段已完成的初期支护突然发生整体坍塌,造成1人死亡,1人失踪;2011年4月20日,兰新铁路第二双线甘青段小平宪隧道在进行初级支护施工时,发生拱部局部坍塌事故,造成12人死亡,直接经济损失约908万元。这些施工安全事故造成了严重的人员伤亡和财产损失,因此如何提升铁路建设工程施工安全管理水平已成为铁路建设工程项目管理的重要内容。近年来,国家相关部门高度重视铁路建设工程施工安全风险问题,提出了一系列的管理办法及管理标准。盛光祖部长在2012年全路建设工作会议讲话中指出:"铁路建设领域是一个高风险领域,既有质量风险、安全风险,也有廉政风险、稳定风险。在铁路大规模建设的阶段,全路建设系统干部职工一定要强化风险意识,完善风险控制措施,最大限度地减少或消除风险,保证铁路建设顺利推进。"为进一步做好铁路建设工程安全风险管理工作,铁道部于2007年发布了《铁路隧道风险评估与管理暂行规定》(铁建设〔2007〕200号)[1],形成了铁路隧道风险评估与管理体系;于2010年印发了《铁路建设工程安全风险管理暂行办法》(铁建设〔2010〕62号)[2],明确了铁路建设工程安全风险管理的范围、安全风险管理的责任单位和各阶段安全风险管理的主要内容。2014年中国铁路总公司编制并发布了《铁路建设工程风险管理技术规范》(Q/CR9006—2014)[3],对铁路建设工程各阶段的风险管理进行了详细的说明及规范。尽管这些管理办法及管理制度对铁路建设工程施工安全风险的管理起到了一定的作用,但是随着我国铁路建设工程规模的不断增大以及施工受到的不确定影响因素的增多,目前我国铁路建设工程施工安全管理水平仍然有待提高,诸如施工安全技术水平和施工安全管理水平较低,对于铁路建设工程施工安全风险管理的研究不够深入,大部分研究方法及技术手段仍是依靠效仿或借鉴其他行业领域,没有形成铁路建设工程系统的风险管理体系及研究方法。除此之外,我国铁路建设工程具有投资大、施工周期长、施工技术复杂、不可预见风险因素多、环境影响大等特点,在施工中,由于政治、经济、气象、水文地质、施工方案、资源供应、施工环境等不确定因素的影响,工程建设过程中出现的施工安全风险问题也比较复杂。因此，急需提出适合中国铁路建设的施工安全风险评估方法、风险控制方法、风险监控方法以及相关创新技术来提高我国铁路建设工程风险管理水平。

1.1.2 研究意义

依据我国铁路建设工程的实际施工特点及管理现状，开展铁路建设工程施工安全风险管理研究，主要具有以下几个方面的意义：

1.1.2.1 可以丰富我国铁路建设工程施工安全风险管理的理论方法

传统的施工安全风险管理主要从业务的基本流程出发进行风险识别、风险分析、风险评价。依据铁路这一线性工程的特点，从时空的角度出发，按照一定标准对时间里程坐标系进行划分，形成风险管理网格。基于该风险管理网格提出相关施工安全风险管理方法及模型来获取不同施工活动的风险状态信息，打破了原有专业之间的界限，进行综合管理，实现施工风险管理方式的创新，从而丰富我国铁路建设工程施工安全风险管理的理论方法，对探索掌握风险状态的变化规律提供新视角。

1.1.2.2 有利于决策的科学化，为施工过程规避风险提供指导

铁路建设工程施工环境复杂，施工工序繁多，施工过程中面临着诸多不确定的风险因素，这些风险因素同样会导致不确定的风险事件发生，这就为施工安全风险管理增加了难度。因此铁路建设工程施工安全风险管理的关键在于告知管理者在什么时间、什么地点、可能发生什么样的风险。通过对施工安全风险进行量化评定以及网格化管理，可以辅助管理者更彻底地了解风险状态及风险的变化规律，科学地回答在什么时间、什么地点、可能发生什么样的风险，从而对铁路建设过程中施工风险的规避提供有效指导，为决策者提供科学的风险数据和风险规避策略，减少施工中的风险损失，从而保障施工安全。

1.1.2.3 有利于施工风险数据的精细化管理，为预测施工风险提供帮助

以时空网格为单元进行风险管理，将网格、施工工序以及风险相关联，有利于网格内不同专业、不同时间、不同位置的风险状态数据的采集以及风险动态变化数据的集成与整合，实现整个建设工程风险数据的精细化管理。借助信息化手段对施工风险数据进行存储和分析，为预测风险发生的可能性提供数据支持，以便提前采取预防措施，降低风险事故的发生，从而减少人员、财产损失。

沪通铁路为引入上海站，在既有京沪铁路的安亭至黄渡站区间内增建三、四线工程，为引入虹桥铁路枢纽新建黄封上下行联络线工程，这些工程将对既有的安亭、黄渡车站进行改造、过渡和关停。同时，工程地处京沪高铁、沪宁城际高铁、既有京沪、沪杭铁路的两侧及夹心地，施工对营业线运营将产生重大影响，行车干扰大，安全风险巨大。本研究课题以工程地质勘察资料为依据，依托沪通铁路站前Ⅵ标段施工实例，系统研究新建线路施工对既有线列车正常运营的影响及既有线列车运营对新建线路施工的影响，分析提出施工技术措施和

安全技术管理对策,既确保新线施工安全和质量,又满足既有营运线安全生产的需要,并从机理上揭示新线施工对邻近既有线安全运营影响的规律,为类似工程提供参考。

1.2 国内外研究现状

1.2.1 国外风险理论研究现状

1.2.1.1 国外风险管理的起源与发展

风险管理的思想最早起源于德国,第一次世界大战以后德国发生了严重的金融危机,为了应对金融危机,德国开始研究企业风险管理,提出了企业经营管理思想,这其中就包括风险管理思想。

德国学者莱特纳在 1915 年出版的《企业风险论》中最早把风险管理作为一门系统科学来研究。1916 年,法国经营管理理论的创始人亨利·法约尔在他的《一般管理和工业管理》[4]一书中第一次把管理风险作为企业管理的重要职能之一。

美国在 20 世纪 30 年代卷入 20 世纪最严重的世界性经济危机,为了应对金融危机,风险管理成为许多经济学家研究的焦点。1931 年,美国管理协会保险部首次提出风险管理概念,并以学术会议等多种形式对风险管理问题进行了集中探讨和研究,同时将风险管理运用于保险问题的研究。1932 年,美国成立的保险经纪人协会对风险管理的理论与实践等问题进行初步探讨,该协会的成立促进了风险管理学科的兴起。但是,风险管理问题真正引起人们足够的重视应始于 20 世纪 50 年代。

风险管理在 20 世纪 30 年代产生以后得到了迅速发展,Mowbray 在其著作《保险学》中对风险管理的相关概念进行了系统阐述。Savage 提出关于风险的期望效用模型,该模型后来成为风险管理研究的重要模型并得到了广泛应用。

1952 年,美国学者格拉尔在其调查报告《费用控制的新时期——风险管理》[5]中首次提出并使用了"风险研究"一词。

20 世纪 60 年代以后,风险研究领域开始引入管理方法,科学的工程管理方法应运而生,并产生了一些专门从事估价和咨询机构。利用先进的方法和手段,这些机构帮助决策人员进行风险分析,促使风险管理得到补充和完善,至此风险管理逐步发展成为一门综合性学科。现代科技的发展为风险管理的研究提供了大量模型,进一步推动了风险管理研究的快速发展。

1963 年和 1964 年,美国先后出版了《企业的风险管理》和《风险管理与保险》等专著,正式展开了风险管理学的系统性研究序幕。随后,风险管理在 20 世纪 60 年代成为新的系统科学,从单一的保险风险管理发展到全面的风险管理。此后,对风险的研究逐步趋向系统化、专门化,使风险研究成为管理科学中的一门独立学科。

20 世纪 70 年代风险管理已然发展成自然科学和社会科学相结合的一门重要学科,是一门综合了多学科的管理科学。风险管理开始逐步受到人们的重视,在发达国家许多企业开始设置专门的风险管理机构,专门负责风险的识别、分析和评估。同时,一些专业风险管理咨询机构和风险管理学术研究团体也如雨后春笋般迅速发展起来。

1975 年美国成立了风险与保险管理协会（Risk and Insurance Mangement Society），1978 年日本风险管理学会（Japan Risk Managemant Socirty）成立，英国也建立有工商企业风险管理与保险协会（AIRMIC）等。在 1983 年美国风险与保险管理协会年会上，世界各国的专家学者云集纽约，共同讨论并通过了"101 条风险管理准则"，作为各国风险研究的一般准则，使风险研究更趋科学化和规范化，它也标志着风险研究的发展进入了一个新阶段。

1986 年，欧洲 11 个国家共同成立了"欧洲风险研究会"，扩大了风险管理的研究范围。随后，风险管理被列入项目管理领域中，形成了项目风险管理体系。美国项目管理协会（PMI）颁布的《项目管理知识体系》（PMBOK）版中，扩展了风险管理的内容，提出了风险管理的 6 个具体过程。

2004 年 9 月，全美反舞弊性财务报告委员会（COSO）正式发布《企业风险管理整合框架》[6]，提出了 8 个维度（内部环境、目标设定、事项识别、风险评估、风险控制、控制活动、信息与沟通、风险监控）的风险管理框架体系，为各个组织的风险管理实施提供了重要参考。

2009 年，国际标准化组织（ISO）公布了国际标准《风险管理指导原则和实施指南》[7]，为各个组织全面风险管理体系建设提供了技术指南。

自系统管理方法引入到风险管理领域，利用先进的方法与手段进行风险分析可以帮助决策者做出更高效决策，同时补充和完善风险管理。项目风险管理已发展成为一门系统性的学科，逐渐受到大家的普遍重视。伴随着科技的发展，项目风险管理理论日趋成熟，项目风险管理技术不断完善，新方法和新技术不断涌现，对项目风险管理的研究也更趋系统全面。

约翰·拉夫特瑞等编著的《项目中的风险管理》[8]，将机会管理的重要性提高到与风险管理相同的高度，从项目的全生命周期的视角解读项目风险管理，并从社会人文（如心理学）角度，对项目风险管理展开研究，这是研究的一个新视角，在实践中也可以起到重要的作用。

C. B. Chapman 教授在其著作《Risk Analysis for Large Projects：Models, Methods and Cases》[9]中首次提出了"风险工程"的概念，并将风险作为一个系统工程进行研究，他认为"风险工程"应该是集成多种方法对风险进行综合分析。

Wiliams 于 20 世纪 90 年代中期引入了一个可为项目风险管理提供有效数据库的"风险注册表"。

Fairley[10]于同时期将风险管理的过程细化为了 7 个步骤，分别为：识别风险因素、进行风险分析并确定风险发生的概率和后果、制订有效应对风险的措施、对风险因素进行跟踪、制订备用策略、对危机进行管理等，通过将风险管理过程的细化，为风险管理的精细化研究做好了铺垫。

随着对风险管理研究的逐步深入，结合其在实践过程中的应用，学术界对风险管理的相关理论逐步形成共识，认为风险管理贯穿于工程项目管理始终，涉及工程项目管理的方方面面，其目的就是通过对风险管理研究实现对施工风险的控制、减少风险事件的发生。

目前，国外风险的研究已较为成熟，管理者普遍认为工程管理的基础是风险管理，做好风险管理是实现项目管理目标的关键。从正面显示出施工风险管理对于整个工程管理的重要性。在欧美许多国家都有比较专业的风险研究报告或风险统计表，许多大型咨询公司都建立了风险管理手册，为识别风险提供了信息支持。

1.2.1.2 国外工程风险管理方法概述

经过长期研究和发展，风险管理在西方国家已经成为一门具有较完整体系的系统性学科。在工程风险管理方面，针对风险管理过程中的风险识别、分析、评价、应对等内容，尤其在风险分析与风险评价方面，国外学者采用了很多先进的方法，对工程风险管理的发展起到了显著作用。

在风险分析方面，H. H. Einstein 指出了隧道及地下工程中风险的特点和理念，并基于可靠度的方法对岩石隧道的风险进行了深入研究。1997 年，R. Sturk 等将风险分析技术应用于斯德哥尔摩环形公路隧道，得到了一些规律性的结论，并构建了一个以概率方法和有效的统计及风险分析为工具的地下工程决策和风险分析系统。Tonon 和 Mammino 等于 2002 年利用模糊理论和随机理论研究了隧道工程建设中风险分析和决策的多目标优化问题[11]。

在风险评价方面，Richards 提出了适用于大多数隧道工程风险评估的方法——风险矩阵法，将风险事件发生的频率和影响程度进行分级，形成了一个风险矩阵，并按照风险在矩阵中的位置做出不同的评价结论。Hungsik Yoo 和 Lae-hoom Kim 通过对隧道工程建设过程中的地面沉降预测的简化方法进行归纳和总结，开发了一个基于网络的建设（设施）损坏评估系统——TURISK。同年，Gordon T. Clark 在对美国西雅图地下交通线工程进行风险分析时提出了风险指数法。该方法类似于风险矩阵法，根据风险指数的分值对风险的大小进行分级。A. J. M. Snel 和 D. R. S. van Hasselt 结合阿姆斯特丹南北地铁工程，对线路设计、施工的风险管理问题进行了研究，建立了涉及投资、工期和工程质量的评价指标体系，并提出了"IPB"风险管理模式。

1.2.1.3 国外工程风险管理相关行业标准及典型应用案例概述

要实现有效、合理、科学的施工安全风险管理，就需建立一套先进的施工安全风险管理技术及风险管理标准作为系统的科学思想，国外相关权威组织机构已经发布了一系列指导性的标准文件。英国隧道协会（The British Tunneling Society）和保险业协会（The Association of British Insures）于 2003 年联合发布了《Joint Code of Practice for Risk Assessment of Tunnel Works》[12]，该规范对风险管理的相关术语以及隧道工程的风险评价标准做出了详细说明。国际隧道协会（International Tunneling Association）在 2004 年颁布了《Guidelines for Tunneling Risk Management》[13]，该指南对地下工程领域中的风险评价标准做出了相关规定和说明。2009 年，国际标准化组织（ISO）公布了国际标准 ISO31000：2009《风险管理指导原则和实施指南》，为各个施工组织全面风险管理体系建设提供了技术指南。

除此之外，国外风险管理在工程领域中还提出了一些典型的应用案例，这些案例为工程风险管理的进一步发展提供了有效的指导和帮助。加拿大著名学者 H. H. Einstein 首次将安全风险管理应用于隧道工程建设领域，以此为基础进行深入研究，撰写了许多具有指导意义的文献，为隧道工程风险分析的理念建立、标准制定和方法研究做出了巨大贡献。

1.2.2 国内风险理论研究现状

1.2.2.1 国内风险管理的起源与发展

我国于 20 世纪 80 年代开始了对风险管理的研究，在此期间国外关于风险管理的相关理论陆陆续续地传入了中国，一些具有探索精神的企业开始尝试在企业内部实行风险管理，这些使用风险管理的企业中大部分都取得了很好的效果。由此，风险管理开始引起企业及政府的重视。

在对风险管理逐步深入研究的过程中，国内许多相关专家对风险管理也进行了无数次的深入讨论。在此过程中顾昌耀和邱苑华第一次将熵扩展到了复数，并运用于风险决策的研究。雷胜强通过介绍国际工程项目的风险分析以及应对措施，揭开了人们开始重视国际工程项目风险的序幕。

刘金兰、韩文秀等人在《关于工程项目风险分析的模糊影响图方法》中应用模糊集和影响图理论建立了模糊影响图方法，并以工程项目风险分析系统为背景进行了初步研究[18]。

刘金兰、韩文秀等人在《大型工程建设项目风险分析方法及应用》中结合大型工程建设项目风险特点，对大型工程项目动态风险分析方法进行了系统研究，分析和评价了目前风险分析存在的问题与不足，提出了一种根据时间序列构造风险分析影响图模型的方法，并且对影响图中的超价值结点概念与价值函数可分解性进行了讨论，针对超价值结点特性，将影响图与动态经济评价相结合，提出了大型工程项目动态风险分析方法。最后，以某大型水利工程为案例进行了应用研究，证明了方法的有效性[19]。

王忠法、黄建和、邱忠恩在《风险分析方法与三峡工程投资风险分析》中，运用图示评审技术（GERT）与含相关因素处理的蒙特卡洛随机模拟相结合的计算模型，可以对这种风险的大小进行量化分析。GERT 随机网络直接参考施工网络图绘制，使投资分解、风险因素辨识、量化等更具直观性，使分析过程更接近于实际[20]。

杨建平、杜端甫在《项目风险的一种模糊分析方法》中提出了一种分析项目风险的新方法，用模糊集理论将模糊性语言定量化，即用一种简单的模糊数——三角模糊数来有效地表示项目的风险，通过比较这种三角模糊数的大小来判断风险的大小，从而评估出项目的优劣[21]。

沈国柱在《风险模糊分析法》中根据风险模糊集理论不同的风险内涵，介绍了 3 种不同的风险模糊分析方法。然后通过一个武器装备的简化风险分析示例，对风险模糊综合评判法在风险分析过程中的基本应用做了初步讨论，从而揭示出风险模糊现象的有限范围特征及其定性与定量相结合的风险分析方法。该方法便于将风险的模糊性、不确定性和随机性定量化[22]。

侯福均、肖贵平等人在《模糊事故树分析及其应用研究》中应用模糊集合理论，讨论了基于三角模糊数算术运算的事故树分析方法，为了适应工程实际，提出将不同模糊散转换为三角模糊散，并给出其方法[23]。

钟登华、张建设在《基于 AHP 的工程项目风险分析方法》中，针对工程项目风险分析的特点，提出了基于层次分析法的工程项目风险分析方法，采用层次分析法进行了风险因素的重要度排序、系统的风险度评价以及风险响应措施的选择[24]。

余建星等人在《基于过程分析的工程系统风险分析方法》中提出了基于过程分析的风险分析方法，能够对工程系统进行全面的描述，并且可以给出系统的风险事件分布[25]。

王晓东、柳再生在《模糊神经网络系统在黄河防洪决策中的应用》中将模糊系统和神经网络相结合，建立了决策分析模型[26]。

朱木秀等人在《风险分析方法研究》中对风险评估技术常用的几种风险分析方法进行了分析、比较，剖析其科学性和局限性，在分析现有分析方法的优缺点基础上，提出风险评价指数矩阵风险分析方法[27]。

王岩、黄宏伟在《地铁区间隧道安全评估的层次模糊综合评判法》中较全面分析了影响地铁区间隧道安全体系的各个因素，建立了层次结构模型。分析模型，得出影响因素对各个评价目标的相对权重。再运用模糊综合评判法对整个安全体系进行多层次的综合评估，建立了一套科学合理的地铁区间隧道安全评估方法[28]。

程锡礼、张延林、崔新生在《蒙特卡洛仿真在工程项目进度管理中的应用》中对于工序时间具有随机性的复杂工程项目，在 Excel 中运用蒙特卡洛仿真获得项目的完成时间分布并找出关键工序。在一新产品研制项目的仿真模型中，运用 Excel 中的"公式"表示项目完成时间的算法，用蒙特卡洛法处理工序时间的不确定性。仿真运行后，获得了项目完成时间的频数图和相关统计量，通过灵敏度分析确定各工序对项目完成时间变动的影响程度[29]。

王志国在《抽油泵可靠性的故障树及模糊综合评判》中将故障树分析和模糊综合评判分析相结合，建立组合分析法对抽油泵进行可靠性分析的方法和过程。根据故障树分析结果，进行了实际分析计算[30]。

贺海挺、吴剑国、张爱晖在《跨流域调水工程失效概率的模糊事件树分析方法》中基于 L-R 型模糊化函数和事件树分析方法，结合南水北调中线工程对跨流域调水工程结构体系失效概率的模糊化作了初步研究[31]。

李安云在《层次分析法在工程项目风险管理中的应用》中建立了工程项目—风险—措施的一般层次结构模型，介绍了运用层次分析法分析工程项目风险的步骤和方法，及其应对措施[32]。

谢亚伟在《工程项目风险管理与保险》一书中，介绍了目前工程保险的条款解释、承保、理赔和风险评估等内容[33]。

学者沈建明在《项目风险管理》一书中对技术风险管理、项目群风险管理和项目风险管理信息系统进行了专题研究，提出了比较完善的项目风险管理系统模型和技术方法[34]。

温国锋博士研究认为，制约我国项目风险管理水平的两大主要因素为缺乏有效的数据信息资源和缺少先进适用的风险分析方法与工具。因此，温博士试图通过构建基于粗集数据挖掘的集成化的项目风险评价的数据模型，以解决"数据孤岛"问题，为项目风险管理水平的提高和实际应用提供了思路与方法[35]。

针对铁路建设项目施工周期长、风险因素复杂、对外界因素变动敏感等特点，王殿文提出了铁路工程项目风险识别、风险分析与决策的方法，标志着我国铁路项目中正式运用风险管理理论的开端。

张向东通过分析我国高速铁路建设项目的管理现状及风险特征，并提出其存在主要问题的基础，界定了动态风险管理的概念，并提出了动态风险管理的模型，通过该模型的提出，正式把我国的高速铁路建设项目引入动态风险管理的模式中[36]。

王有志通过对现代工程项目管理中各种风险的深入研究，系统地阐述了现代项目管理的基本概念及相关理论，并结合具体管理实践，介绍了大批重大工程风险管理案例，通过对这些风险管理相关案例的介绍，使人们对风险管理的具体应用有了更加明晰的认识[37]。

周国华、彭波在研究京沪高速铁路建设项目中关键质量管理的风险因素过程中运用了贝叶斯网络方法，在结合其他专家意见的基础上，构建了京沪高速铁路建设项目质量风险因素的贝叶斯网络模型，通过该模型的构建，使得京沪高铁关键质量管理的风险因素得到了较好的控制[38]。

刘炳南、蔡萌以京沪高速铁路建设项目中的施工风险因素为基础，对高速铁路建设项目施工阶段的风险管理进行了实证研究。在研究过程中运用了风险调查表对京沪高速铁路建设项目中的设计风险进行统计，该举措对于后来的高速铁路建设项目中的风险因素识别具有一定的参考作用[39]。

王长峰对研发项目风险的管理方法进行了重点研究，并在此基础上提出了"模糊—事件树—故障树"的风险管理方法，解决了项目风险管理中诸多实际问题，并在项目管理过程中运用系统论与控制论进行研究，得出了项目管理将会朝着集成化、智能化方向发展的结论[40]。

邹领权通过对高速铁路建设项目施工动态风险管理的研究，指出了高速铁路建设项目施工风险管理现状及施工风险的特点，点明了动态风险管理的含义，以及如何建立动态风险管理模型，并探讨了在高速铁路建设项目中引入动态风险管理的意义，施工中风险的特点及风险管理现状，探讨了在施工中存在的问题及高速铁路施工动态风险管理的含义，建立了高速铁路动态风险管理模型，该管理模型的构建有力推动了我国高速铁路项目风险管理的发展[41]。

近年来，在经济发展的带动下，我国的工程建设也取得了骄人的成绩，在施工过程中逐渐偏向于采用新技术、新方法。工程建设发展的同时也对工程质量提出了越来越高的要求，使得施工难度也变得越来越大。国内许多项目的施工风险种类繁多且相互影响、容易变化，这些都对工程施工企业的风险管理水平提出了较高的要求，对项目施工过程中各种风险因素的控制也就成了项目风险管理的重中之重。

我国关于风险管理的研究与国外的研究相比起步较晚，20 世纪 80 年代以后，国内学术界开始对风险管理展开研究，并由"引进"风险管理的思想逐步过渡到自己综合深入研究的阶段，将风险管理理念逐渐运用到一些大型工程中，如三峡工程、上海地铁建筑工程项目以及大亚湾核电站等。清华大学郭仲伟教授于 1987 年出版的《风险分析与决策》一书标志着国内风险管理研究的开始，他在书中详细地介绍了风险分析的理论和方法，对国内外研究成果做了全面的综述，时至今日仍有很大的参考价值。为推动和促进风险管理理论方法在我国风险管理中的发展，各行业根据其自身特点制定了风险管理相关的法规和标准[42]，例如，机械电子工业部于 1988 年颁布的《机械工厂安全评价标准》在 100 多家机械工厂进行应用，并取得良好的效果[43]；1992 年化工部制定了《化工厂危险程度分析方法》[44]；国家技术监督局于 1997 年发布国家标准 GB/T 16856—1997《机械安全风险评价的原则》并于 2008 年对该标准进行了修订，该标准规定了机械安全领域的风险评价原则[45]；1986 年冶金工业部颁布了《冶金工程危险程度分级方法》；国家电网公司和各大发电集团陆续发布了《安全风险管理体系》。

随着风险管理在国内的迅速发展，风险管理理论方法被广泛地运用到大型工程建设项目中。国内学者通过对风险管理理论方法的深入研究，提出了适用于不同工程的风险管理方法与评价体系。

在地下工程方面，黄宏伟基于欧盟关于隧道运营火灾事故的调查资料以及日本等国历年来在岩石隧道事故灾害方面的统计资料建立起一套适用于岩石隧道建设全过程的风险评价指标体系[46]；张顶立结合厦门海底隧道工程，研究了海底隧道建设全过程中安全风险的类型及其主要影响因素，建立了海底隧道建设全过程的安全风险评价指标体系[47]。

在建筑工程方面，方东平综合考虑施工现场的物的因素和管理因素，对建筑工程的安全评价做出了相应的调整，根据分析结果，研究得出了安全水平的量化指标[48]。华燕对项目的安全标准化管理做出了改进和完善，并建立了系统、标准、全面化的安全风险管理体系[49]。丁传波等人根据系统工程学的原理，采用数理统计方法对建筑工程安全事故发生的原因、类别、发生部位进行了研究，并根据研究的结果提出了相应的控制措施[50]。陈龙提出了信息指数法用于处理专家数据及意见，由此保证分析结果可以准确有效地反映出专家评审意见。他还提出"风险概率增强系数"的概念，建立起具体工程参数与风险一般性规律之间的接口，提高了该方法的普适性和实用性[51]。

总的来说，当前的风险管理及其相关领域的研究还没有达到较为完善的水平，依旧存在很多不足之处，要通过更为系统完善的分析和研究来推进和发展。要通过学习借鉴发达国家的先进的风险管理知识和技术，尽快加强理论和实践的研究，充实研究成果，逐渐缩小国内在风险管理领域同国际前沿水平的差距。并结合中国国情和建设施工的具体情况，研究出一系列适合本国实际的项目风险管理策略，不仅在理论上填补科学空白，更在工程实际中为建设需要谋得实际效益。

1.2.2.2 铁路建设工程施工安全风险管理行业标准

我国铁路系统通过长期探索实践，出台了一系列与施工安全风险管理相关的文件标准，例如：

1988 年 12 月 29 日，中华人民共和国主席令第 11 号公布，自 1989 年 4 月 1 日起施行《中华人民共和国标准化法》[52]。

1997 年 11 月 1 日，中华人民共和国主席令第 91 号公布，自 1998 年 3 月 1 日起施行《中华人民共和国建筑法》[53]。

2000 年 1 月 30 日，中华人民共和国国务院令第 279 号公布，自公布之日起施行《建设工程质量管理条例》[54]。

2002 年 6 月 29 日，中华人民共和国第九届全国人民代表大会常务委员会第二十八次会议通过，自 2002 年 11 月 1 日起施行《中华人民共和国安全生产法》[55]。

2003 年 10 月 1 日起施行，铁道部为加强铁路建设管理、规范铁路建设行为、提高铁路建设水平，根据有关法律、法规而制定的《铁路建设管理办法》[56]。

2003 年 11 月 12 日，国务院第 28 次常务会议通过，自 2004 年 2 月 1 日起施行《建设工程安全生产管理条例》[57]。

2006 年，铁道部印发了《铁路建设工程安全生产管理办法》（铁建设〔2006〕147 号），强调加强铁路建设工程安全生产管理，明确安全生产责任，该管理办法可以有效地预防安全事故的发生[58]。

2007 年，为进一步规范铁路建设项目管理工作，依法合规组织铁路建设，铁道部建设管理司组织编制了《铁路建设项目管理指南》（铁建设〔2007〕72 号）[59]。

2007 年，铁道部颁布了《铁路隧道风险评估与管理暂行规定》（铁建设〔2007〕200 号），该暂行规定是我国第一部关于铁路建设工程风险管理方面的规定，可以称之为风险评估与管理规定的里程碑[60]。同年，铁道部印发了《关于加强铁路隧道工程安全工作的若干意见》（铁建设〔2007〕102号），本着尊重客观规律、运用科学方法、切实解决问题的原则，对铁路隧道工程安全工作做出了进一步的指示[61]。

2008年6月1日，铁道部颁布施行《铁路建设工程质量安全监督管理办法》（铁办〔2008〕70号）[62]。

2008年，铁道部颁布实施《关于推进建设单位标准化管理工作的指导意见》（铁建设〔2008〕45号）[63]。

2008年，由中铁一局集团有限公司主编、中华人民共和国铁道部批准颁布《铁路建设项目现场管理规范》（TB 10441—2008）[64]。

2008年，铁道部颁布了《地铁及地下工程建设风险管理指南》，该指南主要定义了建设工程中的各类术语，其内容主要包括风险评价方法、风险分级标准、风险接受准则和工程建设各阶段风险管理内容。这部指南是站在全局的高度，对地铁及地下工程建设领域做出的规范性指导，其意义深远[65]。

2009年，为推进铁路建设项目标准化管理，进一步加强铁路建设项目现场管理，规范施工现场设计配合工作，铁道部颁布了《铁路建设项目施工现场设计配合管理暂行办法》（铁建设〔2009〕47号）[66]。

2009年，中华人民共和国铁路总公司颁布《铁路建设责任追究暂行办法》〔2009〕112号[67]。

2010年，铁道部为了进一步加强铁路安全风险管理，印发了《铁路建设工程安全风险管理暂行办法》（铁建设〔2010〕162号），用以确保铁路建设工程的安全性[68]。

2010年，为贯彻落实《国务院关于进一步加强企业安全生产工作的通知》（国发〔2010〕23号），铁道部制定下发了《关于贯彻国务院进一步加强企业安全生产工作通知的实施意见》（铁安监〔2010〕168号）[69]。

2012年，铁道部安全监察司编写了《铁路安全风险管理文件汇编》（铁建设〔2012〕162号），对铁路安全风险管理提出了指导性意见[70]；印发了《关于推行铁路安全风险管理的指导意见》（铁安监〔2012〕46号），指出铁路安全风险管理主要包含基础建设、过程控制、应急处置等方面，重点是结合铁路安全工作实际情况，通过强化安全风险意识，识别和判断安全风险，有效实施风险控制措施，达到防范和降低安全风险的目的[71]。同年，铁道部运输局印发了《铁路营业线施工安全管理办法》（铁运〔2012〕280号），对铁路营业线施工安全管理进行了详细规定[72]。

2013年7月24日，国务院第18次常务会议通过，自2014年1月1日起施行《铁路安全管理条例》[73]。

2014年5月8日，国家铁路局以国铁科法〔2014〕24号印发《铁路工程建设标准管理办法》[74]。

2014年，国家铁路局以国铁工程监〔2014〕3号印发《铁路建设工程质量安全监管暂行办法》[75]。

2014年，中国铁路总公司编制并发布了《铁路建设工程风险管理技术规范》（Q/CR 9006—2014），对铁路建设工程各阶段的风险管理进行了详细的说明及规范[76]。

2015年2月27日经第2次部务会议通过，自2015年5月1日起施行《铁路建设工程质量监督管理规定》（中华人民共和国交通运输部令2015年第2号）[78]。

1.2.2.3 铁路施工安全风险管理方法与评价体系

随着风险管理理论的不断成熟，国内众多学者将风险管理理论应用于铁路建设方面，为铁路施工中的风险识别、风险分析和风险评价等内容提供了适用的方法和评价体系。

白峰青教授利用隧道稳定性的风险决策模型，引入可靠性因子的方法，开展隧道工程项目的风险设计与决策研究，并对地下工程的风险进行评价，结合具体实例探讨了地下工程风险评估与决策的方法和步骤[79]。

徐上进结合隧道工程施工风险的特点，采用故障树法对隧道施工可能出现涌水的风险进行了评估，举例说明了风险评估方法在隧道施工中应用的实用性和可行性[80]。

郑碧仿对内蒙古呼准铁路工程项目风险管理方法和技术进行实证研究，利用综合评价法和层次分析法进行了风险分析与评估，总结了我国铁路工程项目所面临的风险控制方法及各类风险，即经济风险、政治风险、管理风险、人员风险、技术风险、不可抗力风险以及来自项目各方的风险等，并依据不同风险确定了应对措施[81]。

张庆松等结合乌池现隧道对岩溶发育的主要影响因素进行了研究，提出了岩溶隧道施工期突水突泥风险评价指标体系[82]。

范玉祥等仔细辨识了隧道施工安全风险因素，确定了施工中各安全风险因素的权重系数，对施工安全风险等级进行划分，并建立了隶属度函数，对风险因素进行模糊综合评判。该方法对隧道施工安全评估具有一定的参考价值[83]。

仇文革教授结合广安翠屏山速调工程实例，分析了小净距大跨度隧道风险产生的主要影响因素，并建立了小净距大跨度隧道安全风险评价指标体系[84]。

李冬梅建立了适用于铁路隧道的风险评价指标体系，将模糊综合评价法、专家调查法和熵度量法应用于风险评价[85-87]。

贺志军和胡学夫及余朝阳以青云山铁路隧道为例，建立了基于风险管理绩效计算的风险评价模型，构建山岭铁路隧道风险管理模式[88-90]。

1.2.3 我国铁路建设工程施工安全风险管理存在的问题

目前，关于铁路建设工程施工安全风险管理的主要内容涉及风险的评估、风险的控制以及风险的后期评估等，这些研究为我国铁路建设工程施工安全风险管理起到了重要的作用，但仍需在以下几个方面展开进一步的研究：

1.2.3.1 对于铁路施工安全风险管理理论和方法有待于更加全面、深入的研究[91]

风险管理是一门新兴的管理科学，从它成为一门学科到现在只有四五十年的历史，虽然各个行业已有较多针对风险管理的研究，但是对于铁路施工安全风险的研究则比较少，铁路施工安全风险管理的理论和方法研究基础比较薄弱，缺乏全面、系统以及深入的研究。铁路建设工程施工安全风险的度量、风险识别分析的方法、风险的评价体系等方面的研究仍需完善，铁路建设工程施工安全风险管理体系及流程也急需建立。

1.2.3.2 对施工风险发生的时空位置以及状态变化的精细化管理程度不够

由于铁路施工项目具有技术复杂、规模庞大、易受不可抗力因素和意外事故影响等特点，其对应的风险状态会随着时间和空间的改变而动态变化[92]。因此，施工安全风险管理的关键在于风险源的识别、预防以及实时感知，管理者需要知道在什么时间、什么地点、可能发生什么样的风险，这就需要对施工风险进行精细化管理，实时掌握风险可能发生的时空位置。目前，对于施工风险的识别分析往往是粗略的、不全面的，未能精确地识别出风险发生的时空位置以及该风险的实时变化状态。

1.2.3.3 对施工风险事件发生的概率缺乏定量分析

现阶段，对于施工风险事件发生的可能性研究，基本上采用专家打分等定性的分析，主观因素较强，缺少科学的计算依据以及定量的判断，难以客观、合理、有效地分析出风险因素以及风险事件发生的可能性，以至于影响整个风险分析的科学性和有效性。而针对施工风险发生概率的研究也很少，缺少合理、有效的风险概率分析方法。因此，急需建立一种合理、有效的适用于施工风险发生概率的分析方法。

1.2.3.4 缺乏适用于铁路建设工程施工风险管理的信息化工具[93]

目前，国内外已相继开发出一些专业性风险管理系统，如欧共体 ISPRA 联合研究中心开发的环境风险管理系统 IRIMS、荷兰应用科学研究院开发的工业活动风险管理系统 UISKCUREVS、中国海洋石油勘探研究中心开发的地质风险管理系统 GOESRIK2.0 等。但是，适用于铁路建设工程施工安全风险管理的系统目前还很少，因此，开发出一套铁路建设工程施工风险管理软件系统是非常迫切和必要的，它对于实现风险分析活动的系统化、高效化和可操作化[94]，对于推动施工安全风险管理研究的发展和应用，都有着十分重要的现实意义。

1.3 研究主要内容及技术路线

1.3.1 研究主要内容及技术关键

1.3.1.1 主要研究内容

1. 跨区间既有线改造施工安全风险及安全事故致因分析

根据工程勘察资料、设计图纸等，结合沪通铁路安亭至黄渡站区间内增建三、四线及新建黄封上下行联络线工程的特点，分析其施工重点、难点，提出本工程施工可能存在的主要安全技术问题，识别风险源，研究其成因和机理。

2. 施工安全技术方案和管理措施研究

在研究分析工程施工安全重大风险源及其成因的基础上，应用国内外安全风险管理理论，并结合工程计划，研究制定既有京沪铁路安亭至黄渡站区间增建三、四线及新建黄封上下行联络线工程安全施工技术方案和管理措施，并在实施过程中不断补充完善，指导工程安全、优质施工。

3. 系统监测、分析邻近营业线路基沉降和位移变化规律

针对临近营运线施工导致既有铁路路基产生沉降和位移的特征,为实时掌握既有营运线路基的变形状况及其对列车运营性能的影响,在施工全过程中系统监测、分析邻近营业线路基沉降和位移变化规律,分析评估既有营运线列车运营状态,及时提出预警,确保列车运营安全,为各相关单位优化施工方案提供参考意见。

4. 动力仿真计算以及运营性能评估研究

结合项目营业线施工,行车干扰大、安全风险高、施工组织异常困难;桥梁特殊结构多,且多处跨越及邻近营业线,安全压力大;临近市区施工,环保及文明施工要求高等特点,基于动力仿真模拟手段,以满足增建新线施工安全及施工期间临近营运线列车正常运营为目标,提出跨区间既有线改造施工安全技术管理对策和施工组织管理方案优化建议,供国内同类工程参考。

1.3.1.2 技术关键

1. 下穿既有高铁施工安全风险研究

结合地质资料,充分研究新线下穿临近既有京沪高铁、沪宁城际高铁对列车运营安全的影响,通过采用桩板结构加固路基,防止钻孔桩施工时施工机械设备侵限影响既有线路的安全运营,采用施工过渡方案进行此段地基的加固处理。全桩长采用钢护筒跟进成孔。此外,在施工全过程中进行现场沉降观测,为施工及铁路安全运营提供可行性的参考数据。

2. 临近营业线施工组织研究

安亭、黄渡站站场改造场地有限,施工项目较多,行车干扰大,安全风险高,施工组织异常困难,需要分阶段施工,做好临时过渡处理。安亭疏解线上下行线及黄封上行线下穿既有京沪高铁和沪宁城际铁路高架桥采用桩板结构,距既有桥墩钻孔桩距离较近,施工中可能对既有桥墩桩基造成一定影响。黄封下行线 1-64 m 钢桁梁因处于多条既有线之间,拼装场地狭小,施工前需要进行仔细的施工调查、编制可行的施工方案并经路局进行评审,与路局相关单位签订施工安全协议,做好重点人员的安全技术培训,确保施工安全可控。

3. 多次拨接线路施工安全措施研究

按照上海市内河航道整治规划要求,蕰藻浜航道规划提升为Ⅲ级航道,将适时对该既有桥梁进行抬升改造。由于既有线路附近高压线密集,环境复杂,为了确保施工时既有线行车安全,对下穿 G1501、G15 高速公路及安亭至黄封段增建三四线均需要拨接至施工便线,沪通相关正式工程施工完毕后再次拨回原位置。修建绕行便线前及施工中安排专人与相关的车务、电务、工务、车辆、站前、站后及电气化施工单位之间协调配合,减少施工对营业线的行车干扰。

4. 既有线(营业线)侧深基坑防护研究

临近既有线施工承台、框架桥、既有线接长涵等深基坑数量较多,沿线多为软土、水塘分部广泛,因此靠近既有线(营业线)桥涵深基坑施工的安全防护是本研究的重点。基坑开挖施工时,如何进行深基坑防护,确保既有线行车安全是临近既有线施工控制难点,需重点研究。

5. 动力仿真计算以及运营性能评估研究

采用动力仿真的手段,模拟营运线列车通过施工区域的全过程,计算分析列车在施工期间的运营性能指标,对施工区域营运线列车运营安全性和平稳性进行科学评估,对跨区间既有线改造施工安全技术和组织管理提出优化建议,供国内同类工程参考。

1.3.2 技术路线

技术路线如图 1-1 所示。

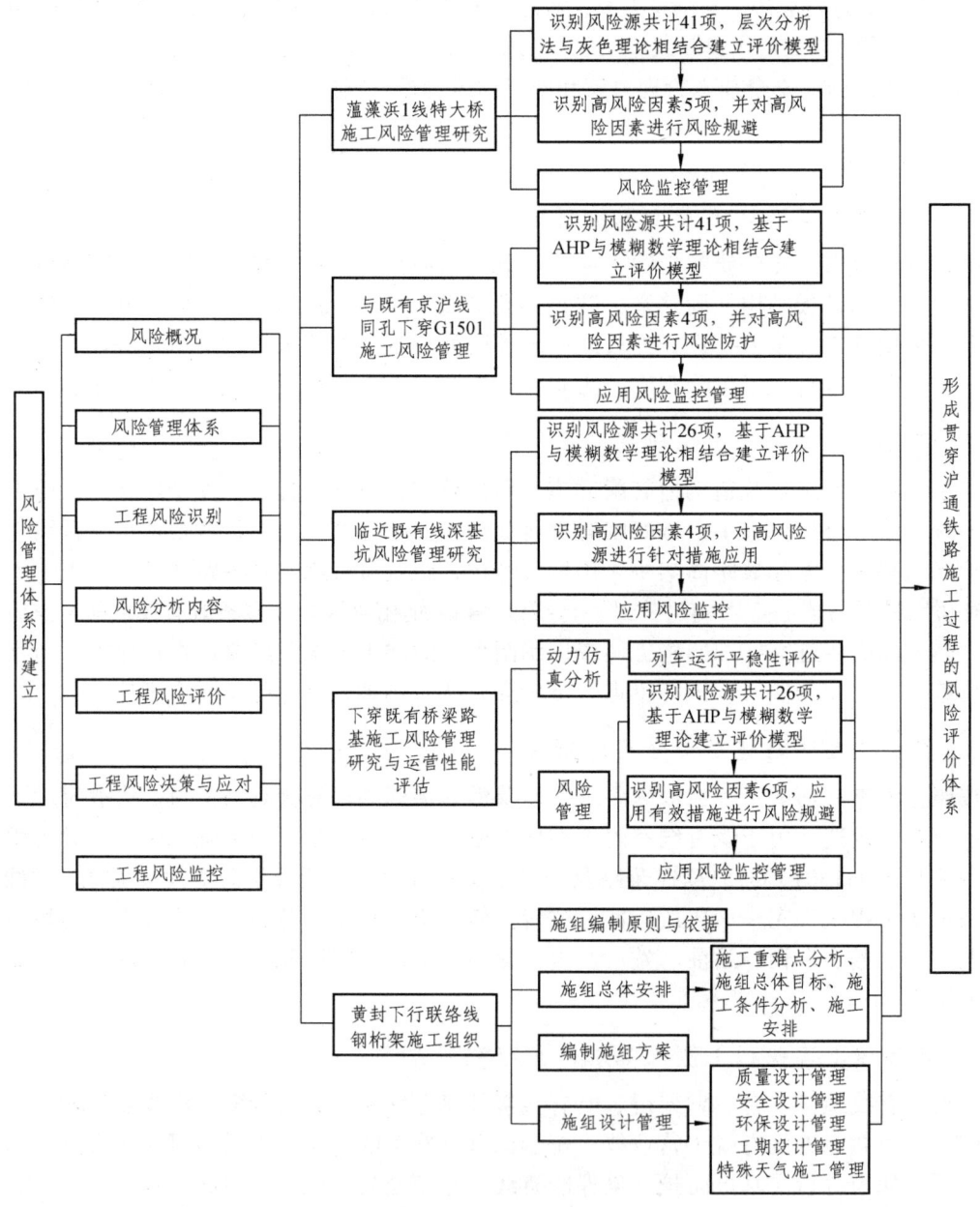

图 1-1 技术路线

1.4 课题研究方法

本研究以沪通铁路工程勘察资料、工程设计图为依据，通过风险识别、风险分析、现场监测、动力仿真，分析影响跨区间既有线改造施工安全的主要因素，研究拟定既有京沪铁路安亭至黄渡站区间增建三、四线及新建黄封上下行联络线工程安全施工技术方案和管理措施，并结合现场监测指导安全施工，通过动力仿真计算以及运营性能评估，为同类铁路工程建设安全施工提供参考意见。

1.4.1 工程勘察及设计资料研究

充分研究已有的地质资料，查明其软弱土层的分布范围以及在路线通过地带的分布情况，并确定软土层在纵向、横向的分布厚度、层次、各层土的土质及物理力学性质指标。结合线路设计图，根据线路的走向及其周围环境，综合研究各典型工点的施工方案、措施的安全性、合理性。

1.4.2 风险识别方法研究

分别采用层次分析法、模糊综合评价法、支持向量机法、专家调查法、定量评价分析方法以及定性定量综合分析方法来识别风险，进行跨区间既有线改造施工安全风险及安全事故致因分析，为施工安全技术方案和管理措施研究做铺垫。

1.4.3 下穿既有高铁沉降变形监测研究

通过桥墩垂直位移监测（人工）、桥墩垂直位移监测（自动）、桥墩水平位移监测（自动）等检测监测方法及时为本课题相关标段工程施工反馈京沪高铁高架变形信息，根据监测数据及时调整施工参数，优化施工工艺，消除安全隐患；为修正设计和施工参数、预估发展趋势、确保工程质量及京沪高铁的安全运营提供实测数据。

1.4.4 动力仿真模拟研究

综合施工过程监测资料和既有线路养护状况，采用动力仿真的手段，模拟营运线列车通过施工区域的全过程，计算分析列车在施工期间的运营性能指标，参考我国《铁道车辆动力学性能评定和试验鉴定规范》《高速铁路设计规范》（试行）及《高速动车组整车试验规范》（铁运〔2008〕28 号）等国内外有关规范、标准，对施工区域营运线列车运营安全性和平稳性进行科学评估。

1.5 课题研究要达到的目标、成果形式及主要技术指标

1.5.1 课题研究目标

本研究以沪通铁路区间既有线改造施工工程勘察资料、工程设计图为依据，采用专家调

查法对项目存在的技术风险、质量风险、自然风险、管理风险、进度风险进行识别，继而使用层次分析法、模糊综合评价法、支持向量机法等对风险源进行定量分析、定性定量综合分析并按照工期模式、环境模式、耐久性模式、质量模式、经济模式、社会影响模式、生态环境模式、人员安全模式等对跨区间既有线改造安全风险评估每个风险源存在对整个工程项目的影响总结出相关经验公式和理论知识，为之后相似工程提供指导。结合沪通铁路典型的风险高、干扰大的重点项目进行动力仿真模拟研究，对施工全过程进行系统监测，制订相应的风险管理措施，通过技术手段和管理手段一一排除风险源，并提前做好风险发生时的应对措施预案，避免人员伤亡和财产损失，同时，对这些技术和管理手段进行归纳，为在之后遇到相同风险源的情况提供参考案例。通过以沪通铁路跨区间既有线改造施工Ⅵ标某几个工点为背景，分析其风险处理的方法和措施，主要体现在 3 个方面：

（1）风险的特征识别分析。
（2）风险的定量化评估。
（3）项目中风险的处理技术措施研究。

通过以上 3 点分析研究，从中选出技术可行、经济合理的处理方法，对于确保工程的施工安全及建设质量具有重要意义。

1.5.2　主要技术指标

依托沪通铁路跨区间既有线改造工程典型工点，通过产学研相结合提出跨区间既有线改造施工风险识别、分析、评价、管理方法和安全技术管理对策；编写研究报告，指导沪通铁路风险点施工安全技术方案和管理措施研究；形成具有自主知识产权的知识体系，出版专著，为今后类似工程风险源处置提供理论依据和经验数据。

第 2 章　工程概况及调研过程

2.1　工程概况

2.1.1　工程简介

2.1.1.1　项目概况

沪通铁路是国家沿海铁路大通道的重要组成部分，由中国铁路总公司、上海市、江苏省共同投资建设。线路长度 137.473 km，其中，江苏省境内 119.54 km，上海市境内 17.74 km。项目按国铁 I 级、设计时速 200 km 标准建设，客货两用。途经江苏省南通市，苏州市所辖的张家港、常熟、太仓、昆山 4 市及上海市嘉定区。

线路起点在宁启线 DK254+900 处设平东接轨站，出站折向西南，沿九圩港西侧行走，在平潮镇东侧与规划的通苏嘉城际铁路合设南通西高架站，出站后稍向东折，继续南行以桥梁方式跨越长江。线路在张家港市十三圩港附近上岸后，线路稍向西折，继续西南行，基本上沿 204 国道东侧行走经乐余镇后设张家港北站，而后线路稍向东折，跨过 308 省道后与规划的通苏嘉城际铁路、沿江城际铁路合设张家港站。出站后线路稍折向东，跨越沿江高速公路后进入常熟市境内。在常熟市境内，线路跨越望虞河、常福公路后与沿江城际铁路合设常熟站。出站后线路上跨苏嘉杭高速公路后，在董浜镇南侧预留设置常熟东站条件，在支塘北侧跨越盐铁塘、白峁塘后，线路折向东行，再上跨沿江高速公路进入太仓市境内，在归庄北侧设太仓港站，尔后折向南，线路继续沿石头塘东侧向东南行走，在陆渡镇西北侧设太仓站。平东至太仓线路长 105.681 km。

线路引出太仓站后往南跨越新浏河，基本上沿江苏省、上海市交界行走，线路跨越沿江高速公路后，在太仓市南郊镇东侧预留设置太仓南站条件，跨越宝钱公路后进入昆山市花桥镇境内，基本上沿着沿江公路东侧行走，跨越既有京沪高速铁路后上、下行分开折向东，分别引入既有沪宁铁路安亭站，太仓至安亭线路长 31.639 km，平东经太仓至安亭段正线全长 137.473 km。

沪通铁路衔接南通、上海，它的建成将成为苏中、苏北地区与上海之间连接的以客运为主、兼顾货运的最便捷客、货运输通道，作为一条设计时速 200 km 的快速铁路，它也是沿海铁路通道和长三角城际轨道交通网的重要组成部分。沪通铁路建成后，将为加强上海与江苏沿海地区、上海与中西部地区交流提供便捷、高效的运输通道，可在上海至徐州、上海至南京间形成新的通道，有利于东部路网运输组织的灵活调节，同时也能缓解东部地区过江能力紧张的局面，特别是对缓解京沪铁路的运输紧张状况具有积极作用。

2.1.1.2 跨区间既有线改造工程概况

既有线运营改造主要集中在新建上海至南通铁路（南通至安亭段）站前工程 HTZQ-6 标段，正线 DK116+717.01～DK138+669.41，正线长度 21.95 km，安亭至黄渡增建三、四线工程 11.964 km（两侧总计），黄封上下行联络线（单线）7.57 km。

主要工程数量：正线（双线）路基 1.64 km，安亭疏解线（单线）路基 12.95 km，增建及联络线路基 6.23 km；双线桥梁 16 868.972 m/12 座，单线桥梁 10 961.854 m/12 座；梁场 2 个，制架双线整孔箱梁 348 孔，制架单线 T 梁 384 孔；铺轨基地 1 处，全线铺轨 356.82 单线千米、新铺道岔 217 组，铺道砟 91.2 万立方米。

2.1.1.3 跨区间既有线改造施工重、难点

1. 安亭疏解线上行线跨既有京沪线特大桥小角度斜交钢桁梁横移施工

新建沪通铁路跨既有京沪线特大桥小角度斜交钢桁梁转体施工，上行线跨既有京沪线特大桥于 25#墩至 26#墩处以 1-64 m 钢桁梁上跨既有京沪线特大桥，此处 64 m 钢桁梁横移位置位于线路右侧，横移支架位于 25#墩侧，横移位置桥下净空高度 8.358 m，既有京沪线建筑限界高度 7.96 m，承台基坑开挖、大型设备吊装、钢桁梁横移就位施工时安全风险较大。

2. 沪通铁路与既有京沪线同孔下穿 G1501 高速公路施工过渡

沪通铁路与既有京沪线同孔下穿既有 G1501（上海绕城）高速公路，沪通铁路此段地基采用桩板结构加固处理；钻孔桩施工时施工机械设备侵限影响既有京沪线的运营。

3. 安亭至黄渡增建三、四线蕴藻浜特大桥（1-128 m）钢桁梁拖拉横移法施工

安亭至黄渡增建三、四线线路长度 5.982 km，受蕴藻浜通航净高要求，增建三四线在跨越蕴藻浜时与营业线并行，蕴藻浜特大桥跨既有蕴藻浜河采用 128 m 钢桁梁先拖拉后横移法施工，在营业线路两侧通航繁忙的蕴藻浜拖拉横移法架设 128 m 钢桁梁，临时支墩设计及施工、钢桁梁拼装、拖拉施工难度大、安全风险较高。

4. 跨路、跨河、既有铁路桥涵接长、既有公路改造中小桥涵结构物较多，施工时中断既有交通解决措施

本标段中小桥涵结构物 61 个，临近营业线施工中小桥涵 29 个，跨河、跨路及牵涉既有铁路桥涵接长等种类繁多，既有铁路桥涵接长施工前必须对既有铁路路基采用钢板桩等措施进行防护，跨墨玉路、外青松路、于塘路、新源路等既有公路时需中断交通，按地方规划要求新增上跨既有京沪线于田路公跨铁立交施工完成后方可进行于塘路立交拆除改造施工，经四路、规五路框架中桥需采用顶进法施工，部分跨路框架桥涵施工时还需同时进行既有道路改造升级，施工组织难度及安全风险较大。

5. 黄封下行联络线特大桥（1-64 m）钢桁梁先横移后转体施工

本桥位于上海市嘉定区境内，本桥首要控制因素为 64 m 钢桁梁（先横移后转体）跨越既有沪杭铁路，跨沪杭铁路处施工场地狭小、距营业线距离近、钢桁梁横移及转体施工难度大，安全风险高。

6. 营业线施工，行车干扰大，安全风险高，施工组织异常困难

安亭、黄渡站站场改造场地有限，施工项目较多，需要分阶段施工，做好临时过渡处理。安亭疏解线上下行线及黄封上行线下穿既有京沪高铁和沪宁城际铁路高架桥采用桩板结构，距既有桥墩钻孔桩距离较近，施工中可能对既有桥墩桩基造成一定影响。黄封下行线 1-64 m 钢桁梁因处于多条营业线之间，拼装场地狭小，施工前需要进行仔细的施工调查、编制可行的施工方案并经路局进行评审，与路局相关单位签订施工安全协议，做好重点人员的安全技术培训，确保施工安全可控、顺利进行。

7. 修建便线绕行，多次拨接

为了确保施工时营业线行车安全，需要修建施工便线进行临时过渡，对下穿 G1501、G15 高速公路及安亭至黄封段增建三、四线均需要拨接至施工便线，沪通相关正式工程施工完毕后再次拨回原位置。

8. 临近营业线（营业线）侧侵限路基施工

本标段临近营业线侵限路基范围为 DK130+971～DK131+218 段及 HFSDK1+050～303.9 段新建线路下穿既有京沪高铁和沪宁城际铁路高架桥，DK135+055～199（K1421+650～794）段新建线路下穿 G1501 快速公路高架桥，HFSDK0+083.3～179.38 段新建线路下穿 G15 快速公路高架桥，均为施工高安全风险等级路基工点。

2.1.2 主要技术标准

（1）铁路等级：国铁Ⅰ级。
（2）正线数目：南通至安亭双线；安亭至黄渡沿既有京沪线增建三、四线。
（3）正线线间距：4.4 m。
（4）限制坡度：6‰。
（5）旅客列车设计行车速度：正线 200 km/h，局部地段限速。
（6）最小曲线半径：2 000 m，个别地段结合沿线条件合理确定。
（7）牵引种类：电力。
（8）机车类型：动车组、HX_D 系列。
（9）牵引质量：5 000 t。
（10）到发线有效长度：1 050 m，部分车站 650 m。
（11）闭塞类型：自动闭塞。

2.1.3 工程建设条件

2.1.3.1 地形地貌

线路所在地为长江冲积平原河口新三角洲平原区，局部为湖沼积平原区。全线地形平坦，地势开阔，海拔 2.0～4.5 m。沿线河网密布，线路除跨越长江主河道外，还要跨越其支流，包括望虞河、新浏河、白茆河等河流。沿线水塘湖泊星罗棋布；通道内公路交通发达，城镇化较快，长江以南厂房、民居密布；其余空地多为高产农田、菜地。路基工程主要以路堤形式通过。

2.1.3.2 地层岩性特征

线路所经地区为长江入海口新三角洲平原区，均为深厚第四系地层。成因主要为冲海积、海冲积，上海境内局部为冲积及湖沼积，具有海陆相相互交替沉积的特点，地层岩性变化较大，工程地质条件较差。上部主要为第四系全新统松散堆积层，江北段以粉砂、粉土为主，夹粉质黏土，松散~稍密状，江南段软土地基广泛分布，以淤泥质黏性土为主，一般厚 5~15 m，最厚达 35.6 m。沿线填料等建筑材料缺乏。

2.1.3.3 水文气象条件

1. 水文地质

沿线地表水系发育，河网密布。除长江外，其余河流多以储水为主，流速缓慢，地表水被工业及生活废水污染严重，经水质分析表明基本对混凝土无侵蚀性。

沿线地下水主要为第四系地层松散岩类孔隙潜水和微承压水，埋深 1~3 m，受地表径流及大气降雨补给，通过泄入地表水体、蒸发、人工开采等方式排泄，地下水位随季节变化及地表水位变动而略有浮动。赋存于深部砂层等含水层的地下水具微承压性，水量丰富，水质较好。经地质勘察水质分析，江北段 DK5 以前地下水对混凝土有侵蚀性，其余地段无侵蚀性；江南段地下水大部分对混凝土有侵蚀性，K1427+500~封浜段地表水、地下水均无侵蚀性。

沪通铁路在南通市内经过南通市区片。南通市区主要骨干河道正常水位 2.11~2.31 m，警戒水位 2.61~2.81 m。由于受降水时空分布不均和潮汐影响引排水等原因，大部分河道呈现阶段性水位变化，最大变幅为 1 m 多。沪通铁路在张家港市境内由北向南经过东北片和东南片两个防洪分区。东北片百年一遇设计水位 2.15~2.29 m，东南片百年一遇设计水位 3.53~3.74 m。沪通铁路在常熟市境内由西向东依次经过 I 区和 II 区两个防洪分区。I 区地势高亢，地面高程 3~5 m。II 区盐铁塘以北地势偏高，地面高程多在 2~3.5 m；盐铁塘以南地势相对较低，地面高程在 0.5~2 m。I 区防洪标准为 50 年一遇，50 年一遇设计水位为 2.44~2.54 m，低于现状地面高程，为不设防区。II 区防洪标准为 100 年一遇，100 年一遇设计水位为 2.51~2.65 m，高于部分现状地面高程，为部分设防区。

沪通铁路在太仓市境内经过区域属沿江平原，内河常水位在 1.1~1.4 m，有记载以来最高水位为 2.36 m（1999 年 6 月，浏河），最低水位 0.47 m（1979 年，盐铁塘）。沪通铁路太仓至安亭段全部在嘉定区境内，属嘉宝北水利控制片。目前，黄浦江水系水利控制片河道的堤防高程一般在 2.37 m 左右，控制片内最高水位一般不超过 1.97 m，考虑航行、灌溉等功能要求，控制片内最低水位一般不低于 0.57 m。

2. 气象特征

南通市地处北亚热带季风气候区，海洋性气候明显，四季分明，雨水充沛。年平均气温 15.3 °C，1949 年后实测极端最高气温 39.5 °C，极端最低气温 -10.8 °C。年日照时数 2 020 h，雾日 31 天左右，无霜期 224 天。多年平均降水量 1 060 mm，年降水日 120 天左右。年最大降水量 1 811.9 mm（1991 年），年最小降水量 243.6 mm（1933 年）。因梅雨和台风影响，年间降水量分配很不均匀，约 65%的降水量集中在汛期。年平均受台风影响 2.2 次。

张家港市地处北亚热带湿润气候区，四季分明，气候温和，雨量充沛，无霜期长，日照充足，是典型的季风气候。年平均气温 15.7 °C，极端最高气温 38.7 °C（2007 年 7 月 31 日），极端最低气温 −11.3 °C（1969 年 2 月 6 日）。年平均降水量 1 050.3 mm，年最大降水量 1 748.0 mm（1991 年），年最小降水量 640.0 mm（1978 年），1 日最大降水量为 184.1 mm（1970 年 7 月 13 日）。夏季平均降水量 473.9 mm，占全年总降水量的 45.1%。6 月中旬至 7 月上旬是梅雨期。年常风向南南东及东南东，强风向东南东及东南，年平均风速 3.3 m/s，最大风速 21 m/s，强风影响作业年平均为 8.4 天。年平均雾日 38.4 天，最多 83 天（1980 年），最少 4 天（1995 年）。年平均雷暴日 28.8 天，最多 45 天（1969 年），最少 13 天（1978 年）。最大积雪深度 31 cm。

常熟市地处中纬度地区，属亚热带季风气候，四季分明，气候温和，雨量充沛。年平均气温 15.9 °C，最高年平均气温 17.1 °C，最低年平均气温 14.7 °C。极端最高气温 39.1 °C（1992 年 7 月 31 日），极端最低气温 −11.3 °C（1977 年 1 月 31 日）。多年平均降水量 1 052.7 mm，历年最大降水量 1 567.5 mm（1952 年），历年最小降水量 513.8 mm（1978 年）。多年平均风速 3.2 m/s，实测最大风速 20.5 m/s。常年风向以东南风最多，总频率约为 24%。一般情况下，夏季风向多为东南偏南风，冬季多为西北风。

太仓市属北亚热带南部湿润气候区，四季分明，雨水充沛，气候温和，日照充沛，无霜期长。冬季受北方冷空气控制，以寒冷少雨天气为主；夏季受副热带高压控制，天气炎热；春秋季是季风交替时期，天气冷暖多变、干湿相间。年平均气温 15.5 °C，最高年平均气温 16.2 °C（1961 年），最低年平均气温 14.7 °C（1969、1980 年）。极端最高气温 38.5 °C（1978 年 7 月 9 日），极端最低气温 −11.5 °C（1977 年 1 月 31 日）。全年相对湿度 80%。多年平均雾日 27 天。历年平均降水量 1 100.2 mm，历史最大年降水量 1 627.4 mm（1960 年），最小年降水量 619.2 mm（1978 年）。年平均日照 1 960.9 h，无霜期 226 天。每年 5 月 1 日至 9 月 30 日为汛期，5~7 月为梅雨期。全年风向有明显季节变化，春、夏为东南偏南风，秋为北风、东北风，冬为西北风。本地区属受强热带气旋和台风影响频繁的区域，每年 7 月至 10 月受台风影响 2 次左右。

上海市地处中纬度沿海，在全球气候分布中属北亚热带南缘，是南北冷暖气团交汇地带，受冷暖空气交替影响和海洋湿润空气调节，气候湿润，四季分明，冬暖夏热，降水充沛。年平均气温 16.1 °C，一月平均气温 2.9~3.5 °C，七月平均气温 27~28 °C。极端最高气温 40.2 °C，极端最低气温 −12.1 °C。年日照时间 1 584.1 h，平均日照 44%。年蒸发量 1 233.4 mm。年平均降水量 1 144.4 mm，平均月最高降水量 180 mm，最大一次降水量 591.7 mm。夏季占全年降水量的 40%左右，六月中旬至七月中旬为梅雨季节。上海夏季盛行东南风，并多受台风影响，一年内 7~9 月为台风影响的盛期，最大风力 10 级以上，极大风力大于 11 级。冬季盛行西北风。10 min 最大风速 30 m/s，风向东风，年极端最大风速 34.7 m/s，风向西风。年无霜期 246 天。

2.1.3.4 地震动参数

根据国家质量技术监督局 2001 年 1/400 万《中国地震动参数区划图》(GB 18306—2001)的区划，南通及张家港、常熟市境内（DK0+000~DK85+700）地震动峰值加速度为 0.05g（地震基本烈度为六度），太仓市、昆山市及上海地区（DK85+700 之后）动峰值加速度为 0.10g（地震基本烈度七度），地震动反应谱特征周期为 0.65~0.75 s。

2.2 调研过程

现场调研工作的好坏，直接影响到调研结果的正确性。为此，必须重视现场调研人员的选拔和培训工作，确保调研人员能按规定进度和方法取得所需资料。这一步骤是将调研收集到的资料进行整理、统计和分析。首先，要进行编辑整理。就是把零碎的、杂乱的、分散的资料加以筛选，去粗取精，去伪存真，以保证资料的系统性、完整性和可靠性。在资料编辑整理过程中，要检查调研资料的误差，剔除那些错误的资料；然后要对资料进行评定，以确保资料的真实与准确。其次，要进行分类编号，就是把调研资料编入适当的类别并编上号码，以便于查找、归档和使用。再次，要进行统计，将已经分类的资料进行统计计算，有系统地制成各种计算表、统计表、统计图。最后，对各项资料中的数据和事实进行比较分析，得出一些可以说明有关问题的统计数据，直至得出必要的结论。

2.2.1 调研背景

我们主要对沪通铁路站前工程Ⅵ标段进行现场调研。我们知道，项目风险管理的首要任务是项目风险识别，风险识别是风险管理的基础，没有风险识别的风险管理是盲目的，通过风险识别，才能使理论联系实际，把风险管理的注意力集中到具体的项目上来。通过风险识别，可以将那些可能给项目带来危害和机遇的风险因素识别出来，是制订风险应对计划的依据。对于工程施工的各个环节，为了准确地将风险识别出来，我们不能够只分析手中仅有的一些资料，还需要随着施工进度，在不同的时间段内，在施工现场对施工中产生的各种风险进行识别与分析。

2.2.2 调研大纲

我们针对沪通铁路站前工程Ⅵ标段进行了四次现场调研，每一次的调研大纲如下：

1. 第一次调研大纲

本次调研时间为 2015 年 5 月 22 日至 2015 年 5 月 23 日，具体安排如下：
在Ⅵ标一分部调研水泥搅拌桩施工工艺，在下穿京沪线处调研下穿路基施工对京沪线桥墩沉降影响的问题，在安亭西站前涵洞扩宽处了解涵洞的过水量要求，在新建蕰藻浜大桥处调研大桥所处地理位置和采用的施工方法及成桥后所需满足的要求。

2. 第二次调研大纲

本次调研时间为 2015 年 11 月 18 日至 2015 年 11 月 20 日，具体安排如下：

(1) 11月18日：上午到Ⅵ标项目部了解软土路基处理措施施工情况，熟悉资料；下午进行现场调研。

(2) 11月20日：到沪宁城际公司课题组进行汇报研讨。

3. 第三次调研大纲

本次调研时间为2016年4月15日至2016年4月19日，具体安排如下：

到安亭西站了解站场软基处理进展情况，并对站前涵洞接长施工措施及临近既有线施工采取的软基处理措施进行了解。后到京沪高铁K1307+041处调研黄封上下行联络线下穿京沪沪宁既有线的施工方案，和对既有线桥墩的监测措施。

4. 第四次调研大纲

本次调研时间为2016年10月19日至2016年10月21日，具体安排如下：

在Ⅵ标上跨321省道处了解连续梁桥桥墩施工状况及基坑处理措施，在下跨京沪沪宁路基施工处了解施工完成情况和对既有线桥墩的影响及既有线运行对施工的影响。

2.2.3 沪通铁路站前工程Ⅵ标调研概述

此标段调研内容主要有：跨宝钱公路特大桥(60+100+60)m连续梁施工；下穿G1501双绕便线施工；下穿京沪高铁、沪宁城际施工；安亭西站改建施工；蕰藻浜特大桥承台施工；黄封下行联络线特大桥(40+64+40)m连续梁施工。

2.2.3.1 调研状况

第一次调研时Ⅵ标相关工程还未开工，只对几个施工场地做了初步的了解，如安亭西站改建施工点（见图2-1）、蕰藻浜特大桥承台施工点（见图2-2）等。

图2-1 安亭西站改建施工

第二次调研时安亭西站南改建、蕰藻浜特大桥承台、下穿G1501双绕便线等工程开始施工。

此时，安亭西站南已经完成了原地面清表处理，由于既有桥涵为三孔桥涵，四车道行驶，交通流量大，正在研究施工时确保交通顺畅与安全的施工方案。

图 2-2 蕰藻浜特大桥承台施工

蕰藻浜特大桥承台施工此时正在拼装钢桁梁,如图 2-3 所示。

图 2-3 钢桁梁拼装

沪通铁路与既有京沪线同孔下穿 G1501 绕城高速施工过渡,如图 2-4 所示,此时桥墩正在进行钢护筒护桩,进行桩板结构加固,把桥墩保护起来,防止撞击,避免穿孔,并将荷载传递到下部,消除负摩擦力的影响。

图 2-4 施工现场

第三次调研时，只去了两个施工场地：安亭北涵洞施工场地和黄渡下穿京沪路基施工场地。

安亭北站主要是在既有京沪线下修建涵洞（见图 2-5），使得京沪线两处的水池能够通过涵洞连通，该处为Ⅵ标所有项目中的难点之一。难点为在涵洞施工的同时，不能对既有线路基的沉降产生丝毫的影响，所以该处设置了多个沉降观测点，每隔 2 h 观测沉降数据，确保既有线能够正常运行。

图 2-5　涵洞施工

黄渡下穿京沪路基施工为沪通铁路下穿既有线施工，如图 2-6 所示，目前正在进行桩板路基施工，与安亭北站涵洞施工一样，也是整个项目的难点工程，施工的同时要确保不会对桥梁产生影响，桥梁上装配的测量沉降的仪器全天检测桥梁的沉降。

图 2-6　施工现场

最后一次调研时，Ⅵ标各个工程基本完工，调研内容主要有：跨宝钱公路特大桥（60 + 100 + 60）m 连续梁施工；下穿 G1501 双绕便线施工；下穿京沪高铁、沪宁城际施工；安亭西站改建施工；蕰藻浜特大桥承台施工；黄封下行联络线特大桥（40 + 64 + 40）m 连续梁施工。

2.2.3.2　现场调研具体情况

1. 跨宝钱公路特大桥（60 + 100 + 60）m 连续梁施工

跨宝钱公路特大桥连续梁上跨既有宝钱公路在 DK127 + 252.9 处相交，交角为 45°。梁顶宽 11.6 m，底宽 6.4 m，预应力连续梁分为 2 个 0#块，2×13 个对称段，2 个边跨合龙段，1 个中跨合龙段和 2 个现浇段，合龙段长度均为 2 m。

现场正在进行深基坑施工，基坑深 10 m，承台高 6 m，承台下为 11 根直径为 2 m 的钻孔桩，钻孔桩插打深度为 108 m。基坑进行 18 m 钢板桩围堰，由于承台高为 6 m，为防止基坑周边土的坍塌，规范上规定每 2.5 m 高进行一层内支撑，因此 6 m 的承台现场进行 3 层内支撑，且在基坑旁边有一条小河，如图 2-7 所示。

图 2-7 深基坑施工

此处施工风险主要为桥墩浇筑模板短缺，致使桥墩钢筋长时间裸露在外，且上海雨水较多，湿度的增加有利于氧化作用，因此易造成钢筋锈蚀，使构件承载力下降，降低钢筋与混凝土的握裹力，影响两者共同工作的性能。钢筋锈蚀后体积膨胀，造成混凝土保护层破裂、脱落，降低结构的受力性能和耐久性能。因此，在雨季天气对钢筋裸露进行保护尤为必要，例如进行外涂隔离层、钢筋阻锈剂及提高混凝土的防护能力等；深基坑旁有一个小河，深基坑进水也是其风险之一，要做好深基坑防水工作。

2. 沪通铁路与既有京沪线同孔下穿 G1501 绕城高速双绕便线施工

新建沪通铁路与既有京沪线同孔下穿 G1501 高速公路（见图 2-8），考虑新建沪通铁路线路在 G1501 高速公路高架桥下采用钻孔桩筏板施工，机械侵限影响既有线运营，因此拟将既有京沪上、下行线临时改线，在 G1501 相邻桥孔（北侧）双绕下穿，施工双绕便线设计起点为：既有京沪里程 K1421+100，终点为 K1422+201.52，上下行线全长各 1.1 km。新建京沪双绕便线在 K1421+547 处采用 2×24 m D 便梁上跨外青松公路，在 K1421+692 处采用 16 m D 便梁跨燃气管道。

主要施工内容：双绕施工便线 K1421+705.5～K1421+739.5 段下穿既有 G1501 公路桥，长度 34 m。下穿段圈梁结构钻孔桩共计 70 根，桩径 0.8 m，单根长 8 m，桩间距 1.0 m。D 便梁 2 处，接长涵 3 处，双绕便线路基 1.1 km。现场双绕便线已施工完毕，等待天窗时间点（拨接时间为 230 min）进行拨接。

图 2-8 双绕便线下穿 G1501 高速公路

双绕便线抗剪桩施工和新建Ⅲ、Ⅳ线桩板结构施工对 G1501 桥墩有一定的干扰，钻孔桩离既有桥墩最小距离 2 m，离既有桥墩承台最小距离 1 m，最小净空 8.22 m，施工难度大，安全风险高。因此施工时采用拉森钢板桩，长 6 m，间距 1 m，进行防护，然后开挖，以防施工时既有线路路基失稳。既有公路桥下有多处贯通线和铁路地埋电缆等，因此在确保既有桥墩和箱梁安全的同时保证现场连续施工是本段路基施工重点；由于双绕便线占用新源路左接长部分，并以 D 便梁形式跨越外青松公路和燃气管，新源路和外青松必须同时开工，施工任务艰巨。新源路和外青松为嘉定区主要交通干道，应做好交通疏导，保证施工对行车行人影响最小。

临近营业线路基施工，机械侵限、影响既有线路基稳定也是本工点重要风险之一。

3. 蕴藻浜特大桥承台施工

沪通铁路蕴藻浜Ⅰ线特大桥位于上海市嘉定区境内（见图 2-9），全长 1.751 km，既有线起讫里程 K1426+667.340～K1428+418.435，中心里程为 K1427+542.89，全桥平行于既有线，位于京沪下行线北侧，线间距为 13.1～28.4 m，主要跨越规划百安路、轨交 11 号线、蕴藻浜及规划安虹北路。

图 2-9 现场情况

蕴藻浜Ⅰ线特大桥长 1.751 km，其位置如图 2-10 所示，受蕴藻浜通航净高要求，Ⅰ线特大桥跨越蕴藻浜时与既有京沪线并行，采用 128 m 钢桁梁，纵移采用拖拉法施工，横移采用顶推法施工。在既有线路北侧通航繁忙的蕴藻浜航道上架设 128 m 钢桁梁，临时支墩设计及施工、钢桁梁拼装、拖拉施工难度大、安全风险高。

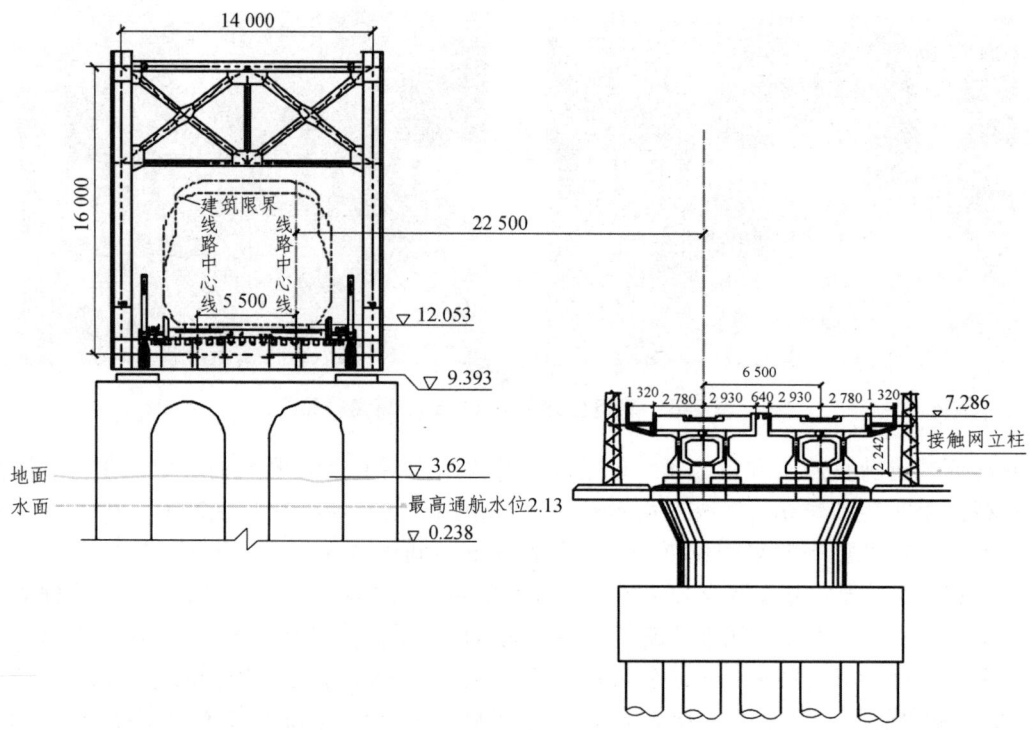

图 2-10　Ⅰ线桥钢桁梁与既有京沪线位置图

为了降低钢桁梁施工安全风险，在距营业线 30 m 以外拼装钢桁梁，先纵向拖拉就位后顶推横移至设计位置，以减少对既有京沪线运营的影响。

由于Ⅰ线特大桥施工项目较多，临近营业线，工点较分散，需要分阶段施工，做好临时过渡处理。

施工期间硬隔离防护设置，栅栏改移前需先对既有线进行硬隔离防护，K1426+676~K1426+809 段硬隔离防护栅栏设置在京沪下行线路中心线北侧 3.5 m 处，K1427+717~K1428+442 段硬隔离防护栅栏设置在便道坡脚南侧 2 m 处，实施过程中采用软隔离进行过渡施工。

蕴藻浜Ⅰ线特大桥施工时严格检测既有线的稳定和变形，施工前每隔 30 m 在既有线轨面设置沉降观测点，在施工期间和运营后 3 个月内进行观测。施工期间观测频次一般情况下 2 h 观测 1 次，施工完成后观测频次 1 天不少于 3 次，观测时间不少于 3 天。

4. 安亭西站

由于安亭站需要进行改造，为了不影响正常运营，修建安亭西站进行过渡。安亭西站位于上海市嘉定区安亭镇境内，既有京沪铁路里程 K1422+200~K1423+300（安亭西站），前后均接路基工点。客车场内既有京沪线里程 K1422+764.3 为 1-(3.8+2.3) 框架小桥，该桥跨越小顾浦河，左侧接长 23 m、右侧接长 22.5 m。此处主要是在既有京沪线下修建涵洞，使得京沪线两处的水池能够通过涵洞连通，该处为Ⅵ标所有项目中的难点之一。

临近既有线施工中所采用的施工机械、运输机械、材料及人员的安全防护；新建地下管线、空中电线安装时安全防护；防护栅栏拆除、安装时安全防护；轨道施工过程中对既有线路的管线、电线的安全防护；施工中临时用电的安全防护等为施工重点和难点。

5. 黄封下行联络线特大桥（40+64+40）m 连续梁施工

黄封下行联络线特大桥下穿沪宁城际铁路连续梁上部结构设计为变截面连续箱梁，全桥跨度为（40+64+40）m，箱梁为单箱单室，变高度、变截面结构，顶宽 7 m，底宽 4.2 m，两侧翼缘宽为 1.4 m。箱梁顶板厚度 34 cm，腹板厚度 40-60-90 cm，底板厚度 42~115 cm，连续箱梁中跨墩顶支点处梁高为 5.2 m，跨中最小梁截面高为 3.05 m。

根据连续梁下穿沪宁城际铁路和上跨公路施工工程特点，结合施工现场的实际情况以及对重大危险源辨识分析，可能或潜在的突发事件有：施工材料和机具吊装可能碰撞既有铁路桥墩，挂篮施工时小型物件坠入公路，危害行人及车辆安全。

6. 下穿京沪高铁、沪宁城际专项施工

如图 2-11 所示，对于安亭上、下行疏解线，沪通Ⅵ标原本的计划是让两条疏解线同孔下穿京沪高铁与沪宁城际，但是京沪高铁与沪宁城际相邻桥墩的距离太小，如果同孔下穿，对桥墩有很大的影响，现在改为安亭上行疏解线 YDK131+036.94～YDK131+117.94 段路基同时下穿既有京沪高铁和沪宁城际（交角均为 62°），下穿既有京沪高铁桥墩墩号为 452#墩～453#墩（K1285+337～K1285+370），下穿既有沪宁城际铁路桥墩墩号为 184#墩～185#墩（K33+942～K33+975），安亭下行疏解线 DK131+063.94～DK131+144.94 段路基同时下穿既有京沪高铁和沪宁城际（交角均为 62°），下穿既有京沪高铁桥墩墩号为 453#墩～454#墩（K1285+370～K1285+403），下穿既有沪宁城际铁路桥墩墩号为 185#墩～186#墩（K33+975～K34+008）。

图 2-11 下穿京沪高铁、沪宁城际施工场景图

本段路基下穿京沪高铁、沪宁城际铁路，施工期间不需要天窗点及限速，不影响铁路正常运营，但需对既有桥墩及箱梁进行防护，经现场调查，既有线桥下无贯通线或铁路地埋电缆等（与设备运营管理单位签订现场确认单），在确保既有桥墩和箱梁安全的同时保证现场连续施工，为本段路基施工重点。施工过程采用的机械设备主要为钻机、汽车吊、挖掘机、罐车、装载机、打拔机等，在施工中防止机械设备碰撞到既有线桥墩与既有线箱梁，以及路基钻孔桩基础施工过程中可能出现的孔桩塌孔影响既有线桥墩偏压、位移是本段路基施工控制重点。

2.2.4 小 结

对沪通铁路跨区间既有线改造工程进行了现场调研，从施工开始到施工快要结束，我们进行了 4 次调研，记录了跨区间既有线改造施工进程，得到了大量的现场施工资料，为后面风险的分析提供了保障，理论联系实际，使得风险的识别更加准确。

第 3 章 蕴藻浜Ⅰ线特大桥施工风险管理研究

3.1 蕴藻浜Ⅰ线特大桥工程概况

3.1.1 工程简介

新建上海至南通铁路 HTZQ-6 标段安亭至黄渡增建三、四线蕴藻浜Ⅰ线特大桥全长 1.751 km，中心里程为 K1427+542.89，位于上海市嘉定区内。根据桥址处地形、地貌、道路立交及航道情况，全桥孔跨布置为：（5-32 m）双线简支 T 梁 +（1-24 m）双线简支 T 梁 +（10-32 m）双线简支 T 梁 +（40+56+40）m 双线连续梁 +（1-32 m）双线简支 T 梁 +（32+40+32）m 双线连续梁 +（1-128 m）双线钢桁梁 +（6-32 m+2-24 m+1-32 m）双线简支 T 梁 +（32+48+32）m 双线连续梁 +（13-32 m）双线简支 T 梁。

全桥平行于既有京沪线，位于既有京沪线北侧（下行线侧），主要跨越规划百安公路、轨交 11 号线、蕴藻浜及规划安虹北路。

全桥总计 473 根钻孔桩，承台 50 个，桥台 2 个，墩身 48 个，连续梁 3 联，128 m 钢桁梁 1 处。蕴藻浜特大桥全桥主要工程数量如表 3-1 所示。

表 3-1 蕴藻浜全桥主要工程数量

序号	工程项目	单位	数量
1	ϕ1.0 m 钻孔桩	m	26 424.3
2	ϕ1.25 m 钻孔桩	m	6 275.7
3	C40 混凝土	m^3	36 392.2
4	HPB300 钢筋	t	975.9
5	HRB400 钢筋	t	684.5

全桥各墩台距既有线距离如表 3-2 所示。

表 3-2　全桥各墩台距既有线距离

序号	墩台号	新建Ⅰ线桥距京沪下行线间距/m	序号	墩台号	新建Ⅰ线桥距京沪下行线间距/m	序号	墩台号	新建Ⅰ线桥距京沪下行线间距/m
1	0#台	13.11（最小）	18	17#墩	27.36	35	34#墩	18.46
2	1#墩	15.27	19	18#墩	26.75	36	35#墩	18.43
3	2#墩	17.08	20	19#墩	25.97	37	36#墩	18.52
4	3#墩	18.71	21	20#墩	25.71	38	37#墩	18.55
5	4#墩	20.51	22	21#墩	25.21	39	38#墩	18.47
6	5#墩	22.26	23	22#墩	24.17	40	39#墩	18.41
7	6#墩	23.61	24	23#墩	23.66	41	40#墩	18.44
8	7#墩	25.01	25	24#墩	21.61	42	41#墩	18.41
9	8#墩	25.65	26	25#墩	21.14	43	42#墩	18.34
10	9#墩	27.05	27	26#墩	20.46	44	43#墩	18.32
11	10#墩	27.73	28	27#墩	20.13	45	44#墩	18.29
12	11#墩	28.13	29	28#墩	19.67	46	45#墩	18.19
13	12#墩	28.42	30	29#墩	19.34	47	46#墩	18
14	13#墩	28.4（最大）	31	30#墩	19.05	48	47#墩	18.27
15	14#墩	28.36	32	31#墩	18.86	49	48#墩	17.89
16	15#墩	28.35	33	32#墩	18.7	50	49#台	18.27
17	16#墩	27.84	34	33#墩	18.57			

从上表可以看出，距离既有线最近的墩台为0#台。

3.1.2　技术标准

（1）铁路等级：国家Ⅰ级。
（2）正线数目：双线，线间距 5.50 m。
（3）设计速度：200 km/h。
（4）设计荷载："中—活"载。
（5）轨道类型：无缝线路有砟轨道。

3.1.3　运输条件

3.1.3.1　线路状况

既有京沪线（沪宁段）为双线电气化铁路，属于繁忙干线。每天列车运行216趟（下行

109 趟，上行 107 趟），平均追踪间隔时间约 5 min，施工维修天窗时间：上行线早 5：30～8：25、下行线晚 18：48～21：59。

3.1.3.2 施工封锁及慢行

本工程施工均位于既有防护栅栏之外，对既有线影响较小。钢桁梁横移利用每天 3 h 天窗点施工。

3.1.4 蕰藻浜 I 线特大桥施工重难点

3.1.4.1 蕰藻浜 I 特大桥 1-128 m 钢桁梁施工

蕰藻浜 I 线特大桥长度 1.751 km，受蕰藻浜通航净高要求，I 线特大桥在跨越蕰藻浜时与既有线京沪线并行，位置参见图 2-10，采用 128 m 钢桁梁，纵移采用拖拉法施工，横移采用顶推法施工。在既有线路北侧通航繁忙的蕰藻浜航道上架设 128 m 钢桁梁，临时支墩设计及施工、钢桁梁拼装、拖拉施工难度大、安全风险较高。

3.1.4.2 营业线施工，安全风险较高，施工组织困难

增建三、四线蕰藻浜 I 线特大桥施工项目较多，临近营业性，工点较分散，需要分阶段施工，做好临时过渡处理。施工前需要进行仔细的施工调查、编制可行的施工方案并经路局进行评审、与路局相关单位签订施工安全协议，做好重点人员的安全技术培训，确保施工安全可控、施工顺利进行。蕰藻浜 I 线特大桥与既有线位置关系图如图 3-1 所示。

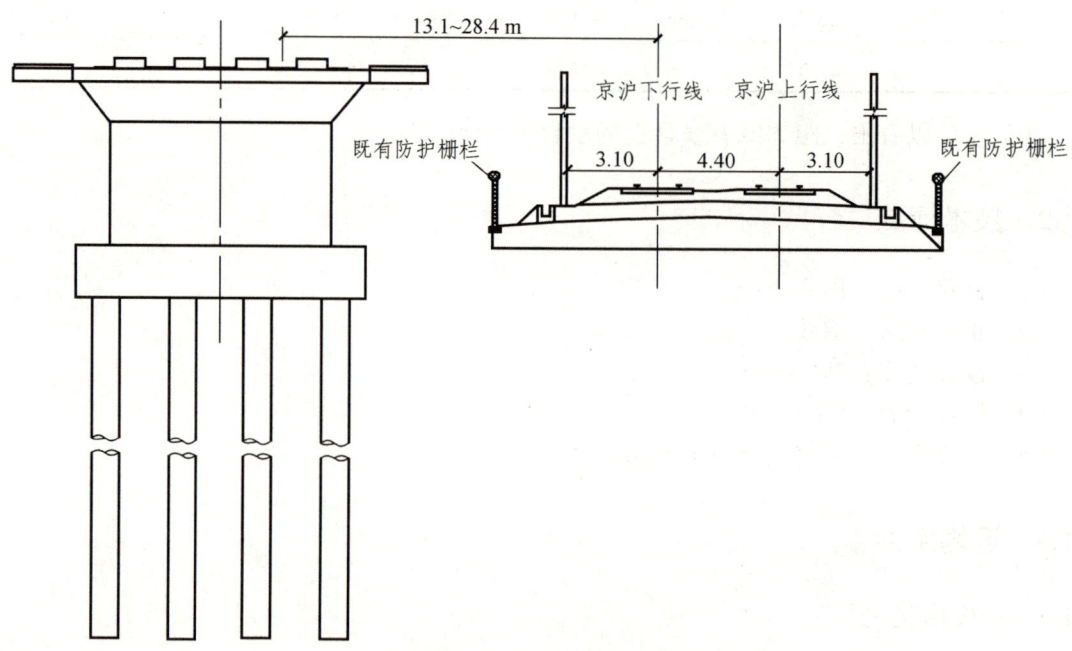

图 3-1　蕰藻浜 I 线特大桥与既有线位置关系图

3.2 蕰藻浜Ⅰ线特大桥安全施工风险识别与评估

3.2.1 蕰藻浜Ⅰ线特大桥安全施工风险识别

3.2.1.1 风险识别的目的

蕰藻浜Ⅰ线特大桥安全施工的风险分析在于以最小的成本实现最大的安全保障,并事先给出蕰藻浜Ⅰ线特大桥施工的风险预报。其中所谓的"成本"是指风险分析研究对象的人力、物力、财力和资源的投入总和。所谓"最大安全保障"是指预期的损失最小,并且一旦出现损失可获得经济补偿的最大保证。

蕰藻浜Ⅰ线特大桥施工过程本身就是一个复杂的系统,影响施工安全的风险因素众多,影响关系错综复杂,有直接的,也有间接的,有明显的,或是难以预料的,它们所引发的风险后果也不尽相同。当进行风险决策时,如果完全不考虑这些因素或是忽略了其中的主要因素,都将会导致决策的失误;但如果对每个风险因素都加以考虑的话,又会使问题复杂化,这也是不恰当的。因此,为了有效地分析蕰藻浜Ⅰ线特大桥施工风险,必须首先识别出风险来源,即将施工中潜在的主要风险以及引起这些风险的主要风险因素识别出来,这样才能进一步估计出在这些风险因素的作用下,施工的各种风险发生的概率及其造成后果损失的大小,才能对系统风险水平做出合理评价,从而对风险进行科学应对与决策,达到风险分析的目标。

3.2.1.2 风险的特点

蕰藻浜Ⅰ线特大桥安全风险识别具有以下特点:

(1)系统性。风险无处不在,无时不有,决定了风险识别的系统性,即蕰藻浜Ⅰ线特大桥建设过程中的风险都属于风险识别的范围。

(2)动态性。风险识别并不是一次性的,在蕰藻浜Ⅰ线特大桥工程规划、实施甚至收尾阶段都要进行风险识别。根据工程内部条件、外部环境以及工程的变化情况,适时、定期进行风险识别是非常必要和重要的,且风险识别贯穿于工程建设全过程。

(3)信息性。风险识别需要做许多基础性工作,其中重要的一项工作是收集相关的蕰藻浜Ⅰ线特大桥工程信息。信息的全面性、及时性、准确性和动态性决定了工程风险识别工作的质量和结果的可靠性与精确性,风险识别具有信息依赖性。

(4)综合性。风险识别是一项综合性较强的工作,除了在人员参与、信息收集和范围等方面具有综合性特点外,风险识别过程中还要综合应用各种风险识别技术和工具。

3.2.1.3 风险识别的程序

施工风险识别是蕰藻浜Ⅰ线特大桥施工风险分析的第一步,风险识别是否全面、深刻,直接影响风险分析的质量和结果。任何一种风险在识别阶段被忽略,尤其是重大风险被忽略,则可能导致整个项目的失败。蕰藻浜Ⅰ线特大桥施工风险识别的过程分为以下6个步骤:

1. 信息收集与研究

要进行有效的风险识别，首先必须对建设项目的各方面情况有一个全面、深入了解，如建设方案的自然和环境条件、桥梁结构形式、设计标准与技术指标、桥梁施工以及结构体系性能等各方面基本信息[95]。同时，还要研究和判断信息的准确性和可信性，为风险识别提供参考依据。

2. 确认不确定性的客观存在

判断或推测桥梁在施工期间是否存在不确定性，以及确认这些不确定性是否是客观存在的，它是判断系统风险存在的依据，也是进行风险识别的前提。

3. 风险模式识别

识别桥梁施工阶段可能存在的各种风险模式或风险事故，并推测这些风险可能造成的危害性结果或后果，如钢桁梁结构承载力失稳，可能造成十分严重的后果。

4. 风险因素识别

识别和推测引起各类风险事故的各种潜在的不确定性因素或风险因素，如结构几何参数、施工荷载，以及人为因素等，这些风险就是潜在的风险来源。

5. 分析与筛选

对初步识别出的各种可能性风险模式和风险因素做进一步分析与筛选，确定主要的风险模式与风险因素，作为系统研究的重点，这一步是风险识别工作的主要任务[96]。

6. 建立风险源清单

对得出的风险来源进行归纳整理，按照一定的原则进行分类或排序，最后汇总成风险清单，形成风险识别工作的成果。

3.2.1.4 风险识别的工作目标

施工风险识别是蕴藻浜 I 线特大桥施工风险分析的基础，没有风险识别的风险分析是盲目的。通过风险识别，才能使理论联系实际，把风险分析的注意力集中到具体的工程上来；通过风险识别，可以将那些可能给工程带来危害的风险因素识别出来。风险识别是制订风险应对计划的依据，其工作目标主要有以下几点：

（1）为风险分析提供必要的信息。

（2）确定被研究工程或体系的工作量。

（3）通过风险识别，有利于工程建设者树立工程成功的信心。

3.2.1.5 蕴藻浜 I 线特大桥安全施工风险识别的内容

为了做好工程项目的安全风险管理，前提条件是要对蕴藻浜 I 线特大桥施工存在的安全风险进行准确的识别和正确的分析，也就是说在风险事故发生之前，项目管理人员需采用各种方法系统地、连续地认识对该工程项目所面临的各种风险并分析风险事故发生的潜在原因和对风险进行正确的评估[97]，在工程项目施工的全过程采取有效控制措施对风险进行防范，以确保工程项目安全、顺利实施完成。只有准确地识别风险和正确地风险分析，才能按照风险管理的理论与方法对安全风险进行防范和管理，才能确保工程项目安全顺利地实施完成。所以，工程项目的安全风险识别是工程项目风险管理的前提和基础，任何工程项目在实施前都要先做好安全风险的识别工作。

由于蕴藻浜Ⅰ线特大桥与既有京沪线蕴藻浜桥并行，因此蕴藻浜Ⅰ线特大桥施工的安全风险识别尤为重要，它包含了工程施工本身的施工安全风险和对既有铁路运营安全的风险识别，两种安全风险互相影响、互为因果，准确的风险识别和分析蕴藻浜Ⅰ线特大桥与既有京沪线蕴藻浜桥施工的安全风险就显得比较困难和复杂。在项目实施前通过细致的分析和梳理，按照施工组织设计中的重点和关键程序，以时间为主线，通过预判和模拟实施，全面识别蕴藻浜Ⅰ线特大桥施工中的安全风险，针对不同的风险采取有效的防范措施，从而确保蕴藻浜Ⅰ线特大桥的施工安全和既有京沪线蕴藻浜桥的运营安全。

风险识别的途径之一是借助风险主体的外部力量，利用外界的风险信息、资料来识别风险；风险识别的途径之二是依靠风险主体的自身力量，根据自身特性对风险进行识别。由于风险识别存在不同的途径，相应地也有内外两种不同的风险识别方法，最好的方法是两种途径并用[98]。

风险识别的第一种途径是运用外部的风险辨识途径，即依靠风险主体外部单位，如保险公司、风险及保险学业会等设计的风险分析表格，直接辨识自身的风险，由此产生的风险辨识方法有：风险因素预先分析法、事件树分析法、风险事故事后分析法、保险调查法、保单对照法等。风险辨识的第二种途径是每一企业依据其特点及规模大小，风险管理人员首先组织系统图配合各种财务报表及有关资料实地检视、有系统地辨认可能面临的风险。这种途径采用的方法较为灵活，适应性较高。主要方法有风险列举法的财务报表分析法和流程图分析法以及实地检视法。

以上各种不同的风险识别方法在风险识别的两个阶段中有着不同程度的运用。财务报表分析法、流程图分析法、保险调查法等较多地被用于感知风险；事件树分析法以及风险因素分析法则较多地被用于分析风险。还有一些方法在感知风险和分析风险中都能得到较好的运用，如现场调查法、与专家磋商等。由于各种风险识别方法的优缺点前面章节已阐述得很详细，这里就不做一一介绍了。针对蕴藻浜Ⅰ线特大桥施工概况的特点，采用专家调查法中的头脑风暴法进行风险识别。头脑风暴法是一种刺激创造性、产生新思想的技术。它的主要规则是不进行讨论和判断性评论。通过专家之间的信息交流和相互启发，从而诱发专家们产生"思维共振"，以达到互相补充并产生"组合效应"，获取更多的未来信息，使预测和识别的结果更加准确。因此，采用头脑风暴法对蕴藻浜Ⅰ线特大桥施工存在的自然环境原因、人员构成原因及其他原因进行风险识别，为后期有针对的风险管理奠定基础。

邀请了5位专家对蕴藻浜Ⅰ线特大桥工程施工安全做出风险识别，专家们通过资料收集、归纳总结、风险因素筛选和准确的识别，针对蕴藻浜Ⅰ线特大桥施工的特点和工序安排，按照头脑风暴法的原理，根据现场调查、归类汇总分析，在综合比较和参考其他与既有铁路并行施工经验和风险结果的基础上，对本工程的安全风险进行识别，本工程的安全风险识别主要是按照风险识别的理论，从自然环境安全风险源、人员构成原因的安全风险源和其他原因的安全风险源3个方面进行安全风险识别。

1. 自然环境原因的安全风险源识别

因本工程位于上海地区,自然地理环境异常复杂,广泛分布的淤泥质软土,最大厚度达 38 m,软土层厚度分布不均,土质较软而且强度很低,通过运用头脑风暴风险识别方法对汇总的自然环境因素如地质、气候等原因进行汇总筛选后进行归类整理识别,通过风险源的归纳、筛选和识别,蕴藻浜特大桥工程的自然环境原因安全风险源主要是在钢桁梁拼装、维护结构的安全稳定性等方面。

同时,由于本工程位于市区夹角地带,施工场地狭小,交通困难,施工组织及材料、设备、机械运输困难,施工场地的规划和布局就显得尤为重要,所以,场地布局及规划的合理和有序也是重要的自然环境原因安全风险源。

另外,本工程所属地区的气候特点是亚热带海洋性季风气候,一年中前三季气候温和、降水多、较湿润,夏季经常会有太平洋热带风暴靠岸,导致大风、暴雨等极端天气出现;第四季度由于常常会受到南下的北方强冷空气影响,并发生大风、暴雨、甚至霜雪天气,并经常有台风出现。因此,在防护棚架施工、连续梁支架搭设施工时,恶劣气候对上述结构安全稳定性的影响也是重要的自然环境原因安全风险。

表 3-3 蕴藻浜 I 线特大桥施工自然环境原因安全风险源识别表

序号	风险源识别	风险源成因分析
1	深基坑边坡失稳	地质原因、基坑支撑处理不到位
2	结构垮塌	结构受力计算时极端气候考虑不周、对结构稳定性和安全构成危害
3	施工冲突	工序、场地规划安排不合理、各工序施工互相影响

由表 3-3 可知,蕴藻浜 I 线特大桥施工受自然环境原因影响的安全风险源较少,主要是地质原因和大风、大雨等极端气候造成的安全风险,而这两种风险对施工和既有线铁路改造的行车安全影响是非常大的,造成的损失也很大,在安全风险控制管理方面应重点考虑。除此之外,由于施工安排不合理,工序、场地规划及设备等安排不合理造成各工序衔接及设备、机械等冲突而产生的安全风险也应充分重视并及时解决,以避免此类自然环境原因产生的安全风险。

2. 人员构成原因的安全风险源识别

从风险源识别的全过程和理论上分析,人员构成原因的安全风险源始终贯穿于工程的全过程和工程施工的各个环节中[99]。此类安全风险源的组成与施工工序和人员设备的使用情况和种类、数量有密切关系。通过对本工程整体施工组织方案、施工工序安排的分析和人员、设备使用情况的调查、统计、分析,本工程在地下管线改、桩基施工、钢桁梁拼装场地限制及结构稳定性方面均不同程度地存在人员构成原因的安全风险源,所以本工程人员构成原因的安全风险源主要在上述几项施工中的人员和设备机械的控制、管理。

表 3-4 蕴藻浜 I 线特大桥施工人员构成原因安全风险源识别表

序号	风险源识别	风险源成因分析
1	桩基、基础坍塌,影响既有线及行车安全	人员管理不到位、施工质量缺陷
2	既有线接触网故障、中断	人员培训、作业不规范,机械、设备等侵入带电安全范围,造成事故
3	地下管线破坏、中断	人员安全意识不到位、盲目作业,机械、人员破坏地下管线
4	施工场地工序冲突、机械倾覆	工序、场地规划安排不合理,各工序施工互相影响,产生安全风险源
5	施工时机械设备侵入既有线限界,影响行车安全	人员管理不到位、施工质量缺陷或机械侵入限界,产生安全风险源
6	船撞作业平台,影响新线施工质量	人员管理不到位、机械侵入限界,产生安全风险源
7	钻孔桩施工影响地铁衬砌结构安全	钻孔速度过快,泥浆护壁泥皮过薄,成孔后放置时间过长;未做好有效的安全监控
8	泥浆池防护风险	泥浆池设置距离既有线较近,未进行泥浆池防护及标识
9	128 m 钢桁梁横移影响既有线安全	横移顶推速度过快,两侧千斤顶顶推行程不一致,横移过程中钢桁梁发生倾斜
10	硬隔离施工影响既有线行车安全	硬隔离设置位置距既有线距离没有达到要求,未做好有效的安全防护措施,现场管理及施工人员安全意识不到位

通过表 3-4 可以看出,人员构成原因产生的安全风险始终贯穿于施工的各个工序和各单项工程中。因为,所有的工程施工内容都是由人员落实到位和执行的,所有的机械作业和操作也是由人来完成的,人员构成原因产生的安全风险也必然要全过程控制和管理。

3. 其他原因的安全风险源识别

按照风险源识别的理论和方法,在蕴藻浜 I 线特大桥铁路工程的安全风险识别中,除了上述自然环境原因安全风险和人员构成原因安全风险外,还存在很多其他原因造成的安全风险,其他原因造成的安全风险很多,具有很大的不确定性。在本工程中,其他原因安全风险源主要是指各种不确定因素,规章制度落实不到位、地方干扰等原因对本工程施工和既有线行车安全的影响或产生的安全隐患与风险[100],重点从既有线施工审批手续办理、安全规章制度落实不到位等方面阐述由于此类其他原因对工程施工和既有线设备的影响而产生的安全隐患与风险(见表 3-5)。

表 3-5 蕴藻浜 I 线特大桥施工其他原因安全风险识别表

序号	风险源识别	风险源成因分析
1	施工计划下达不及时影响钢桁梁拼装施工及行车安全	协调不到位、施工方案审核未通过或施工计划上报不及时,导致施工计划未按时下达
2	地方阻工、道路不通等影响桥墩结构施工,影响结构稳定及行车安全	当地政府协调、政策宣传不到位,少数人阻挠施工

对以上从自然环境方面、人员构成方面及其他原因方面所识别出的风险因素，得到初步的各种可能性的风险源清单，然后利用头脑风暴法进行风险因素的分析与筛选，确定出了蕰藻浜Ⅰ线特大桥施工风险识别的风险源清单，并对得出的风险源进行归纳整理，形成风险识别工作的成果。风险源清单内容如表3-6所示。

表3-6 蕰藻浜Ⅰ线特大桥安全施工风险源清单表

序号	风险种类	风险源
1	自然环境	深基坑边坡失稳
2		未做合理的防洪防台方案，致使路基浸泡
3		冬季防寒防冻应急措施处理不当，拖延工期
4		结构垮塌
5		施工冲突
6	人员构成	桩基、基础坍塌，影响既有线及行车安全
7		既有线接触网故障、中断
8		地下管线破坏、中断
9		施工场地工序冲突
10		施工时机械设备侵入既有线限界，影响行车安全
11		船撞作业平台，影响新线施工质量
12		钻孔桩施工影响地铁衬砌结构安全
13		泥浆池防护风险
14		128 m钢桁梁横移影响既有线安全
15		硬隔离施工影响既有线行车安全
16		施工现场总体布置不合理，影响施工整体安全
17		临时用水、用电专项施工方案不合理导致施工用水、用电风险
18		材料验收不合格影响工程质量安全
19		防护栅栏改移影响既有铁路运行安全
20		防护栅栏安装时留有间隙，不满足线路封闭严实的要求
21		垂直既有线的便道路口与并行既有线的便道靠近既有线侧未设置水马防撞墩防护
22		便道施工时作业人员未按规定时时佩戴安全帽
23		施工现场布置不合理，施工机械破坏硬隔离防护栅栏
24		施工机械施工时未做到有效的盯控，影响既有线安全
25		打桩机大臂往既有线方向旋转角度未进行限位，影响既有线安全运行
26		基坑开挖，防桩头被多凿，造成桩顶伸入承台高度不够
27		桩头凿除后未按照设计要求进行桩基检测
28		基底处理不满足要求

续表

序号	风险种类	风险源
29	人员构成	混凝土浇筑后,未及时进行养护出现裂纹
30		承台施工完成后,未及时根据设计要求将承台周边基坑回填
31		施工人员操作不当引发火灾
32		施工污水处理不当,破坏环境
33	其他原因	施工计划下达不及时影响钢桁梁拼装施工及行车安全
34		地方阻工、道路不通等影响桥墩结构施工,影响结构稳定及行车安全
35		各相关单位间配合不协调
36		高处作业上下未设置联系信号或通信装置
37		施工作业人员未时时按照规定佩戴安全帽、安全带等必备的个人安全防护用品
38		模板拼接缝处未粘紧,出现漏浆
39		支架、模板出现松动、变形和位移,影响施工人员安全和工程质量
40		养护方法不当,致使漂浮物侵入线路接触网等设备
41		在湿度较小、风速相对较大时浇筑混凝土,未采取挡风措施,致使混凝土失水过快

3.2.2 蕰藻浜Ⅰ线特大桥施工安全风险评价指标体系的构建

桥梁施工安全风险评价的关键是要建立一套能够反映桥梁工程施工过程实际的指标体系。评价指标是否科学合理[101],直接影响到评价的结果能否客观准确地反映出评价对象的现状,因此,构建一套基坑工程评价指标体系是非常重要的。

3.2.2.1 构建蕰藻浜Ⅰ线特大桥工程施工安全风险评价指标体系基本思路

桥梁工程施工安全风险评价指标体系应当是一套能够包含桥梁工程施工作业工作内容、较为准确地反映出桥梁工程安全现状、便于操作的指标集合。因此,指标体系的构建应遵循什么原则,如何构建桥梁工程施工安全风险评价指标体系,对科学客观地评价桥梁工程施工作业过程中所面临的安全风险有着直接的关系。

1. 基本原则

桥梁工程施工安全风险评价指标体系的构建是一项复杂的系统工程,应当多角度和层次进行构建[102],以准确反映出桥梁工程施工安全风险的各种情况。要建立一套科学、合理的评价体系指标,首先必须明确建立评价指标体系应该遵循的基本原则。桥梁工程施工安全风险评价指标的构建应遵循以下原则:

1) 全面性

全面性要求从研究目的出发,构建出的指标体系能够反映研究对象的全貌,不出现遗漏。

2) 客观性

在确定评价指标的过程中,应注意其客观性,力求评价指标能客观地反映评价对象的实际情况。

3）相关性

指标体系的建立是为了更好地反映出研究对象的基本情况，因此指标体系的构建必须紧密围绕着研究对象[103]。就蕰藻浜Ⅰ线特大桥工程施工安全风险评价指标体系而言，相关性就是构建的各类指标应当与蕰藻浜Ⅰ线特大桥工程施工作业所面临的安全风险密切相关。

4）科学性

蕰藻浜Ⅰ线特大桥工程施工安全风险评价指标体系的构建，应以蕰藻浜Ⅰ线特大桥工程施工安全相关理论为基础，根据指标间的逻辑联系来构建，使所设计的指标应与蕰藻浜Ⅰ线特大桥工程施工安全风险有本质联系，并且能够反映蕰藻浜Ⅰ线特大桥工程施工安全风险的实质。

5）系统性

指标体系是一个有机整体，系统内各要素应当符合优化组合的要求；指标独立，边界清晰；指标体系结构合理，层次分明；指标全面、完整；指标精简，避免繁杂。

6）可操作性

可操作性就是以研究目的为前提，从研究对象的实际情况出发，要求评价指标概念应当明确清晰，简单易懂，便于数据采集和计算。

2. 评价指标构建的步骤

上面阐述了构建蕰藻浜Ⅰ线特大桥工程施工安全风险评价指标体系的基本原则，本小节将根据有关文献和实际构建指标体系的具体办法，给出构建蕰藻浜Ⅰ线特大桥工程施工安全风险评价指标体系的具体步骤。

1）指标初选

要初步构建一套能够反映出研究对象特征的指标体系，首先应当遵循全面性原则，要求在建立指标体系时，考虑研究目的下研究对象的全部信息，做到全面反映指标的真实面貌，避免信息的遗漏[104]。初步建立的指标体系，结构和指标含义通常会出现模糊、交叉、层次不清等现象，因此，在指标初选时应当按照一定程序进行：

（1）确定研究对象的内涵和外延，明确评价目的。

（2）细分评价目的，对各子评价目的的含义、界面进行界定，明确各子评价目的的内容。

（3）根据各子评价目的内容，确定出能够反映出内容的评价指标。

2）评价指标测验与评价体系结构优化

在全面性原则指导下初步构建的评价指标体系，一般来讲从结构、指标定义、指标范围界定等方面存在着一些问题，未能完全满足评价目的的要求。因此，需要对指标进行完善，通常需要对其进行检验和结构优化。

（1）评价指标的检验。

初步构建出评价指标后，需要对指标的真实性、有效性进行检验。检验指标时，必须明确评价目标，这是判断指标真实、有效的依据。评价指标是否真实、有效，就必须按照客观、科学的原则，从指标体系个体和整体两个方面进行检测。检查方面有定量和定性两类，一般采用两者相结合进行检验。通常情况下，引入指标的效度进行检验。效度检测，就是要检测评价指标的真实程度，也就是检测评价指标能够在多大程度上满足评价目标。

（2）评价指标体系的结构优化。

初步构建出的评价指标体系，结构可能存在一些问题，如指标间的联系不清，或者构建出的指标体系结构不能满足评价方法的运用前提。因此，需要对评价指标体系进行结构优化。一般可以从指标体系结构的完备性、结构层次和指标间联系3个方面着手，进行优化。

分析指标体系结构的完备性，就是看同一结构层次的指标含义是否交叉，是否存在着包含、互斥、相互依存等关系。由于拟采用灰色统计数值计算法，对基坑工程施工安全风险进行评价，因此需要同一层次各指标相互独立。

分析指标体系结构层次，就是分析上下层次不同级别的层次关系，和各层次间指标数目的分布。层次分析法要求上下级别的指标存在递阶关系，即上级指标对下级指标存在着支配的关系。因此，在分析指标体系结构层次时，要考虑上下层次的递阶层次关系。为使评价结果更为有效，各层次指标数量应当分布均匀。

分析指标间的相互联系，也就是分析指标是否存在聚类关系。根据拟采用模糊层次分析法进行评价，在构建蕴藻浜Ⅰ线特大桥工程施工安全风险评价时，需合理将各子指标科学地聚合在一起。

理论上说，与蕴藻浜Ⅰ线特大桥工程项目相关的任何风险因素都有可能影响项目的目标，最终导致项目风险的发生。然而，并不是所有风险因素都一定会对项目产生大的影响。风险因素识别的关键是识别那些可能导致风险后果的关键风险因素。在初选指标时的全面性筛选指标方法很容易导致一些具有相关性的指标被同时选入，这些具有相关性的指标提供的信息有很多是重复的，甚至有些指标所提供的信息完全包含于其他指标之中。为了避免同类指标的重复，降低计算工作量，需要删除信息量有重复的安全风险评价指标，也就是对安全风险评价指标进行筛选。

3.2.2.2 蕴藻浜Ⅰ线特大桥工程施工安全风险评价指标体系的构建

安全风险指标体系的选择与确定是整个风险管理过程的基础，将对风险分析的精度与结果产生直接的影响。同时，有利于工程风险识别、风险评估的有效进行。结合有关法律、法规，在收集总结文献资料与调研的基础上，根据以上所阐述的基坑工程施工安全风险评价的基本思路，采用层次分析法，结合风险核对表、故障树法、经验判断法等识别方法，以期建立一套科学合理的蕴藻浜Ⅰ线特大桥工程施工安全风险指标体系[105]。

在基坑工程施工安全风险识别与风险评估过程中，可以参照风险指标体系，结合工程特点和建设各方的实际需求，整理安全风险指标体系，对这些指标进行分析，并从这些指标中筛选出与工程密切相关的各项安全风险,这些风险是最有可能导致风险发生的关键风险因素，然后初步判断风险大小,将那些对蕴藻浜Ⅰ线特大桥工程施工安全影响很小的风险因素删除，从而降低计算工作量，即是对蕴藻浜Ⅰ线特大桥工程安全风险指标进行风险因子筛选，在进行筛选的过程中应注意"宁多勿少"的原则。

要对蕴藻浜Ⅰ线特大桥工程所涉及的风险因素进行系统、全面的分析，采用科学的方法和手段全面系统地研究蕴藻浜Ⅰ线特大桥工程项目风险发生和变化的规律。通过研究蕴藻浜Ⅰ线特大桥工程的特点，以蕴藻浜Ⅰ线特大桥工程施工阶段为重点，通过科学、全面和系统的分析，从蕴藻浜Ⅰ线特大桥工程安全风险管理的不同角度，将自然环境与人员构成2个一级指标因素13个二级指标因素。图3-2所示为蕴藻浜Ⅰ线特大桥工程安全风险评价指标体系。

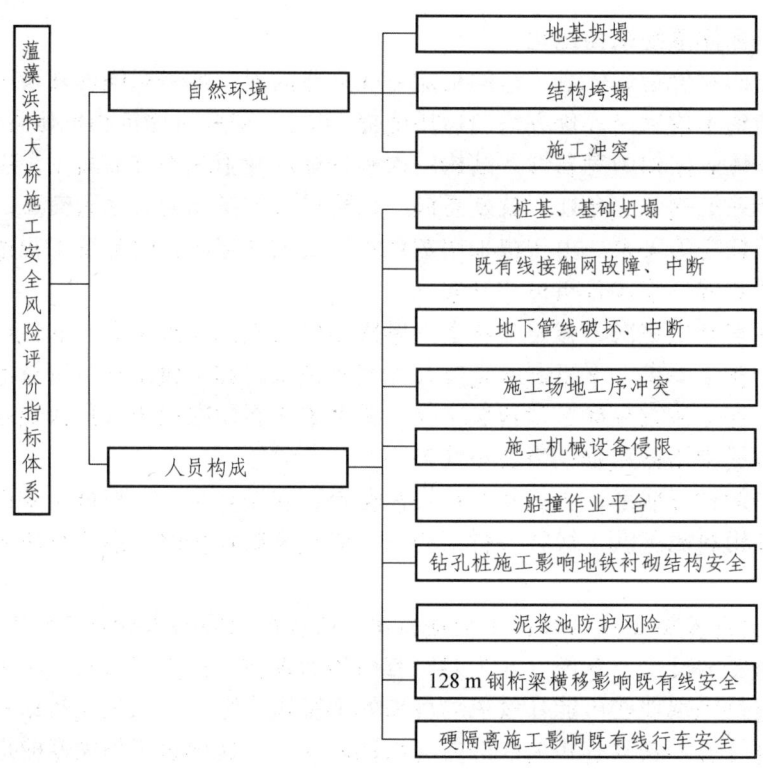

图 3-2 蕰藻浜 I 线特大桥施工安全风险评价指标体系图

3.2.3 蕰藻浜 I 线特大桥施工评价模型的构建

3.2.3.1 桥梁施工风险评价模型的构建

1. 逐层评价因素的建立

桥梁建设本身就是一个系统、庞大的工程,在施工期间,也会经历各种不同的影响,在这些影响因素的共同作用下,会产生不同的风险状况[106]。针对桥梁施工期间所存在的风险情况,依据桥梁的建设,以及施工的一系列流程,一般桥梁施工期间可能涉及的风险可分为自然灾害和人为灾害两大类,如表 3-7 所示。

表 3-7 桥梁施工期间风险因素列表

风险类型	
自然灾害	人为灾害
水文灾害	蓄意破坏
风灾害	施工不当
地震灾害	人为撞击
漂流物堆积	防护措施不当
漂流物撞击	管理措施不到位
建材腐蚀	

由此可以得出，桥梁施工风险评价因素集 X，由自然灾害 A，和人为灾害 B 组成。即 $X = (A, B)$。

自然灾害风险 $A = (A_1, A_2, A_3, A_4, A_5, A_6)$，其中，$A_1$ 代表水文灾害，A_2 代表风灾害，A_3 代表地震灾害，A_4 代表漂流物堆积，A_5 代表漂流物撞击，A_6 代表建材腐蚀。

人为灾害风险 $B = (B_1, B_2, B_3, B_4, B_5)$，其中，$B_1$ 代表蓄意破坏，B_2 代表施工不当，B_3 代表人为撞击，B_4 代表防护措施不当，B_5 代表管理措施不到位。

2. 风险因素对应权重的计算

因为在评价因素集中，每个因素所占比重的大小有着较大的差异，所以每个评价因素所对应总体因素的权重，有着重要的意义，并且这个权重对总体评价结论将起到非常关键的作用[107]。因此，如何高质量地计算出评价因素所对应权重的集，是非常重要的环节之一。应从多个方向去综合考虑权重集的取值，如果只使用某一种单一的原则，肯定无法系统全面地表现这个因素的重要性。所以权重集部分的计算，可以运用层次分析法，系统直观地比较各个专家对于各个因素重要性的评判，最终得出评价因素权重集。

（1）构造评价因素的比较判断矩阵。

首先对于每个评价因素集，对各个不同的因素集中的每个评价因素，构造各个因素各自的比较判断矩阵。

以自然灾害风险 $A = (A_1, A_2, A_3, A_4, A_5, A_6)$ 为例，该风险因素判断构造出的比较矩阵集取值见表 3-8。

表 3-8　自然灾害风险评价因素判断矩阵

	A_1	A_2	A_3	A_4	A_5	A_6
A_1	1	a_1/a_2	a_1/a_3	a_1/a_4	a_1/a_5	a_1/a_6
A_2	a_2/a_1	1	a_2/a_3	a_2/a_4	a_2/a_5	a_2/a_6
A_3	a_3/a_1	a_3/a_2	1	a_3/a_4	a_3/a_5	a_3/a_6
A_4	a_4/a_1	a_4/a_2	a_4/a_3	1	a_4/a_5	a_4/a_6
A_5	a_5/a_1	a_5/a_2	a_5/a_3	a_5/a_4	1	a_5/a_6
A_6	a_6/a_1	a_6/a_2	a_6/a_3	a_6/a_4	a_6/a_5	1

其中，$a_1, a_2, a_3, a_4, a_5, a_6$ 分别对应与 $A_1, A_2, A_3, A_4, A_5, A_6$ 的重要性比较值。

（2）正交化处理以上所构造出的判断矩阵的每一列的元素，见式（3-1）。

$$\bar{b}_{ij} = \frac{b_{ij}}{\sum_{i=1}^{n} b_{ij}} \quad (i = 1, 2, \cdots, n) \tag{3-1}$$

通过上述公式，就可以得到新的被正交化处理后的比较判断矩阵，见式（3-2）。

$$\begin{pmatrix} \bar{b}_{11} & \cdots & \bar{b}_{1j} \\ \vdots & & \vdots \\ \bar{a}_{i1} & \cdots & \bar{a}_{ij} \end{pmatrix} \tag{3-2}$$

（3）对比判断矩阵正交化处理后，再计算向量权重，得到新的行向量值，见式（3-3）。

$$\overline{W} = \left(\sum_{j=1}^{n} \frac{\overline{b}_{1j}}{\sum_{i=1}^{n} \overline{b}_{ij}}, \sum_{j=1}^{n} \frac{\overline{b}_{2j}}{\sum_{i=1}^{n} \overline{b}_{ij}}, \cdots, \sum_{j=1}^{n} \frac{\overline{b}_{nj}}{\sum_{i=1}^{n} \overline{b}_{ij}} \right)^{\mathrm{T}} \quad (i=1,2,\cdots,n) \tag{3-3}$$

（4）规范化处理通过上述计算得出的行向量矩阵，得出排序向量，见式（3-4）。

$$W = (w_1, w_2, \cdots, w_n)^{\mathrm{T}} \tag{3-4}$$

（5）对判断矩阵最大特征值进行计算，见式（3-5）。

$$\lambda = \frac{1}{n} \sum_{i=1}^{n} \frac{(AW)_i}{w_i} \quad (i=1,2,\cdots,n) \tag{3-5}$$

（6）进行一致性检验，见式（3-6）。

$$CI = \frac{\lambda_{\max} - n}{n-1} \tag{3-6}$$

（7）计算一致性比例，见式（3-7）。

$$CR = \frac{CI}{RI} \tag{3-7}$$

完成这些步骤之后，排除掉不合要求的数据，剩下的数据取平均值，就能计算出该阶段评价因素最终的权重值集。

因为这个部分的权重集，经过了层次分析法层层分解、分析及运算，最终得到的结果能够与桥梁的实际情况结合良好，符合实际客观的要求，具有一定的科学性。

3. 计算评价样本矩阵

针对桥梁施工期间可能存在的风险状况，邀请相关领域的桥梁专家，对各个评价因素进行评价打分[108]。专家可根据自身深厚的专业知识，以及丰富的经验，对评价因素进行公正客观的打分。这部分可能会存在部分主观因素，但是正是因为是根据并结合了专家们自身丰富的经验和扎实的理论基础进行的打分，将使得评价的结果更加权威。设有 n 位专家为评价因素打分，共有 n 个评价因素，第 i 位专家对第 j 项评价因素的评分是 u_{ij}，则这位专家的评分，将构成一个评价样本矩阵，见式（3-8）。

$$u_{mn} = \begin{bmatrix} u_{11} & u_{12} & \cdots & u_{1n} \\ u_{21} & u_{22} & \cdots & u_{2n} \\ \vdots & \vdots & & \vdots \\ u_{m1} & u_{m2} & \cdots & u_{m3} \end{bmatrix} \tag{3-8}$$

4. 确定评价等级

关于如何确定施工期间风险因子的等级，可以结合事故研究和桥梁管养的成果和经验，对桥梁结构的损伤进行分级。建议损伤程度可以按照表 3-9 的方法划分：风险因子的分级方式始终是一项难题,至今还没有可靠的评价标准,这也是安全评价工作始终面临的一个最大的问题[109]。基于以上理论,设定桥梁施工期间风险状况评价等级,通过评价等级,对桥梁在施工期间各阶段所面临的不同风险状况划分等级,依此进行评价。

表 3-9 风险因子分级标准

风险等级	1	2	3	4	5
对应破坏情况	基本完好	轻微损伤	中度损伤	严重损伤	倒塌

5. 确定评估特征灰类值

确定评估特征灰类值指的是利用数学方法,然后再确认评价特征灰类中的可能出现的所有特征值,比方说等级数、灰数(Grey value)、灰数的白化函数(Pure functions of Grey value)。这个过程需要根据上一个阶段所确定出的评价等级,通过定性分析的特征,去确定白化函数。在白化函数中表现出转折点的值,定为阈值,用 d_1、d_2、d_3 表示。

阈值确定的理论依据中包括了许多数学思想,但是依据众多学者的总结和归纳,可以采取以下两种主要手段:① 客观阈值:该方法是利用相对科学的对应准则,利用同类比较的手段,再用经验条件加以参考,对阈值进行判定,取值;② 相对阈值:这个方法则是在统计学原理的基础上,在有着充分数据的样本矩阵中,取样本的最大值、最小值以及中间值,使得每一个数值能够和值的上限、下限以及中间值一一对应。

然后确定白化函数,由于存在不同的评价对象,方法还是有所区别。根据研究,目前有以下 3 种常见的函数确定方式:

1)上限级

灰数 $\otimes_1 \in [d_1, +\infty)$,对应的白化函数,见式(3-9)。

$$f_1(d_i) = \begin{cases} d_i/d_1 & d_i \in [0, d_1] \\ 1 & d_i \in [d_1, +\infty) \\ 0 & d_i \notin [0, +\infty) \end{cases} \quad (3\text{-}9)$$

2)中间级

灰数 $\otimes_2 \in [d_2, 2d_2)$,对应的白化函数,见式(3-10)。

$$f_2(d_i) = \begin{cases} d_i/d_2 & d_i \in [0, d_2] \\ 2 - d_i/d_2 & d_i \in [d_2, 2d_2) \\ 0 & d_i \notin [0, 2d_2] \end{cases} \quad (3\text{-}10)$$

3)下限级

灰数 $\otimes_3 \in [0, d_3, 2d_3]$,对应的白化函数,见式(3-11)。

$$f_3(d_i) = \begin{cases} 1 & d_i \in [0, d_3] \\ \dfrac{2d_3 - d_i}{2d_3 - d_3} & d_i \in [d_3, 2d_3) \\ 0 & d_i \notin [0, 2d_3] \end{cases} \quad (3\text{-}11)$$

上面 3 种白化函数的曲线图，如图 3-3 所示。

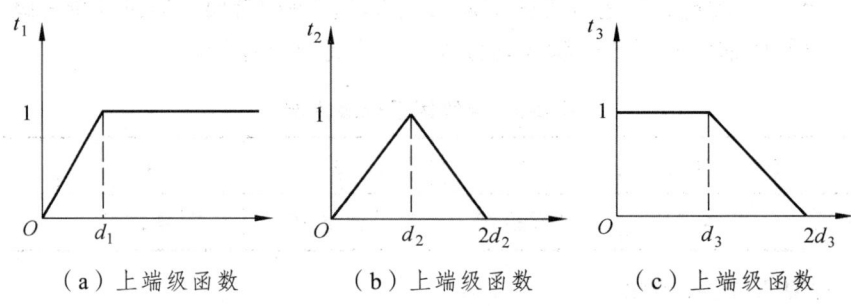

图 3-3 白化函数曲线图

6. 灰色统计数值的计算

采用灰色理论的基本思想，以对应评价样本矩阵为基础，对属于不同白化函数的每个评价因素所对应灰色统计数数值 n_{ij} 进行计算。以此为基础，把计算所有的灰色统计数数值 n_{ij} 相加，就能计算出对应于此评价因素的总体灰色统计数数值大小。该值为 $n_i = n_{i1} + n_{i2} + \cdots + n_{ig}$。其中，可采用公式 $n_{ij} = \sum_{j=1}^{n} f_i(d_i)$ 对灰色统计数 n_{ij} 进行求解，而其对应的总灰色统计数数值则可以运用计算公式 $n_i = \sum_{j=1}^{n} n_{ij}$ 进行计算。

7. 计算对应权矩阵和对应评估权重

结合具体实例的情况，将各个专家对此项目中第 i 个评价因素指标所进行的评价综合并进行分析，计算标准等级的评估权重，若评价标准等级属于第 i 种，则评估权重为：$v_{ij} = \dfrac{n_{ij}}{n_i}$。

通过以上公式，可以求得其对应的灰色模糊评价权矩阵，见式（3-12）。

$$v = \begin{bmatrix} v_{11} & v_{12} & \cdots & v_{1g} \\ v_{21} & v_{22} & \cdots & v_{2g} \\ \vdots & \vdots & & \vdots \\ v_{n1} & v_{n2} & \cdots & v_{ng} \end{bmatrix} \quad (3\text{-}12)$$

3.2.3.2 蕰藻浜 I 线特大桥施工评价模型建立

1. 评价因素集

建立的风险评价因素集如表 3-10 所示。

运用表 3-10 中的评价因素集，对蕰藻浜 I 线特大桥施工进行评判，能够详尽并且全方位地得到此工点在以上风险因素影响下的状况，并且能够全面地反映桥梁整个施工期间需要面临的风险状况，以及重要的危险性的出处。所以，如上进行层次分类，对于蕰藻浜 I 线特大桥施工期间风险评估的研究是有效、全面、科学的。

表 3-10　沪通铁路蕴藻浜Ⅰ线特大桥施工期间风险评价因素

第一层	蕴藻浜Ⅰ线特大桥施工期间风险 X	
第二层	自然灾害 A	人员构成灾害 B
	深基坑边坡失稳 A_1	桩基、基础坍塌，影响既有线及行车安全 B_1
	结构垮塌 A_2	既有线接触网故障、中断 B_2
	施工冲突 A_3	地下管线破坏、中断 B_3
		施工时机械设备侵入既有线限界，影响行车安全 B_4
		船撞作业平台，影响新线施工质量 B_5
		钻孔桩施工影响地铁衬砌结构安全 B_6
		泥浆池防护风险 B_7
		128 m 钢桁梁横移影响既有线安全 B_8
		硬隔离施工影响既有线行车安全 B_9

2. 评价因素集权重的计算

对于各个风险评价因素权重的计算，运用层次分析法进行分析。对于风险因素集分别进行分层的比较，并通过计算，得出每个风险评价因素所对应权重的数值大小[110]。

对于自然灾害风险 $A=(A_1,A_2,A_3)$，邀请 5 位桥梁施工领域的专家，对各个风险因素构造比较判断矩阵。

以专家 1 构造的判断矩阵举例，如表 3-11 所示。

表 3-11　1 号专家构造的判断矩阵集

自然灾害风险	深基坑边坡失稳 A_1	结构垮塌 A_2	施工冲突 A_3
深基坑边坡失稳 A_1	1	2	3/2
结构垮塌 A_2	1/2	1	3/4
施工冲突 A_3	2/3	4/3	1

即：

$$\begin{bmatrix} 1 & 2 & 3/2 \\ 1/2 & 1 & 3/4 \\ 2/3 & 4/3 & 1 \end{bmatrix}$$

对此矩阵进行计算得其特征向量为：

$$W=[0.441\,6\quad 0.255\,1\quad 0.303\,3]^T$$

对该向量进行最大特征值的计算，得：

$$\lambda_{\max}=3$$

然后对其做一致性检验，可得 $CI=0$，通过查询可知，由 $n=3$ 能够得出 $RI=0.58$，最后计算出 $CR=0<0.1$，符合要求。所以，该组数据属于有效数据。

同理，对其余 4 位专家所构造的判断比较矩阵进行权重计算，如表 3-12 ~ 3-15 所示。

表 3-12 2 号专家构造的判断矩阵集

自然灾害风险	深基坑边坡失稳 A_1	结构垮塌 A_2	施工冲突 A_3
深基坑边坡失稳 A_1	1	3/2	5/4
结构垮塌 A_2	2/3	1	5/7
施工冲突 A_3	4/5	7/5	1

表 3-13 3 号专家构造的判断矩阵集

自然灾害风险	深基坑边坡失稳 A_1	结构垮塌 A_2	施工冲突 A_3
深基坑边坡失稳 A_1	1	8/5	6/5
结构垮塌 A_2	5/8	1	3/5
施工冲突 A_3	5/6	5/3	1

表 3-14 4 号专家构造的判断矩阵集

自然灾害风险	深基坑边坡失稳 A_1	结构垮塌 A_2	施工冲突 A_3
深基坑边坡失稳 A_1	1	9/5	7/5
结构垮塌 A_2	5/9	1	7/8
施工冲突 A_3	5/7	8/7	1

表 3-15 5 号专家构造的判断矩阵集

自然灾害风险	深基坑边坡失稳 A_1	结构垮塌 A_2	施工冲突 A_3
深基坑边坡失稳 A_1	1	7/4	7/5
结构垮塌 A_2	4/7	1	4/5
施工冲突 A_3	5/7	5/4	1

分别对此 5 个矩阵进行计算，结果如表 3-16 所示。

表 3-16 蕰藻浜施工期间自然灾害风险因素权重专家赋值

编号	W_1	W_2	W_3	λ_{max}	CI	CR	一致性检验
1	0.461 5	0.230 8	0.307 7	3	0	0	满足
2	0.404 0	0.255 8	0.340 2	3.002 6	0.001 3	0.002 2	满足
3	0.403 6	0.234 2	0.362 2	3.005 5	0.002 8	0.004 8	满足
4	0.441 6	0.255 1	0.303 3	3.001 5	0.000 8	0.001 4	满足
5	0.437 5	0.250 0	0.312 5	3	0	0	满足

可见表 3-16 中的数据均能通过一致性检验，故该 5 组数据均有效。再将这些数据计算平均值，则能够得到这 5 位专家对于该风险的评估值，即 $W_{A1} = 0.4296$，$W_{A2} = 0.2452$，$W_{A3} = 0.3252$。同理，能够计算出人为灾害风险因素权重的专家赋值，如表 3-17 所示。

表 3-17　蕴藻浜施工期间人为灾害因素权重专家赋值

编号	W_1	W_2	W_3	W_4	W_5	W_6	W_7	W_8	W_9	λ_{max}	CI	CR	一致性检验
1	0.1077	0.2035	0.0862	0.2197	0.0272	0.0539	0.0431	0.1508	0.1077	9.0262	0.0033	0.0023	通过
2	0.1079	0.1625	0.0893	0.2158	0.0240	0.0540	0.0360	0.1737	0.1369	9.0177	0.0022	0.0015	通过
3	0.0838	0.2393	0.0562	0.2593	0.0228	0.0419	0.0292	0.1663	0.1012	9.0570	0.0071	0.0049	通过
4	0.1011	0.2389	0.1140	0.1538	0.0340	0.0510	0.0410	0.1430	0.1225	9.3002	0.0375	0.0259	通过
5	0.1189	0.1797	0.0949	0.1928	0.0297	0.0476	0.0396	0.1539	0.1429	9.0496	0.0062	0.0043	通过

即 $W_{B1} = 0.1041$，$W_{B2} = 0.2048$，$W_{B3} = 0.0881$，$W_{B4} = 0.2083$，$W_{B5} = 0.0275$，$W_{B6} = 0.0497$，$W_{B7} = 0.0377$，$W_{B8} = 0.1576$，$W_{B9} = 0.1222$。

再通过由 5 位专家给出的自然灾害和人为灾害这两个因素所占比重，即专家一：$W_{11} = 0.62$，$W_{21} = 0.38$；专家二：$W_{12} = 0.60$，$W_{22} = 0.40$；专家三：$W_{13} = 0.55$，$W_{23} = 0.45$；专家四：$W_{14} = 0.58$，$W_{24} = 0.42$；专家五：$W_{15} = 0.44$，$W_{25} = 0.56$。计算平均值 $W_1 = 0.5580$，$W_2 = 0.4420$。
$W = \{(W_{A1}, 0.2397), (W_{A2}, 0.1368), (W_{A3}, 0.1815), (W_{B1}, 0.0460), (W_{B2}, 0.0905), (W_{B3}, 0.0389), (W_{B4}, 0.0921), (W_{B5} = 0.0122), (W_{B6} = 0.0219), (W_{B7} = 0.0167), (W_{B8} = 0.0696), (W_{B9} = 0.0540)\}$。

上述公式中 (W_i, X) 表示：第 W_i 个元素的权重值为 X。

3. 评价样本矩阵

邀请与此相关领域的 5 位专家，对以上参考的风险因素发生的可能性进行打分，将以上风险因素根据现场的具体情况用数值表示出来，数值区间为[0，10]，数值从小到大表示风险发生大小的程度。可得到评价样本矩阵为：

$$u = \begin{pmatrix} 7 & 3 & 5 & 5 & 4 & 6 & 6 & 5 & 8 & 3 & 6 & 2 \\ 6 & 2 & 6 & 3 & 3 & 5 & 7 & 3 & 7 & 4 & 7 & 2 \\ 5 & 3 & 5 & 5 & 5 & 7 & 6 & 4 & 6 & 3 & 8 & 4 \\ 6 & 2 & 4 & 4 & 3 & 7 & 5 & 3 & 7 & 2 & 7 & 3 \\ 7 & 4 & 3 & 2 & 2 & 8 & 5 & 6 & 5 & 2 & 6 & 1 \end{pmatrix}$$

在这 5 位专家的打分方法中，由于各个专家是擅长不同领域，且考虑问题的方法方式以及综合性亦有所不同，因此对于各个因素的打分有所差别，具有一定的主观性，但正是由于专家丰富的经验，使得此项打分更具有权威性，所打的分数，依旧能够符合蕴藻浜 I 线特大桥钢桁梁施工期间的实际状况。

4. 评价等级

根据上文中对评价等级的叙述，查阅了桥梁风险相关资料，再参考测度理论，可将桥梁施工期间风险分为 5 个等级，分别为一类到五类。相对应的评价等级为：$V=(9,7,5,3,1)$。其中，风险程度以及应采取的措施程度分级见表 3-18。

表 3-18 风险分级表

风险等级	风险产生的概率	措 施
一类风险	风险产生的概率及损失均较大	应引起高度重视，采取相应措施予以避免
二类风险	风险产生的概率一般，但损失较大	应引起有关部门注意，采取措施避免或降低风险
三类风险	风险产生的概率及损失均一般	应采取相应手段予以减少风险损失
四类风险	风险产生概率较小且损失均一般	需提高防范意识，避免发生即可
五类风险	风险产生的概率较小且损失较小	对其进行一般防护即可

5. 评估特征灰类值

f_k 为 k 类白化函数，$f_k(d_i)$ 为 d_i 在 k 类白化函数上的白化值，将风险等级划分为 5 级，说明共有 5 类白化函数，y_k 为 f_k 的值，x 为样本值，则：

f_1（上类白化函数）：

$$y_1 = \frac{x}{9}, x \in [0,9); \quad y_1 = 0, x \geq 9$$

f_2（中类白化函数）：

$$y_2 = \frac{x}{7}, x \in [0,7); \quad y_2 = -\frac{x}{7}+2, x \in [7,14); \quad y_2 = 0, x \geq 14$$

f_3（中类白化函数）：

$$y_3 = \frac{x}{5}, x \in [0,5); \quad y_3 = -\frac{x}{5}+2, x \in [7,10); \quad y_3 = 0, x \geq 10$$

f_4（中类白化函数）：

$$y_4 = \frac{x}{3}, x \in [0,3); \quad y_4 = -\frac{x}{3}+2, x \in [3,6); \quad y_4 = 0, x \geq 6$$

f_5（中类白化函数）：

$$y_5 = 1, x \in [0,1); \quad y_5 = -\frac{x}{1}+2, x \in [1,2); \quad y_5 = 0, x \geq 2$$

6. 灰类统计数

分析评价指标深基坑边坡失稳 A_1，以专家评价矩阵为基础，我们能够得出该指标是各个评价标准的灰统计值的一部分。

评价指标 A_1 属于一类白化函数的统计值：

$$n_{11} = f_1(u_{11}) + f_1(u_{21}) + f_1(u_{31}) + f_1(u_{41}) + f_1(u_{51}) = 2.888\,9$$

评价指标 A_1 属于二类白化函数的统计值：

$$n_{12} = f_2(u_{11}) + f_2(u_{21}) + f_2(u_{31}) + f_2(u_{41}) + f_2(u_{51}) = 3.714\ 3$$

评价指标 A_1 属于三类白化函数的统计值：

$$n_{13} = f_3(u_{11}) + f_3(u_{21}) + f_3(u_{31}) + f_3(u_{41}) + f_3(u_{51}) = 4.400\ 0$$

评价指标 A_1 属于四类白化函数的统计值：

$$n_{14} = f_4(u_{11}) + f_4(u_{21}) + f_4(u_{31}) + f_4(u_{41}) + f_4(u_{51}) = 1.333\ 3$$

评价指标 A_1 属于五类白化函数的统计值：

$$n_{15} = f_5(u_{11}) + f_5(u_{21}) + f_5(u_{31}) + f_5(u_{41}) + f_5(u_{51}) = 0.000\ 0$$

计算评价指标 A_1 的总灰类统计值：

$$n_{A_1} = n_{11} + n_{12} + n_{13} + n_{14} + n_{15} = 12.336\ 5$$

同理，按照以上方法计算出其余指标属于各类白化函数的统计值与总灰类统计值。

7. 各子因素灰类评估

计算深基坑边坡失稳风险 A_1 对于每一种风险类别的隶属度值，做归一化处理得：

$$v_{11} = n_{11}/n_{A_1} = 3.444\ 4/12.006\ 4 = 0.286\ 9$$

$$v_{12} = 0.368\ 9,\ v_{13} = 0.316\ 5,\ v_{14} = 0.027\ 8,\ v_{15} = 0.000\ 0$$

即

$$V_{A_1} = (0.286\ 9,\ 0.368\ 9,\ 0.316\ 5,\ 0.027\ 8,\ 0.00\ 0)$$

由最大隶属度可得，深基坑边坡失稳风险 A_1 属于二类风险，属于程度到达 0.368 9，应引起有关部门注意，采取措施避免或降低风险。同理，可以通过此方法计算其余各子因素所对应各风险等级的隶属度值，确定各子因素的风险类别，针对不同类别的风险因素采取相应的措施，其余指标风险类别的隶属度确定如下：

$$V_{A_2} = (0.150\ 2,\ 0.193\ 1,\ 0.270\ 4,\ 0.386\ 3,\ 0.000\ 0);$$

$$V_{A_3} = (0.206\ 5,\ 0.265\ 5,\ 0.339\ 4,\ 0.188\ 6,\ 0.000\ 0);$$

$$V_{B_1} = (0.181\ 6,\ 0.233\ 5,\ 0.326\ 9,\ 0.258\ 1,\ 0.000\ 0);$$

$$V_{B_2} = (0.165\ 9,\ 0.213\ 3,\ 0.298\ 7,\ 0.322\ 1,\ 0.000\ 0);$$

$$V_{B_3} = (0.310\ 0,\ 0.374\ 4,\ 0.287\ 4,\ 0.028\ 2,\ 0.000\ 0);$$

$$V_{B_4} = (0.278\ 9,\ 0.358\ 6,\ 0.334\ 7,\ 0.027\ 9,\ 0.000\ 0);$$

$$V_{B_5} = (0.179\ 0,\ 0.230\ 2,\ 0.322\ 3,\ 0.268\ 5,\ 0.000\ 0);$$

$$V_{B_6} = (0.327\ 1,\ 0.395\ 8,\ 0.277\ 1,\ 0.000\ 0,\ 0.000\ 0);$$

$$V_{B_7} = (0.150\ 2,\ 0.193\ 1,\ 0.270\ 4,\ 0.386\ 3,\ 0.000\ 0);$$

$$V_{B_8} = (0.327\ 1,\ 0.395\ 8,\ 0.277\ 1,\ 0.000\ 0,\ 0.000\ 0);$$

$$V_{B_9} = (0.136\ 3,\ 0.175\ 3,\ 0.245\ 4,\ 0.340\ 8,\ 0.102\ 2)$$

由上可知：A_2 属于四类风险，隶属程度为 0.386 3；A_3 属于三类风险，隶属程度为 0.339 4；B_1 属于三类风险，隶属程度为 0.326 9；B_2 属于四类风险，隶属程度为 0.322 1；B_3 属于二类风险，隶属程度为 0.377 4；B_4 属于二类风险，隶属程度为 0.358 6；B_5 属于三类风险，隶属程度为 0.322 3；B_6 属于二类风险，隶属程度为 0.395 8；B_7 属于四类风险，隶属程度为 0.386 3；B_8 属于二类风险，隶属程度为 0.395 8；B_9 属于四类风险，隶属程度为 0.340 8。指标 A_1、B_3、B_4、B_6、B_8 属于二类风险，针对这几个风险因素应该在相应方面加强管理，及时采取措施避免或降低风险。

8. 灰类总评估

根据每个指标对于各风险类别的隶属度值得到最终的模糊评价矩阵：

$$V = \begin{bmatrix} 0.286\,9 & 0.150\,2 & 0.206\,5 & 0.181\,6 & 0.165\,9 & 0.310\,0 & 0.278\,9 & 0.179\,0 & 0.327\,1 & 0.150\,2 & 0.327\,1 & 0.136\,3 \\ 0.368\,9 & 0.193\,1 & 0.265\,5 & 0.233\,5 & 0.213\,3 & 0.374\,4 & 0.358\,6 & 0.230\,2 & 0.395\,8 & 0.193\,1 & 0.395\,8 & 0.175\,3 \\ 0.316\,5 & 0.270\,4 & 0.339\,4 & 0.326\,9 & 0.298\,7 & 0.287\,4 & 0.334\,7 & 0.322\,5 & 0.277\,1 & 0.270\,4 & 0.277\,1 & 0.245\,4 \\ 0.027\,8 & 0.386\,3 & 0.188\,6 & 0.258\,1 & 0.322\,1 & 0.028\,2 & 0.027\,9 & 0.268\,5 & 0.000\,0 & 0.386\,3 & 0.000\,0 & 0.340\,8 \\ 0.000\,0 & 0.000\,0 & 0.000\,0 & 0.000\,0 & 0.000\,0 & 0.000\,0 & 0.000\,0 & 0.000\,0 & 0.000\,0 & 0.000\,0 & 0.000\,0 & 0.102\,2 \end{bmatrix}$$

9. 评价结果

$$X = W \cdot V = (0.211\,5,\ 0.266\,2,\ 0.302\,8,\ 0.217\,2,\ 0.002\,2)$$

此结果表示：此项目的综合评价结果属于一类风险的程度为 0.211 5；属于二类风险的程度为 0.266 2；属于三类风险的程度为 0.302 8；属于四类风险的程度为 0.217 2；属于五类风险的程度为 0.002 2，按照最大隶属度的规则，我们可以判定蕰藻浜Ⅰ线特大桥钢桁梁施工期间的施工风险等级为"三类"，且隶属于三类风险的数值为 0.302 8，并且跟属于二类的程度很接近，说明其施工风险的状态属于三类偏高的程度。同时，由风险因素评价矩阵可以得知，本项目中风险程度较高的主要因素是 A_1、B_3、B_4、B_6、B_8，即：深基坑边坡失稳；地下管线破坏、中断；施工时机械设备侵入既有线限界，影响行车安全；钻孔桩施工影响地铁衬砌结构安全；128 m 钢桁梁横移影响既有线安全。这些因素对蕰藻浜Ⅰ线特大桥钢桁梁施工风险大小有着重要的影响，在施工过程中应加大这方面的控制，采取相应的风险保障措施。

3.3 蕰藻浜Ⅰ线特大桥施工安全风险管理

项目风险被识别、分析和评价后，管理人员可按照项目总体目标，规划并选择合理的风险管理策略，以尽可能地降低项目风险的潜在损失，提高对项目风险的控制能力。一般可分为风险回避、风险转移、风险缓解和风险自留 4 种方法。考虑本项目竖转过程中存在风险较大、风险概率高、风险损失大，故可采用购买保险等风险转移办法和优化施工组织、增强施工纪律等风险缓解的方法进行风险的控制与管理。

蕰藻浜Ⅰ线特大桥施工安全风险的管理是在对该工程安全风险进行识别和评价及安全风

险等级进行评定的基础上，针对本工程存在的自然环境原因、人员构成原因和其他原因 3 个方面的安全风险源的特点，按照此 3 个风险源评价的结论，识别的 3 类风险及Ⅰ、Ⅱ等级的风险，通过采取有效和有针对性的防范措施和控制，实现预防和消除隐患，确保安全施工和行车，从而实现本工程的安全风险管理目标。

3.3.1　蕰藻浜Ⅰ线特大桥施工自然环境原因的安全风险管理

本工程自然环境原因安全风险源主要是地基塌陷、结构垮塌和施工冲突等级的安全风险。其中，地基塌陷和结构垮塌是Ⅰ级风险，施工冲突是Ⅱ级风险，按照风险防范措施的侧重点，对自然环境原因安全风险的地基塌陷和结构垮塌的Ⅰ级风险和施工冲突的Ⅱ级风险管理等分别进行阐述。

3.3.1.1　自然环境原因安全风险中地基和结构Ⅰ级安全风险管理

1. 桩基施工的安全风险管理防控措施

为确保临近既有线铁路的行车与施工安全，在合理优化施工场地整体布局的前提下优化桩基施工、合理设置钻机位置，以最大程度减少对既有铁路路基本体的扰动，从根本上消除安全隐患[111]。所述工程项目蕰藻浜桥的桩基施工采用的安全风险防护措施如下：

首先，要求所有施工作业人员必须经过培训和教育，了解和掌握既有线施工安全风险的基本知识和安全作业的常识才能进入现场施工，特种作业人员应确保持证上岗。其次，现场施工前需完成三电迁改、查明附近地区的高压输电线路，地下管线、通信电缆、周围构筑物等分布情况，并采取针对性的安全防范措施。同时，施工现场应做好三通一平工作，做好施工现场的排水、排渣的组织工作。

插打钢板桩尽量利用列车行驶天窗时间进行，还应特别注意在插打时，应与既有线接触网保持 2 m 的安全距离[112]。钻机就位前，对主要机具配套设备进行检查、保养，确保状态良好。

钢筋笼吊装施工时要严格按照《起重机械安全规程》的要求操作，安装钢筋笼时，要在钢筋笼下方设置麻绳牵引，防止钢筋笼向既有铁路一侧移动、侵入既有线安全距离。

2. 承台基坑开挖及支护安全风险管理防控措施

在既有线施工安全风险管理中，承台施工的基坑开挖对既有线的路基影响最大，是既有线施工的重大安全风险源。而京沪铁路线路速度等级较高，运行的是动车组列车，对路基沉降的要求标准更高。根据《铁路工务安全规则》（铁运〔2006〕177 号）、《上海铁路局营业线施工安全审批办法》（上铁办发〔2002〕209 号）、《关于进一步明确营业线施工安全责任的意见》（上铁安发〔2005〕82 号）、《上海铁路局临近营业线施工安全管理办法》（上铁运函〔2009〕451 号）等规定，营业线施工安全监督是工务"五防三控三加强"安全防控体系工作内容之一，各工务段应加强营业线施工安全监督的管理，落实各项管理制度，严格执行"先防护后处理"的原则；除紧急情况下灾害、事故的抢险抢修作业，以及由工务段组织进行的线路、路基等设备日常维修保养作业外，对于可能影响工务设备安全、稳定和使用的各项施工，各施工单位必须按规定报路局工务处进行施工安全审批，未经审批同意，禁止任何单位和个人擅自施工。为实时掌握线路的动态水平变化，避免由于路基沉降造成行车事故，施工时成立了沉降观测小组，购置了精密电子水准仪，制订了沉降观测方案。

3. 防护棚架施工安全风险管理防控措施

防护棚架施工是整个既有线施工的重点和难点，是蕰藻浜Ⅰ线特大桥既有铁路施工安全风险管理的主要风险源，对既有线的行车安全影响最大。在每次防护棚架要点施工前 1 h，需做好吊装作业的一切准备工作，等待要点施工命令的下达。防护棚架施工主要是起吊和焊接作业，是安全风险控制的两个关键点，是必须在封锁计划时间内进行的作业内容。在每次要点施工计划开始前，要组织所有施工人员、安全防护人员进行班前讲话，强调当日的施工作业内容以及施工过程中可能出现的安全隐患，需要采取的防范及应急处理措施等进行逐一交底。而且，在施工过程中要做好"一人一机"的防护措施，在施工开始前，防护人员都要对每台吊车的起重设备、机具等进行仔细检查，保持起重设备的工况良好。

防护棚架施工时的钢管立柱及剪刀撑、平联等连接处的焊接质量也是安全风险管理中重要的风险源，因为焊接质量是否达标将会直接影响防护棚架的整体结构安全，同时也会降低其结构的承载力等级。所以，在施工过程中，组织检测人员对焊接质量进行逐点检查，确保全部焊接达到质量要求也是防护棚架施工安全风险管理的重点。而且，不仅要在焊接过程中对焊接质量进行检查，在防护棚架施工完成后投入使用的整个施工期间，通过制订的《防护棚架检查制度》，要对防护棚架进行定期检查，发现焊缝脱焊或者出现其他问题时应立即组织施工人员对棚架进行加固，对焊点进行加强，从而确保防护棚架的结构安全和稳定，消除对既有线的行车安全影响。

4. 既有线接触网安全风险防护措施

既有线电力机车供电的接触网是 27.5 kV 高压电，一旦出现接触网碰撞、短路等事故，就会发生列车停车、人员触电伤亡的严重事故。所以，各种设备必须与接触网保持 2 m 以上的安全距离，同时各种设备、机械、车辆等还必须做好接地处理。由于蕰藻浜桥的群桩基础施工距离既有线较近，为避免施工过程中由于机械设备等侵入接触网安全距离而发生事故，在施工时采取了将施工范围内的既有线接触网的回流线改移到地下的方法进行防护，同时将接触网上的承力索用特殊绝缘皮进行包裹，使各种设备施工时对既有线接触网及回流线的影响也基本消除。

在起重吊装等作业时，由于起吊物受作业人员的操作水平、风力等因素的影响而出现不同程度的摆动，为确保安全，采取了在起吊物上下两端拉两根缆风绳的防护措施，通过人工调整来控制起吊物的摆动方向，避免起吊物摆向既有铁路一侧而侵入安全距离。通过此种措施，确保了施工及既有铁路设备的安全。

3.3.1.2 自然环境原因安全风险中施工场地冲突的Ⅱ级安全风险管理

由于本工程的施工现场条件是周边场地狭小，既有京沪铁路、黄封铁路呈三角形交叉，施工现场地面与地下的电力、通信、光缆等管线繁多，使得蕰藻浜桥施工难度极大。施工项目经理部通过周密的规划和讨论，对现有的场地进行了合理利用和改造，设置了现场安全检查值班室、焊接车间等生产用房、储料场地等。同时，所有临时施工便道采用 60 cm 建筑垃圾及 20 cm 混凝土铺设，保证施工便道的畅通，工程用水及生活用水均采用地下水井抽取地下水，水质经检测后洁净达标、无污染，满足施工及生活用水要求。

蕰藻浜Ⅰ线特大桥段在既有线的施工及生活区采用市网供电，但仍需配备一定数量的发电机以备急需。同时，临时驻地明确设置联系方式，加强沟通联系。作业工区领导、现场施工技术人员等配备专用通信工具，以确保信息传递畅通。做好现场场地平整，以保证现场的"三通一平"。这些基本措施，都是做好既有线施工安全风险管理的重要前提条件。

在做好施工场地规划的同时还要做好地下管线的迁改工作。首先，要做好地下管线的勘测与防护工作。在施工前，与铁路局相关设备管理单位取得联系，核查既有设备情况，查清地下管线、电缆等隐蔽设施的准确位置，无法确定位置的组织设计、施工、监理、设备管理单位共同进行现场探查、核实，划定需要进行防护处理的施工范围，并与各单位签订施工配合安全协议，明确各方的安全责任和配合任务。其次，对隐蔽设施可采用探测或轻挖坑、探沟确认其位置，探挖时请设备管理单位人员现场进行指导。对靠近营业线施工范围内非铁路设备的其他地下管线、电缆等隐蔽设施，要主动与其他单位进行联系，探查、核实地下管线埋设的深度、位置。未探明地下设施的，严禁随意、盲目开挖。在地下设施附近进行基础施工时，必须设置明显防护标志并设专人现场防护后，方可进行作业，以防止挖断、压断、碰断电缆、管道、网线等。在作业时，严格控制人员、机械设备的作业范围。在地下管线、设施等保护范围设置警戒标志线，所有施工作业人员必须在限界以外作业、严禁侵入警戒线范围。同时，在施工时采用铺碎石路面或垫设 1 cm 厚的钢板等措施，以保护地下各种铁路设施的安全。施工范围内的地上铁路设施采用钢板罩遮盖，以防施工机械碰撞损坏铁路行车设备。

对于一般管线，首先查清走向及位置，联系产权单位，进行防护标示或迁改，与设备管理单位共同做好施工现场对地下管线的防护和监控，在打入钢板桩施工时，时时进行跟踪监测，使地下管线的安全风险始终处于可控的范围之内。对重要的管线，如军用、涉密等无法查找资料且现场调查难以确认的管线，探明后要及时上报有关上级单位并做好现场保护。

在施工前还要做好对作业人员的培训教育工作，提高全体作业人员对地下管线的安全风险防范意识。在遇到有地下管线等设备、设施时，要提前与设备管理单位签订配合施工安全协议并将防护措施落实到位。在设备管理单位配合人员现场监控、防护下，共同查清地下管线的走向和位置后，做好有效的防护或迁改措施，以防挖断、损伤地下管线。教育作业人员学习、掌握、落实"十严禁"，即严禁在地下管线不明时、无探测保护措施、未进行安全交底、作业人员未经培训、未探明管线、未做好防护、安全风险管理人员和设备管理单位人员未到位、大型机械无专人防护管理等情况下施工和严禁损伤管线不报告、在裸露的管线附近乱挖、点火等现象。

通过上述对自然环境原因Ⅰ、Ⅱ等级的安全风险采取有针对性的防范措施，对本工程自然环境原因的安全风险进行了有效的管理和控制，在地基塌陷、结构垮塌、施工冲突的Ⅰ、Ⅱ等级的安全风险管理中起到了很好的效果，确保了本工程安全风险管理目标的顺利实现。

3.3.2 蕰藻浜Ⅰ线特大桥施工人员构成原因的安全风险管理

根据上述对本工程进行的风险识别和评价，人员构成原因的安全风险分为 5 类，其有 2

项Ⅰ等级风险，3 项Ⅱ等级风险。为了做好各等级风险的管理工作，确保施工安全和既有铁路行车的绝对安全，对于人员构成原因安全风险首先采取的风险管理的主要和有效的方法是制订完善的既有线施工安全风险管理体系和组织机构，这是确保既有线行车安全和施工安全的基础，是规范管理、确保安全施工的前提条件。通过强有力的安全风险管理体系和组织机构及制度保障，能够使行车安全管理和施工安全的人员构成原因的安全风险管理始终处于可控状态，从而消除各种安全隐患，从根本上和制度上保障了各项任务的顺利完成。

3.3.2.1 针对人员构成原因安全风险管理建立既有线施工安全风险管理体系

为消除人员构成原因安全风险源，针对前述对工程人员构成原因安全风险识别、评价，对桩基、基础等施工的Ⅰ级风险和接触网、管线、机械倾覆等Ⅱ级风险，建立了施工安全风险管理体系，制订了奖罚、教育培训、安全检查、大型机械管理以及事故调查与处理等各项安全管理制度，明确了消灭一般 D 类及以上事故的营业线施工安全管理目标[113]。同时，为了进一步细化安全管理制度、明确安全管理责任，该工程项目成立了既有线施工安全风险管理领导小组，组长由项目经理担任，领导小组办公室设在安全质量部，成立施工安全防护、检查整改落实组、施工配合协调组 3 个小组，使日常的安全检查及整改落实常态化。为了明确岗位工作职责，领导小组将安全风险管理责任细化至每个人头上的具体分工，同时有具体的考核办法，与当月管理人员的个人效益工资挂钩。通过安全风险管理体系与责任制的建立与实施，有效地提升了全体人员既有线施工安全风险管理的责任意识和做好安全风险管理工作的积极性，并提高了既有线施工及安全风险管理的工作效率，从制度上对既有线行车及施工安全提供了保证。

项目部组织由上海铁路局对所有参与施工的人员进行了既有线施工安全培训，作业人员经考试合格并取得了操作合格证，可以上岗作业。对作业人员的教育、培训、考试形成记录和台账备查。机械进场后安排经安全培训合格的安全员及防护员采取"一机一人"制防护，安全员与防护员采取 12 h 轮班制度，保障施工时既有线的安全；对沿铁路线各个工点、公路桥下铁通、电力、信号等地下管线进行排查，并与设备管理单位和七标现场进行签认，确认无误后方可进场施工；所有施工机械设备进场时安全质量部、物机部必须填报《大型机械设备登记表》，对设备的型号、名称、编号、证书、高度、状况，以及操作人员、操作证等进行登记、编号管理。在施工过程中每日统计表上动态反映出施工地点、危险源点、防护人员、防护措施等，以利于动态监控；根据施工现场实际情况，场内施工便道采用砖渣碎石填筑，路面设单向 2%横坡，内高外低，确保施工场地排水通畅，无积水。钻机平台要求平整、稳定，并对钻机拉缆风绳固定，防止倾覆；钻孔桩施工时，采用钢护筒进行防护，同时控制好钻机进尺速度，按规范要求配制泥浆比重，防止钻孔过程塌孔影响既有线路稳定。同时加强对既有线路路基的位移及沉降观测，做好详细记录，及时反馈给设备运营管理部门，掌握轨面变化情况，及时采取应急措施。

3.3.2.2 针对人员构成原因安全风险管理建立既有线施工安全风险管理组织机构

1. 成立既有线施工安全风险管理领导小组

既有线施工安全风险管理组织机构（见图 3-4）主要是成立既有线施工领导小组，组长由项目经理担任,副组长由该工程项目书记和安全、生产、物资副经理担任[114]。领导小组下设安全风险管理办公室,设置在安全质量部,办公室设施工防护组,主要职能是安排施工防护员、现场检查及值守等工作;安全检查整改落实组的主要职能是对施工中安全风险源的日常检查、识别及风险源的消除与警示,以及安全隐患的盯控整改等工作;施工协调配合组的主要职能是做好与上海铁路局及各设备管理单位人员的协调、配合工作,其他部门如工程管理部、物资设备部、计划合同部、财务部等部门共同参加既有线施工安全风险管理,从而实现各部门、全员齐抓共管,群策群力把好既有线施工安全风险管理关的局面。

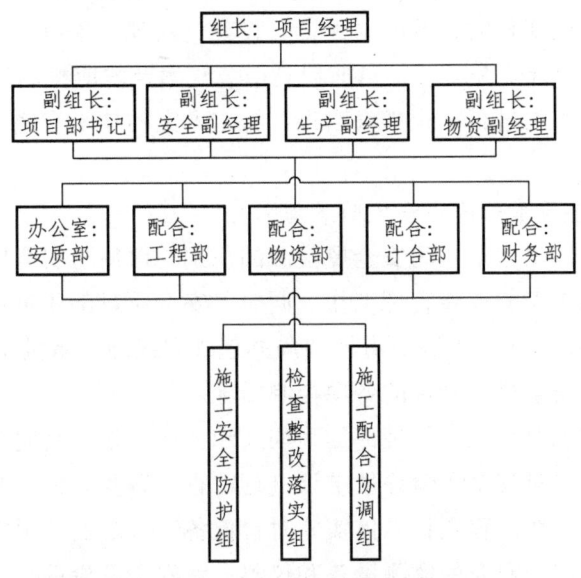

图 3-4　既有线施工安全风险管理组织机构图

2. 明确既有线施工各管理部门的安全风险管理职责

1)工程项目经理部的安全风险管理职责

工程项目经理部的安全风险管理职责主要是对整个工程项目的所有风险源进行整体分析和评估,对风险管理始终进行全面动态的监控和管理,重点是针对识别的风险源制订有效的风险防范措施和管理制度,以防范和控制风险的发生,实现安全生产的目的[115]。在本书所述工程项目中,蕰藻浜Ⅰ线特大桥段项目经理部全面组织和协调跨既有铁路施工期间的风险识别、评估与管理工作,确定了风险源、制订了有效的有针对性地对风险管理的检查、监控、消除制度,全过程实现了对工程项目安全风险的管理。

2)工程项目经理部各工区的安全风险管理职责

工程项目经理部各工区的安全风险管理职责是从制度上、现场管理上编制、制订既有线安全风险管理实施细则及办法,督促落实本工区开展施工期间的既有线安全风险评估和管理工作,对风险评估结果及施工期间的各项安全风险控制措施的应用情况进行安全风险管理评估总结汇报。同时,各工区的管理职责还包括明确本工区各部门的风险管理职责,配备专职的现场安全风险管理人员,并配备相应的检查、检测仪器,对关键的施工内容及关键工序施工时的作业人员要进行全面的现场监控和管理,并组建专业施工人员,配备相应的设备、机具,严格按照批准后的施工组织方案及安全专项方案组织实施工程项目。

3）工程项目部工程管理部的安全风险管理职责

项目部工程管理部的安全风险管理职责是编制既有线施工组织方案并报批。同时，按照审查通过、批准实施的施工组织及安全专项方案编制作业指导书和实施方案，组建专业检查人员，配备相应的设备、仪器，并负责检查各工区作业人员是否严格按批准的施工组织及安全专项方案组织实施工程项目。同时，工程部还要与安全质量部密切协作，共同组织对施工阶段进行全面地安全风险评估和风险源的排查，施工过程中，还要对风险源的控制进行全过程动态监控、管理，督促作业人员严格执行已批准的施工组织及安全方案。当已评估并有防范措施的安全风险源发生变化时，及时向建设、设计、监理等单位上报发生变化的风险源的内容及发生时间等，并配合安全质量部迅速启动应急预案及响应机制等[116]。此外，项目部工程管理部还负责对施工人员进行安全教育培训和施工方案的技术交底工作，做好安全风险管理的基础技术管理工作。

4）工程项目部安全质量部的安全风险管理职责

项目部的安全质量部是施工期间安全风险源的识别、评估与安全风险管理的主责管理部门，全面负责既有线施工安全风险管理工作。同时，安全质量部还负责编制安全专项方案及安全风险管理实施细则，指派专人驻上海铁路局办理既有线施工审批手续，并按照实施细则，督促、检查各工区落实安全风险管理的各项控制措施。

此外，安全质量部也要与工程管理部加强沟通和密切联系，共同对工程项目的风险源及隐患进行识别和评估，并对安全风险评估结果进行审查，必要时组织专家或行业主管部门进行专家评审和行业审查，在工程项目具体实施时督促各工区落实各项安全风险防范措施，同时组织有关专职人员，利用专业的监测设备和仪器，对安全风险进行监测和监控，从而实现对风险源的预防、控制、消除。此外，安全质量部还负责督促、组织各工区对编制的应急预案进行准备和组织开展应急预案的演练工作。

3. 加强作业人员安全风险意识和常识的培训教育

既有线施工安全风险源识别首先是作业人员的安全风险意识和既有线施工安全知识。对由于作业人员因素构成的安全风险源的防范措施就是通过专业培训，即营业线施工安全风险管理相关知识的培训和教育，使一线作业人员切实加强既有线施工的安全风险意识，了解和掌握既有线施工安全风险的基本知识和安全作业的常识。只有当所有一线施工作业人员能够主动意识到安全的重要性，能够通过培训所掌握的安全知识来识别施工过程中的安全风险源，在作业过程中主动避免违章作业，才能真正从作业人员层面确保既有线的施工安全。

在所述工程项目施工前，蕴藻浜跨桥群既有铁路施工的全体一线作业人员与安全管理人员全部参加了由上海铁路局专业培训单位进行的营业线施工安全知识培训，了解和掌握了既有线施工安全风险的基本知识和安全作业的常识。

经过上海铁路局的培训后，由管理人员组织对项目部全体人员进行既有线施工安全风险管理知识的内部培训，培训的内容主要是针对营业线施工过程中存在的风险源进行授课讲解。通过参加这种专业知识培训班的学习，使全体作业人员掌握了既有线行车安全规章制度与施工安全风险管理的知识，为既有线施工打下了坚实的基础。

4. 落实好各项现场安全风险管理的控制措施

安全风险管理的各项控制措施主要是指安全防护和预防措施，是安全风险管理目标能够实现的核心内容，是施工组织设计及安全专项方案的重要组成部分。在实施时应当根据施工过程的不同阶段、针对不同的风险源，按照施工组织和安全专项方案制订的安全防范措施的内容，在施工时要通过下达施工作业任务单、作业指导书、技术交底等方法将安全风险管理的各项控制措施和内容落实到位。

蕴藻浜桥的施工场地狭窄，在方圆不足 2 km^2 的区域内人员、机械数量大，因此施工条件非常困难、环境复杂、难度很大、风险源多。如何有效地对风险源进行识别并加以消除和控制，是既有线施工安全风险管理工作的关键环节。为此，工程项目部在施工初期对施工现场的风险源进行了排查和评估，制订了风险源细目。同时，针对各个工序中可能出现的风险源还制订了专门的预防措施，并有针对性地将风险源与预防措施向现场施工人员进行交底，提前预防风险的发生。在施工现场风险源存在和易发地点设置风险源警示牌，以确保现场的安全风险源都在受控范围内。

安全风险管理制度、管理措施能否在施工现场得到有效的落实，施工现场存在哪些不安全因素，相关作业、管理人员是否尽到了安全风险管理的责任，这些都要通过不断的安全检查来确认。通过制订的安全检查制度，在制度中明确规定，专职安全员每天要对现场至少进行一次检查，主管安全的部门负责人及副经理每周要对现场至少检查一次，同时每月要组织一次由作业工区领导参加的安全大检查。对各次检查发现的安全风险和隐患要有详细的检查记录，要将检查记录下发到相关的责任人，责令限期进行整改，对整改不到位的根据既有线施工的安全奖罚制度进行处罚，对已整改完成的问题由专人进行复查确认，并在检查记录上进行闭合，确保了安全风险管理体系文件及管理措施能够落实到位，从而使施工现场的安全隐患得到了彻底消除，确保了行车及施工安全。

通过上述对人员构成原因安全风险管理所采取的建立既有线施工安全风险管理体系和既有线施工安全管理组织机构的措施，以及对作业人员的风险意识和常识培训、落实各项安全防范措施，统一和规范了作业人员和管理人员的行为，从而从根本上做到了对人员构成原因安全风险进行管理的目标。

3.3.3 蕴藻浜 I 线特大桥施工其他原因的安全风险管理

按照上一节的风险源识别和风险等级的评价，在蕴藻浜 I 线特大桥既有铁路施工中的其他原因安全风险等级是Ⅲ级，主要是在既有线施工中，由于办理要点施工计划流程审批时间过长，导致防护棚架或支架施工不能按计划实施，对结构和行车安全构成威胁而产生的安全风险。另外，由于地方阻工，机械、车辆等不能及时到达现场，从而对施工和行车产生安全隐患。这类安全风险由于发生的概率较小，一旦发生，通过加大协调力度和施工组织，往往可以及时将隐患和风险尽快消除，对工程造成的风险等级较低。对此类安全风险的管理主要方法如下。

3.3.3.1 加强封锁要点施工管理和协调工作

1. 施工方案审查流程及要点施工计划的申报

按照中国铁路总公司和铁路局营业线施工安全管理的有关规定，要点施工是指施工、作业内容影响到了营业线的设备稳定、设备使用和行车安全，需要暂时停止既有行车设备的使用，必须要在封锁时间或维修天窗时间内才能实施的各种施工，分为施工封锁作业和维修天窗作业，本书阐述的主要是指施工封锁作业。

二、三级要点施工均需要编制详细的施工组织方案及安全专项方案，同时要编制要点施工计划，方案及计划必须经过上海铁路局相关业务处室组织建设、监理、设计、施工单位进行方案评审并形成审查会议纪要，施工单位与路局相关设备管理单位及业务处室签订施工安全协议并办理《营业线施工安全审批表》，在完备上述程序后，再向路局运输主管部门申请施工封锁或慢行计划。

2. 封锁要点施工组织安排

施工前，首先要探明施工区域内的地上、地下管线，并进行迁改或做好防护，然后进行施工场地的平整，人员、机具、材料的准备及时到位。在要点施工的前一天，由路局运输处组织路局相关业务处室、建设、监理、施工单位召开施工协调会，并检查现场施工前的准备工作。在施工命令下达前 1 h，需做好一切准备工作，等待施工命令下达。准备工作主要包括：配合人员准备、材料准备、开挖设备或吊装设备的准备、配套设备的准备、现场照明设置准备、班前讲话、所有现场防护人员到达指定地点做好停车信号牌和防护信号的设置、驻站联络员做好车站的登记等。准备工作就绪后，由路局运输处组织相关盯岗监控人员召开施工前的点名会，并做好施工部署。施工命令下达后由现场指挥负责人发令，随即进行开挖或吊装作业，施工完成后，现场人员全部撤离，由现场防护人员通知驻站联络员销记开通既有线恢复正常行车。当日的施工结束后，召开施工总结会，总结施工中存在的问题，并提出相应的改进意见，在下次施工中落实整改。

3. 封锁要点施工的程序、控制重点及注意事项

要点施工中必须注意严格按照批准的计划时间进行作业，不能超前、更不能滞后影响正常行车。要点施工时间到达之前 30 min 内，必须立即停止全部作业，所有人员、设备，重点是在线路上设置的信号备品必须全部撤除，确保线路按计划下达的终止时间恢复正常行车。这就要求信号备品、机械、工器具要有专人管理，做好专人登记、签认工作。

另外，还要重点注意的是，由于施工计划下达的时间通常都在 1~3 h，这就要求作业人员在施工前要做好充分的准备，在施工过程中还要确保人员、机械等作业之间的配合高度协调统一、提高作业效率，充分利用当日下达的要点施工时间，完成当日下达的施工任务。

3.3.3.2 进一步加强其他原因的安全风险管理建立应急保障体系

1. 建立应急保障体系及应急预案

按照中国铁路总公司及上海铁路局营业线施工安全管理的有关规定，需编制既有线施工应急保障体系及预案。为保证在既有线施工过程中出现突发事故时能够最快速地进行处理，避免事故造成更大的损失，蕴藻浜Ⅰ线特大桥项目成立了以项目经理为组长的既有线施工应急救援领导小组，同时依据《中华人民共和国安全生产法》《上海铁路局营业线施工及安全管理实施细则》等有关法律、法规文件编制了既有线事故应急救援预案，预案从应对路基坍塌或下沉、大型机械施工造成接触网设备损坏等各种事故的应急处置考虑进行了详细的编制。预案中对应急救援领导小组中各成员的职责进行了明确的分工，同时对应急物资的储备、应急预案的启动程序、反应流程等都进行了详细的编制，确保预案的可操作性。

1）营业线施工安全专项方案中应急预案及响应机制

假定当既有铁路营业线施工发生险情或事故等突发情况时，事故现场的第一发现者首先应报告现场值班管理人员、现场施工负责人及上海局现场施工配合监管人员。施工现场负责人应立即按照联系机制中的规定，先通知施工现场两端的车站值班人员，快速、准确地表述事故现场、事故概况及损失情况，向事故地点两端派防护人员按规定设置防护信号，避免行驶中的列车进入险情地点[117]。之后，现场负责人应立即向上级主管部门、施工项目经理部、应急救援小组及建设单位汇报事故情况，同时，现场负责人要立即启动抢救预案，抢救预案中的人员、机械、设备也要马上赶赴现场，迅速展开救援和抢救工作，同时疏散现场无关人员，避免造成更大损失。而且，项目经理部应急救援领导小组要立即与上海铁路局有关部门联系，及时取得支持。在上海铁路局有关部门支持下，确定现场处理方案，并及时组织应急分队人员对事故进行处理，以最快速度恢复既有线的正常运输秩序。

2）防台风应急预案

施工前，提前与当地的防台组织部门取得联系，核实台风影响范围，成立以项目经理为核心的防台风领导小组，由领导小组统一部署、指挥现场的防抗台风工作。台风警报为三级时，全部施工范围内进入警戒状态。抢险队立即进入备战状态，检验排水设备工作性能以及加固现场临时设施。台风警报为二级时，高空上作业人员及施工设备应停止作业，人员撤离施工区域。同时指挥领导小组派专人再次检查关键部位的防护措施以及排水系统。台风警报为一级时，所有施工人员停止作业，全部撤到安全区域，躲避台风。

台风来临前要对施工现场摄像取证，做好基坑内的临时排水设施，备足抽水设备。台风、暴雨过后及时疏排坑内积水并摄像取证，以便核查。同时要对锚固体系、支架设施等进行检查，发现损害立即报告，及时修复。

3）防汛应急预案

汛期施工时项目部管理人员应加强与气象部门的联系，收集气象信息并及时通知到施工现场，同时要逐项落实、做好施工期间的防洪、排涝准备工作。

汛期前，必须对施工场地、材料堆放、生活驻地、运输便道及水电设备的防洪、排涝等设施进行检查，排涝沟渠必须疏通。暴雨前后，对边坡、涵洞等排水设施等进行重点检查，发现倾斜、变形、下沉等情况或有可能发生坍塌的施工地段，应及时修补和加固。对于重点施工工序及重点施工阶段要实行小时值班制制度，确保及时发现险情并及时处理。

营业线施工发生水害等事故时，事故发现第一人应立即报告现场负责人。现场负责人按照先防护后处理的原则，立即向事故地点两端邻近车站及项目经理部及应急抢救领导小组报告情况，并派防护人员在水涝地点两端线路上按规定设置防护，项目经理部领导及应急抢救领导小组,应在第一时间赶赴现场,同时了解和掌握水涝情况后立即启动抢救预案,开展救援和抢通工作,在最短的时间内恢复营业线正常行车。

4) 机械设备的防雷暴措施

在施工现场专用的中性点直接接地的电力线路中必须采用 TN-S 接零保护系统。电气设备的金属外壳必须与专用的保护零线连接。专用保护零线应由工作地线、配电室的零线或第一级漏电保护器电源侧的零线引出;做防雷接地的电气设备,必须同时做重复接地。同一台电气设备的重复接地与防雷接地可使用同一个接地体,接地电阻应符合重复接地电阻值的要求。施工现场的电气设备和避雷装置可利用自然接地体接地,但应保证电气连接并校验自然接地体的稳定;施工现场的电力系统严禁利用大地作相线或零线;保护零线不得装设开关或熔断器;保护零线应单独敷设,不做他用。重复接地线应与保护零线相连接;保护零线的截面,应不小于工作零线的截面,同时必须满足机械强度要求;与电气设备连接的保护接零线应为截面不小于 2.5 mm² 的绝缘多股铜线。保护接零的统一标志为绿/黄双色线。在任何情况下不准使用绿/黄双色线作负荷线。

5) 机械设备的防雷暴措施

在施工现场专用的中性点直接接地的电力线路中必须采用 TN-S 接零保护系统。电气设备的金属外壳必须与专用的保护零线连接。专用保护零线应由工作地线、配电室的零线或第一级漏电保护器电源侧的零线引出;做防雷接地的电气设备,必须同时做重复接地。同一台电气设备的重复接地与防雷接地可使用同一个接地体,接地电阻应符合重复接地电阻值的要求。

6) 停　电

采用下列预案措施:请业主协调供电局,在拱肋竖转期间,尽量保证电力供应;停电后,千斤顶退出工作状态,锚具夹片顶紧,竖转拱肋处于扣挂平衡状态,拉设足够的侧向缆风索增加拱肋稳定,等待下次供电后继续竖转;自备 50 kW 发电机,做好检修保养工作,且备足柴油。

7) 针对高温环境的风险控制措施

当昼夜平均气温高于 30 ℃ 时,混凝土工程的施工应采取施工措施。原材料储存、降温要求:对水泥、砂、石的储存仓、料堆等进行遮阳防晒处理,或在砂石堆料上喷水降温,以便降低原材料进入搅拌机的温度;采用冷却装置冷却拌合水,并对水管及水箱加遮阳和隔热设施,也可在拌合水中加碎冰作为拌合水的一部分;水泥进入搅拌机的温度不宜大于 40 ℃。

坍落度要求:搅拌机料斗、储水器、皮带运输机、搅拌楼都要尽可能采取遮阳措施,尽量缩短搅拌时间。应经常测定混凝土的坍落度,调整混凝土的配合比,满足施工必需的坍落度要求。

温度要求:尽可能在气温较低的夜间搅拌混凝土,以保证混凝土的入模温度满足设计要求。混凝土入模温度不高于 30 ℃。

防暑要求:该地区夏季气候炎热,室外温度高,持续时间长,主要是做好防止中暑工作。

休息要求:合理调整作息时间,避开中午高温时间作业,严格控制工人加班加点,高处作业的工作人员工作时间要适当缩短，保证工人有足够的睡眠时间。

高温区作业要求：对高温条件下的作业区，采取措施，搞好通风和降温。

防暑供应：供应合乎卫生要求的茶水、清凉含盐饮料、绿豆汤等。

针对夜间施工的风险控制措施：夜间施工必须要有足够的照明设施，对运输车辆设专人指挥调度，确保夜间行车安全；道路交叉处设红灯示警，并设专人负责交通防护，穿越既有道路时，要减速慢行；合理安排作业倒班制度，凡夜间进行施工的人员，在白天要保证有充足的睡眠，不得疲劳施工；夜间施工时，安排食堂定时供应夜餐，夜餐要保证营养搭配合理，并做到热菜、热汤送到工地；对机械设备的照明系统定期检修和保养，做到照明系统保持良好状态，满足夜间施工或行车要求；临近居民区尽量不安排夜间作业，确需在夜间施工的，要控制好作业时间，尽量避免使用高噪声的机械，不得影响附近居民的正常作息。

2．应急保障体系预案的演练

为了保证预案在事故发生时能够快速、有效地启动，由上海铁路局组织有关部门进行了以既有线基坑坍塌事故为背景的应急救援预案演练。

在演练之前，蕴藻浜桥施工项目部编写了专项的应急预案演练实施方案，实施方案编写完成后专门请铁路局及其他各单位人员进行了修改和指导，确保应急预案的可实施性。

同时，为尽可能使演练接近真实环境以取得应急预案可实施性的效果，演练过程中所涉及的向铁路部门报警、医疗急救单位进行救护等都严格按预案执行，从而为应急预案的编写及安全措施的落实提供了直接的操作经验，使得施工组织及安全专项方案真正起到了确保安全的作用。

3.4 蕴藻浜Ⅰ线特大桥施工安全损失控制

针对上述对蕴藻浜Ⅰ线特大桥施工安全风险的评价结果，对存在高风险的风险源进行损失控制。损失控制是应对风险的常用的策略之一，它是通过采取各种手段和方法，降低风险发生的概率或减轻风险损失程度，以此来达到控制风险的目的。

根据第一节所阐述的工程概况可知，新建上海至南通铁路HTZQ标段安亭至黄渡增建三、四线蕴藻浜Ⅰ线特大桥全桥平行于既有京沪线，位于既有京沪线北侧（下行段侧），主要跨越规划百安公路、轨交11号线、蕴藻浜及规划安虹北路，既有京沪线（沪宁段）为双线电气化铁路，繁忙干线。此工点施工项目多，临近营业线，工点分散，交通复杂，安全风险极高。主要存在的风险因素有：地下管线破坏、中断；既有接触网故障；128 m钢桁梁施工影响既有线安全营运；钻孔桩施工影响地铁衬砌结构安全；硬隔离施工影响既有线行车安全等。

3.4.1 针对地下管线破坏、中断采取的损失控制措施

（1）开工前，及时向业主取得工作线路两侧地下管线图，根据地下管线图和其他管线资

料，摸清管线走向。对于不明管线，必须在设备管理单位监督人员在场的情况下采用人工探挖。

（2）其他部分如有管线挖出，要及时报告现场监理和甲方，通知公用管线监护单位共同商量决定加固措施，一般可用钢丝绳，钢杆华兰螺丝吊起，上面盖草或其他保护，防止外击伤，重要干线必须派专人监护。

（3）如在施工中意外挖坏或损坏图上没有标明的管线，或管线图上标明有误的管线时：一方面向业主和有关管线单位反映，要求组织抢险；另一方面立即报告自己上级主管部门领导。

（4）保护事故现场，把出事点用护栏或红白带围起来，组织临时抢险队，全力以赴投入抢险任务，尽量缩短时间，使管线尽快恢复，减少损失。

（5）及时组织疏导交通，以免交通堵塞造成抢修困难，延误抢修时间，造成更大损失。

（6）事故原因，按照"四不放过"的原则查清事故的原因，分清事故责任，提出整改措施，杜绝类似事故的发生，然后通报批评有关事故发生人员并给予一定的处罚。

（7）保护公用管线，在地下管线施工期间，要做到天天讲，时时讲，警钟长鸣。保护公用管线，主要依靠现场施工广大职工和全体现场管理人员，施工单位还特别需要各公用管线现场监护人员的指导和帮助。

在施工过程中，不慎挖断电缆或破损管线设备，应立即停止施工，确认电缆性质及归属单位，现场施工员通知项目负责人，由项目负责人报告设备归属单位，由设备单位组织抢修，不隐瞒，也不擅自处理。

3.4.2 针对既有接触网故障、中断采取的损失控制措施

施工负责人应根据施工计划进行施工，施工计划应包括作业地点、作业内容、作业时间，架线前安设限界门，对线路上方的障碍物进行拆迁或改建。架线时，架线车及人员、工具的任何部位与输电线路的安全距离必须符合安全技术规程规定，不符合安全距离规定时，必须在架线前停电，并实行验电，装接地封线。

防线时，加强巡视，以防线条卡滞在线路设备上，落锚时同时安装限界架。防线车作业平台上不宜超过4人，作业架升、降时不得上、下人。作业架不得侵入邻线建筑限界。

架线完毕，施工负责人要对架线区段进行巡视检查，组织人力排查可能入侵限界影响行车的隐患，并保证在行调命令规定的封闭时间内返回车站，确保线路正常开通。

对沿铁路线各个工点、公路桥下铁通、电力、信号等地下管线进行排查，并与设备管理单位和七标现场进行签认，确认无误后方可进场施工。

3.4.3 钻孔桩施工影响地铁衬砌结构安全损失控制措施

由于施工时钻孔速度过快，泥浆护壁泥皮过薄，成孔后放置时间过长；未做好有效的安全监控，从而影响地铁衬砌结构的安全，针对这个因素，我们采用控制钻进速度，适当提高泥浆比重加强护壁，成孔后及时下放钢筋笼及进行水下混凝土灌注；并且做好位移，水准的观测，按规定要求上报设备运营管理部门等措施来进行损失控制。

3.4.4　128 m 钢桁梁施工影响既有线安全营运损失控制措施

针对上述工程概况，安亭至黄渡增建三、四线线路，由于受蕴藻浜通航净高、临近既有地铁及与既有京沪线（沪宁段）平行的要求，施工工艺采用钢桁梁拖拉横移法施工。

安亭至黄渡增建三、四线蕴藻浜大桥钢桁梁架设采用在现场拼装，拖船配合拖拉法架设，施工过程中严格按照专项施工方案及安排交底进行，设置安全、警示及警告标志，安装足够的照明设施，保证安全通航。钢桁梁施工时水中基坑开挖易造成土方塌陷、挖断地铁基坑等风险影响既有线安全运营。

1. 钢桁梁总体施工流程

根据跨蕴藻浜 1-128 m 铁路钢桁梁桥工程结构特点，结合现场工况条件，以及铁路和水上交通管理部门的限制要求，同时符合设计和规范要求，该桁架桥总体施工方案为：桁架桥所有杆件集中工厂化加工制造成型，后散装杆件运至施工现场堆放待用。在现场搭设陆地、水上临时钢管格构支架，在支架上拼装架设钢桁架桥梁至成型，然后再在滑道梁上分阶段纵向顶推拖拉滑移过河，最后再横向顶推滑移，将 128 m 钢桁梁横移至设计 23#墩-24#墩支座处固定。在横移前加强横移支架焊接，保证支架的稳定性。钢桁梁横移应在既有京沪下行线天窗点内施工，确保既有线的行车安全。

钢桁梁采用先纵移后横移的施工方案，临时支架距离既有京沪Ⅰ线线路中心最近距离为 35 m，属于非邻近营业线施工。为防止施工过程中机械倾覆对既有线造成影响。在搭设临时支架过程中，对所有施工机械（履带吊、汽车吊、浮吊）站位及大臂旋转角度进行限制，大臂长度不得大于 30 m，采取"一机一人"防护。对所有进场人员进行邻近既有线施工安全教育培训，按照邻近营业线施工要求进行日常管理。

2. 钢桁梁施工流程

第一阶段：根据现场工况条件和工程结构特点，结合设计图纸和有关要求，采用合理可行的现场施工安装方案。进行现场场地布置，并按要求进行有关的龙门起重机轨道基础处理和起重机的安装调试、现场地面硬化和施工道路修筑，陆地拼装支架、水中滑道支架等桩基施工，同时安装拼装用滑道梁和跨河顶推滑道钢箱梁。

第二阶段：根据钢桁架桥的拼装要求，设置临时桁架下弦杆临时支撑点，同时安装桁架桥滑移时的节点滑靴滑块。利用门式起重机起吊桁架各杆件进行逐步拼接，先安装第一阶段顶推滑移的部分桁架桥梁分段，即 E0-E8 节点钢桁架的全部杆件。先桁架纵向下弦杆，后横梁和水平纵梁，最后是斜腹杆和上弦纵梁和上交叉平梁等杆件的拼装。拧紧该阶段的全部连接高强螺栓，报检钢桁架安装的线形和轴线。安装顶推滑移设备设施，并落架于顶推滑移装置上，做好一切顶推滑移措施准备工作。

第三阶段：检查顶推滑移设备、设施的连接固定情况，特别是前后锚点的固定和连接；做好顶推千斤顶、油泵、操控台的连通和控制系统的调试。检查桁架就位于滑移滑块的连接支承固定和滑移润滑油的涂刷。利用两台 ZLD 千斤顶和油泵在同步控制系统的操控下纵向向蕴藻浜西岸滑移。控制 E2 节点停置在水中滑道梁的前沿，并满足后部空出的支架滑道空间能够拼装剩余 E8-E0′ 节点桁架。

第四阶段：调整顶推出的桁架轴线、高程、线形和临时支撑滑块高度、平面垫放位置，同时布设后面需要拼装的桁架支点支撑垫块和滑块。继续起重吊装余下杆件，并拼装成形。拼装结束后，再进行桁架整体结构的螺栓连接检查和报检钢桁架安装的线形和轴线。同时安装二次顶推千斤顶和布设有关顶推设备。

第五阶段：在整体桁架拼装报检合格后，顶推设备安装调试结束，即进行整体桁架的二次纵向顶推，直至顶推至预定纵向位置为止。顶推时，严格控制纵向顶推的横向偏位，随时纠偏，同时注意航道水中支架滑道梁上的滑块垫放和拆除工作。随时观测桁架桥的轴线高程以及顶推支架滑道的变化。

第六阶段：在纵向顶推滑移至预定位置后，即可布设横向滑移的有关设备、设施，特别是横向顶推的千斤顶反力架的设置，必须和横向滑道支架焊接牢固。顶推时注意桁架桥的下挠变化和上下振动幅度频率情况。横向顶推就位后，先调整桁架桥的纵向轴线，后调整横向轴线，最后是调整高程和安装支座固定螺栓等固结工作。注意所有调整工作必须在桁架落梁前完成，并报检合格后方能落架固定。

钢桁梁现场拼装与横移结构拼装如图 3-5 所示。

图 3-5　钢桁梁现场拼装与横移结构拼装

3.4.5　硬隔离施工影响既有线行车安全损失控制措施

由于硬隔离设置位置距既有线距离没有达到要求，未做好有效的安全防护措施，现场管理及施工人员安全意识不到位而使硬隔离施工影响既有线行车安全，因此应采取严格按照设计要求设置硬隔离防护栅栏，达到距离 3.5 m 的要求；现场做好安全、驻站联络等防护措施；对现场管理及施工人员做好既有线安全培训。

3.4.5.1　硬隔离防护设置

栅栏改移前需先对既有线进行硬隔离防护，K1426+676～K1426+809 段硬隔离防护栅栏设置在京沪下行线路中心线北侧 3.5 m 处，K1427+717～K1428+442 段硬隔离防护栅栏设置在便道坡脚南侧 2 m 处，实施过程中采用软隔离进行过渡施工。硬隔离防护栅栏采用图 3-6 所示的绿色防护网。

图 3-6 防护栅栏

本工程用防护网是用带框铁丝网片和立柱（桩）等构筑而成的固定式铁丝网墙，钢丝直径 4 mm，网格 150 mm×75 mm，钢管边框 30 mm×30 mm，立柱 ϕ75 mm×3.75 mm，高度 1.8 m，立柱间距 2 m。

3.4.5.2 既有栅栏改移

硬隔离设置好后，拆除既有防护栅栏。

1. 施工流程

场地平整→放线抄平→基坑开挖→埋设套管→浇筑混凝土→放入钢管立柱→安装金属网片→地面间隙处理→拆除既有栅栏。

2. 施工准备

（1）防护栅栏安装前，组织技术人员认真审核图纸，分类算出每段工程数量，为施工提供可控依据。

（2）施工放样：每隔 20 m 设一桩，做好标记，并用白灰撒出征地红线及立柱基础线，要求准确，简明。

（3）测量放样：每 20 m 放出栅栏改移线，做好标记，并撒白灰线，按每 2 m 放出直径 0.5 m 圆形基础框线。

3. 施工方法

（1）开挖基础：基础采用人工开挖，基础开挖尺寸为：直径 ϕ0.5 m，深度 0.4 m。开挖后，坑内要求无明显碎土、杂物等。

（2）埋设立柱并浇筑混凝土：现场基坑开挖完成后根据立柱间距打入（放入）ϕ95 mm 钢管（壁厚 3.5 mm）及预埋钢板（厚 5 mm），ϕ95 mm 钢管长度为 70 cm（钢管打入困难地段长度为 40 cm），然后现场浇筑 C25 混凝土，最后放入栅栏立柱 ϕ75 mm 钢管（壁厚 3.75 mm）。浇筑混凝土时应由四周均匀放入，浇筑应与地面平齐，可采用人工筑捣。

防护栅栏基础如图 3-7 所示。

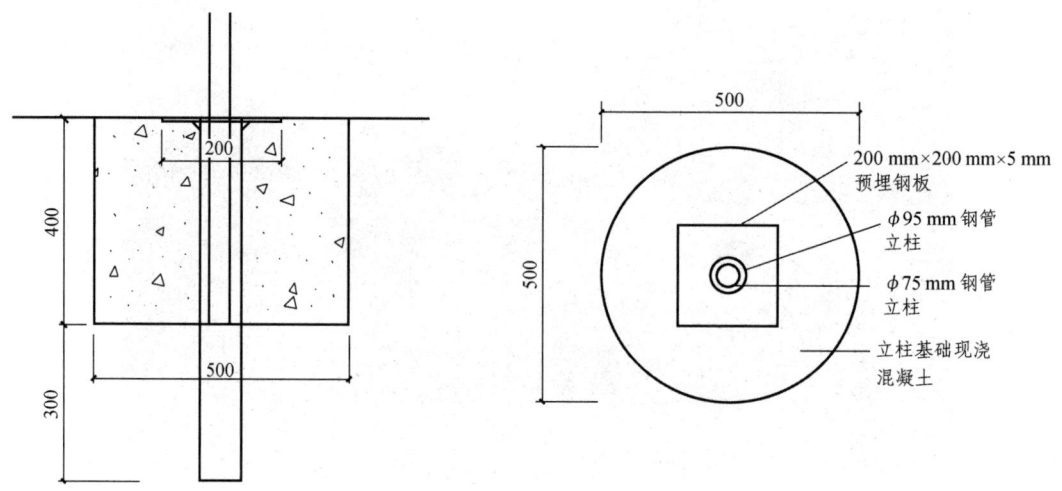

图 3-7 防护栅栏基础

（3）金属网片安装：立柱预埋完成后，且立柱基础混凝土强度达到 80% 以上后，安装金属网片。

金属网片四周矩管采用 45° 斜角焊接，内部焊接网丝（HPB300ϕ6.5 mm 高线钢丝冷拔加工成 ϕ4 mm），两侧边框各焊接 3 个边框用连接板与立柱连接。

金属网片与立杆连接采用内三角螺栓连接，网片连接板螺栓孔外侧应焊接与连接螺栓（M8）配套的螺帽。

立杆（不含立杆底部 45 cm 范围）及金属网片表面做浸塑处理，表面为绿色。

4. 线路封闭要求

防护栅栏安装要做到"严、直、齐、美"，线路封闭严实，不留间隙；沿线路方向顺直，不忽远忽近；防护栅栏顶端与下端纵向过渡平滑整齐，不忽高忽低；要求整体效果美观，避免给人零乱的感觉。安装先平整场地，栅栏底部距离地面高度 10 cm，不满足时，应进行回填处理。

3.4.6 施工机械侵限影响既有线行车安全风险损失控制措施

由于管理人员对既有线路防护不到位；机械操作人员无有效证件；未按一机一人进行有效防护；违反操作规程，施工平台不稳定等原因，致使施工机械侵限既有线，影响既有线行车安全。因此，应采取加强人员、机械作业前检查，所有进入现场施工机械限定作业范围，施工机械按照一机一人严格防护，过程加强监督检查，对钻机平台硬化处理以防机械倾覆等措施进行风险损失控制。

3.4.7 深基坑边坡失稳损失控制措施

（1）基坑开挖之前，应先做好地面排水系统，在基坑顶外缘四周应向外设置排水坡或设置防水梁，并在适当距离设截水沟，且应防止水沟渗水，避免影响坑壁稳定[119]。

（2）坑顶边缘应有一定的距离作护道，堆载距坑缘不小于 0.5 m，动载距坑缘不小于 10 m，垂直坑壁坑缘边的护道还应适当增宽，堆置弃土的高度不得超过 1.5 m。

（3）挖机经过不同土层时，边坡可分层而异，只视情况留平台。

（4）在施工过程中注意观察坑缘顶面有无裂缝，坑壁有无松散塌落现象。

（5）对地质情况发生变化的地层应及时增设支护；水文地质条件欠佳时应提前采取加固措施。

（6）基坑自开挖起，应抓紧连续不断施工直至基础完成，施工时间绝不可延续太长。

（7）严格按规范、图纸施工。

（8）基坑应尽量安排在少雨期施工。

若基坑开挖边坡不稳出现坍塌时，要认真分析其原因，及时处理。处理方法主要是增设抗滑桩或木板支护、钢板桩支护、锚桩式支护、锚锭板支护、喷锚支护等；待边坡稳定后，进行清理或继续施工，并尽快完成基础施工。

基坑开挖完成后，及时对基坑四周进行防护。基坑防护范围为距离基坑边≥50 cm 四周进行防护（距离便道不小于 2 m），防护采用定型钢板网，标准节长 2 m，防护高度为 1.2 m，立柱为 $\phi 48$ mm 钢管刷红白相间油漆，底座钢板下焊接 40 cm 长钢管插入土中，确保防护网稳定。防护网靠近便道一侧悬挂警示标牌。

并对基坑进行监控监测，承台基坑监测点布置于钢板桩围堰顶口钢板桩上，监测点共计布设 4 个，位于钢板桩围堰每边中心点处，采用 HRB400ϕ16 钢筋，单根长度 20 cm，钢筋顶部切割十字丝，钢筋高出钢板桩顶口 5 cm，剩余 15 cm 与钢板桩进行焊接固定。

沉降观测采取二级水准测量标准；且施工期间观测频次一般情况下 2 h 观测 1 次，施工完成后观测频次一般情况下 1 天不少于 3 次，观测时间不少于 3 天。施工完成 3 天后，前 15 天内每 3 天观测 1 次，第 15~30 天每星期观测 1 次，第 30~90 天每 15 天观测 1 次，以后每月观测 1 次。

观测资料分析：在施工过程中，应根据观测结果整理绘制"时间-变形量"曲线，分析监测对象的变形及发展趋势，并将观测资料提供给建设及运管等相关单位，作为监测对象变形评估的依据。竣工交验时，观测设备和观测资料与工程同时交给工程接收单位。

3.4.8 针对深基坑钢板桩围堰可能存在问题的处理措施

3.4.8.1 钢板桩围堰四周地表竖向位移过大及钢板桩顶部水平位移过大

当钢板桩围堰四周地表竖向位移及钢板桩顶水平位移过大，超出警戒值时，应立即停止围堰内施工作业，排查基坑周边是否有土方或其他施工工具的堆放，以及是否有重车经过的痕迹，及时对基坑周边堆放物进行清除，并设置严禁车辆通行等标示标牌；清理完成后排查钢板桩围堰内支撑之间焊缝是否有撕裂，内支撑杆件是否有变形，若存在相关问题立即进行补焊及支撑杆件的增设。

3.4.8.2 钢板桩顶竖向位移超出警戒值

钢板桩竖向位移过大,超出警戒值时,应立即停止围堰内施工作业,进行地质情况的核对,检查实际地质情况是否与设计地质情况相符,如实际地质情况与设计及钢板桩围堰计算书存在差异,需进行重新计算,重新确定钢板桩的插打深度或进行围堰内支撑层数的增设。

3.4.8.3 倾 斜

钢板桩倾斜主要是由于钢板桩自身扭曲变形与施打过程中导向装置不合理或遭遇坚硬土质锤力过大导致变形或移位而产生的。

遇到上述情况时首先加强对钢板桩的筛选,剔除变形过大的钢板桩。变形较小的钢板桩,运到工地后,需进行整理[120]。清除锁口内杂物(如电焊瘤渣、废填充物等),对缺陷部位加以整修,并对锁口进行通过性检查,对检查出的锁口扭曲及"死弯"进行校正。

在插打钢板桩前,除在锁口内涂以润滑油减少锁口的摩阻力外,同时在未插套的锁口下端打入铁锲或硬木锲,防止沉入时泥沙堵塞锁口。钢板桩堆放和运输过程中避免碰撞,防止弯曲变形。

钢板桩施打时要确保导向装置的上下水平与垂直,在板桩垂直进入导向装置后,对板桩锁口进行限位,锁口限位装置要焊接牢靠,避免施打时振动脱落。

在施打前应对施工区域的地质情况进行熟悉了解,遭遇较硬土质时,应使用功率较大的振拔锤,或将钢板桩底口截成一定角度,使应力集中,减小受力面,易于入土。

3.4.8.4 锁口脱离

锁口脱离主要在不同类型或型号的钢板桩相互组合和变形钢板桩之间相互扣连时发生。不同类型或型号的钢板桩锁扣类型截然不同,如国产钢板桩与德国拉森钢板桩,相互组合时锁口咬合不紧,极易发生锁口脱离,应避免这样组合使用。

变形钢板桩之间,特别是两根同方向弯曲的钢板桩,在插打受力时,相互产生排斥,在锤击作用下极易脱离,所以应加强钢板桩使用前的检查筛选与整修工作。

3.4.8.5 漏 水

围堰漏水主要是指钢板桩锁口漏水,锁口漏水主要是由于板桩插打不当、施工作业时碰撞等作用致使锁口发生变形,出现渗漏。出现渗漏时采用在锁口处的围堰外侧利用导管投撒煤渣、木屑、谷糠等或混合物,沉至漏水处即可堵塞漏水。

3.4.8.6 管 涌

管涌主要是由于水头差引起的,当钢板桩插入黏聚力较小的饱和土中,特别是粉砂、淤泥中常有可能发生管涌现象。因此,在施工前应熟悉掌握施工范围地质情况,进行坑底管涌验算,确定板桩入土深度,即控制合理的渗水流程;做好封底混凝土施工质量,避免封底混凝土夹层,特别是在渗水流程较短的钢板桩边,以及与封底混凝土相结合的桩基周边在封底前应清洗干净,可适当降低此处封底标高,加厚封底混凝土,封底前尽量铺设预制板,避免浇筑时卷带泥土,形成混凝土夹层;注意封底顺序,遵循从周边向中间合龙,以增强封底质量；当发生管涌时，应尽快回水消除内外水头差，阻止管涌事态扩大，避免封底后底板掏空，造成更为严重的质量事故。对管涌处及时进行处理，如先用潜水员水下分段清理干净，再用部分散剂混凝土填充覆压，覆压之前埋设好压浆管，然后采用注浆固化。

3.4.8.7 隆起

隆起主要发生的地质条件是软弱有地下水的黏土层，当板桩背后的土柱重量超过基坑底面地基承载力时，地基的平衡状态受到破坏，就有可能发生坑壁坍塌、基地破坏等严重情况。为避免此种情况发生，应对地基强度和稳定性进行验算，可将板桩周边一定范围内的土体在板桩施工前予以清除，降低内外土体高差，以及确定合理钢板桩踢脚深度。

3.4.8.8 倾覆垮塌

倾覆垮塌是钢板桩围堰施工中最为严重的事故，导致事故发生的原因分布在各个节段。主要体现在：

1. 钢板桩材料管理

钢板桩的类型和型号很多，实际施工时应根据受力计算要求选择合适的钢板桩，因此应在租赁和调拨、使用前对钢板桩材料规格进行严格检查，避免不同类型和型号的钢板桩混淆，特别是现在常用的拉森钢板桩外形和槽口基本相同，然而其抗弯截面系数却存在较大差别，避免小截面钢板桩应用到大截面钢板桩上，产生板桩断裂，造成围堰垮塌。

2. 钢板桩焊接

原则上应避免使用焊接接长的钢板桩，如需使用时焊接质量应满足规定要求，特别是焊接绑板的钢板规格形状、设置位置、焊缝高度应满足要求，应将焊接断面尽可能放在离水面较近处，与完整钢板桩错开布置，降低或减少同断面焊接节面数量不超过50%，避免应力集中对钢板桩造成破坏。

3. 围囹支撑

围囹支撑是整个钢板桩围堰的骨架，是平衡围堰内外受力状况的关键所在，如果围囹支撑不能满足要求，将导致整个围堰垮塌，因此应根据围堰的受力状况，经过详细受力分析计算，确定围堰不同部位围囹材料的规格。在施工时应注意现场围囹的拼接质量，特别是焊接绑板的钢板规格形状、设置位置、焊缝高度应满足要求，拼接接头因尽量放在内支撑支撑点处。另外，同一围囹平面位置高差要满足要求，务必使围堰支撑受力在一最佳状态，最后避免不同部位围囹支撑为一独立受力体系，将平面体系升格为空间受力体系，将围囹上下用适宜材料（如型钢）连接为一整体，以增强整个围堰支撑的整体稳定性。

4. 其他因素影响

撞击、围堰周边交叉作业都会引起围堰垮塌，在钢板桩围堰周围，应设置防撞桩，并设置警示标志，加强对往来车辆的管理与调度，避免碰撞。

围堰施工时严禁在围堰周边进行挖土作业，扰动土体，碰撞钢板桩。

3.4.9　蕴藻浜Ⅰ线特大桥施工影响既有线稳定和变形风险损失控制措施

针对蕴藻浜Ⅰ线特大桥施工时对既有京沪线的稳定及变形造成的影响，本工程采取对既有线进行监控观测的措施来控制风险的损失。

1. 观测桩设置

蕴藻浜Ⅰ线特大桥施工时严格监测既有线的稳定和变形，施工前，纵向每隔 30 m 在既有线轨面设置沉降观测点，同时在既有线两侧路肩设置观测桩用于观测施工过程中既有线路基水平、位移变化情况，并保证对应接触网支柱处要有观测点、观测桩，在施工期间和运营后 3 个月内进行观测。

2. 观测频次

施工期间观测频次一般情况下 2 h 观测 1 次，施工完成后观测频次一般情况下 1 天不少于 3 次，观测时间不少于 3 天。施工完成 3 天后，前 15 天内每 3 天观测 1 次，第 15~30 天每星期观测 1 次，第 30~90 天每 15 天观测 1 次，以后每月观测 1 次。

3. 观测控制标准

并行帮宽地段既有线两侧路肩内侧设观测桩，观测值：水平位移不超过 2 mm/d 或累计位移不超过 10 mm，若超出规定时必须停止施工，与监理和设备管理单位（工务段）共同分析原因，制订补强措施。

4. 观测作业要求

路基观测的仪器、观测方法、观测精度应符合有关规定。

5. 观测记录和资料整理

（1）每个点的观测记录必须反映出观测序号、观测时间、相隔时间、观测标高（位移）、本次变化量、累计变化量、变化速率等基本要素，用以进行现场施工控制。观测发现超出控制标准值应及时通知施工负责人进行现场处理。

（2）施工期间，各架子队每天要将对既有线路基的观测记录、分析以数据库电子文件形式及时报给项目部、监理站安全管理领导小组，以便进行统计分析，全面指导施工，确保临近既有线施工安全。

3.4.10　蕴藻浜Ⅰ线特大桥施工防护措施

（1）对所有参与施工的人员进行既有线施工安全培训，作业人员经考试合格并取得操作合格证方可上岗作业。对作业人员的教育、培训、考试形成记录和台账备查。机械进场后安排经安全培训合格的防护员及专职监护员采取"一机一人"制防护，保障施工时既有线的安全。

（2）对既有铁通、电力、信号等地下管线进行排查，并与沪通铁路站前工程Ⅶ标及运营管理单位现场进行签认，确认无误后方可进行施工。

（3）对所有施工机械限定作业范围，设备进场时安全质量部、物机部必须填报《大型机械设备登记表》，对设备的型号、名称、编号、证书、高度、状况，以及操作人员、操作证等进行登记、编号管理。在施工过程中每日统计表上动态反映出施工地点、危险源点、防护人员、防护措施等，以利于动态监控。

（4）根据施工现场实际情况，场内施工便道采用砖渣碎石填筑，路面设单向2%横坡，内高外低，确保施工场地排水通畅，无积水。对钻机平台平整后采用20 cm厚C20混凝土进行硬化处理，确保平台稳定，并对钻机拉缆风绳固定，防止倾覆。

（5）泥浆池布置在既有线30 m以外，并及时清理外运。泥浆排放按照方案规划要求设置排浆槽。

（6）施工现场弃土不得随意堆放在既有线两侧，采用拉土车及时外运至既有线施工范围以外指定地方存放。施工材料不得集中堆放。

（7）所有施工机械顺线路方向设置，并设置转向限制线、划分警戒区，设置安全警示牌。

3.5 蕴藻浜Ⅰ线特大桥施工风险监控

3.5.1 蕴藻浜Ⅰ线特大桥施工风险监控概述

蕴藻浜Ⅰ线特大桥风险监控是通过对工程项目风险发展变化的观察和掌握，对风险识别、分析、评价、处理的监视和控制，评估风险危险程度和风险处理策略和措施的效果，并针对出现的问题及时采取措施的过程，从而保证风险管理达到预期的目标。

蕴藻浜Ⅰ线特大桥风险监控是风险管理系统中十分重要的环节，根据其定义，包括对风险发生的控制和对风险管理的监督。前者是对已经识别的风险源进行监视和控制，以便及早发现风险事件发生的苗头，从而将风险事件消灭在萌芽状态或采取应急措施尽量缩小损失；后者是指在项目实施过程中监督人们认真执行风险管理的组织措施与技术措施，以消除风险发生的人为诱因，同时核对工程项目风险处理策略和措施的实际效果是否与预期的相同，如果不同，及时调整，并获取反馈信息，以便将来制订的风险处理策略和措施更符合实际。

3.5.2 蕴藻浜Ⅰ线特大桥风险监控的依据

（1）蕴藻浜Ⅰ线特大桥风险处理计划是对风险处理策略和措施的具体安排和筹划，是工程项目风险监控的直接依据。值得注意的是，识别出项目新的风险以后，需要立即更新项目风险处理计划，保证所有的项目风险监控工作都是依据项目风险处理计划开展的；由3.4节所述安全损失控制方案，针对地下管线破坏、中断、既有接触网故障、钻孔桩施工影响既有线安全、硬隔离施工影响既有线安全、深基坑边坡失稳等风险因素采取相应的损失控制措施进行防护。

（2）工程项目变更后，可能会出现新的风险。

（3）在蕴藻浜Ⅰ线特大桥施工中，新识别的风险随着工程项目不断进展，施工环境不断变化，新的风险也常随之而产生。

（4）工程项目风险事件发生后通常会对其他风险事件发生的可能性和可能的后果产生影响。

3.5.3 蕰藻浜Ⅰ线特大桥风险监控的内容

（1）蕰藻浜Ⅰ线特大桥风险处理措施是否按计划实施，是否像预期的有效，是否需要采取新的风险处理措施。

通过对蕰藻浜Ⅰ线特大桥施工进行风险识别、分析与评价，确定了影响蕰藻浜Ⅰ线特大桥施工安全的风险因素等级，并采取有效的针对性措施进行预防和控制，将风险应对措施应用到实际施工过程中，得到风险预期控制的结果。

（2）对蕰藻浜Ⅰ线特大桥整体目标实现可能性的预期分析是否仍然成立。

（3）蕰藻浜Ⅰ线特大桥施工风险的发展变化是否与预期的一致。

（4）已识别的工程项目风险中哪些已发生、哪些正在发生、哪些可能发生。

通过对蕰藻浜Ⅰ线特大桥施工风险的识别、评价、管理及监控情况可知，已识别的风险中施工机械侵限既有线已发生，钻孔桩施工影响地铁衬砌结构安全、既有接触网故障、中断、硬隔离施工影响既有行车安全未发生，深基坑边坡失稳、128 m 钢桁梁施工影响既有线行车安全有可能发生。

（5）有无新的风险因素和新的风险事件出现，它们的发展变化趋势如何；通过对蕰藻浜Ⅰ线特大桥施工风险的监控，暂没发现新的风险。

（6）风险监控责任是否落到实处，是否都有具体人员负责，责任是否明确。通过对蕰藻浜Ⅰ线特大桥施工现场风险进行监控的情况可知，施工现场成立了施工风险监控小组，并制订了应急预案，对发生的风险采取最快速、最有效的措施进行处理，将风险监控责任落实到实处。

3.5.4 蕰藻浜Ⅰ线特大桥施工风险监控的方法

工程项目风险监控方法主要有审核检查法、横道图、S 曲线法、费用偏差分析和风险图表等。这里采用审核检查法进行风险监控。

审核检查法是一种传统的控制方法，可用于项目的全过程，包括审核和检查两方面内容。审核是在工程项目进展到一定阶段时以开会的形式进行的，主要是找出项目设计文件、项目实施计划、项目技术规格要求和工程试验等审核对象中存在的错误、疏漏。需要注意的一点是，审核人员不能审核自己负责的那部分工作，这是为保证审核的独立性和公正性。检查是在工程项目设计和实施过程中进行的，而不是在项目告一段落后进行。目的是把各方面的反馈意见及时通知有关人员，对象是已完成的工作成果，包括工程项目的设计文件、实施计划、试验计划、试验结果、运到现场的材料设备等。参加检查的人员专业技术水平要相差不多，以便平等地讨论问题。检查之前要准备好一张表，把要问的问题记在上面。审核和检查结束后，要把发现的问题及时转交给原负责人，要求他们马上采取行动，予以解决，问题解决后要签字盖章。

通过对识别评价出的高风险因素进行了风险措施应对，将风险防范措施应用到实际工程中，根据现场反馈回的信息和数据，得到风险预期控制的效果，但由于机械施工时活动范围和灵活性较大，操作时如没有专人时时进行监督管理，很容易使机械施工影响既有线运行安全，因此在之后的施工过程中应时时做好监督管理的工作，尽量避免机械施工对既有线造成的侵限。

3.6 蕰藻浜Ⅰ线特大桥施工风险管理预期效果

3.6.1 蕰藻浜Ⅰ线特大桥施工安全预期目标

安全生产是国家的一项基本政策。工程施工安全控制,就是指在施工生产过程中,为了防止和消除人身伤害和机械设备损坏,针对生产安全事故发生的各种原因,所采取的技术和管理措施。在生产中,既要处理好人们之间的社会组织关系,又要处理好人与自然的关系。所以,在安全管理中须综合应用多种学科知识,并坚持"安全第一,预防为主"和"生产必须安全,安全促进生产"的原则。安全管理主要内容有:从组织上加强安全生产的科学管理,建立企业的安全责任制度,采取现代科学技术改进生产条件,做好群众安全管理工作;建立健全各级、各部门、各系统的安全生产责任制,做到安全生产、人人有责;针对蕰藻浜Ⅰ线特大桥施工生产中的不安全因素,研究采取各种安全技术措施,改善劳动条件,消除施工中的不安全因素,防止各类工伤事故的发生;采取积极有效的预防方法,变施工中的有害作业为安全作业;坚持"三不放过"的原则,做好各类事故的调查和分析处理。

只要在安全生产的前提下,企业才能开展正常的生产经营活动;而严格、科学、有效的"分层管理、逐级负责"制,则是安全生产的基础。建立安全生产的组织保证体系是安全管理工作的重要环节。

施工项目的安全控制,根据蕰藻浜Ⅰ线特大桥具体的项目性质、施工条件、工人素质制订了安全控制措施,并根据影响蕰藻浜Ⅰ线特大桥施工安全的风险因素进行了识别、评价、管理和监控,制订了一套完整的风险管理体系,总的要求是以预防为主。根据国家和部门制定的安全操作章程和严格的劳动保护法规来制订适合于蕰藻浜Ⅰ线特大桥施工的安全计划,自始至终严格、认真地贯彻执行,杜绝严重事故的发生,把蕰藻浜Ⅰ线特大桥施工过程中存在的一般事故限制在最低的范围内,保证人身和机械设备的安全和施工项目的顺利完成。

3.6.2 蕰藻浜Ⅰ线特大桥施工质量预期目标

工程质量是项目管理的重要目标之一,它综合反映了项目组织的工作业绩。施工单位的质量控制是指参加施工的企业按国家标准,对形成质量的诸因素进行检测检验,提出纠正措施的管理过程。质量控制的目标就是要保证按合同和有关标准的要求实现设计意图,使项目的质量目标得以实现。

质量控制的任务主要包括:① 保证业主取得与其所花费用相当并符合其要求的工程成果;② 为项目经理管理工程质量提供独立、公正的评价;③ 及时发现和纠正工程项目在实施过程中出现的质量问题;④ 掌握工程检查及试验记录等有关资料,以便证明该工程是按有关规范、规程进行的。

3.6.3 蕰藻浜Ⅰ线特大桥施工进度预期目标

所谓进度,就是针对本项目施工的全过程,通过计划、组织、协调、检查等手段,动员一切积极因素,努力实现施工过程中的各个阶段的目标,从而保证总的工期目标的实现。工期保证的前提就是要有一个科学的、合理的工程项目的进度计划。

对项目施工进度进行监测的目的在于弄清整个项目的进展情况，以便预计何时能达到目标。监测的方法是将实际值与计划值进行比较，分析产生的偏差原因，从中发现问题并采取相应的措施来解决。在项目建设中，进度拖延是经常发生的现象。作为项目经理对此应给予高度重视，防止由于许多小拖延的积累而达到无法接受的地步。为保证按期完成，就得从技术上、组织上采取加快措施。这样不仅会增加施工强度，还会增加直接费，从而也提高了成本。故工期与项目的投资效益和工程成本是密切相关的。

3.7 小 结

根据蕰藻浜Ⅰ线特大桥施工的实际情况，对蕰藻浜Ⅰ线特大桥施工进行风险识别、风险分析、风险评价、风险防控措施应对及风险监控，形成了以下主要成果。

（1）通过专家调查法对蕰藻浜Ⅰ线特大桥施工进行风险识别，得出了影响蕰藻浜Ⅰ线特大桥施工安全的风险源清单。

（2）在风险识别的基础上，进行蕰藻浜Ⅰ线特大桥施工风险安全体系指标的构建，将层次分析法与特征灰类值相结合最终得出各风险等级，风险程度较高的主要因素是深基坑边坡失稳；地下管线破坏、中断；施工时机械设备侵入既有线限界，影响行车安全；钻孔桩施工影响地铁衬砌结构安全；128 m 钢桁梁横移影响既有线安全等。

（3）根据风险评价的结果采取有针对性的措施对高风险因素进行应对与管理，降低各高风险对施工造成的损失。

（4）将风险应对措施应用到现场施工中，进行现场监控，根据现场回馈的信息与数据，分析各风险发生的概率与出现的后果，有无新的风险出现，再进行风险控制方案的制订。

（5）总结蕰藻浜Ⅰ线特大桥施工的安全、质量及进度的预期效果。

（6）总结提出了蕰藻浜Ⅰ线特大桥施工安全风险管控模式，形成了贯穿工程建设全过程的风险识别、分析、评价、控制、监控的控制体系，明确了工程建设各阶段的安全风险管控工作重点，提出了工程参建单位安全风险控制的工作内容与职责。

第 4 章　与既有京沪线同孔 G1501 绕城高速风险管理研究

4.1　与既有线同孔下穿 G1501 绕城高速工程概况

4.1.1　与既有线同孔下穿 G1501 绕城高速工程简介

新建沪通铁路与既有京沪线同孔下穿既有 G1501 绕城高速，沪通铁路此段需加固处理，地基加固处理时施工机械设备侵限既有京沪线的运营，为确保施工期间既有京沪线的安全运营，拟在北侧邻孔结合永久工程新建施工便线，采用施工过渡方案进行此段地基的加固处理。该方案是在改造安亭站前，实施安亭客运场部分土建工程的同时，修建施工便线，并将施工便线作为京沪下行线，停运既有京沪下行线实施沪通铁路下行线地基加固处理；此段沪通铁路下行线具备运营条件时，将其暂时改建为京沪上行线，停运京沪上行线实施沪通铁路上行线地基加固处理；沪通铁路上行线地基加固处理完成后，择时利用"天窗"点拆除施工便线，开通既有京沪上下行线。

工程地点位于上海市嘉定区安亭镇，施工里程为 K1421+100～K1422+200，双绕施工便线施工时间为 2015 年 6 月 15 日至 2015 年 10 月 31 日。便线运行速度为 60 km/h，D 便梁限速 45 km/h。

总体安排：先施工双绕便线，再施工桩板结构。

主要施工内容：双绕施工便线 K1421+705.5～K1421+739.5 段下穿既有 G1501 公路桥，长度 34 m。下穿段圈梁结构钻孔桩共计 70 根，桩径 0.8 m，单根长 8 m，桩间距 1.0 m。D 便梁 2 处，接长涵 3 处，双绕便线路基 1.1 km。沪通铁路安亭疏解线 K1421+700～K1421+737 段下穿既有 G1501 公路桥，长度：37 m。下穿段桩板结构钻孔桩共有 28 根，直径 0.8 m，单根长 50 m，新建线路基 1.1 km，接长涵 3 处。沪通铁路安亭疏解线下行线、上行线分别位于既有京沪铁路两侧。主要工程数量如表 4-1 所示。

表 4-1　主要工程数量表

序号	里程范围	部位	数量	混凝土方量
1	K1421+100～K1422+200	新建Ⅲ、Ⅳ线软基处理	现浇轻质泡沫土 3 120 m³，双向搅拌桩 8 230 m，碎石注浆桩 14 626 m，0.8 m 钻孔桩 96 根，4 544 m，高压旋喷桩 97 528 m。挖方 15 964.6 m³，填方 17 226.2 m³	C35 混凝土 2 282.9 m³

续表

序号	里程范围	部位	数量	混凝土方量
2	K1421+100~K1422+201.52	双绕便线软基处理	0.8 m 钻孔桩 560 m，水塘回填土 1 961 m³。挖方 10 842 m³，填方 14 632 m³	C35 混凝土 281.3 m³
3	K1421+100~K1422+200	硬隔离	1 025 m	—
5	K1421+100~K1422+200	排水沟	4 400 m	C15 混凝土 572 m³
6	K1421+100~K1422+200	开挖支护	1 025 m	
7	K1421+100~K1422+200	新建Ⅲ、Ⅳ线永久栅栏	2 200 m	
8		便线	D便梁6孔	
9		新源路中桥外青松中桥，朝阳河		

4.1.2 技术标准及限制范围

4.1.2.1 技术标准

（1）《铁路营业线施工及安全管理办法》（铁运〔2012〕280号）、《铁路营业线施工安全管理办法补充规定》（铁总运〔2014〕180号）。

（2）《上海铁路局营业线施工安全管理实施细则》上铁运发〔2012〕586号。

（3）《普速铁路工务安全规则》（TG/GW 101—2014）。

（4）《铁路技术管理规程》（TG/01—2014）。

（5）《铁路工程基本作业施工安全技术规程》（TB 10301—2009）。

（6）《铁路路基工程施工安全技术规程》（TB 10302—2009）。

（7）《建筑沉降变形测量规程》（JGJ/T 8—2007）。

（8）《工程测量规范》（GB 0026—93）。

（9）《京沪铁路线下工程沉降变形观测实施方案》。

（10）《路基工程设计施工参考图集》沪通平安施（路）-参01、《路基设计图》沪通平安施（路）-30-1、《板桩结构设计图》沪通平安施（路）-30-3。

（11）现场实地调查。

（12）《铁路工程测量规范》（TB 10601—2009）。

（13）《上海铁路局关于进一步加强邻近营业线施工安全管理的通知》〔2015〕224号。

4.1.2.2 限制范围

本方案适用于K1421+100-K1422+200段双绕便线，主要包括K1421+455.9左接长涵洞，外青松公路U8和U9、部分防护桩及4孔D24便梁，新源路中桥，跨煤气管2孔D16便梁，K1421+100-K1421+450和K1421+850-K1422+20段新建Ⅲ线高压旋喷桩，碎石注浆桩，轻质泡沫土软基处理，路基填筑，轨道施工等。

4.1.3 运输条件

4.1.3.1 线路状况

既有京沪铁路为双线电气化铁路，属于繁忙干线。G1501公路为双幅高速公路，属繁忙线路，全天候行车密度大。

4.1.3.2 施工封锁及慢行

硬隔离防护、防护桩施工、轨道铺架、双绕便线施工完成拨接时需要要点，要点时间主要在便线咽喉区部，每天要点时长 3~4 h。高压旋喷桩施工，钢筋笼吊装，井点降水等需要限速，建议限速 60 km/h，限速区间为 K1421+100-K1422+200。既有京沪线拨接至便线运行后设计速度 120 km/h。D便梁限速 45 km/h。

4.1.4 工程重、难点

双绕便线抗剪桩施工和新建三、四线桩板结构施工对 G1501 桥墩有一定的干扰，钻孔桩离既有桥墩最小距离 2 m，离既有桥墩承台最小距离 1 m，最小净空 8.22 m，施工难度大，安全风险高。经现场调查，既有公路桥下有多处贯通线和铁路地埋电缆等，在确保既有桥墩和箱梁安全的同时保证现场连续施工，为本段路基施工重点。

由于双绕便线占用新源路左接长部分，并以D便梁形式跨越外青松公路和燃气管。便线拨接控制节点工期为 2015 年 8 月 31 日，施工任务艰巨，新源路和外青松公路必须同时开工。新源路和外青松公路为嘉定区主要交通干道，做好交通疏导，保证施工对行车行人影响最小，为跨路施工控制重点。

邻近营业线路基施工，防止机械侵限，保证既有线路基稳定，行车安全为管控重点。

4.2 与既有京沪线同孔下穿 G1501 绕城高速施工安全风险识别

随着我国铁路的飞速发展，客运专线项目在具体实施过程中面临着越来越多的实施环境和施工条件。紧邻既有线施工的客运项目，由于其自身的特点和复杂条件，增加了工程施工和管理的难度，除了加强传统的对质量、进度、成本三大目标的控制外，对施工安全技术和施工安全管理提出了更高的要求，这就要求施工管理部门根据项目实施的具体情况，引进先进的施工安全管理理念，加强事前预防和过程控制，分析项目施工面临的各种潜在安全风险，确定施工关键控制工程，针对项目施工全过程，推动我国铁路建设施工的管理创新和技术创新。

4.2.1 工程特点和施工条件

沪通铁路为时速 200 km 以上客运专线铁路，工程广泛采用了新技术、新工艺、新结构。全线路桥相连，施工单元、施工段落较多，桥位多跨越河流、道路和软土地质，路基的沉降控制是本工程的技术难点,施工紧迫,建设标准高,施工紧邻既有京沪铁路营业线,施工组织难度大,如何协调组织为本工程的控制点。本工程具有以下突出特点和复杂条件:

4.2.1.1 建设标准高

1. 工程主要技术标准高

(1)铁路等级:国铁Ⅰ级。
(2)正线数目:南通至安亭双线,安亭至黄渡沿既有京沪线增建第三、四线。
(3)限制坡度:6‰。
(4)路段旅客列车设计行车速度:正线200 km/h、联络线≤160 km/h、局部地段限速,安亭至蕰藻浜增建三、四线处既有京沪铁路设计行车速度120 km/h。
(5)最小曲线半径:一般地段2 000 m,个别地段结合沿线条件合理确定。
(6)牵引种类及机车类型:电力牵引;动车组、HX_D系列。
(7)到发线有效长度:1 050 m,部分车站650 m。

2. 工程结构设计质量标准高

在合理使用和正常维护条件下,路基、桥梁等工程主要承重结构的施工质量要满足100年设计使用寿命期,主体工程质量实现"零缺陷",确保结构安全;并满足列车开行高安全性和高舒适性的要求。

3. 工后沉降控制质量标准高

站前工程对于工后沉降、差异沉降和结构变形的控制标准要求很高,路基和桥梁的沉降控制是工程的技术难点。

由于工后沉降的特殊要求(工后沉降一般不应超过15 mm,路桥交界处的工后沉降差异值不大于5 mm),对地质情况的核查、路基填料的控制、路基压实标准的控制以及路基填筑施工质量的控制要求非常严格,提高了路基工后沉降控制质量标准。如何正确地对路基沉降进行监测和评估是保证工程质量的关键技术。

4.2.1.2 新线施工与既有线运输相互影响和制约

1. 紧邻既有线施工,安全控制压力大

新建沪通铁路与既有京沪铁路并行建设,多处施工受既有线自闭线、信号线及地下不明管线影响;紧邻既有京沪线开展施工,存在众多潜在的安全风险,而施工不允许对既有线的安全运营造成任何影响,这给工程的安全控制带来很大的压力,加强营业线施工安全控制,制订切实可行、可靠的安全防护措施,对于工程的顺利实施至关重要。

2. 施工须加强协调,保证既有线的正常运输与行车安全

既有京沪线是我国东部沿海主要的南北运输通道,也是我国最繁忙的运输通道,运输能力长期紧张,客、货运输密度分别是全路平均客货运输密度的5.3倍和3.8倍,一直处于超负荷运行和限制型运输状态。京沪铁路最突出的特点是"车流密度高、行车速度快",在充分考虑新线分流及其他现代化交通运输工具发展的基础上,未来京沪线客货运量的增长仍将十分迅猛。

既有京沪线的正常运营对于促进当地的社会经济的持续快速稳定发展，具有至关重要的意义。新线与京沪线紧邻并行施工，在项目建设过程中不可避免地会对京沪线的运输产生干扰；反过来既有线运营也会对新线的施工进展构成很大影响。

为此，本工程施工必须结合既有京沪线的运营情况，在施工组织时充分考虑京沪线正常运输和行车安全，妥善处理项目建设过程中，施工部门和运输部门的配合协调问题，采取科学有效的施工组织管理手段和措施。

4.2.1.3　工程的施工组织与管理难度大

项目线路长、作业量大，施工种类繁杂，工程的施工组织与管理难度大。各施工单元之间、站前与站后之间、线上与线下之间的衔接、搭接施工以及工期安排是工程建设的重点和难点。

工程建设施工组织和管理的关键环节包括：严格按工期要求配备生产要素；使用专业队伍、机械设备；保证资金投入既满足工期要求，又做到队伍不窝工、设备不闲置、资金不浪费；施工过程中科学组织，妥善处理各分项工程衔接过渡及后续工程的预留、预埋问题；确保各阶段各工序不出现安全质量问题，大小工序环环相扣。

4.2.2　施工关键控制工程的确定及原因分析

4.2.2.1　路基施工作业与既有线运输相互影响和制约，对整体施工进展干扰大

施工部门的路基施工组织与既有线运输部门的运输组织之间相互影响和制约，存在着矛盾，施工单位和交通运输部门这两个关键部门间的沟通与协调情况，决定着项目的整体实施效果。这是紧邻既有线铁路施工复杂条件下，开展施工组织的一大特点。

1. 新线路基施工组织对既有线交通运输组织产生影响

主要表现为新线路基施工作业过程中，路基开挖、钻孔成桩作业可能挖断既有地下管线，威胁既有线路基边坡与站场股道的安全稳定，严重时造成边坡、股道垮塌事故，此外还存在一系列安全风险；对既有线的行车安全与正常运输构成了较大的威胁，一旦因施工作业不当则可能发生事故，必须马上采取临时封锁抢修等安全风险应急处置措施。另外，必要时对既有线也需要开施工封锁"天窗"或者限速慢行作业。这些都对既有线的通过能力和安全行车构成了影响和干扰。

2. 既有线的交通运输组织对新线路基施工组织形成制约

主要表现为：本工程建设质量标准高，项目工期非常紧张，总的要求是应尽力做到运输生产两不误、保证安全的前提下，保证实现进度目标。从这一要求出发，施工部门应将施工对运输的干扰减少到最小程度，使运输工作不因施工而打乱行车计划，作为组织路基工程施工认真研究和妥善处理的问题。

这就要求在进行路基工程施工组织设计时，需要把握以下关键要素：① 在施工技术方案上，要根据工程的特点和复杂条件，充分采用先进的施工方法和相应的技术措施，做到少妨碍或不妨碍行车，同时充分考虑其对进度的影响；② 根据施工实际情况，适时调整路基施工

组织设计，不断优化路基施工方案，施工中重点抓好关键工序的施工管理，确保关键工序的施工进度，对影响总工期的工序和作业环节给予人力和物力的充分保证，确保总进度计划目标的实现。

3. 两大组织间的矛盾对施工进展产生干扰

根据本工程的特点和复杂条件，为了缓解既有线运输组织和沪通铁路施工组织的矛盾，在施工过程中同时确保既有线的行车安全与新线的工后沉降要求，必须加强既有线的变形监测与沪通铁路的路基沉降观测及其评估，突出施工安全风险控制的重要性；同时，对既有线和沪通铁路的监测与评估又制约着施工的进展和整个项目的工期，评估结果要符合规范要求才能开展下一道工序施工，否则必须针对出现的问题采取相应技术与管理措施，保证施工安全和质量，加强工程实施相关部门间的协调和配合，尽可能避免或降低新线施工对既有线正常运输和行车安全带来的影响与干扰，以促进项目施工顺利开展。

4.2.2.2 加强路基施工安全控制是实现项目综合目标和整体效益的关键

当前铁路施工的发展趋势是由单一管理转向系统化管理，追求实现项目的综合目标和整体效益。

1. 项目施工系统化管理的内涵

项目施工系统化管理是为确保施工中各专项工作能够有机地协调和配合而展开的一种综合性和全局性的项目管理工作。铁路施工系统化管理的目标具有多重性，它追求的不是单个施工目标的最优，而是要同时追求进度、成本、质量、安全等多个目标的优化。不论是系统思想的贯彻还是项目施工管理方法的运用，都是为了最终实现项目的综合目标和整体效益。

（2）项目施工系统化管理的特性由于项目施工系统化管理涉及项目工期、成本、质量等多方面管理的协调与整合，所以它是一项具有综合性、全局性与系统性的项目管理工作。

（3）系统化管理理念对于加强路基是公共安全控制的要求，常规的铁路项目施工管理，主要强调对质量、进度、成本三大目标的控制，传统的"三控"与安全、环保等目标控制共同构成了项目施工的控制系统。系统化管理的理念要求改变传统管理目标独立控制、各部门间协调配合不够、施工安全风险事前控制不足等状况，在施工全过程控制中要贯彻目标系统化控制的思想，从整体观念出发，统筹规划。合理安排整体中的每一个局部，用科学的方法规划和组织人力、物力、财力，以求得整体的最优规划、最优管理和最优控制，以获得项目实施的整体最优效益。

由于紧邻既有线铁路的施工特点和复杂条件，路基工程施工中存在许多潜在的安全风险，施工进展会受到既有线运输的许多约束和限制，安全一旦出了问题，项目的质量、成本、工期三大目标的实现也会受到很大影响。因此，对于紧邻既有线的铁路项目施工来说，路基施工安全风险控制显得尤为重要，仅仅依靠加强传统的"三控"难以实现项目的综合目标，但是通过实施全过程动态的安全管理和风险控制，可以缩短现实与理想目标的差距。

这就要求重视工程自然地质条件和施工作业环境等因素造成的安全风险对路基施工进展的影响，并采取相应的技术和管理对策。编制施工方案前要对项目施工安全风险进行充分的分析，考虑安全风险应急处置办法。路基施工过程安全风险控制，通过协调解决施工组织和运输组织间的矛盾，实施安全监测和评估，根据现场实际情况调整变更设计，以及其他一系列的施工安全保证技术措施，本项目的路基施工动态控制如图4-1所示。

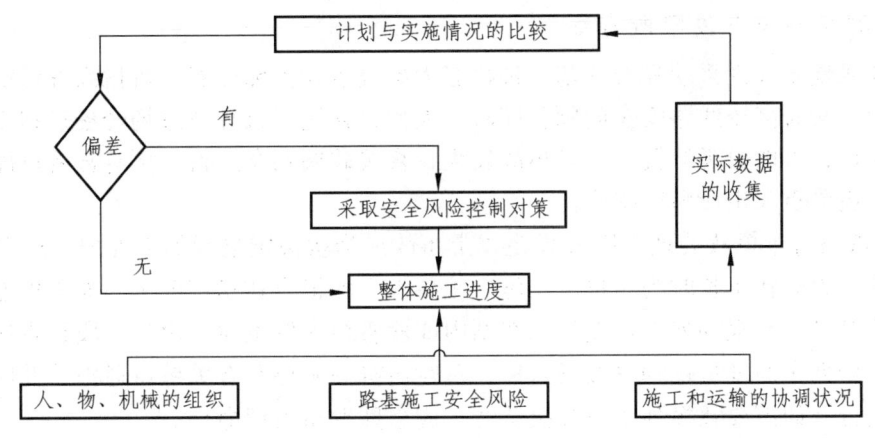

图4-1 路基施工动态控制图

基于前述，将路基工程作为本项目复杂施工条件下的关键控制工程，路基工程实施的效果直接影响着项目整体施工进展和综合目标的实现。为了突出研究分析的侧重性，本书将沪通铁路路基工程施工安全风险管理和控制问题作为主要研究对象，并选择能反映本项目路基工程施工主要问题的典型代表区段作为分析的重点。

4.2.3 典型区段施工安全风险

施工安全是一项长期的艰巨任务，尤其是紧邻既有线施工，任务将更为繁重，施工与运输的矛盾将更加突出，施工安全面临的压力将进一步加大。施工安全是一项复杂的系统工程，必须统筹协调形成整体攻坚合力。施工安全不仅是施工方或者建设方一个部门的事，而且涉及众多相关单位，牵涉面广，结合部门多，难度系数高，必须强调主要领导亲自负责，统筹安排，各部门协调合作，发挥系统优势，强化责任落实，形成整体合力。特别是要注重加强结合部门管理，消除脱节和失控现象，提高安全综合管理水平。本标段典型区段的施工安全风险需要综合统筹考虑施工对既有线形成的风险以及既有线对新线施工造成的风险两个方面。

4.2.3.1 施工对既有线形成的安全风险

1. 通信等地下管线

沪通铁路与京沪既有线并行线路长，部分区段紧邻既有线，尤其车站等位置，地下管线纵横，施工开挖不可避免地要威胁到通信等地下埋设线路的安全。由于开挖施工不当，时常发生施工区域内或附近的自来水管、煤气管、排水管道、电力电缆和通信电缆等地下管线损坏，造成断电、断水、断气等不良后果，通信线路如果受破坏中断，会造成信号、通信设备故障，必然耽误列车正常运行，严重时可能导致既有线行车中断，造成巨大的经济损失。同时也影响到施工自身的正常进行,并导致施工费用增大和工期的拖延。因此,在地下管线密集的区域进行开挖施工,如何避免损坏邻近的地下管线,应作为一项重要的技术工作内容来引起从事工程建设管理和施工人员的高度重视。

2. 大型机械设备侵限既有线

沪通新线地基处理采用复合地基,桩机等大型设备在紧邻位置,机械高杆可能侵入既有线上空,存在触碰高压线路安全问题;同时,大型设备施工过程及进场转场过程中,机械碰撞接触网立柱,可能出现倾覆,一旦事故发生,直接耽搁列车运行,更有甚者可能发生严重安全事故,遭受重大生命财产损失。

按照《铁路行车事故处理规则》,发生以上事故应当按规定进行如下处理,在区间发生时,由运转车长(无运转车长时为司机)或施工领导人立即报告列车调度员。如不可能,则报告最近车站值班员,转报局列车调度员。在站内或段管线内发生时,由站、段长直接报告局列车调度员。局列车调度员接到事故报告后,及时向有关领导及有关单位通报,并向上一级列车调度员报告。如需要救援列车或救援队时,应立即发布出动命令。

3. 边坡开挖稳定性风险

施工期间,既有线路基一次开挖基坑,形成人工开挖边坡。开挖引起原有应力场位移场重大变化,在列车荷载作用下,开挖边坡稳定状态堪忧;尤其雨季,雨水浸泡冲刷加剧边坡损毁,既有线路基长期受列车荷载,边坡塌滑引起连锁反应,可能造成既有线路基大变形;此外,新线地基处理方式采用新型桩基础,会对既有线产生挤压,受新线挤压作用既有线线路有可能发生水平位移变形,造成营业线路基塌陷,直接影响行车舒适性以及行车安全。

4. 打桩振动

管桩成桩过程中,对周围环境振动影响不容忽视。为保证既有线行车舒适性及行车安全,施工期间,加大既有线铁路养护维修工作量,控制打桩振动对环境造成的影响。

5. 钻孔桩塌孔使既有线桥墩位移或沉降

(1)坍孔。

现象:成孔过程中或成孔后,孔壁坍塌。

原因分析:陆上挖埋式护筒的底部和四周围用黏土填实,水中振动埋入护筒的深度不足或护筒底部埋设在砂类等透水层中;孔内水位高度不够,不足以平衡孔内水头压力;水上钻孔时,孔内水位未随潮水涨落而作相应变动;当钻至砂砾等强透水层时,水源补给不足引起孔内水位急剧下降;出现较强承压水时,易导致孔底翻砂和孔壁坍塌;钻孔附近的振动影响;泥浆比重偏小;成孔速度过快,孔壁上来不及形成泥膜;吊放钢筋笼时碰撞了孔壁或破坏了孔壁泥膜;成孔后未及时浇筑混凝土,静置时间过长。

(2)钻孔漏浆。

现象:在成孔过程中或成孔后,孔内不能稳定维持一定水位,泥浆向孔外渗漏。

原因分析:护筒埋置深度不够,泥浆从护筒底部向外流失;护筒制作粗糙,接头和纵向拼缝处不严密,使泥浆产生渗漏;护筒内静水压力过大,亦会发生护筒刃脚处泥浆渗漏;土质构造有裂隙,泥浆从裂隙中渗漏。

（3）成孔偏斜。

现象：成孔后不垂直，偏差值大于规定的 $L/100$（L 为桩孔深度）。

原因分析：施工场地不平整、不坚实，在支架上钻孔时，支架的承载力不足，发生不均匀沉降，导致钻杆不垂直；钻机部件磨损，接头松动，钻杆弯曲；钻头晃动偏离轴线，扩孔较大；遇有地下障碍物，把钻头挤向一侧。

（4）缩孔。

现象：成孔过程中或成孔后局部孔径小于设计要求。

原因分析：软土层受地下水位影响或周边车辆振动；塑性土膨胀，造成缩孔。

（5）钢筋笼变形。

现象：钢筋笼在堆放、运输和吊装过程中，产生不可恢复的变形。

原因分析：钢筋笼分段太长，加强箍筋设置不足，刚度不够；钢筋笼在堆放、运输和吊装过程中未严格遵守技术规程，产生累计变形。

（6）钢筋笼安装位置偏差。

现象：钢筋笼安装平面位置偏差超过了质量标准的允许范围。

原因分析：钢筋笼上未设置保护层钢筋或垫块，不能有效控制混凝土保护层厚度；桩孔本身有较大偏差；钢筋笼未垂直吊放入孔，而是斜插入孔内。

（7）钢筋笼上浮。

现象：浇筑混凝土时钢筋笼上浮。

原因分析：混凝土在进入钢筋笼底部时浇筑速度太快，导管埋置太深，被混凝土顶起，钢筋笼未采取固定措施，提导管时挂起钢筋笼。

（8）断桩。

现象：成孔后经探测，桩身局部没有混凝土，存在夹泥层，造成断桩。

原因分析：混凝土坍落度太小，骨料太大，运输距离过长，混凝土和易性差，导致导管堵塞，疏通导管再浇筑混凝土时，中间就会形成夹泥层；计算导管埋深时出错，或盲目提升导管，使导管脱离混凝土面，再浇筑混凝土时，中间就会形成夹泥层；钢筋笼把导管卡住，强力拔管时，使泥浆混入混凝土中；导管接头处渗漏，泥浆进入管内，混入混凝土中；混凝土供应中断，不能连续浇筑，中断时间过长，造成堵管事件；坍孔。

6. 临近既有线，施工难度大、安全风险高

双绕便线抗剪桩施工和新建Ⅲ、Ⅳ线桩板结构施工对 G1501 桥墩有一定的干扰，钻孔桩离既有桥墩最小距离 2 m，离既有桥墩承台最小距离 1 m，最小净空 8.22 m，经现场调查，既有公路桥下有多处贯通线和铁路地埋电缆等，施工难度大，安全风险高。

由于双绕便线占用新源路左接长部分，并以 D 便梁形式跨越外青松公路和燃气管。便线拨接施工任务艰巨，新源路和外青松公路必须同时开工。新源路和外青松公路为嘉定区主要交通干道，做好交通疏导，保证施工对行车行人影响最小，为跨路施工控制重点。

4.2.3.2 既有线运营对施工造成的风险

紧邻既有线大型机械设备进场施工，机械设备高杆施工过程可能触碰到既有线高压线路

隐患，一旦发生触碰甚至倾覆，后果不堪设想，给施工人员人身安全、机械设备安全带来重大安全隐患。

施工期间，京沪既有线路基一侧开挖基坑，开挖边坡应力场、位移场发生变化，受列车荷载以及外在自然因素影响（主要雨水冲刷），边坡部分区段出现塌滑，直接造成施工延迟，同时抢修增加施工的费用。

此外，地下管线、通信线路的专门保护，针对性相关措施实施，都加大了施工难度，稍有不慎，即影响施工正常进行，都会造成施工进度的延迟及费用的增加。

4.2.3.3 自然环境因素

（1）地质水文。新建沪通铁路与既有京沪铁路下穿既有高速公路工程受现场的环境影响颇大。特别是对于下穿既有高速公路段的沪通铁路施工，如果所处地质水文条件较好，如可塑黏土地层、软岩地层等，则地表沉降较易控制；由于本工程所在地地质条件较差，软土广泛分布，地下水位较高，且软土层强度低且自身承载力差，不利于路基和工作坑的稳定，需要采取一些辅助施工措施，否则易引发坍塌等安全事故。此外，土质如果变异性较大也非常容易引起施工过程中的突发情况，增加工程的安全风险。

（2）作业天气及夜间照明。对于沪通铁路下穿既有高速公路工程而言，完成路基施工作业就集中在春、秋、冬三季，这个阶段通常会遇到雨雪雾等恶劣天气。另外，如果此类工程下穿的既有高速公路线运输量大，则下穿既有线段的施工只能利用夜间时间间隔较大的天窗时间，这要求施工现场的照明充足。这些都大大增加了工程中的不利因素。

（3）施工场地布置。施工现场应该合理布置作业区域、办公区域和生活区域，并保证三者的安全、有序。沪通铁路下穿既有高速公路工程交叉作业多，要合理划分各作业区域，划分好线上施工区域和线下施工区域，避免影响各类人员、设备的作业。

（4）既有铁路线结构及抗变形能力。在沪通铁路下穿既有高速公路工程中，除了沪通铁路施工会引起既有京沪铁路线位移可能引发工程的安全事故之外，既有铁路线自身结构和抗变形能力也影响着工程的安全。不同的既有铁路线结构在不同的条件下会产生不一样的反应，所以既有铁路线的抗变形能力也是不一样的。

综上所述，得出与既有京沪线同孔下穿 G1501 绕城高速安全施工的风险源清单，如表 4-2 所示。

表 4-2　与既有京沪线同孔下穿 G1501 绕城高速安全施工风险源

序号	风险类型	风险源
1	自然环境	地质水文
2		作业天气及夜间照明
3		施工场地布置
4		既有铁路线结构及抗变形能力
5	组织管理	通信等地下管线
6		大型机械设备侵限既有线
7		机械未做到"一机一人"，致使机械施工影响既有线运行安全

续表

序号	风险类型	风险源
8	组织管理	相关参建单位配合不协调
9	组织管理	施工现场布置不合理，影响施工进度
10	组织管理	材料检验不合格，影响施工质量
11	组织管理	未等驻站联络员通知，就进入现场，影响人身安全
12	组织管理	硬隔离基础不稳发生倾覆
13	组织管理	机械未增设放电警报，有触电风险
14	组织管理	机械碰撞接触网立柱，机械侵限
15	组织管理	人员、物体高空坠落
16	组织管理	管理制度不完善
17	组织管理	未与相关设备管理单位签订安全协议
18	组织管理	未严格按照协议内容施工
19	组织管理	违章指挥
20	组织管理	违章作业、无证上岗
21	组织管理	施工设备安全性能差
22	组织管理	线路封闭和开通手续履行不完善、责任不明确
23	组织管理	光、电缆防护不到位
24	组织管理	未编制应急预案或未演练
25	组织管理	未在天窗点作业
26	组织管理	钢丝绳和保护措施不当
27	施工不当	边坡开挖稳定性风险
28	施工不当	打桩振动
29	施工不当	钻孔桩塌孔使既有线桥墩位移或沉降
30	施工不当	机械施工磕碰既有桥箱梁底板
31	施工不当	机械施工碰撞既有桥墩
32	施工不当	营业线路基塌陷，路基沉降
33	施工不当	旋喷过程中出现冒浆
34	施工不当	钻孔桩出现成孔偏斜、缩孔、断桩
35	施工不当	未严格按照规范要求配置泥浆比重，致使钻孔桩塌孔
36	施工不当	钢筋笼变形
37	施工不当	钢筋笼安装位置偏差
38	施工不当	钢筋笼入孔后固定不当，致使钢筋笼上浮或下沉
39	施工不当	模板表面不平整、接缝处漏浆
40	施工不当	钢板桩插打不合理，使既有线路基失稳
41	施工不当	推土机摊铺平整时，未对路肩进行初步压实，致使路肩滑坡

4.3 与既有京沪线同孔下穿 G1501 绕城高速风险评估

4.3.1 与既有京沪线同孔下穿 G1501 绕城高速风险评估指标研究

4.3.1.1 安全风险评估指标体系的建立原则

沪通铁路下穿既有高速公路工程安全风险评估指标是度量整个工程建设项目系统随着时间变化产生的信息,以数量说明其安全特征和安全属性。沪通铁路下穿既有高速公路工程安全风险评估指标体系则是指互相关联、互相制约的安全风险评估指标集合体。科学合理的安全风险评估指标体系是全面有效进行安全风险评估的重要前提条件之一,正确有效地进行安全风险评估的基础是要建立一个科学合理的安全风险评估指标体系。所以,指标的选择和相应体系的建立要求遵照一定的分析原则,一般应该满足下述基本原则:

1. 科学性原则

科学性原则是指标选择和体系建立的首选原则。只有科学的指标和体系,才能客观、准确地反映研究对象是否安全,同时确保安全风险评估工作的真实度。因此,研究者在选择指标和制订体系的过程中,一定要进行深入调查咨询、反复论证等工作。

2. 系统性原则

系统性原则是要求建立的评价指标体系尽量完善全面。即各指标之间、指标与目标之间构成一个整体,从不同的角度和层次来评估整个系统的安全状况,尽量保证评估结果的准确。

3. 代表性原则

代表性原则是要求全面分析新建沪通铁路下穿既有高速公路工程的安全影响因素,掌握与其他工程的不同之处,同时也要求抓住此类工程的主要问题,选择最具代表性的指标。

4. 可行性原则

可行性原则是尽量多考虑关于所选指标数据收集量化的可操作性,避免繁琐冗杂,保证建立的指标体系简洁实用。

5. 定量定性分析结合原则

定量定性分析结合原则是避免指标体系仅仅进行定量分析或定性分析的片面性,要求有助于结合相关数学模型进行安全风险评估,保证结果的综合性和客观性。

4.3.1.2 安全风险评估指标体系的建立

沪通铁路下穿既有高速公路工程涉及单位广,除涉及建设、勘察、设计、施工、监理等单位外,还与中国铁路总公司建设管理公司与工程监督站等单位相关。由于要在保证既有铁路线的正常营运条件下施工,此类工程的施工现场存在较多的不确定安全风险因素。而且通过大量文献阅读发现鲜有关于此类工程的安全风险评估的相关研究,参考数据缺乏。故根据《铁路营业线施工安全管理办法》(中国铁路总公司)、《施工企业安全生产评价标准》(JGJ/T 77—2010)、《高速公路交通安全设施设计及施工技术规范》及参考文献有关规定,参考相关工程关于安全风险评估指标的研究，通过施工现场调研和相关专家反复论证，依照前文所述安全风险因素和体系的建立原则，结合前文分析的影响新建沪通铁路下穿既有高速公路工程的安全因素，最后优选确定出自然环境因素、人员因素、安全技术因素和组织管理因素 4 大子类构成安全风险评估指标体系，并将 4 大子类具体细分为 10 个安全风险评估指标，如图 4-2 所示。

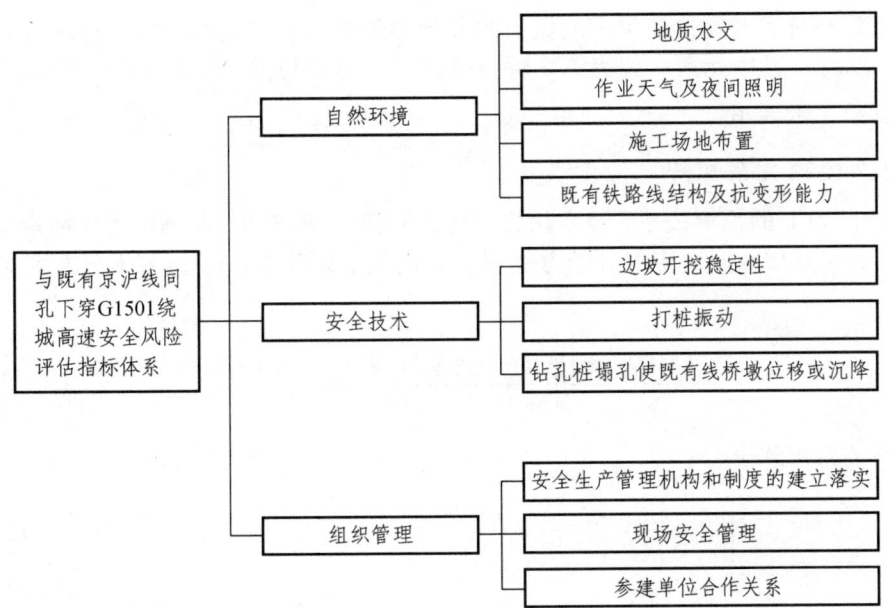

图 4-2　与既有京沪线同孔下穿 G1501 绕城高速安全风险评估指标体系

4.3.2　与既有京沪线同孔下穿 G1501 绕城高速安全风险评价模型的构建

4.3.2.1　基于 AHP 的模型综合评价模型

模糊评价法是利用模糊集理论评价工程项目风险的一种方法。工程项目风险很大一部分难以用完全定量的精确数据加以描述，这种不能定量的或精确的特性就是模糊性。美国学者 L. A. Zadeh 在 1965 年就提出了模糊集理论，该理论在工程管理领域得到较为广泛的应用。其综合评价结果的可靠性和准确性依赖于因素的合理选择、权重分配等，为了较好地解决这些问题，现将层次分析法与模糊评价法相结合形成基于 AHP 的模糊综合评价模型。其基本做法和步骤如下：

1. 建立因素集

通常用 U 表示，即 $U = \{u_1, u_2, \cdots, u_m\}$，其中元素 $u_i (i=1,2,\cdots,m)$ 代表影响评价对象的第 i 个因素。为更合理地选择影响项目的因素，采用层次分析法建立风险评价指标体系。

2. 建立权重集

在评价工作中，各因素的重要程度有所不同，为此，给各因素赋一个权重。记为

$$W=\{w_1,w_2,\cdots,w_n\} \quad \sum_{i=1}^{n}w_i=1 \tag{4-1}$$

常用的方法有统计方法或专家评分法等，采用AHP来确定权重集，即利用专家咨询法构造两两比较判断矩阵，求矩阵特征向量和特征根，并进行一致性检验，得出指标的权重。

3. 建立评价集

评价集是评价者对评价对象可能做出的各种评价结果所组成的集合。通常用V表示，即$V=\{v_1,v_2,\cdots,v_n\}$。其中元素v_j代表第j种评价结果，可以根据实际情况的需要，用不同的等级、评语或数字来表示。

4. 建立模糊关系矩阵

即建立U到V的模糊关系，通常用模糊评价矩阵R来描述。在确定各个因素对评判集V的隶属度时，可采用专家评审打分的方法建立模糊关系矩阵$R(r_{ij})$。由若干名专家对各因素进行评价得：

$$r_{ij}=\frac{对V中某一因素，专家划分为某一档次的人}{评审专家总人数}$$

得模糊关系矩阵R：

$$R=\begin{bmatrix} r_{11} & r_{12} & r_{13} & \cdots & r_{1n} \\ r_{21} & r_{22} & r_{23} & \cdots & r_{2n} \\ \vdots & \vdots & \vdots & & \vdots \\ r_{m1} & r_{m2} & r_{m3} & \cdots & r_{mn} \end{bmatrix} \tag{4-2}$$

同理，可得出多层次因素中各个层次的模糊关系矩阵。

5. 进行模糊综合评价

确定R、W之后，通过模糊变换将U上的模糊向量A变为V上的模糊向量B。即

$$B=W\cdot R=(b_1,b_2,\cdots,b_n) \tag{4-3}$$

B称为综合评价向量，其元素$b_j=(j=1,2,\cdots,n)$称为模糊综合评价指标，其含义为：综合考虑所有因素的影响时，评价对象对评价集第j个评价元素的隶属度。在实际评价时，可用模糊分步法、最大隶属度法、加权平均法对评价结果进行处理。

（1）模糊分步法。即把评判集B作归一化处理，则其取值表示对相应评价等级按一定比例的认可程度。该方法能够反映评判对象在所评判的特性方面的分布状态，使评价者对评判对象有更深入的了解，并能做各种灵活的处理。

（2）最大隶属度。最大隶属度法以B中的$\max(b_1,b_2,b_3,b_4,b_5)$对应的评价等级作为评价结果。例设对某项目工程成本风险评价结果$B=\{0.204,0.320,0.236,0.114,0.126\}$，则$\max(b_1,b_2,b_3,b_4,b_5)=0.320$，项目风险等级为$V_2$。最大隶属度法的不足之处是舍去了最大指标意外其他指标所提供的信息，使评判结果不够全面，因而只适用于一般性的描述结果。另外，当最大评判指标不止一个时，该法难以确定评判结果。

（3）加权平均法。该法综合考虑了所有指标的贡献，也是一种较好的处理方法。这里假设项目风险实行 5 分制，即：风险"很小""比较小""中等""比较大""很大"相应的得分分别为 1，2，3，4，5。于是得到向量 $C = [1,2,3,4,5]^T$，设对整个项目的最终评价为 S，则 $S = B \times C$，因此，若 $4 < S \leq 5$，则认为风险很大；若 $3 < S \leq 4$，则认为风险比较大；若 $2 < S \leq 3$，则认为风险中等；若 $1 < S \leq 2$，则认为风险比较小；若 $0 < S \leq 1$，则认为风险很小。例如 $S = B \times C = (0.204, 0.320, 0.236, 0.114, 0.126) \times [1,2,3,4,5]^T = 2.638$，则认为该项目风险中等。

4.3.2.2　与既有京沪线同孔下穿 G1501 绕城高速安全风险评价模型

根据下穿 G1501 绕城高速施工所辖范围内的工程特点，结合施工现场下穿既有高速公路的实际情况，及对重大安全风险源辨识的结果可知，可能或潜在的突发事件有：机械施工碰撞既有桥墩；机械施工磕碰既有桥箱梁底板；钻孔桩塌孔使既有桥墩位移或沉降，营业线路基塌陷，路基沉降，机械碰撞接触网立柱，机械侵限等。

为了加强评价模式的科学性，指标体系的构造和评价方法的选取尤为重要。采用层次分析法建立风险因素指标体系，参见图 4-2。

1. 利用 AHP 确定各风险发生的权重

根据层次分析法的原理，由图 4-2 知项目的层次结构如下：

目标层：A——下穿既有 G1501 绕城高速安全施工风险；

准则层（A_i）：A_1——自然环境；A_2——安全技术；A_3——组织管理；

子准则层（A_{ij}）：A_{11}，A_{12}，…，A_{31}，A_{32}，A_{33}。

（1）根据有关本工程的资料征询有关专家意见，并经过综合权衡之后，确定 $A \sim A_i$ 的判断矩阵为：

$$A \sim A_i : \begin{bmatrix} 1 & 1/3 & 1/2 \\ 3 & 1 & 4/3 \\ 2 & 3/4 & 1 \end{bmatrix}$$

由公式计算该矩阵的特征值和特征向量为：

$$\lambda_{\max} = 3.0015, \quad w_j = [0.1677, 0.4836, 0.3488]^T$$

w_j 即为 A_i 的权重。

进行一致性检验：

$$CI = \frac{\lambda_{\max} - n}{n-1} = \frac{3.0015 - 3}{3-1} = 0.0075$$

由于阶数为 3 阶，则 $RI = 0.58$，则

$$CR = \frac{CI}{RI} = \frac{0.0075}{0.58} = 0.0013 < 0.10$$

满足一致性检验要求。

（2）同理，可得到 $A_i \sim A_{ij}$ 的判断矩阵如下：

$$A_1 \sim A_{1i}: \begin{bmatrix} 1 & 3 & 3/2 & 3/4 \\ 1/3 & 1 & 5/9 & 5/19 \\ 2/3 & 9/5 & 1 & 1/2 \\ 4/3 & 19/5 & 2 & 1 \end{bmatrix}$$

$$A_2 \sim A_{2i}: \begin{bmatrix} 1 & 2 & 2/3 \\ 1/2 & 1 & 2/3 \\ 3/2 & 3/2 & 1 \end{bmatrix}$$

$$A_3 \sim A_{3i}: \begin{bmatrix} 1 & 3/2 & 3 \\ 2/3 & 1 & 4/3 \\ 1/3 & 3/4 & 1 \end{bmatrix}$$

计算各自的最大特征值及其对应的归一化处理的特征向量：

$\lambda_{\max 1} = 4.001\,0$；$w_{1j} = [0.301\,9,\ 0.104\,7,\ 0.196\,1,\ 0.397\,3]^T$；

$\lambda_{\max 2} = 3.053\,6$；$w_{2j} = [0.354\,5,\ 0.223\,3,\ 0.422\,1]^T$；

$\lambda_{\max 3} = 3.018\,3$；$w_{3j} = [0.509\,2,\ 0.296\,5,\ 0.194\,3]^T$；

可得单因素的指标权重集为：

$w_1 = [0.301\,9,\ 0.104\,7,\ 0.196\,1,\ 0.397\,3]$

$w_2 = [0.354\,5,\ 0.223\,3,\ 0.421\,1]$

$w_3 = [0.509\,2,\ 0.296\,5,\ 0.194\,3]$

计算其相应的一致性指标，得：

$CI_1 = 0.000\,3$

$CI_2 = 0.026\,8$

$CI_3 = 0.009\,15$

相应的 CR 如下：

$CR_1 = 0.000\,3$

$CR_2 = 0.046\,2$

$CR_3 = 0.015\,8$

均小于 0.1，故 $A_i \sim A_{ij}$ 判断矩阵满足一致性要求。

（3）计算各子准则层因素对目标层的权重为：

$W = [0.050\,6,\ 0.017\,6,\ 0.032\,9,\ 0.066\,6,\ 0.171\,4,\ 0.108\,0,$
$0.204\,1,\ 0.177\,6,\ 0.103\,4,\ 0.067\,8]$

2. 建立评判集

将风险程度分为 5 个等级：高风险 V_1、较高风险 V_2、中等风险 V_3、较低风险 V_4、低风险 V_5。评判指标采用加权平均法处理，对风险实行 5 分制，即：V_1、V_2、V_3、V_4、V_5 的得分分别为 5，4，3，2，1，于是得到向量 $C = [5,4,3,2,1]^T$。

3. 单因素模糊评价

以边坡开挖稳定性风险为例，采用专家打分法对其风险程度大小进行模糊评判。请 15 位有丰富相关经验的专家对既有桥墩位移或沉降风险水平进行模糊估计，即该风险发生的概率和发生的后果严重程度的综合。打分后经统计，有 13.33%人认为该风险高，46.67%的人认为该风险较高，33.33%人认为该风险中等，6.67%的人认为该风险较低，0%的人认为该风险低。故边坡开挖稳定性风险的隶属度为：

$$(0.133\ 3,\ 0.466\ 7,\ 0.333\ 3,\ 0.066\ 7,\ 0.000\ 0)$$

类似可得到：

打桩振动的风险隶属度为：

$$(0.000\ 0,\ 0.066\ 7,\ 0.600\ 0,\ 0.266\ 7,\ 0.066\ 7)$$

钻孔桩塌孔使既有线桥墩位移或沉降的风险隶属度为：

$$(0.133\ 3,\ 0.666\ 7,\ 0.200\ 0,\ 0.000\ 0,\ 0.000\ 0)$$

由上可得到安全技术风险因素的模糊矩阵：

$$R^2 = \begin{bmatrix} 0.133\ 3 & 0.466\ 7 & 0.333\ 3 & 0.066\ 7 & 0.000\ 0 \\ 0.000\ 0 & 0.066\ 7 & 0.600\ 0 & 0.266\ 7 & 0.266\ 7 \\ 0.133\ 3 & 0.666\ 7 & 0.200\ 0 & 0.000\ 0 & 0.000\ 0 \end{bmatrix}$$

自然环境风险的模糊矩阵为：

$$R^1 = \begin{bmatrix} 0.000\ 0 & 0.266\ 7 & 0.533\ 3 & 0.200\ 0 & 0.000\ 0 \\ 0.000\ 0 & 0.000\ 0 & 0.200\ 0 & 0.666\ 7 & 0.133\ 3 \\ 0.133\ 3 & 0.800\ 0 & 0.066\ 7 & 0.000\ 0 & 0.000\ 0 \\ 0.000\ 0 & 0.133\ 3 & 0.466\ 7 & 0.333\ 3 & 0.666\ 7 \end{bmatrix}$$

组织管理风险的模糊矩阵为：

$$R^3 = \begin{bmatrix} 0.266\ 7 & 0.466\ 7 & 0.200\ 0 & 0.066\ 7 & 0.000\ 0 \\ 0.000\ 0 & 0.000\ 0 & 0.066\ 7 & 0.666\ 7 & 0.266\ 7 \\ 0.000\ 0 & 0.000\ 0 & 0.133\ 3 & 0.600\ 0 & 0.266\ 7 \end{bmatrix}$$

单因素模糊评价结果表示为：

$$B_i = w_i \cdot R^i$$

则自然环境风险的模糊评价结果为：

$$B_1 = w_1 \cdot R^1 = (0.026\ 1,\ 0.290\ 4,\ 0.380\ 4,\ 0.262\ 6,\ 0.040\ 4)$$

安全技术风险的模糊评价结果为：

$$B_2 = w_2 \cdot R^2 = (0.130\ 5,\ 0.461\ 7,\ 0.336\ 6,\ 0.083\ 2,\ 0.014\ 9)$$

组织管理风险的模糊评价结果为：

$$B_3 = w_3 \cdot R^3 = (0.135\ 8,\ 0.237\ 6,\ 0.147\ 5,\ 0.348\ 2,\ 0.130\ 9)$$

4. 项目整体风险的模糊评价

$$R = \begin{bmatrix} R^1 \\ R^2 \\ R^3 \\ R^4 \end{bmatrix}$$

$$B = W \cdot R = (0.101\ 8,\ 0.354\ 9,\ 0.278\ 0,\ 0.205\ 7,\ 0.059\ 6)$$

采用加权平均法对评价结果进行处理，假设对项目风险实行 5 分制，即高风险 V_1、较高风险 V_2、中等风险 V_3、较低风险 V_4、低风险 V_5 分别得分为 5，4，3，2，1，于是可得到向量 $C = [5,4,3,2,1]^T$。

设对项目的最终的整体评价为 S，则

$$S = B \cdot C = (0.101\ 8,\ 0.354\ 9,\ 0.278\ 0,\ 0.205\ 7,\ 0.059\ 6) \cdot [5,4,3,2,1]^T = 3.233\ 7$$

即认为该项目的整体风险为中等风险，基本可以接受，但仍应加强各个阶段的风险管理。同时，由风险因素评价矩阵可以得知，本项目中风险程度较高的主要因素是 A_{13}、A_{21}、A_{23}、A_{31}，即场地布置、钻孔桩塌孔使既有线桥墩位移或沉降、安全生产管理机构的建立落实、边坡开挖稳定性因素，在施工过程中应加大这方面的控制，采取相应的风险保障措施。其余因素主要处于中等或较低等的风险等级，在管理中也应采取相应的防范措施。

4.4 紧邻既有线铁路施工安全技术与应急指南管理策略

4.4.1 紧邻既有线施工组织和运输组织的协调分析

紧邻既有线开展铁路项目施工，新线的施工进展和既有线的运输安全与效率是相互矛盾、相互影响制约的，项目的整体目标和综合效益主要通过两方面来体现：一方面要确保既有线的行车安全和正常运输[121]；另一方面要确保新线施工进展的顺利，施工单位和运输部门之间的协调沟通与配合情况将在很大程度上直接影响项目实施的优劣，这些问题远远超出了常规铁路施工管理的范畴。根据铁路施工集成管理的理念，为了实现项目的整体目标和综合效益，紧邻既有线进行城际铁路施工时，如何加强施工组织和运输组织间的协调，优质高效安全完成项目施工任务，实现运输与施工的最佳结合是当前需要充分考虑的突出问题。在我国铁路发展的新形势下，出现了越来越多的工程施工特点和复杂条件。突破传统定式，加强新线施工组织与既有线运输组织的协调，创新施工运输组织模式，是解决紧邻既有线城际铁路施工与运输矛盾的有效方法。

4.4.1.1 加强路基施工组织与既有线运输组织协调的意义

1. 协调是铁路施工系统化管理的核心[122]

铁路项目的实施，要通过一定的方法和手段，对管理活动中各个要素之间的问题和关系进行协商和调节，使之互相配合，从而高效、步调一致地实现管理目标。通过协调对组织产生一种内部的整合作用，对组织外部进行团结和聚合。协调是施工企业组织中重要的平衡机制，它可以有效地抑制施工组织与项目相关组织及环节的冲突。通过协调管理思想与系统化管理理念的有机融合，把协调看作系统化管理的核心，并作为开展施工安全风险管理的有效手段，对施工全过程的安全风险加以动态控制和方案优化，以实现项目的目标和效益。

2. 通过协调管理解决施工与运输间的矛盾

随着国民经济的腾飞与发展，尤其是西部大开发战略的逐步实施，我国本来就满足不了需求的铁路运输更趋紧张，紧邻既有线进行铁路新线施工项目也日益增多，运输与施工的矛盾愈加突出。铁路施工运输组织的一个基本的原则是尽可能做到"行车不施工，施工不行车"，从而保证行车安全，力争不中断行车，不降低行车速度。同时，既有线运输部门也要支持新线施工，做到行车和施工两不误，很难做到施工时完全停止运输生产。因此，铁路新线项目的施工和紧邻既有线运输安全与效率是相互矛盾的，如何优质高效安全完成施工任务，实现运输与施工的最佳结合是当前的突出问题。

在施工准备阶段，应从时间和空间上充分考虑，减少施工对正常运输生产的影响。在施工过程中，运输生产应围绕施工这个中心来组织，在确保施工期间行车安全的前提下，提高施工效率。实践证明，加强新线施工组织与既有线运输组织的协调管理是解决运输与施工矛盾的有效途径。

3. 通过协调确定项目的最优施工方案

紧邻既有线开展铁路施工应该严格按照施工方案进行，但由于施工企业和运输企业双方考虑问题角度不同对施工方案会有不同的选择。施工企业主要考虑的是施工方便和减少对施工的影响，运输部门主要考虑的是作业方便和减少对正常运输的影响。项目实施时要考虑选择施工和运输企业都能接受的方案，最大限度地满足双方的要求，即为最优施工方案。

通过在高速铁路工程项目施工的全过程中，对建设部门的施工组织和运输部门的运输组织实施协调管理和控制，把握项目建设实施的关键环节，不断调整施工组织设计，为项目最优施工方案的制订创造了有利的条件。

4. 实现施工与运输整体最优效益

新建线路与既有线并行施工与管理是一个典型的多目标、多变量、多约束条件的优化问题。多目标体现在确保安全、减少风险、提高施工质量、实现进度目标、完成运输任务和节约运输成本和施工成本等目标的设置上；多变量体现在管理目标的实现涉及运行图的所有要素、日常运输组织情况、建设施工工作的各项具体要求等都不断变化、随处不同；多约束条件体现在目标的实现必须满足天窗确定和日常安排的各种条件，包括行车情况、人员情况、天气情况等因素，同时，必须符合各个专业的技术规范和管理要求。

如果想利用数学和经济学的各种算法对这个问题进行求解，注定是一个十分困难的过程，只能得到一些次优的结果，是一些技术方案的局部优化，无法从根本上解决问题。运用施工系统化管理的理念，通过管理的手段在项目施工过程中协调新线施工组织和运输组织，将施工与运输视为一个系统的整体，追求实现项目的整体最大效益，是解决运输与施工矛盾的有效方法。因此，加强施工组织与运输组织的协调管理，始终如一地坚持系统设计、精益实施、严格卡控，才能突破传统定式，创新施工运输组织模式，安全、优质、高效地实现施工与运输的双赢。

4.4.1.2 路基施工组织与既有线运输组织的相互影响

新建铁路施工对并行的既有营业线运输的干扰和影响，主要体现在行车安全和通过能力上。对于沪通铁路Ⅵ标来说，影响既有京沪线运输主要包括下列各种情况：既有线限速慢行；工程运输会增加既有线运输负担；施工作业可能影响通信与电力管线等既有设备、设施的正常使用。

1. 施工作业对地下管线既有线设备、设施的影响

在邻近既有线进行铁路新线施工过程中，临时施工便线拨接施工及新线施工作业路基挖方时，因对既有线地下管线探测、认识不清，从而不慎挖断、破坏地下光缆、水管、电缆，是最常见、最容易发生的高速铁路新线施工安全问题。

2. 新线路基工程施工对既有线安全稳定的影响

新线路基软土地基处理时土方开挖会对紧邻既有线路基的安全稳定产生很大影响，一旦施工作业不当则有可能造成既有线路堤边坡、车站站场股道的垮塌。

（1）路基开挖对既有线安全运营的影响。

开挖前，新建线路范围主要以静止土压力为主，开挖后，土体一侧暴露，有向左倾斜的趋势，逐渐变成主动土压力。伴随土压力变换，土体中必然产生一定的位移。一方面，老路堤沿新开挖路堤方向产生倾斜，水平方向的位移则易引起铁轨发生水平挠曲，引起线路水平方向的不平顺；另一方面，老路堤倾斜产生的竖向位移则易引起不均匀沉降，从而造成线路的竖向不平顺，并对既有高速公路 G1501 桥墩的稳定性造成威胁，从而影响 G1501 绕城高速的安全运营。

（2）地基处理对既有线安全运营的影响。

在新老路堤相距较近的地段，很有可能对既有线路基产生过大的挤压上拱变形，从而造成线路运行隐患安全。

3. 施工对既有线通过能力的影响

（1）开设施工天窗对既有线运输通过能力的影响。

凡影响行车的施工、维修作业，不得利用列车间隔进行（特别规定的慢行施工除外），都必须纳入天窗。

天窗的本质就是在每天24 h行车时间中固定一定的时间来进行施工与维修，在这段时间中禁止行车。天窗对运输组织的干扰很大，230 min的天窗时间，相当于一天有1/6的时间无法行车。本来时间是连续的，天窗割裂了这种连续性，使整个运输组织变成一个断裂的过程。而既有京沪线承担着巨大的客货运输任务，本来就没有太多的富余，有时能力利用已经达到饱和。

当新建铁路与既有线路并行时，要进行新线工程的建设施工，保证工程按期乃至提前完成，确保工程进度目标的实现，针对既有高速铁路就必须有足够的天窗时间，这样必然会影响既有线路正常的运输组织。

（2）利用既有线运输工程材料对其运输能力的影响。

新建铁路紧邻既有线，需要用大量材料、设备和机具，为了保证供应、减少运费、降低工程成本，原则上应该尽量利用既有线的运输条件。施工前可以充分利用既有线为新线建设运送工程材料，节约施工成本和施工准备时间，但反过来利用既有线开展工程运输，这部分运量会增加既有线的运输负担，占用了列车对数，增加了既有线的紧张程度，需要科学考虑、统筹安排，否则会影响既有线的正常通过能力。此外，工程材料的装卸工作也在一定程度上对既有线的行车安全构成影响。

本标段基本与京沪铁路并行，运输便利，可作为远距离运输的主要方式，同时要考虑京沪线的通过能力，编制科学的列车运行图，避免给既有京沪线造成运输负担。

4.4.1.3 运输组织对施工组织的制约

1. 紧邻既有线运输对新建铁路施工时间的制约

为了保证不间断的正常运输，沪通铁路的施工作业时间的安排不是随意的，需要考虑京沪线行车与现场等具体情况。

由于紧邻既有京沪线施工，新线的一些施工作业的开展需要封锁既有线线路或者限速慢行，但运输部门对施工封锁线路的"天窗"时间与既有线限速慢行时间的安排是有严格限制的，这是因为在施工过程中既不能完全新建高质量的行车便线，保证列车的正常运行，又不能完全利用列车间隔时间施工，而不降低行车速度，也不可能中断运输。所以只能在保证尽量少的干扰运输条件下，给施工安排一定的时间和便利，从而对新线施工作业的流畅开展造成约束和限制。为此既有线客货列车运行在很大程度上会影响新线施工进度，还经常导致施工组织调整，增加施工费用。

2. 紧邻既有线行车对新线施工作业的干扰

沪通铁路的一些施工作业虽然不需要封锁既有线就能够进行，但当既有线列车高速通过并行施工区段时，可能要求中断施工作业或导致工作时段时续，导致实际施工有效时间不多。

另外，沪通线施工在既有京沪线近旁并行区段进行，要随时随地注意不能妨碍正常通行，工作面受很大限制，同时施工人员须随时注意列车通过时现场的施工安全。这些都在很大程度上影响了新线施工效率。

3. 既有线运输对新线施工的要求和约束

营业线施工时，时常发生施工单位简化操作程序，降低作业标准，赶进度、抢任务，超前准备，盲目放行列车等违章、违规现象，给运输安全埋下隐患。有时在施工过程中还会发生意外，所以，对影响行车和施工安全的每个环节，都必须强化管理，确保行车安全运输。

本工程紧邻既有线施工，项目建设施工条件复杂，必须坚持"运输、施工"统筹兼顾的原则，切实加强施工组织和施工期间的运输组织的配合，积极推广使用先进的施工机具和科学的施工方法，提高施工作业效率，有计划、有组织地进行各项施工。必须把确保既有线行车安全放在首位，凡是影响既有线设备稳定、使用和行车安全的新线施工，都必须纳入天窗并办理封锁施工手续，不得利用行车间隔进行。

4.4.2 路基施工组织与既有线运输组织的协调管理分析

4.4.2.1 紧邻既有线铁路施工安全协调环节

1. 与当地政府主管部门的沟通协调

紧邻既有线铁路工程项目施工期间，施工单位应积极与地方政府、村镇及有关治安、交通安全、质量监督等部门联系，主动争取地方政府的指导和支持，遵守国家及地方政府的有关法规，配合地方政府做好施工区域内的治安、交通等工作，以确保施工的顺利进行。

2. 与业主的配合措施

项目建设过程中，施工单位必须严格执行业主有关工程质量、工期、安全、文明施工、环境保护的管理制度；严格按照业主同意的施工场地平面图布置施工场地，按时向业主报送有关报表。积极参加业主组织的有关施工的会议，主动配合建设单位的各项检查工作，接受业主对施工提出的各项要求，按业主的要求进行改进和落实。

此外，施工单位还要严格执行业主关于与地方政府行政主管部门、设计单位、监理单位的协作配合，积极主动为相关单位的检查、监督工作提供条件。

3. 与监理的协调配合

施工单位必须全面履行合同，履行投标时做出的承诺。

在工程开工前，先向监理工程师提供详细的施工方案、施工计划，提供机械设备配置情况、人员组织、原材料检验报告、混凝土设计成果和测量放线资料等，经监理工程师认可后开始施工。

配合监理单位做好施工过程中的质量管理。在内部专检及"三检"制的基础上，接受监理工程师的验收和检查，并按照监理工程师的要求予以整改。

接受工程质量检查，主要有工序检查、施工过程中的验收、单位工程验收和全部工程竣工验收，接受质量缺陷责任期的质量检查。配合监理单位做好工程施工的投资管理工作，主要内容包括工程的计量支付、工程变更、费用索赔以及按照合同规定的价格调整等。

积极配合监理单位对工程施工进度的监督和管理，配合监理单位做好工程开工令审批、制订和调整工程施工进度计划，确保工程施工工期计划的实现。

4. 与设计单位的协调配合

施工单位要组织参加设计交底，领会设计意图，建立整个施工过程中的情况通报制度，对工程施工过程中遇到的设计问题，做好记录，及时与设计单位取得联系。

优化施工方案，重大施工方案的变更都应与设计单位沟通，征求意见。

加强对工程地质条件及水文地质条件的复核检查，对于与设计资料不符的地质情况及时与设计单位取得联系，为完善工程设计提供必要的资料；积极配合设计单位做好设计管理和现场资料的收集工作。

5. 专业接口协调配合措施

成立现场施工协调小组，由对本工程有较全面认识的项目部总工程师任组长、各专业技术负责人任组员的现场施工协调小组。全面负责施工过程中出现的各种问题。

协调小组成员共同熟悉设计文件、施工图纸及相关规范，了解设计意图，小组成员首先在技术方面达成共识。

专业接口主要项目有电缆槽、综合接地、接触网基础、过轨管线、站场道岔和声屏障等项目。

施工前，参照设计施工文件与图纸，认真了解和熟悉各种专业接口。熟悉施工接口部位及主要内容，制定各种可能引起接口部位发生质量问题的预防措施。每一接口界面施工过程中，设专人负责接口施工协调，充分了解自身的职责和权限，确保业主及监理工程师的指令有效实施。

6. 交通配合措施

主动与当地交通部门取得联系，协调配合，确定合理的施工运输方案。施工机动车辆在国道或地方道路上运行，遵守地方政策和交警部门的管理规定，遵守《中华人民共和国道路交通安全法》，维护交通秩序，保证运输安全。

所有机动车辆始终保持完好状态，经常检修，定期保养。施工所用机械设备、材料存放不侵入既有公路，且不影响交通。

大型机械行驶，事先对既有公路的路面宽度、桥涵宽度和通过荷载等进行调查，需加宽道路和加固桥涵时，与当地交通部门联系，征得同意后方可进行。车辆通过后或施工结束后，恢复原状。

施工便道和既有公路交会处，设立安全警示标志、安全监督岗，并专人指挥施工车辆。在交通运输繁忙的便道口，设立安全警示标牌、安全监督岗，指挥行人和车辆，确保汽车运输及行人安全。

7. 与既有线有关单位、部门的配合措施

施工前，加强与营业线有关运营单位的工务、电务、车务、机务等部门的配合，积极与各有关部门联系，汇报介绍工程施工情况及施工方案，按各有关部门具体要求提报与营业线有关工程的施工计划和安全防护方案及措施，落实施工安全协议书，确保营业线和行车运输安全。

4.4.2.2 施工运输组织整体协调实施流程

对于本工程紧邻既有线施工来说，将施工组织和运输组织作为一个综合整体，实行施工运输组织一体化管理，采取管理措施加强两大部门之间的协调，确保施工项目按计划实现的过程。此流程中重点涉及"两大系统"，即运输组织系统、施工组织系统和"四大环节"，即施工准备方案设计、施工过程协调控制、施工结束、总结[123]。明确运输部门、施工单位两者在施工与运输组织实施的3个阶段所担负的职责和相互协调控制的重点及关键管理措施，是项目施工安全、顺利进行的有效保障。施工运输组织整体协调实施流程如图4-3所示。

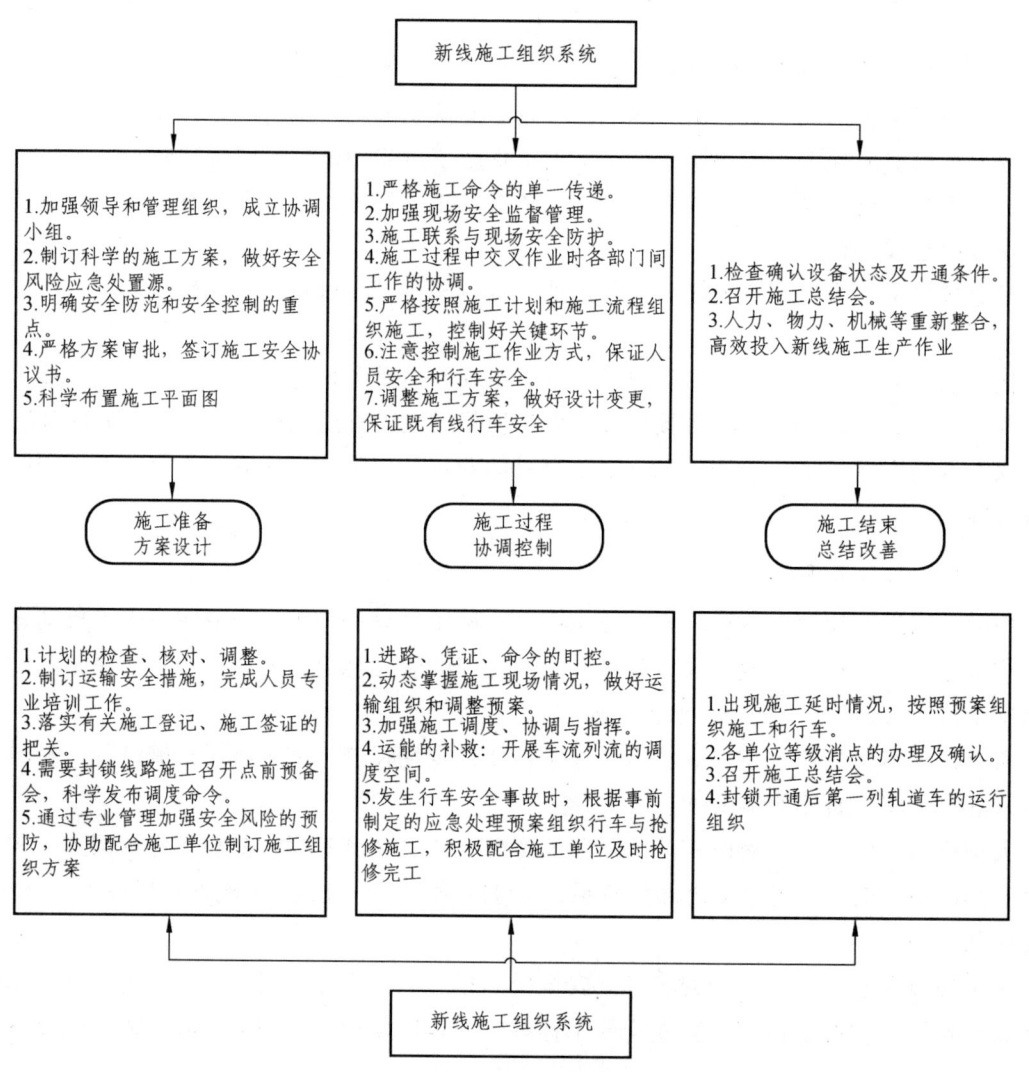

图 4-3 施工运输组织整体协调实施流程图

1. 施工准备阶段

1）领导管理组织的加强

新建沪通铁路与既有线并行施工过程中，要加强领导和管理组织，施工、运输中发生的问题应及时决策。本着"运输要努力为施工提供支持，施工应努力为运输减轻压力"的原则，在组织施工前，铁路局和施工单位应联合成立建设施工领导协调小组，负责将施工纳入运输组织进行一体化管理，实行全过程检查、监督施工安全情况，综合协调解决由施工引起的各专业之间的矛盾以及与安全生产有关的问题，当施工与运输任务出现矛盾时，应按照最优决策方案组织运输与施工，优化施工运输组织[124]。

施工领导协调小组组织施工单位和设备管理单位配合施工单位主管领导召开施工现场协调预备会，共同研究和界定各项的配合工作，明确施工中各单位的责任和义务。施工和配合单位汇报施工准备情况，协调和解决施工配合与运输安全中的问题，为沪通铁路施工开展做具体的部署。

2）科学施工方案的制订

紧邻既有线铁路施工，制订施工方案是施工安全控制的第一关。科学合理的施工方案，要充分考虑施工安全。施工方案编制前，要全面掌握施工现场的实际情况、施工队伍素质情况、施工环境条件、既有营业线具体运输情况，以实事求是的态度和科学的方法编制方案，脱离实际的施工方案是施工安全的重大隐患。

3）安全防范和安全控制的重点

紧邻既有线施工，每天要跟行车打交道，而且区间车速比较快，运输繁忙、行车密度大、地下电缆纵横交错、施工难度极大，稍有疏忽可能酿成大祸，因此要把确保营业线行车安全放在首位，明确下列防范重点：

（1）开挖既有边坡，防止坍塌下沉，已破的边坡，雨天要有人昼夜巡视观察。

（2）邻线卸料和作业时，要严禁作业机械和料具的侵限。

（3）平交道口施工，要严格防护制度，防止肇事。

（4）地下电缆施工，施工前应详细调查，经设备管理单位确认后方可施工，施工中注意探测防护。

（5）沪通铁路新线工程施工过程中，路基开挖时要注意对既有京沪线股道安全稳定进行防护。

（6）严格执行施工封锁的开通时间，保证慢行要点的线路状况。需要封锁线路施工时，安全控制的内容按施工的进程分为封锁前准备阶段的安全控制、封锁施工的安全控制、封锁开通过程的安全控制及封锁开通后的安全控制。

4）施工安全协议书的签订

施工组织方案审定批准后，要将进入铁路安全保护区的施工计划，按施工方案每月提报铁路局，一般情况铁路局要求提前一个月申报，申报施工计划的内容包括施工项目、作业内容、地点、时间、影响范围、施工方案、验收安排、施工组织、负责人、施工安全、质量的保障措施及防护方法、列车运行条件和施工安全协议书等。审批施工方案应做到：准备工作不到位、安全措施不健全、应急预案不充分、任务不细化到人和责任交代不清楚等均不予批准。

紧邻既有线施工，影响既有线运输安全的项目，需编制施工方案并报有关部门审批后方可实施。施工计划要由施工单位负责提报，经设备管理单位以及行车组织单位会签，报建设指挥部签认，报相关主管部门审批。方案中要有相应的应急预案，施工方案未经审批，不能组织施工。施工计划下达以后根据上海铁路局施工办审批的施工范围、工作内容以及时间要求，在实施前一天到车站办理施工登记（预报）。施工当天，应由驻站联络员或施工负责人到车站办理登记，按路局调度命令组织实施，并在计划规定的范围内完成，封锁开通前会同设备管理部门、行车组织部门人员进行现场检查，确认符合放行列车条件后方可开通，开通后要及时办理消点。没有施工计划严禁施工。

开工前项目部组织专人和设备管理单位、行车组织单位，例如工务段、供电段和车务段等，分别签订安全协议书，明确双方的责任、权利及义务。安全协议书是标段内的施工总协议，总协议的基础上还需要签订具体的分项目配合安全协议，如项目部和工务段签订的标段范围工务段管辖设备安全协议。协议要明确施工责任地段的范围、期限，安全防护内容、措施以及专业结合部的安全分工，违约责任和经济责任及安全监督和配合费用等。

5）施工平面图的科学部署

施工总平面图布置要考虑确保既有线通行安全[125]。结合工程的特点与复杂条件和总体安排，根据施工条件，并考虑实际列车的通行和道路的交通流量，合理安排既有铁路、道路交叉、平行工程的施工顺序，科学地制订相应调整和疏导方案，最大限度地减少既有线（道）路的通行影响，确保行车和施工安全。

6）制订相关安全保证制度

对参加施工的各车间职工实行严格的施工培训制度；合理配置各种机具及设备；按车间划分施工责任段，落实岗位责任制和安全绩效考核制度；提前运送施工材料，保证到料及时，为施工创造条件。

7）通过专业管理加强安全风险防范

紧邻既有线施工，影响既有线的运输安全，特别是多点、多样、长时间施工易造成相关人员思想麻痹。因此，施工前对方案集体确认，各方对概念用语的统一认知以及应急预案管理就尤为重要。路局调度要抽调专门人员负责此工作，避免多头指挥，做到专业管理。新设备使用前，组织调度人员深入现场，了解情况，确保行车指挥安全，尽快发挥效力。

2. 施工阶段过程控制

1）严格封锁施工命令单一传递

涉及封锁施工时，车站防护要负责将施工慢行、封锁的调度命令发送给施工工地负责人，由工地负责人将施工慢行、封锁命令向工地宣布，施工队要接到工地负责人的施工命令后才可以施工。

施工机械进入施工区间配合施工时，工地负责人全面负责协调，将有关信息传递给施工机械负责人；施工机械负责人只有接到工地负责人通知后才能进入施工区间施工，并听从工地负责人的指挥协调。

施工结束后，由工地负责人将开通信息通知给车站防护员，车站防护员结合工地负责人命令把开通信息传达给车站值班员以申请开通。

2）施工安全的监督管理

紧邻既有线的沪通铁路施工，除施工单位自控，还应有互控、他控及监督机制。互控是参与现场施工的施工单位、配合单位间的安全互控，主要体现在参与施工现场作业人员之间的安全控制，以达到你错我防的目的。常见的有车机联控及各工种之间安全互控机制。他控是指参与施工和施工配合单位通过组建专门安全把关队伍，以对现场操作的安全监控。监督是指运输部门的安全主管部门通过建立施工安全的监督管理机制，实施对施工安全进行监督管理，体现在整个施工安全的管理职能上，对施工安全起到监督、指导、协调的作用。自控、互控、他控和监督是紧邻既有线城际铁路施工安全风险控制的4个主要手段，最重要的是自控，因为只有现场施工人员有了强烈的安全意识、过硬的业务技术、较强的问题处理能力和安全自控能力，才可以从根本上提高施工安全的可靠性。

3）加强施工调度、协调和指挥

涉及既有线封锁施工和限速慢行时，应做到安全、生产、施工三兼顾，因此必须做好调度指挥工作，在保证安全的基础上，尽量减少对运输生产指标的影响。

施工时期调度的调度命令管理反映在两方面，一是允许施工调度的调度命令，是由路局施工调度发布；二是实际施工中的调度命令，由当班列车调度员发布。准许施工的调度命令是由路局调度所施工室负责，主要是对检查、核对施工计划中各项点在现场是否能执行，执行中是否有困难，特别是行车方式是否正确，慢行是否符合部、局施工文件的规定，发现问题要及时改正，以防止事故发生。实际执行的调度命令由当班的列车调度员仔细与现场核对，经监控人员检查无误后，方可发布，并且由车站及施工负责人核对无误后方可执行。

封锁施工期间运输处要负责组织有关单位制订审核施工的行车办法，安全措施落实情况以及机务、工务、电务等部门之间的协调。对车站行车工作影响比较大的施工项目，以车站为主，施工与运输部门参加组成现场施工指导小组，统一指挥，协调现场施工的工作。

施工中加强相互之间的工作协调，特别是加强作业交叉时单位间的协调工作，以确保一点多用和施工安全；加强与铁路局调度所的联系，掌握施工给点与行车信息，及时反馈给施工单位，这有利于充分准备和指导平行流水作业。

4）涉及封锁施工时针对施工的运输组织

（1）运能的补救。调度所针对施工抽线应制订"抽线补线方案"，通过柔性的车流、列流调度应对硬性的施工工程。例如某点施工开始时刻的确定，应根据列车运行的具体情况与分界口交车需要，适当灵活调整。

（2）车流、列流调度组织工作的改进。结合图定车次、分界口接车、编组计划与中间站存车情况，根据当日（次日）施工计划，制订车流接续计划、抢流计划和出车计划，明确有效车流与潜在有效车流，从计划上圈定日争取车流的范围，拓展车流调度空间。

3. 施工结束阶段

每天施工结束后的第一件事应是召开完工会，目的是总结当日施工情况和布置第二日的施工任务，以解决和处理施工中存在的问题。路基施工中每道工序结束后，应及时组织召开施工总结会，对施工情况进行全面总结，并对存在的安全问题进行分析，制订整治措施，检查督促有关单位做好落实工作。

4.4.2.3 施工天窗的合理开设与科学利用

施工与维修（抢修）需求在运输组织工作中的体现是"天窗"，紧邻既有线的沪通铁路施工，天窗是施工组织与运输组织协调问题的综合体现。

1. 天窗概述

天窗分日常施工天窗和维修（抢修）天窗。凡影响既有线设备稳定、使用和行车安全的新线施工，都得纳入天窗并办理封锁施工的手续，不得利用行车间隔进行。运营线并行地段，对既有线安全行车产生影响的新线施工作业，要按运营线施工组织管理。

实际铺画运行图的过程，除开设一定时间的天窗外，为保证列车运行的安全，在天窗的前后，应预留一定的安全时间；并且，在天窗开通之后，列车恢复运行时，要附加一定的慢行时分。这样，天窗实际占用的时间就由下面3部分组成：① 固定天窗开设时间；② 天窗前后预留安全时间；③ 天窗开通后列车运行附加时间。

2. 天窗开设必要性分析

（1）安全可控的需要。铁路提速和新技术的不断发展、列车密度的提高，特别是大量动车组开行、直达特快列车的增加，传统利用列车间隔进行分散作业的方法越来越困难，这给行车和人身安全带来的威胁也越来越大。尤其近年来，人们对生命安全越来越关注，实现在保证行车安全畅通的情况下进行施工作业，要对既有线开设施工"天窗"时间，以确保人身和行车安全，并为既有线近旁施工创造条件及提供便利。

（2）灵活应对异常情况。一些自然灾害、意外事故及既有线旁新线的施工，都可能影响既有线列车的正常运行，甚至破坏既有线的固定设备、路堤边坡和股道等，引起灾害性的事故[126]。因此，从项目风险管理的角度出发，应具备随时应急处理异常情况、救援、恢复正常的组织、指挥能力与条件。

3. 天窗的合理开设与封锁时间的确定

铁路运输生产的计划表现在列车运行图上，施工对运输生产的影响表现在下面两个方面：行车安全和通过能力。既有线高速度、高密度行车条件下，施工天窗的开设方式和封锁时间的确定，对既有线通过能力、行车组织方式都有很大的影响。所以要根据施工情况和存在的问题及时进行协调处理，合理确定施工封锁区间和线路慢行处所，确定施工条件，科学的统筹安排施工天窗与时段，以此为基础制订施工方案。

1）天窗的合理开设

抓住关键，科学合理开设天窗、安排天窗时间，是落实运输组织与施工组织协调管理的基础。项目实施过程中，要按照建设、施工、运营三位一体的指导思想，抓住关键环节与难点，合理安排天窗时间，努力满足施工的需要。

（1）天窗设定的关键要素。

天窗设定过大，对施工有利，但会对运输效率造成影响；天窗设定过小，对施工不利，但有利于运输组织。天窗时间长短要取决于施工复杂程度、施工作业组织及作业效率、机械化程度及技术水平、占用区间通过能力等，要从提高施工作业效率和降低施工占用区间通过能力和确保既有线运输安全等方面综合考虑。确定施工封锁与慢行，要将线路通过能力和施工需要统筹兼顾，合理安排。

（2）列车运行图的科学规划和编制[127]。

既有线是客货混线，不能为开设"天窗"让客车停站等候数小时，为保证"天窗"兑现，要将"天窗"纳入编制运行图的基本原则以进行综合设计。

① 在制订旅客列车开行方案时，要首先安排好天窗。确保天窗前后的两趟旅客列车间要留有足够的时间。

② 规范日常临时旅客列车铺画。遇与天窗时间冲突时，积极协调客运部门调整列车的运行方案，严禁随意挤占天窗时间。

③ 运输和施工部门要相互协调支持，结合既有线车流密度，选择利于施工的封锁时段。同时应积极挖潜，增开图外货物列车，以使施工对运输影响降到最低点。

④ 运行图编制质量的好坏会直接影响运输效率和运行秩序的好坏，编制运行图时，要遵循实事求是的原则，按合理的牵引试验资料及实际查定的间隔时间标准编制，为列车按图行车创造条件。预留施工天窗时尽量安排在昼间，以便施工作业。单线区段的旅客列车运行线应综合考虑，优化布局，合理铺画。

⑤ 运输分流、限流。分流可以客运分流、货运分流或客货共同分流。可以在施工期间全部分流，也可以在施工的某一段关键时期进行分流。限流可以限装某些到站或某些方向的货物，也可以限装某些发站或某些方向的货物，还可以限装某些品类的货物，可以在整个施工期间限装，也可以在施工某个关键时期限装。

2）以客运为主兼顾货运的快速通道的天窗开设

当既有运营线属于客运为主、兼顾货运的快速通道时，采用有砟轨道，并以开行高速旅客列车为主，同时开行一定的货物列车。其建设标准（旅客列车最高运行速度可达到 250 km/h）虽高于既有干线铁路，但其在技术设备特点及运输组织方式和既有 200 km/h 提速线路相似。若天窗期间双方向没有旅客列车开行，可以选择矩形天窗；若天窗期间有旅客列车开行而且不需要反向行车时，可通过调整货物列车运行线以留出天窗时间；同时，在天窗内可预留货车运行线，便于不施工时进行运行秩序与车流调整。另外可选择 X 形天窗或 V 形天窗；当旅客列车对数较多时，可以参照高速客运专线，采用隔日矩形天窗和间歇式的矩形天窗。未来再根据运输组织的发展变化加以优化。

3）封锁时间的确定

施工封锁是直接干扰既有线运输的工作，干扰能否减到最小，除了施工单位的主观努力外，更需要运输部门的共同努力。封锁时间的计划安排，是过去施工、运输间争论最多的一个问题，其焦点是封锁时间的长短。封锁时间的长短应取决于工程量，要保证。施工在限时内完成，不能不顾施工条件，单纯压缩施工封锁时间的同时也要对运行图做适当的调整，照顾施工的需要。

（1）封锁时间的特点以及目前存在的问题。

沪通铁路紧邻既有线的封锁施工，需部分或全部停用既有线某个车站和某段线路的行车设备，具有以下特点：

① 封锁施工的计划性。既有线封锁施工须由施工单位向运营单位主管部门提出申请，由运营单位在月度运输方案中做出安排。封锁施工前应编制施工组织方案。

② 多工种、多单位的参与性。铁路既有线的封锁施工作业，运输、工务、电务、机务单位须参与配合。有的施工作业还涉及通信、信息、车辆、水电等单位的配合。

③ 对运输生产的干扰性。停用既有行车设备是铁路既有线封锁施工的前提。为保证封锁施工所需的时间，需调整列车运行时刻，甚至于在运行图中抽去部分货物列车运行线。

④ 封锁时间的有限性。封锁施工时间大多要通过调整列车运行时刻和抽减货物列车运行线挤出来，时间越长对运输干扰越大。

（2）封锁施工组织存在的问题。

① 慢行处所超过规定的数量，造成列车晚点。在既有线运输能力紧张区段，为兼顾施工与运输生产，规定同一区段慢行处所的最大数量。但是有时施工单位在同一区段实施不同封锁施工的作业内容时，易产生超慢行处所数量的现象，即同一施工单位慢行不超过规定，但是多施工单位叠加时慢行处所就超过规定，形成慢行时分不足，产生列车慢行不足，造成列车晚点，影响运输效率。

② 施工单位任意降低慢行速度，影响运输效率。在实际施工中施工单位因组织措施不力，机具、人力等作业条件达不到文件规定的标准，就会以降低慢行速度来弥补这方面的不足，超过慢行附加时分，造成列车的晚点，影响运输效率。

（3）封锁施工的主要编制依据。

① 现场实地调查研究：地形，水文气象条件，地质，用地与旧建筑物和施工障碍物的拆迁，交通运输设施，电力、水和燃料，当地的物质生活供应情况，劳动力的来源，可利用的加工修理设施及能力。

② 施工单位提供：封锁施工的内容、工作量，施工影响范围，对行车干扰程度以及施工单位的准备情况。

③ 运输部门提供：列车运行图，车站的平面布置情况，车站作业情况，区间闭塞方式和车站信号联锁方式等。

（4）封锁施工时间标准的确定。对某个区段可结合实际运输繁忙程度、施工企业机械设备的技术条件、施工组织水平，制订基本封锁时间标准。每次封锁施工要根据实际情况在基本时间标准上调整。然后，确定封锁施工的工序关系，尽量实现施工工序的平行作业，减少封锁施工的延续时间。

（5）封锁施工时间和日封锁内容的确定。既有线的运力紧张，每天的施工封锁时间有限，有些工程量大又需封锁"天窗"的施工作业不能在一天内完成，需确定封锁施工天数与日封锁内容，进行统筹安排。施工天数的确定要考虑对运输生产干扰最小为原则。确定施工天数的依据有：施工作业量、封锁处所的数量、施工时间、对运输干扰程度以及平行施工的可能性。

确定施工天数和日施工内容的原则：新线每天要同时封锁施工的处所对既有线行车的干扰面最小；每天施工的工作量要大体相当；每天施工对行车干扰时间要基本相当；每天需要的施工机具和劳动力数量要基本相当；每天封锁施工的时间范围应因时制宜；要按照施工的困难程度，从易到难安排每天的施工内容。

4. 天窗的兑现与科学利用

因沪通铁路新线建设中各种施工作业性质不同，对天窗的需求就存在差异，与天窗有关的各个部门对天窗的需求也是不同的。施工单位的需求是天窗不受时间和空间的限制，天窗时间尽量长，时间段要适合作业需要，手续简单，最好可随时进行天窗作业等；运输部门对天窗的需求是天窗受到严格限制，履行严格的审批手续，时间尽量短，按运输组织的规律来安排天窗，对运输组织的干扰要最小，有很强的计划性等；领导对天窗的需求要平衡，同时满足运输和施工的需要，并绝对安全。由于无法满足所有的需求，天窗的安排工作就充满挑战。建设部门和运输部门的组织协调以及相关部门的主动配合，是天窗时间综合利用的保证。必须采取以下控制措施以提高施工天窗的兑现与利用。

1）保证封锁计划的组织落实

过去施工经常发生施工部门要求封锁时间长，运输部门批准时间短，影响施工单位按计划完成封锁施工的信心，产生"给点在你，开通在我"的对立情绪，造成封锁计划不能按时完成，最终还是会打乱运输计划。

施工时间的安排上，运输部门应充分照顾施工条件给予安排。计划确定后，运输部门按计划组织封锁施工，不轻易地不按计划给封锁时间、打乱施工计划、拖延工期，这样会间接地给运输增加干扰。尤其遇到需多次连续封锁时，更不能由于一次封锁晚点，就停止给封锁点作为对施工单位的处罚，要避免打乱新线施工计划或增加施工人员的对立情绪，以影响工程进度目标的实现，以及由于封锁施工不能进行，既有线线路、信号设备不能按计划恢复使用，给运输造成更大的干扰。

2）提高天窗利用效率，采用平行、密集型施工组织方式

采用"平行作业、一点多用"的施工原则，可以减少施工封锁时间和运量损失。要注重工序单元的合理分解，施工前应将工程作业项目进行认真分解，确定封锁前、中、后要进行的工序，在保证行车安全的前提下，尽可能使封锁时间内工作量最小以缩短封锁时间；封锁线路之前应对封锁时间内的施工作业方法进行研究，通过优化筛选选定速度快的作业方式，必要时采取辅助措施以加快施工进度，尽可能在同一天窗点内最大限度地综合利用天窗资源。

施工小组在限定的天窗时间内，根据施工计划展开平行作业，如果涉及几个施工队配合施工时，施工人员要分组进行作业，确定各道作业工序的时间，控制掌握好作业流程，尽量使各作业组相互协调，不出现等待现象。经过这样的组织方式，可以提高天窗时间的利用率，保证施工安全高效进行。必要时可采取恰当的车流调整措施，预见性的发布停限装命令，有计划地安排调车作业以组织和改变固定列车运行径路等，以适应施工需要，完善施工运输组织。

3）"点、线、流"综合协调

通过优化运输组织和挖掘设备潜能，综合协调"点、线、流"三者之间的关系，力求天窗兑现。在"点"上，应精心制订日班计划和阶段计划，合理地安排股道占用和货物列车的到发时刻，千方百计地"挤点""给点"。在"线"上，要对货物列车抽线给点，增加牵引定数，以大幅度提高图定通过能力，为天窗兑现创造条件。在"流"上，据图定车次、分界口接车、编组计划以及中间站的存车情况，合理地调整车流，制订车流接续计划、出车计划，明确有效车流及潜在的有效车流，在计划上确定日争取车流范围，为兑现天窗提供保证。

4.4.2.4 紧邻既有线安全施工对策

1. 既有线地下管线安全保护

施工时保护管线根据"谁施工谁负责"的原则，在施工期间及工程范围内对各类地下管

线保护工作全面负责。详细阅读、熟悉、掌握设计和建设单位提供的地下管线图纸资料，并在工程实施前召开各管线单位参加的施工配合会议，进一步调查、搜集管线资料[128]。在此基础上，对影响施工和受施工影响的地下管线人工开挖探沟，核对弄清地下管线的确切情况（包括标高、埋深、走向、规格、容量、用途、性质、完好程度等），做好记录，双方签字认可。

在编制工程实施性施工组织设计时，把保护地下管线工作列为施工组织设计的主要内容之一，并在施工总平面布置图上标明影响施工和受施工影响的地下管线。把施工现场地下管线的详细情况和制订的管线保护措施、保护管线的有关规定向施工现场负责人、工地主管、班组长直至每一位操作工人做层层安全交底，填写管线交底卡，明确各级人员的责任。

施工过程中发现管线现状与交底内容、勘测资料不符或出现直接危及管线安全等异常情况时，立即报告建设单位和有关管线单位，商议补救措施，在未做出统一结论前，不得擅自处理或继续施工；施工过程中对可能发生意外情况的地下管线，事先制订应急措施，配备好抢修器材，以便在管线出现险兆时及时抢修，做到防患于未然。

一旦发生管线损坏事故，在 24 h 内报上级部门和业主单位，特殊管线立即上报，并立即通知有关管线产权单位请求抢修，积极组织力量协助抢修工作。对重要保护的管线，除在开挖前采取有效加固措施外，还应备足设备和材料；对管线和建筑物进行严密观测，当监测数据达到警戒值时采取应急措施进行处理。

2. 新线大型机械设备施工安全措施

沪通铁路软基处理多采用钻孔桩机、管桩机、旋挖钻机等高大机械设备，如若不加强安全管理，可能发生机械设备倾覆倒向京沪既有线或碰断电气化铁路接触网的事故，后果不堪设想。为此，应采取相关措施，保障大型机械设备施工安全。

1）与既有线距离安全控制

大型机械进场前，须测量桩位离既有线护栏、围墙的距离，形成施工位置与既有线设备的距离表。使用机械的高度、机械与护栏、架空线距离的桩位，应画出红线（警戒绳），红线桩位内大型机械施工采取重点防护措施。对于高度影响既有线安全的大型机械原则上不得使用，严禁使用旋挖钻机。

2）设备加固措施

对于可能侵入既有线护栏、架空线等设备机械与护栏、架空线距离的大型机械，施工时应尽可能将易倒方向避开既有线和架空线。大型机械必须按规定设置缆风绳、地锚桩、斜撑杆、配重等防倾覆措施。带有机配斜撑杆的钻机，必须配套使用。对于吊臂活动范围较大的起重机，应采取加大配重的加固措施。

3）大型机械设备转场控制

大型施工机械转场时，要有"专项方案、专项检测、专项见证、专项放行、专项检查"制度。施工单位的队长、安全员、技术员必须现场把关，经确认场地平整、地基承载力满足要求后方可进行。所有设备转场一律不得安排在夜间施工，容易发生事故。

3. 既有线路基稳定防护措施

1）管桩施工安全

（1）坚持分散施打的原则。首先打入临近既有线一侧 3 排管，再从靠近既有线侧由内向外、平行既有铁路方向逐排跳桩施打。临近既有线一侧管桩施工结束后,经观测既有线路基和轨道几何状态无异常变化后方可施工其他桩位管桩。施工时须控制管桩施打速度,严禁过快。距离既有线 20 m 以外的管桩施工同样应坚持分散进行的原则,并严格按设计要求和施工规范进行施工。

(2)设置应力释放孔。靠近既有铁路侧第一排管桩距离既有线 20 m 以内时,应先设置应力释放孔后方可施工。

① 临近既有线最内侧的两排管桩宜采用静压法施工,并控制静压桩施工速度,减小静压桩施打对地基产生的附加应力。

② 临近既有线管桩施工作业应控制在白天施工进行,夜间严禁施工,以保证施工安全。

2)开挖边坡喷浆挂网

喷浆挂网可以提高边坡的结构强度和刚度,减少岩土体的侧向变形,增强边坡的整体稳定性。喷射混凝土封闭坡面,对岩土体起了连续作用,混凝土在喷射压力的作用下,在岩土体表面产生嵌固效应,提高黏结力。喷浆挂网可以改善岩土体的性质,加强边坡自承自稳能力。

3)筏板浇筑

为便于材料的运输及施工浇注,筏板采取跳打施顺序。同时既有线雨后浸水、边坡浸泡垮塌,筏板跳槽浇注可以起到稳定边坡的作用。筏板对边坡有比较大的横向作用力,边坡与筏板接触处,筏板对边坡的推力使边坡更加稳定,同时筏板间的边坡土体因为有摩擦力和剪力,使得没有筏板的边坡也不易破坏。跳槽浇注筏板一定程度上可以起到及时支护边坡的作用。

虽然采取相关施工措施以保证施工及行车安全,但沪通线施工不可避免增大了既有线路基安全隐患,为更科学准确地监控既有线路基稳定状态、预警既有线路基状态,防止出现重大安全事故,应对两线之间重点区段典型断面采用技术设备进行监测,依据定量的测试数据,对既有线路基状态做出合理评估。

4)施工现场应急处置措施

新建线路开挖后,对既有线路一侧边坡采取喷浆工程措施,以提高边坡的整体强度。此标段的地层主要为粉质黏土,这种土体在雨水的浸泡下,土质会变得极其松散,并且由于表层水泥浆被雨水冲刷导致剥落,雨后既有线道砟大量渗水,并加剧了开挖新建线路积水。渗水积水导致开挖边坡的不稳定,甚至在部分区段出现塌滑,对施工质量、施工工期造成不利影响,应对现场及时采取排水。

雨水冲刷及积水浸泡等造成喷浆挂网护坡出现垮塌,垮塌导致既有线路基稳定性变差,给既有线的行车运营带来安全隐患。施工现场采用应急措施,使用草袋(或编织袋)、砂石、木枕等对垮塌位置采用码砌护坡。临时应急防护措施起到了稳定边坡的作用,随着及时浇注筏板、回填 AB 组填料,使既有线路基安全得以保证,正常列车运行未受到影响。

4.4.3 沪通铁路施工安全风险应急处理指南

风险是复杂的,风险随时都可能发生。施工安全风险应急处理指南就是事先准备好的替代方案,当遇到风险时,及时根据应急指南做出调整,为现场人员提供明确的行动指南,使其在灾难性的事件发生后,不至于惊慌失措,也不需要临时研究应对措施,可以做到从容不迫、及时妥善地处理事故。施工安全风险应急处理指南本着"先防护后处理"的原则,尽一切可能减少故障影响的时间和范围,减少事故造成的损失,并尽快恢复行车设备的正常使用和列车正常运行。

4.4.3.1 总 则

1. 编制目的

施工期间沪通铁路新线与京沪既有线相互影响,存在诸多安全风险,为高效有序地做好铁路突发应急防治工作,在发生事故时,能以最快的速度有序地实施施工应急处置,减少突发安全事故对沪通铁路施工、京沪既有线运营所产生的不利影响,避免或最大程度地减轻事故造成的损失,结合现场实际情况编制施工安全风险应急指南。

2. 工作原则

(1)依靠科学,依法规范。施工安全风险应急处理指南的制订应充分发挥专家的作用,尽可能采用先进的预测、预警、预防和应急处置技术,提高指南的科技含量。指南要符合有关法律以及铁路行业法规,确保应急处理指南的规范性、科学性、全局性和可操作性。

(2)加强协调配合,确保快速反应。施工安全风险应急处理指南制订是一项系统工程,涉及各相关部门、多领域,由牵头部门负责组织有关方面,协调各方制订,使指南能够保证突发事件信息的及时准确传递、快速有效的反应。

(3)充分利用现有资源。沪通铁路施工现场材料、机械设备齐全,事发后应充分利用现场已有资源,以节省时间和运力。

(4)借鉴已有的相关经验。认真借鉴已有处置突发事件的有益经验,与沪通铁路现场实际情况结合应用。

施工安全风险应急处理指南用于上海铁路局管辖范围内施工期间铁路应急救援工作。

4.4.3.2 既有线铁路应急抢修规定

(1)凡发生干线中断行车、支线中断行车预计 1 h 以上,工务段领导应赶到现场指挥。预计干线中断行车 3 h 以上,应急指挥部成员应立即率队赶赴现场,指挥抢险。预计干线中断行车 6 h 以上,应急指挥部领导率队赶赴现场指挥抢险。当主要干线限速而未中断行车时,根据现场情况,应急指挥部可指派其成员赴现场组织指挥救援和工程抢修,也可指派具体站段负责组织救援和抢修工作。当发生重大事故及发生可能造成较大社会影响的险情,铁路局积极开展现场抢险的同时,开通与中国铁路总公司有关部门应急救援指挥机构以及现场救援指挥部的通信联系通道,报告现场处置情况。

(2)组织有关站段保护好铁路职工及旅客人身安全,尽快疏散滞留旅客,尽量减少财产损失;调整列车运行图,优先保证国家重点运输和抢险救灾物资的运送;全力组织抢险、抢修,尽快开通线路。

(3)对于抢修技术复杂、施工困难、工期较长的,必要时,铁路局在现场设立临时指挥部,开通与现场应急抢险救援指挥部的通信联系通道,组织指挥有关站段、施工单位、设计院、相关专业专家联合抢修,协调抢修物资和抢险队伍的调运,组织迂回运输。

（4）现场临时指挥部可根据需要，请当地政府或厂矿企业支援应急抢险。主要干线中断行车，必要时，协调动用铁路战备器材，请求中国人民解放军或武装警察部队支援应急抢险。

- Ⅰ、Ⅱ级应急响应：

发生Ⅰ、Ⅱ级应急响应标准的险情，各单位按照本预案信息报送要求，立即逐级向路局应急指挥部报告。由发生属地基层站段进行紧急处置，各有关站段负责人以最快速度赶赴现场，负责调查评估险情，研究抢修方案，调运抢险队伍、机具、物资和组织工程抢修，提供通信、水电、后勤、医疗卫生、治安保障。

- Ⅲ级应急响应：

Ⅲ级应急响应由铁路局负责启动。铁路局接到报告后，认为达到Ⅲ级应急响应标准的，启动本级响应。

① 铁路局立即向中国铁路总公司报告情况，铁路局领导立即赴现场组织指挥，开展救援、控制险情及抢修。由局领导指挥、协调相关部门的抢修救援工作。干线中断行车的，应启动应急预案。

② 组织有关站段保护好铁路职工及旅客人身安全，尽快疏散滞留旅客，尽量减少财产损失；调整列车运行图，优先保证国家重点运输和抢险物资的运送；全力组织抢险、抢修，尽快开通线路。

③ 对于抢修技术复杂、施工困难、工期较长的，铁路局在现场设立临时指挥部，组织指挥有关站段、施工单位、设计院、相关专业专家联合抢修，协调抢修物资和抢险队伍的调运，组织迂回运输。

④ 铁路局开通与现场应急抢险救援指挥部的通信联系通道，以便随时掌握进展情况。

⑤ 现场临时指挥部可根据需要，请当地政府或厂矿企业支援应急抢险。

- Ⅳ级应急响应：

① 铁路部门应急协调办公室立即通知应急指挥小组有关成员前往指挥地点，并根据事故具体情况通知有关专家参加。

② 铁路应急指挥小组根据事故情况设立应急协调组和现场救援指挥部。

③ 开通与铁路运输企业应急救援指挥机构、现场救援指挥部、各应急协调组的通信联系通道，随时掌握事故进展情况。

④ 根据专家和各应急协调组的建议，应急指挥小组确定事故救援的支援和协调方案。

⑤ 派出有关人员和专家赶赴现场参加、指导现场应急救援工作。

⑥ 超出本级应急救援处置能力时，及时报告铁路局。

4.4.3.3 消息报送

1. 信息报送内容

信息报送内容包括：沪宁城际铁路施工现场发生险情的时间、地点、处置情况、险情范围、损害程度、直接损失、影响列车车次、人员受灾情况。

2. 信息报送时限

施工单位或铁路部门在接到影响行车的险情信息后，立即逐级向上报告，工务段调度在10 min 内将发生险情的信息（发生时间、地点、类型、封锁或慢行情况）报至路局工务处调度，同时报路局总调，并尽快书面汇报详细信息。特殊情况下，现场险情准确信息传递至路局时间不得超过 30 min。

详细的施工突发事故信息上报时间要求：

① 站段上报铁路局：正线在 1 h 以内。铁路局上报中国铁路总公司：正线在 2 h 以内。

② 站段上报铁路局：站线在 2 h 以内。铁路局上报中国铁路总公司：站线在 4 h 以内。

③ 现场抢险情况每 4 h 向铁路局应急指挥部汇报 1 次，铁路局每 4 h 向中国铁路总公司应急指挥部汇报 1 次。

④ 险情发生后 2 h 内，启用应急通信，将现场图片发送到铁路局应急指挥部，铁路局在 4 h 内将现场图片发送到中国铁路总公司应急指挥部及其办公室。

⑤ 上报信息内容力求准确。如上报内容有误，经核实准确后立即上报。

4.4.3.4 应急保障措施

1. 物资保障

施工方根据可能发生风险处所储备抢修所需材料，如编织袋、土石、钢材等。材料本着分散与集中相结合的原则，分别存放在便于装卸的地点，以便发生事故时迅速进行抢运[129]。施工方应备有大型抢险机械和装载机械，确保一旦发生事故可及时投入抢险。抢险物资调配原则：

（1）先近后远：先调用离抢险地点最近的，不足时再调用较远的。

（2）满足急需：有多处申请调用时，若不能同时满足，则先满足急需单位。

（3）先主后次：有多处申请调用时，若不能同时满足，则先满足抢险重点区段、关系重大的工程抢险所需。

2. 队伍保障

组织机动、快速的抢险基本劳力和调配熟练掌握各项抢修技能的专业队伍相结合；调配铁路各行动部门多工种联合参战；责任到岗，人自为战，靠前指挥，快速行动。

3. 制度保障

按照《铁路运输安全保护条例》和相关设备养护维修规则要求，各单位部门严格制订设备应急检查和病害处所监视制度，并认真落实。因施工安全引起行车事故，同时按照行车事故等级启动相应行车事故应急处置预案。

4. 技术和通信信息保障

应配备较先进的通信、数据处理等设备，以便快速、准确传递安全风险信息，提高办公效率。通信设施必须服从防险工作需要，各局级危险处所看守点必须采取一切办法在保证通信畅通的前提下配备可直接同机车乘务员进行通话的守机联控电台。努力实现险情监测手段现代化；应急指挥部的办事机构要建立防灾抢险相关专业专家数据库，保持联系，必要时应各级地质灾害应急指挥部要求，请专家提供咨询意见和建议[130]。

5. 救援保障

凡因发生施工安全危及行车事故需要救援时，必须立即发布救援列车、救援队出动命令，明确救援方向，宁可出动不用，不得延误救援时机。

6. 治安保障

应急抢修现场，应组织沿线保安、护路联防人员，成立现场保卫机构，维护抢险现场的生产、生活秩序，保卫抢险物资、机具安全，为现场各项抢险工作顺利进行提供良好的治安环境。

4.5 与既有京沪线同孔下穿 G1501 绕城高速施工安全解决方案

4.5.1 与既有京沪线同孔下穿 G1501 绕城高速施工风险决策计划的依据

4.5.1.1 项目风险的特性

在完成与既有京沪线同孔下穿 G1501 绕城高速项目风险评估之后，对项目中存在的各类风险的大小已经做出定量估计，结合项目实际情况制订相应的风险应对措施。由于与既有京沪线同孔下穿 G1501 绕城高速施工中存在的风险多种多样，不同种类风险有不同特征，沪通铁路与既有京沪线同孔下穿 G1501 绕城高速受既有京沪线和 G1501 绕城高速影响，有效工期紧，涉及部门、产权单位，既有京沪铁路车流量密度大，计划要点施工难度较大，施工时需要铁路车站、信号、电务、行车、机务、供电等多个铁路设备管理单位配合，协调任务量大。因此需要结合工程施工阶段风险的特征，选择合理的风险应对措施。

4.5.1.2 项目主体抗风险能力

项目主体抗风险能力即项目主体最大能够承受的应对风险损失能力。工程项目主体抗风险能力包括许多因素，包括项目管理人员承受风险的心理能力、项目资金状况、施工现场管理人员的素质和技术水平、项目施工计划编制的合理性，以及风险事件发生后的应对能力及应急措施等。

4.5.1.3 可供选择的风险对策

对于工程施工的某种具体风险而言，常常会有多种可以选择的风险对策，不同的风险对策会产生不同的控制效果，需要根据与既有京沪线同孔下穿 G1501 绕城高速项目施工风险的特征、大小及施工项目实际情况，合理选择相应的风险对策。

由与既有京沪线同孔下穿 G1501 绕城高速施工风险评估模型可得出本项目安全施工的高风险主要为机械施工碰撞既有桥墩；机械施工磕碰既有桥箱梁底板；钻孔桩塌孔使既有桥墩位移或沉降；营运线路基边坡失稳；机械碰撞接触网立柱，机械侵限等。

4.5.2 与既有京沪线同孔下穿 G1501 绕城高速施工风险应对措施

针对上述沪通铁路与既有京沪线同孔下穿 G1501 绕城高速施工风险发生概率较高的风险源，采取风险防范技术措施来最大限度地减少安全风险带来的损失。

4.5.2.1 风险防范技术

风险控制可细分为以下 5 种方法：一是风险规避；二是损失预防；三是损失抑制与前者合称为损失控制；四是风险单位分离，其中包括风险单位分割和储备两种方法；五是控制型风险转移。

风险理财主要包括 3 大类：一是风险承担；二是财务型非保险风险转移；三是保险。每一类又分为数个小类，有些性质还介于承担和转移之间。风险管理技术种类如图 4-4 所示。

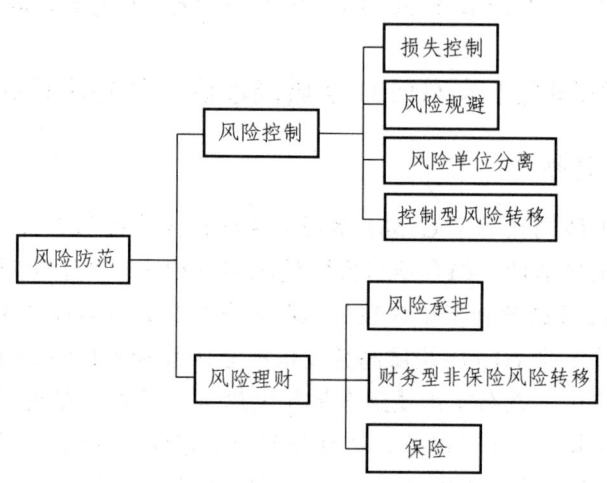

图 4-4 风险防范技术分类

4.5.2.2 与既有京沪线同孔下穿 G1501 绕城高速安全施工风险防范技术应对措施

1. 机械施工碰撞既有桥墩及既有桥箱梁底板风险应对措施

当机械发生倾覆和侵限时，及时通知工务段和相关车站，暂停列车运营，然后用大型吊机将机械移走。同时邀请相关单位进行讨论，拿出可靠方案抢修损坏设备，争取提前修理完工。完工后，经相关单位检查，合格后投入使用。随后处理后续问题。

（1）沪通铁路在既有京沪线及其附近施工时，所有机械、工具、材料不得侵入铁路行车限界。

（2）在既有京沪线旁施工时，必须设置限界标志（桩），在靠近京沪线一侧距轨外侧 2 m 处设置明显限界桩，限界桩高出地面不得少于 1.2 m，每 10 m 设置 1 根，用三角旗标识并选择地形较宽阔的地点作会车和转头地点，严禁在施工便道上调头，以防止机械转头或交会时侵限。必须用白灰洒出界线，以便现场操作控制。曲线地段按照标准另加内（外）侧加宽。

（3）在既有京沪线和 G1501 绕城高速旁进行机械作业的驾驶人员必须经过铁路限界知识教育且考试合格，先培训后上岗。临近既有线机械的大臂伸展（最长部分）距钢轨头外部保持 2 m 以上。

（4）铁路营运线施工所需的材料、工具必须安放在既有京沪线限界外，作业完毕后及时将工具材料带回驻地、将材料堆放在安全地带。施工负责人在收工前必须仔细检查材料、工具收集状况及堆放情况。

2. 钻孔桩事故使既有桥墩位移或沉降的预防与处理

1）坍　孔

现象：成孔过程中或成孔后，孔壁坍塌。

预防措施：

（1）陆上埋设护筒时，宜在护筒底部夯填 50 cm 厚黏土，必须夯填密实。放置护筒后，在护筒四周对称均衡地夯填黏土，防止护筒变形或位移，黏土应充填密实不透水。

（2）孔内水位必须高出孔外水位 1 m 以上，泥浆泵等钻孔配套设备应有一定的安全系数，并有备用设备。

（3）应根据不同土层采用不同的泥浆比重。

（4）应根据不同土层采用不同的转速。在砂性土中钻进时，可用一或二档转速，并控制进尺；在地下水位高的粉砂中钻进时，宜用低档慢速钻进，同时应加大泥浆比重和提高孔内水位。

（5）钢筋笼的吊放、接长均应注意不碰撞孔壁。

（6）尽量缩短成孔后至浇筑混凝土的间隔时间。

治理方法：

发生坍孔时，应用优质黏土回填至坍孔处 1 m 以上，待自然沉实后再继续钻进。

2）钻孔漏浆

现象：在成孔过程中或成孔后，孔内不能稳定维持一定水位，泥浆向孔外渗漏。

预防措施：

（1）成孔过程中护筒内保持适当的静水压力。

（2）在安置护筒前严格验收制作质量，并在纵、横接缝处设置止水垫片。

（3）加稠泥浆，放慢钻进速度，钻至护筒刃脚处回填黏土，反复冲击，增强护壁效果。

（4）护筒一般应埋置在黏土层内不少于 1 m。

治理方法：

护筒底部渗漏，可在护筒外夯填黏土或浇筑混凝土封闭。裂隙渗漏可先进行注浆封闭，再进行钻孔。

3）成孔偏斜

现象：成孔后不垂直，偏差值大于规定的 $L/100$（L 为桩孔深度）。

预防措施：

（1）钻机就位时，应使钻盘、底座水平，使天轮的轮缘、钻杆的卡盘和护筒中心在同一垂直线上，并在钻进过程中防止位移。

（2）场地平整坚实，支架的承载力应满足要求，发生不均匀沉降时，必须随时调整。

（3）开钻前先检查钻杆垂直度、钻头直径、卡盘，不合格的不得使用。

治理方法：

偏斜过大时，应回填黏土，待沉积密实后再钻。

4）缩　孔

现象：成孔过程中或成孔后局部孔径小于设计要求。

预防措施：

（1）降低地下水位，减少施工机械在周边的振动。

（2）提高泥浆比重，加强护壁。

治理方法：

采用钻头上下反复扫孔，将孔径扩大至设计要求。

5）钢筋笼变形

现象：钢筋笼在堆放、运输和吊装过程中，产生不可恢复的变形。

预防措施：

（1）钢筋笼过长时，应分节制作、分节吊装，然后在孔口焊接。

（2）应根据技术规程要求设置加劲箍，加劲箍必须与主筋焊接牢固。

（3）在安装钢筋笼时，宜设置临时吊装扁担，以增加刚度。

治理方法：

钢筋笼变形超过允许误差时，应拆除重绑。

6）钢筋笼安装位置偏差

现象：钢筋笼安装平面位置偏差超过了质量标准的允许范围。

预防措施：

在钢筋笼主筋上，每隔一定距离设置一组垫块，以控制混凝土的保护层厚度，使钢筋笼的平面位置对准孔轴线。钢筋笼应在垂直状态时吊放入孔。

治理方法：

钢筋笼安装偏差超出规范时应吊出，对桩孔进行反复扫孔纠正，并用检孔器检验合格后再进行安装。

7）钢筋笼上浮

现象：浇筑混凝土时钢筋笼上浮。

预防措施：

当混凝土上升到接近钢筋笼下端时，应放慢浇筑速度，减小混凝土面上升的动能，以免钢筋笼被顶托而上浮。在钢筋笼被埋入混凝土中有一定深度时，在提升导管，减少导管埋入深度，使导管下端高出钢筋笼下端有相当距离时在按正常速度浇筑，在通常情况下，可防止钢筋笼上浮。

浇筑混凝土前，应将钢筋笼固定在孔位护筒上，可防止上浮。

治理方法：

根据钢筋笼上浮高度检算是否在允许的应力范围内，否则进行补桩。

8）断　桩

现象：成孔后经探测，桩身局部没有混凝土，存在夹泥层，造成断桩。

预防措施：

（1）混凝土配合比应严格按照有关水下混凝土的规范配置，并经过工艺试验确定最佳配合比，经常测试坍落度，防止导管堵塞。

（2）严禁不经计算盲目提拔导管，防止导管脱离混凝土面。

（3）钢筋笼主筋接头要焊平，以免提升导管时，法兰挂住钢筋笼。

（4）当导管被钢筋笼挂住时，可转动导管，使导管脱离，钢筋笼重新落入混凝土中。

（5）浇筑混凝土的导管应经过水密和耐压试验。

(6) 浇筑混凝土前应保证混凝土搅拌机能正常运行,并备有备用机组。

治理方法:

断桩报废,重新施打。

9) 监控观测

(1) 既有桥墩监测。

① 监测点布置。桥墩承台四周设置 4 个点,墩身对称 2 个点,公路每幅路面两侧距离护栏 0.1 m 处。设置范围为临近本线下穿工程的两个既有桥墩墩身及承台,两端之间上部公路路面上纵向每 10 m 一个断面,两个桥墩外距离桥墩 20 m,50 m 处公路路面各设置 1 个监测断面。

② 桥墩沉降监测点在施工期前一个星期布置完毕。后视点采用固定点(固定点按照导线点埋设要求进行埋设),所有监测点在使用前至少观测 2 次,取其平均值作为初始值。现场监测将采用定时观测与跟踪观察相结合的方法进行,当监测数据有突变时,监测频率适当加密。

③ 桥墩沉降监测点在施工期前一个星期布置完毕。后视点采用固定点(固定点按照导线点埋设要求进行埋设),所有监测点在使用前至少观测 2 次,取其平均值作为初始值。现场监测将采用定时观测与跟踪观察相结合的方法进行,当监测数据有突变时,监测频率适当加密。

④ 观测精度。水准监控观测采用二等水准测量标准,测量仪器采用天宝 DINi03 电子水准仪及 3 m 铟钢尺观测,每千米往返高程测量精度为 0.3 mm,满足二等水准测量精度(1 mm)要求。观测采用单路线往返观测,每次观测均形成闭合检验条件。

位移观测仪器采用徕卡 TP1201 全站仪,观测精度为 1 s。

⑤ 观测频度。在下穿的桩板结构钻孔桩开始施工时,每 3 h 观测 1 次,得出"时间-沉降量"关系曲线图,掌握变化趋势后,正常施工期间每天观测 3 次,观测数据有突变时,加大观测频率,每天观测 4~5 次;如果两次施工间隔时间较长,可每 3 天观测 1 次。桩板结构施工完后的第 1~3 个月内,每周观测 1 次,第 4~6 个月内每 2 周观测 1 次,6 个月后每 1 个月观测 1 次。

⑥ 控制标准。当桥墩位移及沉降观测单次超过 2 mm 或累计超过 5 mm 时,通知 G1501 管理单位,若超出规定时必须停止施工,与监理和设备管理单位共同分析原因,制订补强措施。

(2) 既有线观测。

① 观测桩设置。增建线路施工时严格监测既有线的稳定和变形,施工前,纵向每隔 15~25 m 在既有线轨面设置沉降观测点、既有线两侧路肩设置观测桩,并保证对接触网支柱处要有观测点、观测桩,地基处理及路基填土期间、开通运营 3 个月进行观测。轨面和路肩沉降每昼夜要求不大于 1.0 cm。当观测位移超限时,应停止填筑,分析原因,研究好处理措施后方可填筑。

② 增建线路观测。路堤稳定观测:软土路堤地段,沿线路纵向每隔 20 m 在路堤两侧距坡脚 2 m、10 m 处设水平位移观测桩(边桩),以控制软土地段的填土速率。

路堤沉降变形观测:软土路堤地段,沿线路纵向每 100 m 设 1 个沉降变形观测断面,每个工点应不少于两个观测断面,过渡段应适当加密,过渡段至少有 1 个观测断面。

路堤稳定与变形观测控制标准:边桩水平位移小于 5 mm/d,竖向位移小于 10 mm/d,路堤中心沉降板沉降量小于 10 mm/d。填筑过程中观测的位移及变形量超出以上控制值时，应停止填土施工，必要时进行卸载，待位移及变形恢复到极限值以内以后再继续进行路堤填筑。

③ 过渡段观测。路基过渡段观测形式参照新建线路路基观测，沿线路纵向每 50 m 设 1 个沉降变形观测断面，每个工作点应不少于 2 个观测断面，过渡段最少有 1 个观测断面。

④ 观测频次。施工期间观测频次一般情况下 2 h 观测 1 次，施工完成后观测频次一般情况下一天不少于 3 次，观测时间不少于 3 天。施工完成 3 天后，前 15 天内每 3 天观测 1 次，第 15~30 天每星期观测 1 次，第 30~90 天每 15 天观测 1 次，以后每月观测 1 次。

⑤ 观测标准控制。并行帮宽地段既有线两侧路肩内侧设观测桩，观测值：水平位移不超过 2 mm/d 或累计位移不超过 5 mm，若超出规定时必须停止施工，与监理和设备管理单位（工务段）共同分析原因，制订补强措施。

（3）既有涵洞监测。

① 监测点设置。在框架涵对应的施工范围内设置 4 个监测断面，每个断面间距为 5 m。

② 测量精度。沉降观测应采用二级水准测量标准。

③ 测量频度。在施工期间每天观测 1 次，有变形突变时，每天应观测 2~3 次，如果两次施工间隔时间较长，可以每两天观测 1 次。

④ 观测资料分析。在施工过程中，应根据观测结果整理绘制"时间-变形量"曲线，分析监测对象的变形及发展趋势，并将观测资料提供给建设及运管等相关单位，作为监测对象变形评估的依据。竣工交验时，观测设备和观测资料与工程同时交给工程接收单位。

⑤ 观测控制标准。在既有线运营情况下，轨面每昼夜沉降不大于 2 mm，路肩沉降每昼夜要求不大于 1.0 cm。路基水平变化量大于 8 mm/d 或累计水平变化大于 20 mm 时必须停止施工，与监理和设备管理单位（工务段）共同分析原因，制订补强措施。

3. 地下管线挖断施工风险应对措施

对既有 G1501 公路桥下铁通、电力、信号等地下管线进行排查，并与设备管理的相关单位现场进行签认，确认无误后方可进场施工。

（1）认真对照设计文件并再次会同设备管理部门对既有电缆的位置、径路、走向和埋设深度予以复查确认。

（2）开挖前，必须使用地下管线探测仪等手段进行施工前的探测，如地下光电缆情况仍不够清楚，则必须采用"人工挖探沟"先探后挖的办法，在找出光电缆加以保护措施后，方可开挖。

（3）动土开挖前，提前 2~3 天与设备管理单位联系，将施工时间、施工范围书面通知（或传真通知）设备管理单位，请设备管理单位安全监督员到现场共同把关。设备管路单位人员未到现场之前严禁动土开挖。

（4）开工前必须对劳务人员进行地下电缆的识别及安全开挖方法的教育。作业时，施工负责人进行全过程监控，带班人员必须加大巡视密度，时刻提醒对电缆的保护，妥善处理被挖出的电缆并及时进行保护。

（5）在探有地下光电缆埋设深度、径路走向时，应加倍小心开挖，严禁在电缆、管线径路 2 m 之内使用挖掘机、推土机等开挖。禁止用风镐等电动工具猛力挖掘，只准用秃头工具或包扎过的铁锹轻挖轻扒，确保电缆安全。

（6）项目经理、架子队长、施工员、带班人员应有设备管理单位人员的电话、手机号码，以便应急处置时联系，以将损失减少到最小程度。

4. 触电风险应对措施

为防止触电事故，特别是因"电焊机使用不当，接地不良或因电源线路漏电，现场临时接的电源线路敷设不规范，天气恶劣、现场积水电气设备受潮和线路被水浸泡，未设置漏电保护器或保险丝不合格"因素而造成触电事故特制订本技术措施。

（1）现场移动式电器设备必须使用橡皮绝缘电缆，穿过便道时采用下穿脚手钢管埋地敷设。

（2）配电箱、开关箱使用标准电箱，电箱内开关电器必须完整无损，接线正确，电箱内设置漏电保护器，选用合理的额定漏电动作电流进行分级匹配。配电箱设总熔丝、分开关，动力和照明分别设置。金属外壳电箱作接地或接零保护。

（3）对高压线路、变压器要按规程安置，设立明显的标志牌。

（4）所有电气设备按规定安装漏电保护装置，并有良好的接地保护措施。接地采用角钢、圆钢或钢管，其截面面积不小于 48 mm^2，1 组 2 根接地之间间距不小于 2.5 m，接地电阻符合规定。电杆转角杆、终端杆及总向、分配电箱必须有重复接地。

5. 营运线路基边坡失稳

（1）在营运线旁进行边坡开挖时，应设专人检查、看守，如发现有坍塌或线路状态变动时，立即采取补救措施；对于行车有影响时，必须在线路恢复达到放行列车条件后，方可放行列车。在相应位置（路肩）设置观测装，每天不少于一次观测，并做好记录。遇雨天必须 24 h 专人巡视。

（2）土体填筑过程的安全要求：挖掘机、推土机、装载机不得重叠施工，在同一层面施工间距必须大于 20 m。

（3）施工便道在瞭望条件不好地段必须设置警示牌。

（4）汽车在运土过程中，应该做到空车让重车，在过交叉路口时做到"一慢、二瞭望、三通过"的原则，必须听从现场指挥人员的指挥。

（5）在营业线邻近并行地段进行机械施工时，不论是作业或停留，施工机械均不得侵入铁路限界。

4.5.2.3　与既有京沪线同孔下穿 G1501 绕城高速安全风险防护施工

由于新建线施工，需要挖除既有线路肩，开挖深度 1.6 m，因此，施工时设计用拉森钢板桩，长 6 m，间距 1 m，进行防护，然后开挖，以防施工时既有线路基失稳。

在施工之前，要求将所有回流线和接触网进行迁移，否则无法进行钢板施工。在施工之前，封锁下行线，进行防护桩施工。施工时，防护桩放置在远离既有线的一侧，然后在防护桩上绑好溜索绳，人工配合打拔机将防护桩加起，慢慢移动至预定位置，然后施工插打。在这个过程中，要防护员 1 名，专门负责机械和既有设备安全问题，两名工人控制溜索绳，以防防护桩在施工时撞坏既有设备和撞伤人员，另外定位防护桩在准确位置。

防护桩插打采用打拔机，单根防护桩长 6 m，桩间距 1 m。施工时，需要将回流线迁改。施工时配置齐全所有安全及防护人员。打桩前，取得合格手续，方可进行下道工序。

测量员进行测量放线，确定出防护桩位置，用白灰或者线绳定位出整体位置，然后进行插打施工。本段防护桩施工里程为：K1421+100-K1421+525 和 K1421+750-K1422+200，总计 1 050 根。

4.5.2.4　既有接触网立柱防护与施工

便线施工过程中和便线运营时都受到既有线接触网立柱的影响，因此在便线施工时，进行局部防护，便线拨接运营前，局部拆除且局部回填夯实。受影响的接触网立柱有：61#、63#、65#、67#、69#、85#、87#、89#、91#。所用机具选用小型设备，方便进入施工点，同时以免造成对既有设备的损坏。

防护时采用拉森钢板桩，单根长 6 m，间距 1 m，采用打拔机打入，周围用填料夯实填筑，确保立柱的稳定，施工时加强防护观测。

4.5.2.5　施工现场布置安全风险应对措施

进场便道主要借用既有宝安公路，外青松公路，原 G1501 公路桥施工便道进场，对引入便道路面进行拓宽（拓宽至 5.5 m），以便施工机械进入场内施工。便道路面设单向 2%横坡，内高外低，确保施工场地排水通畅，路面无积水。泥浆池布置在既有线 30 m 以外，弃渣及时外运。

根据实际情况，现场主要分为 5 个施工点：新源路、G1501、双绕便线（咽喉区路基）、外青松、朝阳河，其余工程穿插施工。

新源路施工点：既有中桥接长施工，封锁公路既有道路，防护桩施工。

G1501 施工点：施工前测量组对每个桩位进行放样，用石灰线及木桩做标记，并提前准备好钢护筒，护筒埋设施工安排在凌晨 0:00—6:00 点铁路无行车时间段进行。护筒埋设完成后再次对桩位进行复测，符合要求后方可进行下一步施工。护筒埋设完成后，对施工平台采用 20 cm C20 混凝土进行硬化处理，确保钻机施工平稳。

双绕便线施工点：煤气管位置勘察，D 便梁施工，咽喉区软基处理。

外青松施工点：便线防护桩施工，D 便梁基础和架设施工。

朝阳河施工点：既有涵洞接长施工，防护桩施工。

施工用电、用水：施工用电采用外青松旁 500 kV·A 变压器供应，施工用水从附近检查合格点用水泵抽取。

4.6　与既有京沪线同孔下穿 G1501 绕城高速施工风险监控

4.6.1　与既有京沪线同孔下穿 G1501 绕城高速施工阶段风险监控的意义

与既有京沪线同孔下穿 G1501 绕城高速施工阶段风险监控是新建沪通铁路施工阶段必不可少的环节，在铁路施工建设项目管理中具有重要意义，主要表现在：

（1）铁路工程施工风险的存在是由不确定性造成的，但随着铁路施工的进展和时间的推移，这种不确定性逐渐变得清晰，原来分析处理的风险会随之发生变化。因此，我们需要对铁路施工阶段的风险进行动态监控，并根据风险的动态变化采取有效的应对措施。

（2）通过铁路施工风险监控我们可以判断风险的应对措施是否有效。若采用的风险应对措施有效，就继续保持；若应对措施无效，就应该立即调整，从而避免造成不必要的损失。

（3）在施行风险应对措施后，铁路施工风险有可能会发生变化产生新的风险或者遗留下残余风险。因此需要继续通过风险监控来掌握这些风险的动态变化，从而决定是否采取相关的风险应对措施。

4.6.2 与既有京沪线同孔下穿 G1501 绕城高速施工阶段风险监控的目的

与既有京沪线同孔下穿 G1501 绕城高速施工阶段风险监控的主要目的是：

（1）为与既有京沪线同孔下穿 G1501 绕城高速施工风险控制提供客观的数据和信息。

（2）通过对沪通铁路施工风险监控，可以实时了解各种风险因素及风险事件的动态变化情况，明确工程施工对地层的影响程度以及可能产生失稳的薄弱环节，从而有效地掌握整体的铁路施工风险水平的变化情况。

（3）能够客观真实地全面把握沪通铁路工程质量，掌握沪通铁路工程各主体部分的关键性指标，确保铁路施工能够顺利地进行。

（4）风险监控除了表明工程的质量状况外，研究沪通铁路下穿既有线使用阶段风险监控的累计记录，有助于对工程设计进行修改，并通过观测数据分析及模型试验中预测的工程特性指标的比较，了解设计的合理程度。

（5）跟踪监控沪通铁路施工风险应对措施的实施效果，并把监控结果反馈到设计和施工中，从而及时地调整沪通铁路施工风险应对措施，比如：改变施工方法、确定临时支护的拆除时机及修正支护参数等，以避免风险事故的发生。

（6）通过风险监控，可以了解该沪通铁路工程在客观条件下所表现出来的一些施工风险的规律和特点，为今后类似工程或工法本身的发展提供借鉴，以提高铁路工程的设计和施工水平，使工程始终处于良好的运行状态，从而可以确保沪通铁路施工的安全和工程建设质量，使沪通铁路建设实现经济、合理和可靠的目标。

4.6.3 与既有京沪线同孔下穿 G1501 绕城高速施工阶段风险监控的内容

与既有京沪线同孔下穿 G1501 绕城高速施工阶段风险监控的内容主要是风险因素与风险事件的动态变化，以及风险应对措施的实施效果，具体内容如下：

（1）已识别的风险因素和风险事件的动态变化。已识别的高风险因素主要包括场地布置、钻孔桩塌孔使既有线桥墩位移或沉降、安全生产管理机构的建立落实、边坡开挖稳定性。

（2）未识别的风险因素和风险事件的动态变化。

（3）整个与既有京沪线同孔下穿 G1501 绕城高速施工状态的风险变化情况。

（4）与既有京沪线同孔下穿 G1501 绕城高速整个施工阶段风险应对措施的实施情况。

通过对识别出的高风险因素进行针对性的风险控制措施的现场监控及现场数据回馈来看，通过进行合理、协调的现场布置，场地布置风险几乎没有发生；对既有桥墩进行钢板桩加固并实时进行数据监测，对钻孔转施工过程中出现的坍孔、钻孔漏浆、成孔偏斜、缩孔及断桩等风险因素进行了有效的防护和控制措施，使得钻孔桩塌孔使既有线桥墩位移或沉降风险、边坡开挖失稳风险和安全生产管理机构未落实风险发生的可能性大大降低。

4.7 与既有京沪线同孔下穿 G1501 绕城高速施工风险管理预期效果

4.7.1 与既有京沪线同孔下穿 G1501 绕城高速施工安全预期效果

通过对既有京沪线同孔 G1501 绕城高速风险的识别、量化以及评价，建立一套切实可行、有针对性的安全保障体系，保证项目正常运行，降低项目施工对既有线运营安全的影响，消除对施工人员人身安全、机械设备安全构成威胁的重大安全隐患，杜绝 A 类、B 类重大安全事故的发生，降低一般 C 类安全事故的发生，杜绝责任人员因公死亡事故，施工人员年重伤率与年负伤率能够控制在标准范围之内。

4.7.2 与既有京沪线同孔下穿 G1501 绕城高速施工质量预期效果

建立了相应的质量保证体系，减轻既有线以及复杂施工环境对项目施工质量的影响，工程质量能够符合国家和中国铁路总公司的相关标准、规范以及设计文件要求，减少质量通病，消除一切重大质量事故的发生，降低本工程的质量缺陷。

4.7.3 与既有京沪线同孔下穿 G1501 绕城高速施工工期预期效果

通过工程进度保证措施，减轻主要因素对施工工期的影响，保证进度计划的落实与执行，减少单位工程之间的相互干扰，确保施工工期目标，使沪通铁路下穿既有 G1501 绕城高速施工得以按时竣工。

4.8 小　结

从沪通铁路与既有京沪线同孔下穿 G1501 绕城高速施工建设的实际需求出发，以沪通铁路与既有京沪线同孔下穿 G1501 绕城高速施工阶段的风险作为研究对象，查阅大量国内外相关的文献资料，通过学习研究，主要有以下的研究成果：

通过对沪通铁路与既有京沪线同孔下穿 G1501 绕城高速施工阶段的风险管理，建立影响沪通铁路施工的各风险源，并根据安全风险评估指标体系建立的原则，建立沪通铁路下穿既有线施工安全风险的评估指标，利用层次分析法建立风险评价模型，进而确定高风险因素为场地布置、钻孔桩塌孔使既有线桥墩位移或沉降、安全生产管理机构的建立落实和边坡开挖稳定性。

针对场地布置、钻孔桩塌孔使既有线桥墩位移或沉降、安全生产管理机构的建立落实和边坡开挖稳定性高风险因素，采取针对性措施进行风险管理，并现场监控风险管理措施的应用情况，对新的风险因素再依据应急预案进行处理，进而得出沪通铁路下穿既有线施工风险管理的安全、质量、进度预期效果。

第5章 临近既有线深基坑施工风险管理研究

5.1 临近既有线深基坑工程概况

5.1.1 工程概述

新建上海至南通铁路 HTZQ-6 标段安亭至黄渡增建三、四线蕰藻浜下行双线特大桥全长 1.718 km，中心里程为 K1427+559.238，位于上海市嘉定区内。根据桥址处地形、地貌、道路立交及航道情况，全桥孔跨布置为：（4-32 m）双线简支 T 梁+（1-24 m）双线简支 T 梁+（10-32 m）双线简支 T 梁+（40+56+40）m 双线连续梁+（1-32 m）双线简支 T 梁+（32+40+32）m 双线连续梁+（1-128 m）双线钢桁梁+（6-32 m+2-24 m+1-32 m）双线简支 T 梁+（32+48+32）m 双线连续梁+（13-32 m）双线简支 T 梁。蕰藻浜下行双线特大桥（0#桥台~48#桥台）共有承台 49 个。现场情况如图 5-1 所示。

图 5-1 现场深基坑施工图

基坑开挖深度<3 m，承台基坑共计 22 个，采用拉森Ⅳ型钢板桩围堰进行施工，钢板桩长 9 m，不进行内支撑设置；基坑开挖深度≥3 m 的承台基坑共计 27 个，基坑开挖深度 3.12~6.47 m，基坑开挖均采用拉森Ⅳ型钢板桩围堰进行施工。开挖深度>3 m 且<3.5 m 不进行内支撑的设置，钢板桩单根长 9 m；基坑开挖深度≥3.5 m 且<5 m 之间内支撑设置 1 层，钢板桩长 9 m；开挖深度≥5 m 且<6.5 m 之间内支撑设置两层，钢板桩长 12 m。本工程基坑靠近既有线一侧钢板桩插打距既有线（Ⅰ线）轨道中心距离为 10.96~24.58 m，钢板桩插打距既有线坡脚距离 8.38~20.48 m。

基坑施工相关数据见表 5-1。

表 5-1 基坑施工相关数据

序号	墩台号	承台尺寸/m	基坑开挖深度/m	基坑开挖形式	内支撑设置层数/层	钢板桩长度/m	拉森Ⅳ型钢板桩根数/根	基坑边缘距营业线（Ⅰ线）轨道中心距离/m	钢板桩插打距既有线坡角最近距离/m
1	0#台	10.2×9.1×2	3.21	拉森Ⅳ型钢板桩围堰	0	9	130	10.96	8.56
2	1#墩	11.4×6.4×2.5	3.85	拉森Ⅳ型钢板桩围堰	1	9	122	12.48	8.38
3	2#墩	11.4×6.4×2.5	3.8	拉森Ⅳ型钢板桩围堰	1	9	122	14.27	10.17
4	3#墩	11.4×6.4×2.5	3.42	拉森Ⅳ型钢板桩围堰	0	9	122	16.03	11.93
5	4#墩	11.4×6.4×2.5	5.72	拉森Ⅳ型钢板桩围堰	2	12	122	17.73	13.63
6	5#墩	10.2×4.8×2	2.52	拉森Ⅳ型钢板桩围堰	0	9	108	17.73	15.34
7	6#墩	11.4×6.4×2.5	3.33	拉森Ⅳ型钢板桩围堰	0	9	122	20	15.9
8	7#墩	10.2×4.8×2	2.83	拉森Ⅳ型钢板桩围堰	0	9	108	21.98	17.88
9	8#墩	10.2×4.8×2	2.54	拉森Ⅳ型钢板桩围堰	0	9	108	22.81	18.71
10	9#墩	11.4×6.4×2.5	3.3	拉森Ⅳ型钢板桩围堰	0	9	122	23.03	18.93
11	10#墩	11.4×6.4×2.5	3.55	拉森Ⅳ型钢板桩围堰	1	9	122	23.61	19.51
12	11#墩	10.2×4.8×2	2.58	拉森Ⅳ型钢板桩围堰	0	9	108	24.44	20.34
13	12#墩	10.2×4.8×2	2.92	拉森Ⅳ型钢板桩围堰	0	9	108	24.58	20.48
14	13#墩	10.2×4.8×2	2.74	拉森Ⅳ型钢板桩围堰	0	9	108	24.56	20.46
15	14#墩	10.2×4.8×2	2.83	拉森Ⅳ型钢板桩围堰	0	9	108	24.41	20.31
16	15#墩	11.4×6.4×2.5	3.15	拉森Ⅳ型钢板桩围堰	0	9	122	23.48	19.38
17	16#墩	11.9×8.7×2.5	5.53	拉森Ⅳ型钢板桩围堰	2	12	136	22.76	18.66
18	17#墩	11.9×8.7×2.5	5.56	拉森Ⅳ型钢板桩围堰	2	12	136	21.89	17.79
19	18#墩	11.4×6.4×2.5	3.31	拉森Ⅳ型钢板桩围堰	0	9	122	21.45	17.35
20	19#墩	11.4×6.4×2.5	2.96	拉森Ⅳ型钢板桩围堰	0	9	122	20.93	16.83
21	20#墩	10.2×7.4×2.5	2.98	拉森Ⅳ型钢板桩围堰	0	9	121	21.06	16.96
22	21#墩	10.2×7.4×2.5	3.03	拉森Ⅳ型钢板桩围堰	0	9	121	20.43	16.33
23	22#墩	18.7×8.1×2.5	4.30	拉森Ⅳ型钢板桩围堰	1	9	167	15.66	11.56
24	23#墩	18.7×8.1×2.5	6.31	拉森Ⅳ型钢板桩围堰	2	12	167	13.83	10.13
25	24#墩	11.4×6.4×2.5	6.45	拉森Ⅳ型钢板桩围堰	2	12	122	17.33	13.63
26	25#墩	11.4×6.4×2.5	6.43	拉森Ⅳ型钢板桩围堰	2	12	122	16.82	13.12
27	26#墩	11.4×6.4×2.5	6.41	拉森Ⅳ型钢板桩围堰	2	12	122	16.45	12.75
28	27#墩	11.4×6.4×2.5	6.47	拉森Ⅳ型钢板桩围堰	2	12	122	16.2	12.5
29	28#墩	11.4×6.4×2.5	6.37	拉森Ⅳ型钢板桩围堰	2	12	122	15.37	11.67
30	29#墩	10.2×4.8×2	2.65	拉森Ⅳ型钢板桩围堰	0	9	108	15.2	11.5

续表

序号	墩台号	承台尺寸/m	基坑开挖深度/m	基坑开挖形式	内支撑设置层数/层	钢板桩长度/m	拉森Ⅳ型钢板桩根数/根	基坑边缘距营业线（Ⅰ线）轨道中心距离/m	钢板桩插打距既有线坡角最近距离/m
31	30#墩	10.2×4.8×2	2.95	拉森Ⅳ型钢板桩围堰	0	9	108	15.01	11.31
32	31#墩	10.2×4.8×2	2.94	拉森Ⅳ型钢板桩围堰	0	9	108	14.86	11.16
33	32#墩	11.4×6.4×2.5	3.25	拉森Ⅳ型钢板桩围堰	0	9	122	14.1	10.4
34	33#墩	11.9×8.1×3	4.45	拉森Ⅳ型钢板桩围堰	1	9	133	13.77	10.07
35	34#墩	11.9×8.1×3	4.89	拉森Ⅳ型钢板桩围堰	1	9	133	13.76	10.06
36	35#墩	11.4×6.4×2.5	3.11	拉森Ⅳ型钢板桩围堰	0	9	122	14.04	10.34
37	36#墩	10.2×4.8×2	2.79	拉森Ⅳ型钢板桩围堰	0	9	108	14.7	11
38	37#墩	10.2×4.8×2	2.94	拉森Ⅳ型钢板桩围堰	0	9	108	14.69	10.99
39	38#墩	10.2×4.8×2	2.65	拉森Ⅳ型钢板桩围堰	0	9	108	14.65	10.95
40	39#墩	11.4×6.4×2.5	3.48	拉森Ⅳ型钢板桩围堰	0	9	122	13.82	10.12
41	40#墩	10.2×4.8×2	2.92	拉森Ⅳ型钢板桩围堰	0	9	108	14.58	10.88
42	41#墩	10.2×4.8×2	2.78	拉森Ⅳ型钢板桩围堰	0	9	108	14.55	10.85
43	42#墩	10.2×4.8×2	2.52	拉森Ⅳ型钢板桩围堰	0	9	108	13.8	10.1
44	43#墩	10.2×4.8×2	2.43	拉森Ⅳ型钢板桩围堰	0	9	108	14.48	10.78
45	44#墩	10.2×4.8×2	2.65	拉森Ⅳ型钢板桩围堰	0	9	108	14.44	10.74
46	45#墩	11.4×6.4×2.5	3.25	拉森Ⅳ型钢板桩围堰	0	9	122	13.81	10.11
47	46#墩	10.2×4.8×2	2.72	拉森Ⅳ型钢板桩围堰	0	9	108	14.38	10.68
48	47#墩	10.2×4.8×2	3.25	拉森Ⅳ型钢板桩围堰	0	9	108	14.15	10.45
49	48#台	10.2×9.1×2	2.54	拉森Ⅳ型钢板桩围堰	0	9	130	14.49	10.79

5.1.2　工程地质条件

桥址区场地地貌单元较简单，地形平坦开阔，主要为冲海积平原区，未发现不良地质现象。

按地层时代、成因及岩性特征等，桥址基坑开挖及钢板桩插打深度分布于3个工程地质层，勘探深度范围内地层结构及特征从上至下按地层由新至老具体分述如下：

（1）素（杂）填土：灰褐色、灰黄色，松散，稍湿，层厚 0～1.5 m，层底标高 0.6～2.1 m。

（2）粉质黏土：灰色、灰黄色，软塑，$\sigma_0 = 120 \text{ kPa}$，层厚 2～4.5 m，层底标高 -1.8～-1.4 m。

（3）淤泥质粉质黏土（Q_4^m）：灰色，软塑～流塑，$\sigma_0 = 70 \text{ kPa}$，层厚 10.4～20.1 m，层底标高 -22.12～-9.15 m。

本桥基坑基底位于"粉质黏土层"中，钢板桩底口未穿透"淤泥质粉质黏土层"，因淤泥质粉质黏土具有高压缩性、高灵敏度，工程性质差，为本桥址特殊岩土，施工时应综合考虑其不利影响。

5.1.3　水文地质特征及评价

依据《铁路混凝土结构耐久性设计规范》（TB 10005—2010）中评价标准判断：桥址范围内，地表水、地下水有硫酸盐侵蚀，化学环境作用等级为 H_1；氯盐环境作用等级为 L_1。

5.1.4　地震效应

场区设计地震动峰值加速度为 $0.11g$，特征周期为 $0.75\ \text{s}$。

5.1.5　线路状况

既有京沪铁路（沪宁段）为双线电气化铁路，属于繁忙干线，桥梁范围主要分布 2 股道，由北向南依次为京沪铁路下行线、上行线。

5.1.6　施工封锁及慢行

打拔机、挖机及吊车使用高度或作业半径均小于机械至营业线设备安全限界之间的距离，本工程基坑靠近既有线一侧钢板桩插打距既有线（Ⅰ线）轨道中心距离为 $10.96 \sim 24.58\ \text{m}$，钢板桩插打距既有线坡脚距离 $8.38 \sim 20.48\ \text{m}$，属于临近营业线 C 类施工，无须施工封锁及慢行。

5.1.7　工程重点、难点分析

蕰藻浜下行双线特大桥承台均属于临近营业线施工范围，施工过程采用的机械设备主要有打拔机、挖掘机、罐车、吊车等，在施工中防止机械设备对既有线偏压、位移及防止机械设备侵入铁路限界及基坑开挖过程中造成既有线路的移位及沉降为本工程控制重点及难点。

5.2　临近既有线深基坑施工风险识别与评估

5.2.1　临近既有线深基坑施工风险识别

5.2.1.1　深基坑工程项目风险识别的目的

基坑工程项目风险识别是风险管理的基础，基坑工程项目风险管理人员在收集资料和调查研究之后，运用各种方法对潜在的及存在的各种风险进行系统的归类和识别，其中最重要也是最困难的工作就是去了解并寻找基坑工程所可能遭受损失的来源，也就是基坑工程的风险因素[131]。风险识别的目的包括 3 个方面：

（1）识别出可能对基坑工程进展有影响的风险因素、性质以及风险产生的条件，并据此衡量风险的大小。

（2）记录具体风险的各方面特征，并提供最适当的风险管理对策。

（3）识别风险可能引起的后果。

基坑工程项目风险识别直接影响风险管理的决策，进而影响整个风险管理的最终结果。只有全面、正确地识别项目所面临的风险，衡量风险和选择对付风险的方法才具有实际意义。任何一种风险因素在识别阶段被忽略，尤其是重大风险因素被忽略，都可能导致整个风险管理的失败，从而造成不可估量的经济损失。增强风险意识、认真识别风险，是衡量风险程度、采取有效的风险控制措施以及进行风险管理正确决策的前提条件。

5.2.1.2　基坑工程项目风险识别过程

风险识别就是从系统的观点出发，横观工程项目所涉及的各个方面，纵观项目建设的发展过程，将引起风险的极为复杂的事物分解为比较简单的、容易被识别的基本单元，从错综复杂的关系中找出因素之间本质的联系，在众多的影响因素中抓住主要因素，并且分析它们引起投入产出变化的严重程度[132]。风险识别是风险管理的基础，没有风险识别的风险管理是盲目的，通过风险识别，才能使理论联系实际，把风险管理的注意力集中到具体的项目上来。

基坑工程风险识别包括确定风险事件和描述风险事件的特征。主要包括收集资料、确定风险事件、编制风险识别报告等过程。

1. 基坑工程风险识别的资料收集

收集资料主要应包括：① 工程项目的计划；② 自然和社会环境方面的资料；③ 类似工程的有关资料；④ 工程的设计文件。根据工程项目的项目章程、项目管理计划和风险管理计划，可采用核查表法、分解分析法、图解法（因果分析图、流程图）等识别基坑工程的风险。

2. 确定风险事件

基坑工程可根据不同方案按采购（发包）、施工、拆除三阶段对进度、费用、质量（对正式工程施工的满足程度和安全）等目标进行不确定性查找和分析。在此基础上，确定风险事件。

3. 基坑工程风险识别报告

风险识别报告包括深基坑工程的分类风险表、风险征兆、对其他方面的进一步需求等。风险可按项目目标风险、项目管理风险、组织风险、外部风险等分类，也可按风险的不同承受体如建设、勘察、设计、施工、监理等分类。

5.2.1.3　基坑工程项目风险识别的工作目标

基坑工程项目风险可按项目目标风险、项目管理风险、组织风险、外部风险等分类，也可按基坑工程建设的各个阶段，如勘察阶段、设计阶段、施工阶段、监测阶段进行分类。在此采用后者分类。作为风险管理者首先根据基坑工程不同阶段确定不同的风险管理工作目标，根据工作目标来分析各个不同阶段影响工作目标实现的风险因素。

1. 勘察阶段风险管理

1）勘察阶段风险管理的工作目标

基坑工程勘察的主要任务是进行工程测量、地形测绘、工程地质和水文地质勘察，为设计提供必要和主要的基础资料,因此,其对项目建设的进度、质量和效益影响都十分巨大。风险管理项目部从方案评审结束后介入工程,因此,其主要管理对象为岩土工程的详细勘察。

基坑工程勘察风险管理的总目标是保证整个勘察工作的质量,提高勘察成果的准确性及建议的可行性。从内容上讲,实现这个总目标的前提是要实现如下几个子目标:

(1)保证勘察工作符合国家法律、法规,并遵守科学的工作程序。
(2)保证勘察工作质量符合规范规定和设计需要。
(3)保证勘察成果能正确反映客观地形和地质情况,确保勘察原始资料的准确性。
(4)提出正确的评议、结论和建议。
(5)避免在勘察过程中产生安全事故。

2)基坑工作勘察阶段风险识别

根据基坑工程勘察阶段确定的风险管理的工作目标,识别出基坑工程勘察阶段的风险因素,如下所示:

(1)套用以往勘测资料。
(2)未按照规范要求确定勘察范围。
(3)勘察测量资料不完全、不详细。
(4)勘察资料的参数不准确。
(5)忽视水文地质勘察。
(6)其他风险因素。

2. 设计阶段风险管理

1)设计阶段风险管理的工作目标

基坑工程设计风险管理的总目标是确保工程设计质量,形成满足国家法律、法规要求、切合实际、安全适用的设计文件,从而减少由于设计不足、错误或可施工性不强引起的使用功能缺陷、结构损伤及工程事故。这一目标在技术上不仅表现为结构的可靠度(结构的安全性、适用性和耐久性)、建筑物的舒适度、对环境的影响程度指标要达到国家标准要求,而且设计思路要切合实际,满足施工要求。

风险管理实施过程中需要达到的子目标分解如下:

(1)保证设计工作符合国家法律、法规,并遵守科学的工作程序。
(2)建设面积在批准范围之内,并能满足用户的合理使用要求。
(3)保证工程结构的安全性、适用性和耐久性。
(4)设计文件满足可施工性要求。
(5)能取得良好的环境效益。

2)基坑工程设计阶段风险识别

根据基坑工程设计阶段确定的风险管理的工作目标,识别出基坑工程设计阶段的风险因素,如下所示:

(1)设计依据按照分类是否符合国家标准、行业标准、地方标准。
(2)支护方案、支撑结构、锚杆系统、地下水控制方案的选型和布置是否合理。
(3)基坑支护计算软件是否获得管理部门许可,计算模型是否符合工程实际,计算参数选择是否合理。

（4）基坑支撑与锚杆体系构件是否具备足够的承载力，结构连接节点承载力是否满足规范规程的要求。

（5）设计变更是否合理，沟通是否及时。

（6）其他风险因素。

3. 施工阶段风险管理

施工阶段是工程项目全过程质量安全风险管理的关键环节，工程质量的优劣很大程度上取决于施工阶段的风险管理。施工阶段质量安全风险管理，实际上是风险管理方组织参加施工的各承包单位按合同标准进行建设，并对影响质量安全的诸风险因素进行预测、控制、检查，对差异提出调整、纠正措施的监督管理过程。

1）施工阶段质量风险管理

（1）工作目标。

工程施工质量风险管理是一个系统过程。对施工全过程的质量风险管理，包括对投入生产要素的管理、施工及安装过程的管理和最终产品质量验收管理。施工质量风险管理的工作总目标是保证施工任务顺利完成，达到验收、竣工的质量条件。其子目标可以分解为：

① 保证工程原材料构配件的质量达到工程要求的水平。

② 保证所使用施工接卸设备质量达到工程要求的水平。

③ 保证按图施工和按批准的施工组织设计方案施工。

④ 保证施工过程对周边环境的影响限制在一个可接受范围之内。

⑤ 保证质量检查验收工作按风险管理规章制度开展。

⑥ 保证所形成的技术文件和质量文件可以满足用户对工程项目运行、维修、改扩建的要求。

（2）基坑工程施工阶段质量风险识别。

根据基坑工程施工阶段确定的质量风险管理的工作目标，识别出基坑工程施工阶段质量管理的风险因素，如下所示：

① 供应商的选择，材料、设备进场验收管理和使用管理是否合理。

② 施工机械设备的选择是否适用、先进和合理。

③ 施工方法是否选择得当。

④ 成品质量保护措施是否妥当。

⑤ 其他风险因素。

2）施工阶段安全风险管理

（1）工作目标。

基坑工程施工阶段的安全风险管理有两个方面的含义：一是防止各种事故和灾害所导致的施工人身伤害和周围第三者人员伤亡或财产受损；二是防止事故和灾害引起存放在施工现场的资产（材料、设备、机械、临时设施等）受损。这两个"防止"即为施工阶段安全风险管理的目标。

（2）基坑工程施工阶段安全风险识别。

根据基坑工程施工阶段确定的安全风险管理的工作目标，识别出基坑工程施工阶段安全管理的风险因素，如下所示：

① 安全风险管理制度建设是否完善。
② 有无进行安全教育与培训。
③ 有无对机械设备及特种作业人员的资格进行审查。
④ 事故隐患的处理是否及时。
⑤ 其他风险因素。

  4. 监测阶段风险管理

  基坑工程施工前，应由建设方委托具备相应资质的第三方监测单位对基坑工程实施现场监测。监测单位应编制监测方案，监测方案须经建设方、设计方、监理方等认可，必要时还需与基坑周边环境涉及的有关管理单位协商一致后方可实施。

  1）基坑工程监测的主要目的

  （1）使参建各方能够完全客观真实地把握工程质量，掌握工程各部分的关键性指标，确保工程安全。

  （2）在施工过程中通过实测数据检验工程设计所采取的各种假设和参数的正确性，及时改进施工技术或调整设计参数以取得良好的工程效果。

  （3）对可能发生危及基坑工程本体和周围环境安全的隐患进行及时、准确的预报，确保基坑结构和相邻环境的安全。

  （4）积累工程经验，为提高基坑工程的设计和施工整体水平提供基础数据支持。

  2）基坑工程施工阶段安全风险识别

  根据基坑工程监测阶段确定的风险管理的工作目标，识别出基坑工程监测阶段的风险因素，如下所示：

  （1）现场数据分析水平有待提高。

  （2）现场监测数据的可靠性和真实性是否有保障。

  （3）现场监测设备和测试元件是否满足实际工程监测的精度、稳定性和耐久性要求。

  （4）现场数据采集和处理过程是否满足监测技术要求。

  （5）监测数据警戒值标准的问题。

  （6）其他风险因素。

5.2.1.4 基坑工程项目风险识别内容

  （1）施工工况与设计计算的工况不一致。

  ① 坑边地面堆载超出设计值。通常挖出的土方不宜堆放在坑边，以尽量减少坑边地面的堆载，如不可避免地要在坑边堆置土方、机械设备、材料、搭设临时工棚，或在坑边移动施工机械与运输设备、工具时，应经计算复核确定。

  ② 支撑设置及土方开挖与设计工况不符。土方开挖过程中，严禁先挖后撑、边挖边撑、超挖等做法，土方开挖的过程应与设计计算的工况一致。

  ③ 支撑拆除。支撑的拆除未按设计要求，拆除步骤不当。

  ④ 其他因素。坑内进行人工挖孔桩、冲孔灌注桩等工程桩的施工，形成临空面，降低了被动土压力的反压力，或者在支撑上堆载、行走车辆。

（2）没有进行降排水体系的合理设置，没有根据基坑开挖深度、地质条件和水文条件等进行坑内外的降水、排水设计，不坚持先设计后施工的原则。

（3）施工方法不当，施工措施缺乏针对性。在特殊的地层中，应采取有针对性的施工措施。

（4）支撑安装时间和基坑暴露时间的影响。软土基坑施工中，周围土体均达到一定应力水平，且有部分区域成为塑性区。软土一般有明显的流变特征，开挖卸载后，还存在在相对稳定的状态下随暴露时间的延长而变形的情况，因此有内撑基坑每级开挖后安装支撑前的无支撑暴露时间长短和基坑坑底在浇筑地下室底板前的暴露时间都将使基坑围护墙侧向变形和墙后地表沉降变大。

（5）施工人员素质低，安全意识淡薄。施工人员对工程事故毫无所知或安全意识差，在施工时随意改变设计意图或不进行施工监测或对监测数据分析处理不力，从而造成工程安全事故。

（6）支护结构的维护不当。严禁在土方开挖等过程中碰撞、损坏围护结构、支撑、工程桩、止水帷幕、降排水设施等，或在锚杆头上挂重物；当基坑放置时间较长时没有进行定期检查、维护和修整。

（7）其他风险影响因素。

① 挖土机械停在基坑支护结构附近反铲挖土，使支护结构所承受的荷载大大增加，并且有较大的动荷载出现，造成支护结构大变形。

② 基坑开挖过程中，挖土机械随意碰撞支撑系统、锚杆系统及支护桩墙，造成不应有的损失。

③ 基坑开挖不符合规程，挖土速度快，且高差过大，迅速改变了原来土体的平衡状态，降低了土体的抗剪强度，软土产生较大的水平位移，造成基坑滑坡。

④ 基坑施工期间，在基坑边缘堆放大量的建筑材料，以及从基坑中开挖出来的土石，甚至在基坑处搭建临时建筑物，这样会对基坑支护结构产生很大的附加应力，使支护结构大变形。

⑤ 相邻基坑施工时，一方基坑开挖、另一方基坑打桩，造成严重的挤土作用，使相邻基坑的支护桩和工程桩严重移位。

⑥ 支撑设施在拆除前未采取换撑措施，支撑拆除后引起挡土桩较大变形，甚至失稳破坏。

⑦ 基坑挖到设计标高后，清底措施不力，引发事故。

表 5-2 为临近既有线深基坑施工安全风险源清单。

表 5-2 临近既有线深基坑施工安全风险源清单

序号	风险类型	风险源
1	勘察阶段	勘察的工作质量不符合规范规定和设计需要
2		勘察成果不能客观地反映地质情况
3		勘察过程中产生安全事故
4		套用以往勘测资料
5		未按照规范要求确定勘察范围

续表

序号	风险类型	风险源
6	勘察阶段	勘察测量资料不完全、不详细
7	勘察阶段	勘察资料的参数不准确
8	勘察阶段	忽视水文地质勘察
9	设计阶段	设计依据按照分类是否符合国家标准、行业标准、地方标准
10	设计阶段	支护方案、支撑结构、锚杆系统、地下水控制方案的选型和布置是否合理
11	设计阶段	基坑支护计算软件是否获得管理部门许可,计算模型是否符合工程实际,计算参数选择是否合理
12	设计阶段	基坑支撑与锚杆体系构件是否具备足够的承载力,结构连接节点承载力是否满足规范规程的要求
13	设计阶段	设计变更是否合理,沟通是否及时
14	施工阶段	供应商的选择,材料、设备进场验收管理和使用管理是否合理
15	施工阶段	施工机械设备的选择是否适用、先进和合理
16	施工阶段	施工方法是否选择得当
17	施工阶段	成品质量保护措施是否妥当
18	施工阶段	安全风险管理制度建设是否完善
19	施工阶段	有无进行安全教育与培训
20	施工阶段	有无对机械设备及特种作业人员的资格进行审查
21	施工阶段	事故隐患的处理是否及时
22	监测阶段	现场数据分析水平有待提高
23	监测阶段	现场监测数据的可靠性和真实性是否有保障
24	监测阶段	现场监测设备和测试元件是否满足实际工程监测的精度、稳定性和耐久性要求
25	监测阶段	现场数据采集和处理过程是否满足监测技术要求
26	监测阶段	监测数据警戒值标准的问题

5.2.2 临近既有线深基坑施工安全风险评价指标体系的构建

基坑工程施工安全风险评价的关键是要建立一套能够反映基坑工程施工过程实际的指标体系。评价指标是否科学合理,直接影响到评价的结果能否客观准确地反映出评价对象的现状,因此,构建一套基坑工程评价指标体系是非常重要的。

5.2.2.1 构建基坑工程施工安全风险评价指标体系基本思路

基坑工程施工安全风险评价指标体系应当是一套能够包含基坑工程施工作业工作内容、较为准确地反映出基坑工程安全现状、便于操作的指标集合。因此,指标体系的构建应遵循什么原则,如何构建基坑工程施工安全风险评价指标体系,对科学客观地评价基坑工程施工作业过程中所面临的安全风险有着直接的关系。

1. 基本原则

基坑工程施工安全风险评价指标体系的构建是一项复杂的系统工程，应当多角度和分层次进行构建，以准确反映出基坑工程施工安全风险的各种情况。要建立一套科学、合理的评价体系指标，首先必须明确建立评价指标体系应该遵循的基本原则。基坑工程施工安全风险评价指标的构建应遵循以下原则。

（1）全面性。全面性要求从研究目的出发，构建出的指标体系能够反映研究对象的全貌，不出现遗漏。

（2）客观性。在确定评价指标的过程中，应注意其客观性，力求评价指标能客观地反映评价对象的实际情况。

（3）相关性。指标体系的建立是为了更好地反映出研究对象基本情况，因此指标体系的构建必须紧密围绕着研究对象。就基坑工程施工安全风险评价指标体系而言，相关性就是构建的各类指标应当与基坑工程施工作业所面临的安全风险密切相关。

（4）科学性。基坑工程施工安全风险评价指标体系的构建，应以基坑工程施工安全相关理论为基础，根据指标间的逻辑联系来构建，所设计的指标应与基坑工程施工安全风险有本质联系，并且能够反映基坑工程施工安全风险的实质。

（5）系统性。指标体系是一个有机整体，系统内各要素应当符合优化组合的要求；指标独立，边界清晰；指标体系结构合理，层次分明；指标全面、完整；指标精简，避免繁杂。

（6）可操作性。可操作性以研究目的为前提，从研究对象的实际情况出发，要求评价指标概念明确清晰、简单易懂，便于数据采集和计算。

2. 评价指标构建的步骤

上面阐述了基坑工程施工安全风险评价指标体系的基本原则，本小节将根据有关文献和实际构建指标体系的具体办法，给出基坑工程施工安全风险评价指标体系的具体步骤。

1）指标初选

要初步构建一套能够反映出研究对象特征的指标体系，首先应当遵循全面性原则，要求在建立指标体系时，在考虑研究目的的前提下研究对象的全部信息，做到全面反映指标的真实面貌，避免信息的遗漏。初步建立的指标体系，其结构和指标含义通常会出现模糊、交叉、层次不清等现象，因此，在指标初选时应当按照一定程序进行：

（1）确定研究对象的内涵和外延，明确评价目的。

（2）细分评价目的，对各子评价目的含义、界面进行界定，明确各子评价目的内容。

（3）根据各子评价目的的内容，确定出能够反映出内容的评价指标。

2）评价指标测验与评价体系结构优化

在全面性原则指导下初步构建的评价指标体系，一般来讲从结构、指标定义、指标范围界定等方面存在着一些问题，未能完全满足评价目的的要求。因此，需要对指标进一步完善，通常需要对其进行检验和结构优化。

（1）评价指标的检验。

初步构建出评价指标后，需要对指标的真实性、有效性进行检验。检验指标时，必须明确评价目标，这是判断指标真实、有效的依据。评价指标是否真实、有效，就必须按照客观、科学的原则，从指标体系个体和整体两个方面进行检测。检查方面有定量和定性两类，一般采用两者相结合进行检验。通常情况下，引入指标的效度进行检验。效度检测，就是要检测评价指标的真实程度，也就是检测评价指标能够在多大程度上满足评价目标。

（2）评价指标体系的结构优化。

初步构建出的评价指标体系，结构可能存在一些问题，如指标间的联系不清，或者构建出的指标体系结构不能满足评价方法的运用前提。因此，需要对评价指标体系进行结构优化。一般可以从指标体系结构的完备性、结构层次和指标间联系3个方面着手，进行优化。

① 分析指标体系进行完备性，就是从同一结构层次的指标含义是否交叉，是否存在着包含、互斥、相互依存等关系。由于拟采用模糊层次分析法，对基坑工程施工安全风险进行评价，因此需要同一层次各指标相互独立。

② 分析指标体系结构层次，就是分析上下层次不同级别的层次关系，和各层次间指标数目的分布。层次分析法要求上下级别的指标存在递阶关系，即上级指标对下级指标存在着支配的关系。因此，在分析指标体系结构层次时，要考虑上下层次的递阶层次关系。为使评价结果更为有效，各层次指标数量应当分布均匀。

③ 分析指标间的相互联系，也就是分析指标是否存在聚类关系。由于拟采用模糊层次分析法进行评价，在构建基坑工程施工安全风险评价时，需合理将各子指标科学合理地聚合在一起。

理论上说，与基坑工程项目相关的任何风险因素都有可能影响项目的目标，最终导致项目风险的发生。然而，并不是所有风险因素都一定会对项目产生大的影响。风险因素识别的关键是识别那些可能导致风险后果的关键风险因素。在初选指标时的全面性筛选指标方法很容易导致一些具有相关性的指标被同时选入，这些具有相关性的指标提供的信息有很多是重复的，甚至有些指标所提供的信息完全包含于其他指标之中，为了避免同类指标的重复，降低计算工作量，需要删除信息量有重复的安全风险评价指标，也就是对安全风险评价指标进行筛选。

5.2.2.2 基坑工程施工安全风险评价指标体系的构建

安全风险指标体系的选择与确定是整个风险管理过程的基础，将对风险分析的精度与结果产生直接影响。同时，有利于工程风险识别、风险评估的有效进行。在结合有关法律、法规，收集总结文献资料与调研的基础上，根据以上所阐述的基坑工程施工安全风险评价的基本思路，采用层次分析法，结合风险核对表、故障树法、经验判断法等识别方法，以期建立一套科学合理的基坑工程施工安全风险指标体系。

在基坑工程施工安全风险识别与风险评估过程中，可以参照风险指标体系，结合工程特点和建设各方的实际需求，整理安全风险指标体系，对这些指标进行分析，并从这些指标中筛选出与工程密切相关的各项安全风险，这些风险是最有可能导致风险发生的关键风险因素，然后初步判断风险大小，将那些对基坑工程施工安全影响很小的风险因素删除，从而降低计算工作量，即是对基坑工程安全风险指标进行风险因子筛选，在进行筛选的过程中应注意"宁多勿少"的原则。

要对基坑工程所涉及的风险因素进行系统、全面的分析，采用科学的方法和手段全面系统地研究基坑工程项目风险发生和变化的规律。通过研究基坑工程的特点，以基坑工程施工阶段为重点，通过科学、全面和系统的分析，从基坑工程安全风险管理的不同角度，将工程环境风险、组织与管理风险、技术风险、施工作业风险、现场管理风险以及其他风险等6个一级指标因素分解为19个二级指标。图5-2所示为基坑工程安全风险评价指标体系。

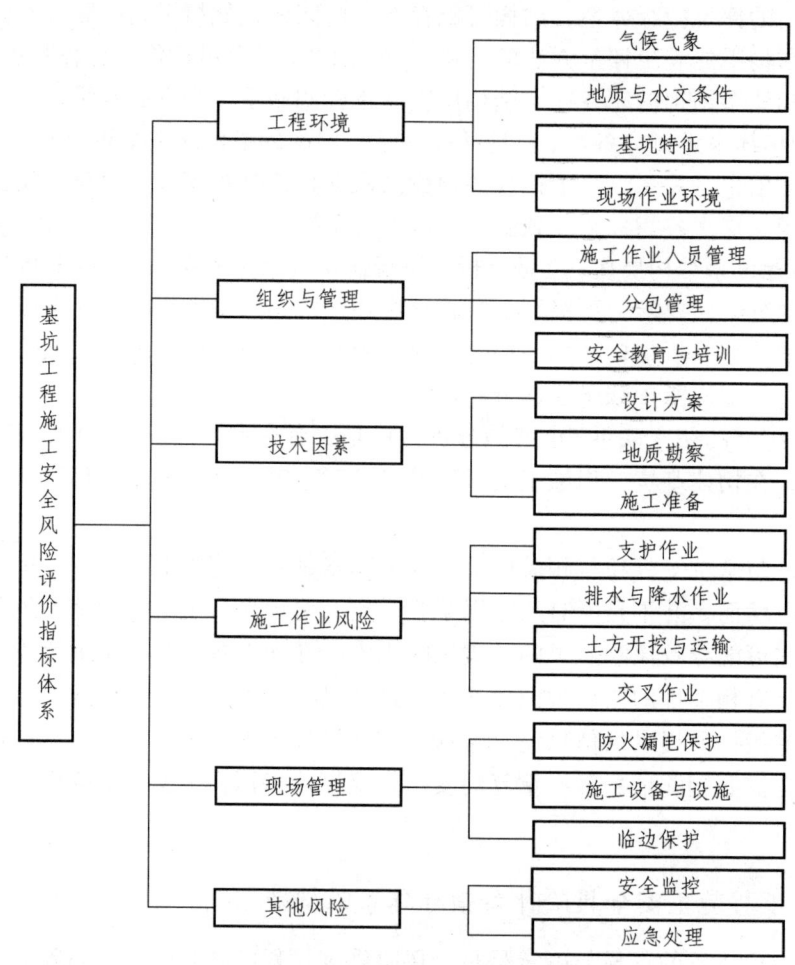

图 5-2 基坑工程安全风险评价指标体系

1. 工程环境

基坑工程施工阶段工程环境对安全的影响是多风险的，归纳起来主要包括：气候气象、地质与水文条件、基坑特征以及现场作业环境。

1）气候气象

气候气象对基坑工程施工安全的影响主要体现在：

（1）天气炎热高温条件下，且未调整作业时间，作业人员受影响，易发生坍塌、物体打击事故。

（2）暴风、大雾、雪天等异常天气条件下作业，对作业人员身心健康和基坑本体稳定性都会产生影响，可能会导致多种伤害事故发生。

（3）雪后未清理作业面就进行施工作业，由于积雪荷载和地滑等原因，可能发生坍塌、物体打击、机械伤害等安全事故。

2）地质与水文条件

地质与水文条件是影响基坑设计方案和施工方案的基本因素，地质情况或地下水文情况关系着基坑的稳定。土体黏聚力达不到基坑稳定要求，可能发生滑坡、坍塌等安全事故。地下水文的变化对土体的黏聚力有着直接的影响，甚至可能导致管涌等事故。

3）基坑特征

基坑工程开挖边坡坡度、坡高、进出基坑通道、开挖深度等情况，对基坑工程施工安全和基坑自身安全都有着密切的联系。例如，开挖深度越深，基坑底部承受压力越大，越容易发生塌方等安全事故。

4）现场作业环境

现场作业环境如何，会影响施工方案和现场管理，并对作业人员生理及心理情况也有着直接或间接的影响。若现场作业环境差，使作业人员产生不利心理情况，可能会不按作业要求作业，而引起安全事故。

2. 组织与管理

基坑工程安全与参与施工的人员密切相关。各参与单位良好的组织与管理能力能够减少安全事故的发生，保障作业人员及其他人员的健康与安全，降低事故发生而引起的人员和财产损失。主要从施工作业人员管理、分包管理和安全教育与培训3个方面来研究组织与管理因素对基坑工程安全的影响。

（1）施工作业人员管理。作业人员是否有安全作业的技术水平，作业人员身心状态如何，作业人员的工作安排是否合理，这些不确定因素都可能在基坑工程施工作业时导致安全事故的发生。

（2）分包管理。分包单位是否有相应的资质，分包单位作业人员知识水平任何，各作业部门之间的协调如何，这些因素与安全施工密切相关。

（3）安全教育与培训。安全教育与培训是提高工作人员安全意识和技术水平的重要手段。安全教育和培训的内容丰富、方式正确能够有效提升安全效率。

3. 技术因素

技术因素对基坑工程安全的影响是指设计、勘察与前期准备等活动质量能否满足基坑本体安全和施工安全的基本要求。其主要体现在设计方案、地质勘察和施工准备情况3个方面。

（1）设计方案。设计方案是影响基坑结构安全和施工安全的重要因素之一。设计方案的安全性、准确性和难易程度直接关系到基坑自身结构安全和施工安全。

（2）地质勘察。地质勘察对基坑工程结构安全与施工安全的影响主要指的是所收集的地质资料、水文地质勘察、力学参数、土层结构勘察以及地质预报等因素的完整性和准确性。地质勘察是设计方案和施工方案的基础，保证地质勘察的完整性和准确性，是确保设计方案和施工方案安全合理的前提之一。

（3）施工准备。审查施工图纸，对工人进行安全技术交底，这些施工准备工作都与安全密切相关。因此，必须考虑施工准备工作对基坑工程安全的影响。

4. 施工作业

施工作业对工程安全的影响可以从作业人员和作业工序进行分析，作业人员对安全的影响可以归入到不同工序中。从基坑工程的支护作业、排水与降水作业、土方开挖与运输和交叉作业 4 个方面来分析施工作业对基坑工程安全的影响。

（1）支护作业。支护结构的强度、刚度或者稳定性是保证支护结构安全的基本因素，支护施工作业的工艺质量是保障基坑工程施工安全和结构自身安全的重要条件。因此，需从支护结构、施工安排、工艺和材料的选择、人员配置等方面综合考虑支护作业对基坑工程安全的影响。

（2）排水与降水作业。

（3）土方开挖与运输。施工方法、开挖程序、超标挖土、基坑土方开挖方法、运输通道、运输车辆、驾驶人员等因素是影响土方开挖与运输过程中的重要因素。基坑土方开挖方法不合理，开挖程序错误都是基坑施工的重要危险源。

（4）交叉作业。基坑工程经常会涉及交叉作业。由于交叉作业施工组织设计不合理、防护缺陷、标志缺陷、孔洞未设置栏杆、边角料随意放置、跳板绑扎不牢等原因可能会导致高处坠落、物体打击等伤害事故发生。

5. 现场管理

现场管理是指基坑施工期间施工单位对施工现场的管理，主要包括防火与漏电保护、施工设备与设施安全保护和临边保护等内容。

（1）防火与漏电保护。火灾和漏电事故发生会造成极大的财产和人员损失，因此防火和防漏电是施工现场管理的重要内容。基坑施工过程中由于作业人员使用明火、焊接、机械设备的使用等工作致使火灾及漏电事故发生。施工现场必须加强防火和防漏电管理，以降低施工事故的概率。

（2）施工设备与设施。施工设备与设施是造成机械伤害等事故的重要危险因素。施工机械设备的型号、保养、使用等情况能否满足安全施工要求，是决定基坑工程施工作业安全进行的重要条件。施工现场的支护、通信、排水、通电等设备设施也与基坑工程安全施工密切相关。

（3）临边保护。基坑工程特别是大型基坑工程具有大段临空面，若不设置临边保护设施，会给工作人员及民众带来重大安全隐患，危及人员生命安全。

6. 其 他

其他安全风险因素主要是指对基坑工程的安全监控和应急处理等。

（1）安全监控。对基坑支护结构进行监控，及时掌握土层和支护结构内力的变化，以及临近建筑物、地下管道和道路的变形情况，将观测值和设计值进行对比分析，了解基坑的安全状态，是基坑工程安全管理的基本内容之一。

（2）应急处理。应急处理就是事故发生时降低财产损失、减少人员伤亡、尽快恢复工程正常作业所采取的各种方法和手段。

5.2.3 基坑工程施工安全风险评价模型的构建

上一节构建了基坑工程施工安全风险评价指标体系，为基坑工程施工安全风险评估提供了条件，接下来应选择评估方法，对基坑工程施工所面临的安全风险进行评价。本节采用模糊层次分析法对基坑工程施工安全风险进行评估。

5.2.3.1 基于模糊层次分析法的基坑工程施工安全风险评估方法步骤

基于模糊层次分析法的基坑工程施工安全风险评估，归纳起来主要有以下几个步骤。首先，应通过专家调查等方法获得各指标相对重要性得分，再在此基础上求得各方案层、准则层各指标权重。其次，采取调查打分等方法确定基坑工程施工安全风险指标体系中各底层指标元素所处的风险等级[133]。再次，运用已得到的各方案指标元素权重，获得上一层次指标风险等级。最后，根据准则层各指标权重求得整体项目所处安全风险等级。图5-3 所示为基于模糊层次分析法的基坑工程施工安全风险评估方法步骤。

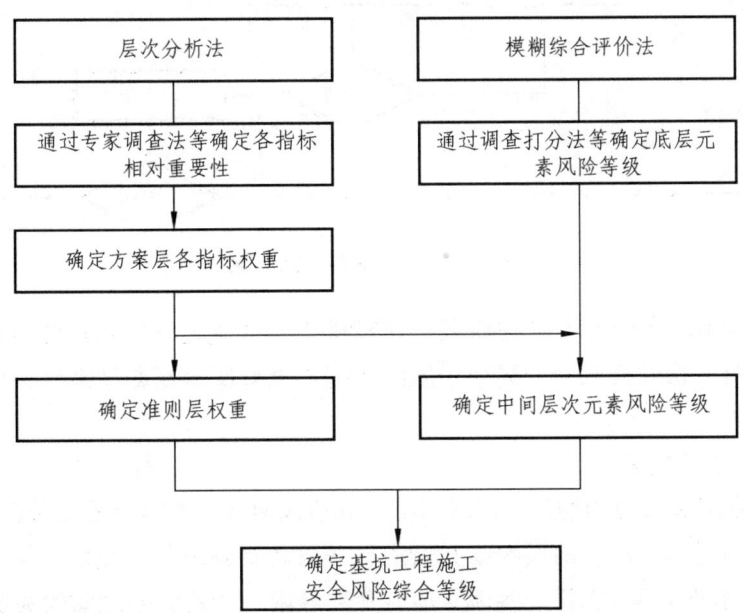

图 5-3 基于模糊层次分析法的基坑工程施工安全风险评估流程图

5.2.3.2 层次分析法

1. 层次分析法的基本理论

层次分析法（Analytic Hierarchy Process，AHP）是 20 世纪 70 年代 T. L. Satty 教授运用多目标综合评价方法和网络系统理论，提出的一种层次权重决策分析方法。该方法将专家意见、分析者的主观判断和统计或观测数据有效地结合起来，将定性分析转换成定量分析，使主观判断客观化[134]。

层次分析法的基本思路是找出各种对研究系统有影响的主要因素，再将这些因素按照支配关系等结构关系构造递阶层次结构模型,然后对各元素相对重要性进行判断,最终计算出各元素的权重。从一定程度上来说,层次分析法就是将复杂问题逐步分层细化,分解成不同层次的组成元素。层次间上层元素对下层元素有支配关系,然后按照某种规章对同一层次、同一归类集中的元素进行两两比较,获取将相对重要性表述成某种数据关系的资料,最后对这些数据求解,得到各层次各元素的相对重要性的重排序。因此,层次分析法不仅可以对权向量进行定量化判断,而且可以对各种判断进行一致性检验,以保证判断不至于偏离一致性过大。

2. 层次分析法的基本步骤

运用层次分析法进行风险分析,其过程一般可分为 5 个步骤,如图 5-4 所示。

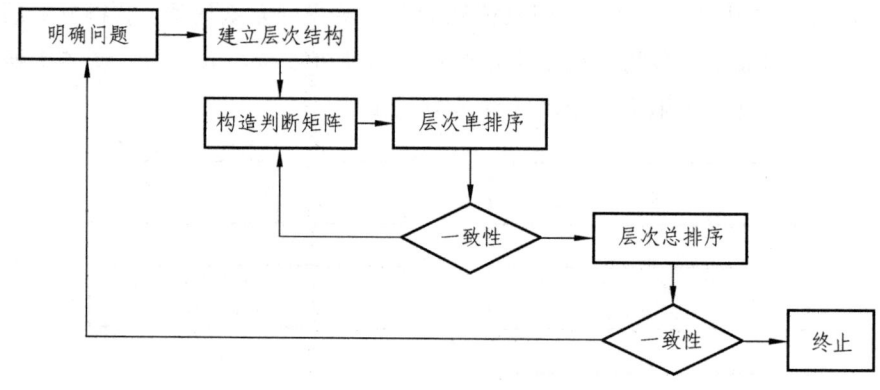

图 5-4 层次分析法的步骤

根据评价目标和评价准则建立递阶层次结构模型→构造比较判断矩阵→确定项目风险的相对重要度并进行一次性检验→计算项目风险的综合重要度→根据评价准则和综合重要度做出决策。

1) 递阶层次结构模型

(1) 递阶层次结构模型的构造。在运用层次分析法时,首先应当建立递阶层次结构模型。而建立一个能够满足研究需要的层次结构模型,一般需要遵循一定程序。首先,对所要解决的问题应当有明确的认识,需弄清各因素的含义和界限,以及它们之间的关系。其次,应将研究问题层次化,即将决策问题分为若干层次,通常分 3 个层次:第一层是总目标层,为最高层次,指研究问题所追求的总目标;第二层为中间层,通常分为目标层、约束层、准则层、指标层等,是评价方案优劣的因素层;第三层为方案层或措施层,是最低层次,是解决问题的方案或相应措施。

(2) 递阶层次结构类型。层次分析法所构建出来的层次结构通常有 3 种类型:完全相关性结构,即上一层次的第一要素与下一层次的所有要素完全相关,如图 5-5 所示;完全独立结构,即上一层次要素都相互独立,都有各不相关的下层要素,如图 5-6 所示;第三种是混合结构,这种结构介于第一种和第二种结构之间,即是一种既非完全相关又非完全独立的结构,如图 5-7 所示。

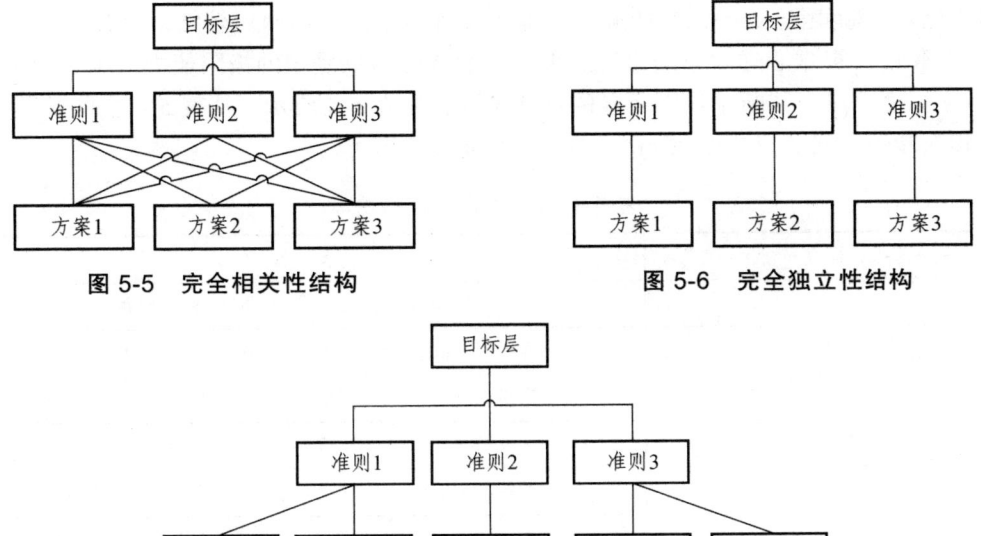

图 5-5 完全相关性结构　　　　　图 5-6 完全独立性结构

图 5-7 混合结构

2）构建两两判断矩阵

比较判断矩阵是层次分析法的核心。之所以称为比较判断矩阵，是因为该矩阵是通过两两比较得来的。比较判断矩阵是以上层的某一要素 H_S 作为判断矩阵，对下一层次要素进行两两比较确定的元素值。比如，在 H_S 准则下有 n 个要素，对于 H_S 准则可得到 n 阶的比较判断矩阵，其形式如表 5-3 所示。

表 5-3 n 阶比较判断矩阵示意图

H_S	A_1	A_2	…	A_n
A_1	a_{11}	a_{12}	…	a_{1n}
A_2	a_{21}	a_{22}	…	a_{2n}
⋮	⋮	⋮	⋮	⋮
A_n	a_{1n}	a_{n2}	…	a_{nn}

比较判断矩阵中的元素 a_{12} 表示判断准则 H_S 的角度考虑要素 A_1 对要素 A_2 的相对重要性，即 $\dfrac{A_1}{A_2}$，表示某层第 i 个要素对于上一层次某一准则（目标）H_S 的重要性权重。因此，比较判断矩阵 A 具有如下性质：

$$a_{ii}=1;\ a_{ij}=\dfrac{1}{a_{ji}};\ a_{ij}>0;\ a_{ij}=a_{ik}\cdot a_{ki}$$

判断矩阵 A 中的元素可以利用评价者（或决策者）的知识和经验评估出来。估计时，由于评价者（决策者）的估计不是很精确，比较判断矩阵的第四条性质不一定能够得到满足，因此，利用估计的判断矩阵进行决策前，需进行一致性检验。

对于比较判断矩阵 A 中元素的确定，即量化各因素间的两两比较结果，T. L. Satty 引入了 1~9 个标度。根据心理学家的研究成果，人们区分信息登记的极限能力为（7±2），因此采用 1~9 标度，作为判断矩阵中元素的判断尺度，如表 5-4 所示。从表 5-4 中可以看到，在构造比较判断矩阵时，只要给出 $n(n-1)/2$ 个判断数值即可。

表 5-4 Satty 标准衡量法

Satty 标度	含 义
1	量指标相比，具有同等重要程度
3	量指标相比，一个指标比另一个指标稍微重要
5	量指标相比，一个指标比另一个指标明显重要
7	两指标相比，一个指标比另一个指标强烈重要
9	两指标相比，一个指标比另一个指标极端重要
2，4，6，8	取以上两相邻判断的中值
相应上述值的倒数	指标 A_i 与 A_j 比较得 $\dfrac{A_{ij}}{A_{ji}}$，则 A_j 与 A_i 比较得

3）确定权重单排序

层次单排序是指根据判断矩阵中，同一层次因素对于上一层次支配因素相对重要性的排序权值。层次单排序可以归结为计算判断矩阵的特征根和特征向量问题，即对判断矩阵 B，计算满足一致性的特征根和特征向量，式中，λ_{max} 为 B 的最大特征根；W 为对应于 λ_{max} 的正规特征向量；W 的分量即是相应因素但排序权值。除特征根外，常用的确定权重单排序的方法还有和法、方根法、特征根方法、对数最小二乘法和最小二乘法等。采用方根法进行权重计算，在此，仅将方根法的计算过程列出。方根法的计算步骤为：

（1）B 的元素按行相乘，计算公式如式（5-1）所示。

$$u_{ij} = \prod_{j=1}^{n} b_{ij} \tag{5-1}$$

（2）所得的乘积分别开 n 次方，计算公式如式（5-2）所示。

$$u_i = \sqrt[n]{u_{ij}} \tag{5-2}$$

（3）将方根向量正规化，即得特征向量 W 的第 i 个分量，计算公式如式（5-3）所示。

$$W_i = \frac{u_i}{\sum\limits_{i=1}^{n} u_i} \tag{5-3}$$

（4）计算判断矩阵最大特征根，计算公式如式（5-4）所示。

$$\lambda_{max} = \sum_{i=1}^{n} \frac{(AW)_i}{nW_i} \tag{5-4}$$

式中，$(AW)_i$ 为向量 AW 的第 i 个分量。

为了检验矩阵的一致性，需要计算它的一致性指标 CI，公式为式（5-5）：

$$CI = \frac{\lambda_{\max} - n}{n-1} \tag{5-5}$$

$$CR = \frac{CI}{RI} \tag{5-6}$$

当判断矩阵具有完全一致性时，$CI = 0$。$\lambda_{\max} - n$ 越大，CI 越大，矩阵的一致性越差。为了检验判断矩阵是否具有满意的一致性，需要将 CI 与平均随机一致性指标 RI 进行比较。对于 1~9 阶矩阵，RI 分别如表 5-5 所示。

表 5-5　1~9 阶矩阵的平均随机一致性指标

阶数	1	2	3	4	5	6	7	8	9
RI	0.00	000	0.58	0.90	1.12	1.24	1.32	1.41	1.45

对于 1 阶、2 阶判断矩阵，RI 只是形式上的，按照我们对判断矩阵所下的定义，1 阶、2 阶判断矩阵总是完全一致的。当阶数大于 2 时，判断矩阵的一致性指标 CI，与同阶平均随机一致性的指标 RI 之比成为判断矩阵的随机一致性比例，记为 CR。

4）计算项目风险的综合重要度

确定某层所有因素对于总目标相对重要性的排序权值过程，称为层次总排序。层次总排序需要从上到下逐层顺序进行，对于最高层下面的第二层，其层次单排序即为总排序。假定上一层次所有因素 $A_1, A_2, \cdots, A_m$ 的总排序已完成，得到的权值分别为 $a_1, a_2, \cdots, a_m$，与 a_i 对应的本层次因素 $B_1, B_2, \cdots, B_m$ 单排序结果为：$b_1^i, b_2^i, \cdots, b_n^i$。

这里，若 B_j 与 A_j 无关，则 $b_j^i = 0$。显然 $\sum_{j=1}^{n}\sum_{i=1}^{m} a_i b_j^i = 1$，如表 5-6 所示。

表 5-6　层次总排序

层次	A_1	A_2	…	A_m	B 层次的总排序
	a_1	a_2	…	a_m	
B_1	b_1^1	b_1^2	…	b_1^m	$\sum_{i=1}^{m} a_i b_1^i$
B_2	b_2^1	b_2^2	…	b_2^m	$\sum_{i=1}^{m} a_i b_2^i$
⋮	⋮	⋮		⋮	⋮
B_n	b_n^1	b_n^2	…	b_n^m	$\sum_{i=1}^{m} a_i b_n^i$

为了评价层次总排序计算结果的一致性如何，需要计算与单排序类似的检验量。

CI 为层次总排序一致性指标；RI 为层次总排序平均随机一致性指标；CR 为层次总排序随机一致性比例。它们的表达式分别为式（5-7）、式（5-8）、式（5-9）：

$$CI = \sum_{i=1}^{m} a_i CI_i \qquad (5\text{-}7)$$

$$RI = \sum_{i=1}^{m} a_i RI_i \qquad (5\text{-}8)$$

$$CR = \frac{CI}{RI} \qquad (5\text{-}9)$$

式中，CI_i 为与 a_i 对应的 B 层次中判断矩阵的一致性指标；RI_i 为与 a_i 对应的 B 层次中判断矩阵的平均随机一致性指标。同样，当 $CR \leqslant 0.10$ 时，我们认为层次总排序的计算结果具有满意的一致性。

5.2.3.3 模糊综合评价

1. 模糊综合评价法的基本理论

模糊综合评价（Fuzzy Comprehensive Evaluation，FCE）是模糊数学在实际工作中的一种应用方式。事实上，在项目风险评估实践中，有许多事件的风险程度是不可能精确描述的，即模糊概念。像这种不是精确描述的概念或者事件，在物质上的含义模糊，很难用数字准确地将其表达出来，因此，数学家称这类事件为模糊事件。为解决这类模糊事件的综合评价等问题，数学家提出了模糊数学原理。模糊原理能够较为深刻地刻画事物的客观属性，它强调影响事物因素中的模糊性，突破了精确数学的逻辑和语言。模糊数学评价方法采用隶属函数和隶属度，以精确的数学语言描述定性和不确定性因素，解决了模糊事件各项指标的统一量纲问题。因此，模糊综合评价在经济管理、社会生活以及工程技术中得到了广泛的应用。

2. 模糊综合评价法的基本步骤

运用模糊综合评价法对各类工程项目进行风险评价，应当遵循一定步骤。应当考虑研究对象所面临的所有风险因素以及这些因素对项目的影响程度，并且，应通过数学方法，对各因素重要性程度进行排序。最后，构建模糊综合评价数学模型，确定研究对象中各风险因素的风险水平。具体如下：

（1）根据评价的目的，划分各因素风险等级，建立备选集。所谓备选集，就是评价专家利用自己的专业知识经验对风险因素对象可能作出各种总的评判结果所组成的集合，即

$$V = \{V_1, V_2, \cdots, V_m\}$$

其中，$i = 1, 2, \cdots, m$，表示各种可能的总评价结果。

（2）选定项目风险的评价因素，构成评价因素集。因素集即为影响评价对象的各种因素所组成的一个普通集合：

$$U = \{U_1, U_2, \cdots U_k, \cdots, U_n\}$$

将因素集 $U = \{U_1, U_2, \cdots U_k, \cdots, U_n\}$（其中 $k = 1, 2, \cdots, n$）按其属性分成 n 个子集，n 表示 U 中所包含的一级指标数目；每个 U_k 由若干个二级指标集组成，即 $U = \{U_{k1}, U_{k2}, \cdots, U_{kn_k}\}$，$n_k$ 表示 U_k 所包含的二级指标的数目。在此只考虑包含二指标的项目风险评价模型。

（3）进行单因素评价，建立模糊关系矩阵，即从 U 到 V 的模糊关系 R。

在构造了等级模糊子集的基础上，采取专家评审打分的方法建立模糊关系矩阵 $R(r_{ij})$。对各因素 r_{ij} 进行评价可通过 Delphi 法或随机调查方式来获取隶属于第 i（$i=1,2,\cdots,n$）个评语 V_i 的程度 r_{ij}，则可得到模糊评估矩阵：

$$R = \begin{bmatrix} r_{11} & r_{12} & \cdots & r_{1n} \\ r_{21} & r_{22} & \cdots & r_{2n} \\ \vdots & \vdots & \vdots & \vdots \\ r_{n1} & r_{n2} & \cdots & r_{nn} \end{bmatrix}$$

（4）根据各风险要素影响程度，确定其相应的权重。权重集反映了因素集中各因素不同的重要程度，一般通过对各个因素 u_i（$i=1,2,\cdots,m$）赋予一相应的权数 a_j（$i=1,2,\cdots,m$），这些权数组成因素权重集：$A = \{a_1, a_2, \cdots, a_m\}$。

（5）运用模糊数学运算方法，确定综合评价结果。采用 $M(\cdot, \oplus)$ 算子确定评估项目风险的向量元素集：$B = \{b_1, b_2, \cdots, b_n\} = K \cdot R$。其中 $K = \{K_1, K_2, \cdots, K_n\}$ 为对应每个 U_k 的权重向量。

（6）对 B 作归一化处理，分析项目风险评判结果。归一化处理得：

$$B = \left\{ \frac{b_1}{\sum_{t=1}^{n} b_t}, \frac{b_2}{\sum_{t=1}^{n} b_t}, \cdots \frac{b_n}{\sum_{t=1}^{n} b_t} \right\}$$

则对应 $\max\limits_{1 \leq t \leq n} \left\{ \dfrac{b_t}{\sum_{t=1}^{n} b_t} \right\}$（即隶属度最大）的评语就是项目风险最大的因素。

模糊综合评价广泛地应用于各个领域的评价，然而，由于评价问题层次结构的复杂性、不确定性、信息的不充分性等矛盾的涌现，使得人们很难客观地做出正确的评价和决策。实践证明，综合评价结果的可靠性和准确性依赖于合理选取因素、因素的权重分配和知识表示与模型的选择等。具体的综合评价模型很多，但必须根据具体综合评价问题的目的、要求及其特点，选取更加具有客观、科学和针对性的评价模型和算法。

5.2.3.4 确定指标风险评价标准

根据对基坑工程安全风险的研究结论，在上述内容中建立了基坑工程安全风险评价指标体系的树状图。在进行安全风险评估时，各个因素评估标准的确定也是评估结果准确与否的关键。为了更好地确定各因素的评估标准，参考了国内外安全风险方面的研究成果，结合工程项目的实际情况，并咨询众多的专家学者后，把项目风险程度分为 4 级，1 = {风险小}，2 = {风险中等}，3 = {风险较大}，4 = {风险大}，如表 5-7 所示。同时，利用专家评分法确定指标的属性值，各指标风险等级评价如表 5-8 所示。

表 5-7 风险等级评价标准

风险等级	小	中等	较大	大
评价得分	1	2	3	4

表 5-8 各指标风险等级评价表

评价标准	风险等级评定得分			
	1	2	3	4
气候气象				
地质与水文条件				
基坑特征				
现场作业环境				
施工作业人员管理				
分包管理				
安全教育与培训				
设计方案				
地质勘察				
施工准备				
支护作业				
排水与降水作业				
土方开挖与运输				
交叉作业				
防火漏电保护				
施工设备与设施				
临边保护				
安全监控				
应急处理				

5.2.4 工程实例分析

5.2.4.1 数据的获取

采用模糊层次分析法对基坑工程施工安全风险等级进行确定。首先需要确定各指标的权重。采用专家打分方法来获取各指标的权重值。设计调查问卷,邀请该领域相关专家对指标的重要程度进行两两比较并打分,通过平均值法计算获得了各指标的权重。

调查打分法是评价指标值的有效方法。设计了该基坑工程施工安全风险评价打分表,给该领域 50 名专家学者发放了该基坑工程施工安全风险评价打分表。最后,成功收集了 46 份基坑工程施工安全风险等级评价打分表。在与打分成员多次沟通的同时,作者对评价指标进行了进一步的修改和完善,以使评价指标更能反映基坑工程施工安全的实际情况。

5.2.4.2 基于层次分析法的指标权重的确定

运用层次分析法确定基坑工程安全风险权重时,大体可分为 6 个步骤:

(1)建立基坑工程安全风险评价对象评价指标体系的层次图,其各指标代号如表 5-9 所示。

表 5-9 基坑安全风险评价指标

一级指标	二级指标
工程环境 B_1	气候气象 b_{11}
	地质与水文条件 b_{12}
	基坑特征 b_{13}
	现场作业环境 b_{14}
组织与管理 B_2	施工作业人员管理 b_{21}
	分包管理 b_{22}
	安全教育与培训 b_{23}
技术因素 B_3	设计方案 b_{31}
	地质勘察 b_{32}
	施工准备 b_{33}
施工作业 B_4	支护作业 b_{41}
	排水与降水作业 b_{42}
	土方开挖与运输 b_{43}
	交叉作业 b_{44}
现场管理 B_5	防火漏电保护 b_{51}
	施工设备与设施 b_{52}
	临边保护 b_{53}
其他 B_6	安全监控 b_{61}
	应急处理 b_{62}

(2)设计专家调查表,本次向 50 名相关专家发放调查表,要求各专家按表 5-10 比较填写标度值,收回调查问卷 46 份。

表 5-10 各元素相对重要性调查表

比较层次	比较内容	得分
一级指标	B_1 和 B_2 哪个重要	
	⋮	
	B_1 和 B_6 哪个重要	
	⋮	
二级指标	b_{11} 和 b_{12} 哪个重要	
	⋮	
	b_{21} 和 b_{22} 哪个重要	
	⋮	

（3）根据收集的调查数据，构造判断矩阵，求解特征向量。根据调查问卷的各专家打分情况对各指标得分进行加权平均，然后采用所获得各指标加权平均分数运用层次分析法求得各指标权重，其过程如下所示：

① 计算第一层指标 B_1、B_2、B_3、B_4、B_5、B_6 对总指标的权重，具体见表 5-11。

表 5-11 第一层各因素之间相对重要性关系及权重表

一级指标两两比较矩阵							$u_{ij} = \prod_{j=1}^{n} b_{ij}$	$u_i = \sqrt[n]{u_{ij}}$	W_i	$A \times W_i$	$\dfrac{A \times W_i}{n \times W_i}$
	B_1	B_2	B_3	B_4	B_5	B_6					
B_1	1	7	2	3	5	4	840.000	3.072	0.378	2.347	1.034
B_2	1/7	1	1/6	1/5	1/3	1/4	0.000	0.271	0.033	0.210	1.049
B_3	1/2	6	1	2	5	3	90.000	2.117	0.261	1.600	1.023
B_4	1/3	5	1/2	1	3	2	5.000	1.308	0.161	0.982	1.016
B_5	1/5	3	1/5	1/3	1	1/2	0.020	0.521	0.064	0.397	1.031
B_6	1/4	4	1/3	1/2	2	1	0.333	0.833	0.103	0.626	1.018

由公式（5-3）可知：

$$\lambda_{\max} = \sum_{i=1}^{n} \frac{(AW)_i}{nW_i} = 1.034 + 1.049 + 1.023 + 1.016 + 1.031 + 1.018 = 6.172$$

$$CI = \frac{\lambda_{\max} - n}{n-1} = (6.172 - 6)/(6-1) = 0.034$$

由表 5-5 查得 RI 为 1.24，计算：

$$CR = \frac{CI}{RI} = 0.034/1.24 = 0.027 < 0.1$$

因此满足一致性检验。

② 计算第二层级各指标间的相对重要性及权重。

a. 计算工程环境各指标间的相对重要性及权重如表 5-12 所示。

表 5-12 工程环境各指标间的相对重要性及权重表

	工程环境两两比较矩阵				$u_{ij}=\prod\limits_{j=1}^{n}b_{ij}$	$u_i=\sqrt[n]{u_{ij}}$	W_i	$A\times W_i$	$\dfrac{A\times W_i}{n\times W_i}$
	b_{11}	b_{12}	B_{13}	B_{14}					
b_{11}	1	1/4	1/3	2	0.167	0.639	0.121	0.486	1.004
b_{12}	4	1	2	6	48.000	2.632	0.498	2.016	1.012
b_{13}	3	1/2	1	5	7.500	1.655	0.313	1.265	1.010
b_{14}	1/2	1/6	1/5	1	0.017	0.359	0.068	0.274	1.008

由表可知：

$$\lambda_{\max}=\sum_{i=1}^{n}\frac{(AW)_i}{nW_i}=1.004+1.012+1.010+1.008=4.034$$

$$CI=\frac{\lambda_{\max}-n}{n-1}(4.034-4)/(4-1)=0.011$$

由表查得 RI 的为 0.9，计算：

$$CR=\frac{CI}{RI}=0.011/0.9=0.013<0.1$$

因此，满足一致性检验。

b. 计算组织与管理各指标间的相对重要性及权重如表 5-13 所示。

表 5-13 组织与管理各指标间的相对重要性及权重表

	组织与管理两两比较矩阵			$u_{ij}=\prod\limits_{j=1}^{n}b_{ij}$	$u_i=\sqrt[n]{u_{ij}}$	W_i	$A\times W_i$	$\dfrac{A\times W_i}{n\times W_i}$
	b_{21}	b_{22}	b_{23}					
b_{21}	1	3	2	6.000	1.817	0.540	1.624	1.003
b_{22}	1/3	1	1/2	0.167	0.550	0.163	0.492	1.003
b_{23}	1/2	2	1	1.000	1.000	0.297	0.894	1.003

由公式（5-3）可知：

$$\lambda_{\max}=\sum_{i=1}^{n}\frac{(AW)_i}{nW_i}=1.003+1.003+1.003=3.009$$

$$CI=\frac{\lambda_{\max}-n}{n-1}(3.009-3)/(3-1)=0.005$$

由表 5-5 查得 RI 为 0.58，计算：

$$CR=\frac{CI}{RI}=0.005/0.8=0.008<0.1$$

因此，满足一致性检验。

c. 计算技术因素各指标间的相对重要性及权重如表 5-14 所示。

表 5-14 技术因素各指标间的相对重要性及权重表

技术因素两两比较矩阵				$u_{ij}=\prod\limits_{j=1}^{n}b_{ij}$	$u_i=\sqrt[n]{u_{ij}}$	W_i	$A\times W_i$	$\dfrac{A\times W_i}{n\times W_i}$
	b_{31}	b_{32}	b_{33}					
b_{31}	1	2	3	6.000	1.817	0.540	1.624	1.003
b_{32}	1/2	1	2	1.000	1.000	0.297	0.894	1.003
b_{33}	1/3	1/2	1	0.167	0.550	0.163	0.492	1.003

由表 5-14 可知：

$$\lambda_{\max}=\sum_{i=1}^{n}\dfrac{(AW)_i}{nW_i}=1.003+1.003+1.003=3.009$$

$$CI=\dfrac{\lambda_{\max}-n}{n-1}(3.009-3)/(3-1)=0.005$$

由表 5-5 查得 RI 为 0.58，计算：

$$CR=\dfrac{CI}{RI}=0.005/0.8=0.008<0.1$$

因此，满足一致性检验。

d. 计算施工作业各指标间的相对重要性及权重如表 5-15 所示。

表 5-15 施工作业各指标间的相对重要性及权重表

施工作业两两比较矩阵					$u_{ij}=\prod\limits_{j=1}^{n}b_{ij}$	$u_i=\sqrt[n]{u_{ij}}$	W_i	$A\times W_i$	$\dfrac{A\times W_i}{n\times W_i}$
	b_{41}	b_{42}	b_{43}	b_{44}					
b_{41}	1	3	5	3	45.000	2.590	0.509	2.138	1.050
b_{42}	1/3	1	4	3	4.000	1.414	0.278	1.165	1.048
b_{43}	1/5	1/4	1	1/2	0.025	0.398	0.078	0.317	1.014
b_{44}	1/3	1/3	2	1	0.222	0.687	0.135	0.554	1.026

由公式（5-3）可知：

$$\lambda_{\max}=\sum_{i=1}^{n}\dfrac{(AW)_i}{nW_i}=1.050+1.048+1.014+1.026=4.138$$

$$CI=\dfrac{\lambda_{\max}-n}{n-1}(4.138-4)/(4-1)=0.046$$

由表 5-5 查得 RI 为 0.9，计算：

$$CR=\dfrac{CI}{RI}=0.046/0.9=0.051<0.1$$

因此，满足一致性检验。

e. 计算现场管理各指标间的相对重要性及权重如表 5-16 所示。

表 5-16 现场管理各指标间的相对重要性及权重表

现场管理两两比较矩阵				$u_{ij}=\prod_{j=1}^{n}b_{ij}$	$u_i=\sqrt[n]{u_{ij}}$	W_i	$A\times W_i$	$\dfrac{A\times W_i}{n\times W_i}$
	b_{51}	b_{52}	b_{53}					
b_{51}	1	1/2	1/4	0.125	0.500	0.136	0.412	1.006
b_{52}	2	1	1/3	0.667	0.874	0.238	0.720	1.006
b_{53}	4	3	1	12.000	2.289	0.625	1.886	1.006

由公式（5-3）可知：

$$\lambda_{\max}=\sum_{i=1}^{n}\dfrac{(AW)_i}{nW_i}=1.006+1.006+1.006=3.018$$

$$CI=\dfrac{\lambda_{\max}-n}{n-1}(3.018-3)/(3-1)=0.009$$

由表 5-5 查得 RI 为 0.58，计算：

$$CR=\dfrac{CI}{RI}=0.009/0.58=0.016<0.1$$

因此，满足一致性检验。

f. 计算其他各指标间的相对重要性及权重如表 5-17 所示。

表 5-17 其他各指标间的相对重要性及权重表

其他因素两两比较矩阵			$u_{ij}=\prod_{j=1}^{n}b_{ij}$	$u_i=\sqrt[n]{u_{ij}}$	W_i	$A\times W_i$	$\dfrac{A\times W_i}{n\times W_i}$
	b_{31}	b_{32}					
b_{31}	1	2	2.000	1.414	0.667	1.333	1.000
b_{32}	1/2	1	0.500	0.707	0.333	0.667	1.000

由表 5-17 可知，满足一致性检验。

③ 根据指标层总排序权重向量，按大小进行再排序，如表 5-18 所示。

表 5-18 风险因素排序

指标代号	总排序权重	总排序	指标代号	总排序权重	总排序
b_{11}	0.046	7	b_{41}	0.082	4
b_{12}	0.188	1	b_{42}	0.045	8
b_{13}	0.118	3	b_{43}	0.013	16
b_{14}	0.026	12	b_{44}	0.022	13
b_{21}	0.018	14	b_{51}	0.009	18
b_{22}	0.005	19	b_{52}	0.015	15
b_{23}	0.010	17	b_{53}	0.040	10
b_{31}	0.141	2	b_{61}	0.069	6
b_{32}	0.078	5	b_{62}	0.034	11
b_{33}	0.043	9			

④ 根据求出的各指标权重值，算出总排序权重；由表 5-14 可知，指标 B_1、B_2、B_3、B_4、B_5、B_6 平均权重为 {0.375,0.033,0.261,0.161,0.064,0.103}，并求得各指标的单排序平均权重，总排序计算结果如表 5-19 所示。

表 5-19 风险因素总排序计算表

层次		权 重 值						总排序权重
		B_1	B_2	B_3	B_4	B_5	B_6	
效果层权重		0.378	0.033	0.261	0.161	0.064	0.103	
工程环境	b_{11}	0.121	—	—	—	—	—	0.046
	b_{12}	0.498	—	—	—	—	—	0.188
	b_{13}	0.313	—	—	—	—	—	0.118
	b_{14}	0.068	—	—	—	—	—	0.026
组织与管理	b_{21}	—	0.540	—	—	—	—	0.018
	b_{22}	—	0.163	—	—	—	—	0.005
	b_{23}	—	0.297	—	—	—	—	0.010
技术因素	b_{31}	—	—	0.540	—	—	—	0.141
	b_{32}	—	—	0.297	—	—	—	0.078
	b_{33}	—	—	0.163	—	—	—	0.043
施工作业	b_{41}	—	—	—	0.509	—	—	0.082
	b_{42}	—	—	—	0.278	—	—	0.045
	b_{43}	—	—	—	0.078	—	—	0.013
	b_{44}	—	—	—	0.135	—	—	0.022
现场管理	b_{51}	—	—	—	—	0.136	—	0.009
	b_{52}	—	—	—	—	0.238	—	0.015
	b_{53}	—	—	—	—	0.625	—	0.040
其他	b_{61}	—	—	—	—	—	0.667	0.069
	b_{62}	—	—	—	—	—	0.333	0.034

5.2.4.3 风险等级的确定

1. 确定风险评估因素集和评判集

确定的评估因素集为：

$$U = \{U_1, U_2, U_3, U_4, U_5, U_6\}$$

式中，U_1 为工程环境风险；U_2 为组织与管理风险；U_3 为技术因素风险；U_4 为施工作业风险；U_5 为现场管理风险；U_6 为其他风险。

采用模糊综合评价是为了确定蕴藻浜Ⅰ线特大桥深基坑工程施工安全风险等级，故建立评判集为：

$$V = \{V_1, V_2, V_3, V_4\}$$

式中，V_1 表示风险小；V_2 表示风险中等；V_3 表示风险较大；V_4 表示风险大。

2. 模糊综合评价

上一节采用层次分析法确定了基坑工程施工安全风险评价指标的权重。本小节中，将根据工程的实际情况对各指标风险等级按上节中确定的评估准则打分，具体分值按不同等级确定，如表 5-20 所示。

表 5-20 风险等级评价标准

风险等级	小	中等	较大	大
评价得分	1	2	3	4

根据收集的 46 名基坑工程施工安全风险等级评价打分表，结果如表 5-21 所示。

表 5-21 各指标风险等级评价表

评价指标	风险等级评定得分			
	1	2	3	4
气候气象		√		
地质与水文条件				√
基坑特征		√		
现场作业环境			√	
施工作业人员管理		√		
分包管理	√			
安全教育与培训	√			
设计方案		√		
地质勘察			√	
施工作业			√	
支护作业			√	
排水与降水作业			√	
土方开挖与运输		√		
交叉作业		√		
防火漏电保护		√		
施工设备与设施		√		
临边保护			√	
安全监控	√			
应急处理		√		

根据风险因素排序表和各指标风险等级评价表所列出的各指标权重和风险等级得分，对上一层次的一级指标进行模糊综合评判可得出本工程中的等级评分。

工程环境风险评分为： $(0.121, 0.498, 0.313, 0.68)\begin{pmatrix}2\\3\\2\\3\end{pmatrix} = 2.566$

组织与管理风险评分为： $(0.540, 0.163, 0.297)\begin{pmatrix}2\\1\\1\end{pmatrix} = 1.540$

技术因素风险评分为： $(0.509, 0.278, 0.078, 0.135)\begin{pmatrix}3\\3\\2\\2\end{pmatrix} = 2.787$

现场管理风险评分为： $(0.136, 0.238, 0.625)\begin{pmatrix}2\\3\\3\end{pmatrix} = 2.861$

其他风险评分为： $(0.667, 0.333)\begin{pmatrix}1\\2\end{pmatrix} = 1.333$

根据以上计算出的各一级指标的风险评分，得出该工程的总风险评分为：

$$(0.378, 0.033, 0.261, 0.164, 0.064, 0.103)\begin{pmatrix}2.566\\1.540\\2.460\\2.787\\2.861\\1.333\end{pmatrix} = 2.432$$

从上述计算结果可知，该基坑的施工安全风险的评定等级为"风险较大"，主要的风险因素由大到小依次为：现场管理风险（风险较大）、施工作业风险（风险较大）、工程环境风险（风险较大）。而在本项目的实际实施过程中，虽然未出现重大安全事故，但在工程例常安全检查所发现的要求整改的安全隐患，多来自于施工作业和现场管理这两个方面，预测的主要安全风险和实际发生的安全风险事件基本一致。

5.3 临近既有线深基坑施工风险管理与防控措施

5.3.1 临近既有线深基坑施工安全重点

5.3.1.1 安全目标

本工程安全目标为"五无""四控""一创建"。

五无：无责任人身死亡事故，无施工行车险情以上事故，无交通责任事故，无锅炉、压力容器爆炸事故，无重大火灾事故。

四控：年重伤负伤频率控制在 0.5‰ 以下，年轻伤负伤频率控制在 1.2‰ 以下，职业病发病率控制在规定范围以内，作业环境控制在规定指标内。

一创建：创建全线安全文明样板工点。

5.3.1.2 安全保证体系及框架图

建立健全安全组织体系，贯彻国家有关安全生产和劳动保护方面的法律、法规，以及中国铁路总公司有关安全生产和劳动保护方面的法规、文明施工的文件、通知[135]。定期不定期地召开安全生产会议，研究项目安全生产工作，发现问题，及时处理解决。逐级签订安全承包合同，使各级明确自己的安全目标，制订好各自的安全规划，达到全员参加，全面管理的目的。要在全员中贯彻"安全第一、预防为主"的方针，安全、高效、优质地建成本工程，为沿线经济服务。

安全保证体系框架图如图 5-8 所示。

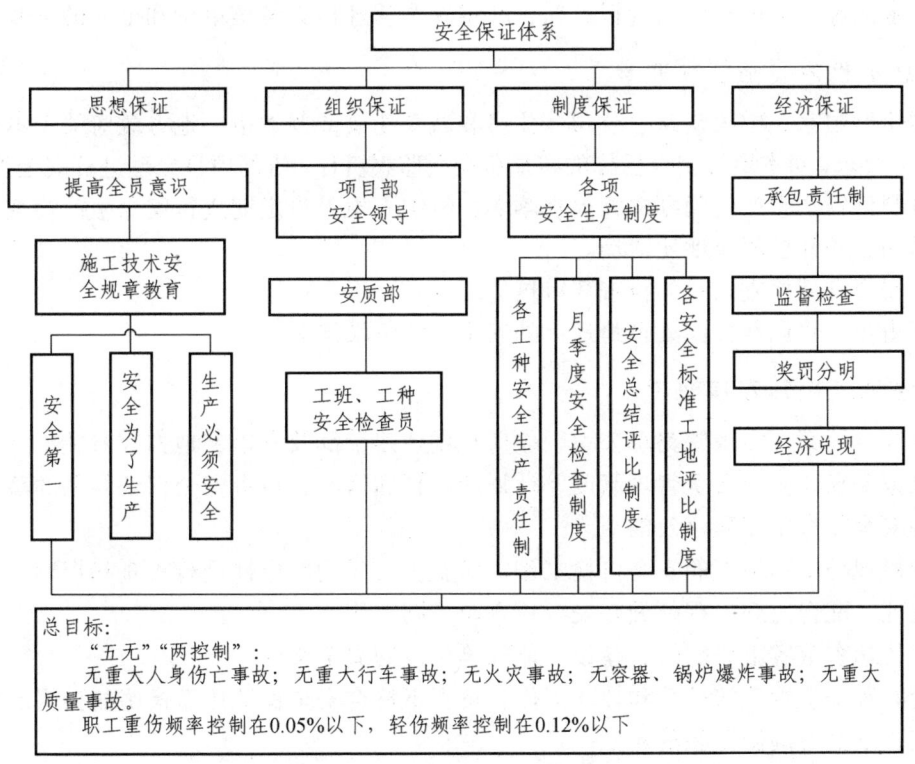

图 5-8　安全保证体系框架图

5.3.1.3 安全保证的组织机构

建立健全安全管理体系，建立以项目经理为组长，项目副经理为副组长，以专职安全员为主的安全领导小组，坚持管生产必须管安全的原则，建立健全岗位责任制，从组织、制度上保证安全生产，做到规范生产、安全操作。

经理部设安全监察工程师，各施工队设专职安全检查员，班（组）设兼职安全员，做到分工明确、责任到人。

5.3.1.4 安全管理机构人员职责

1. 项目经理安全管理职责

贯彻执行国家、中国铁路总公司、住房和城乡建设部及省市、地方政府相关安全法规要求，对本工程安全管理负主要领导责任。根据项目安全目标，组织开展安全活动。主持全面管理工作，推进各项安全活动正常开展，确保安全目标实现。

督促安全质量监察部门落实安全保证体系的执行，处理建设单位或监理工程师提出的有关安全方面的要求，对不符合安全要求的工作，有权责令其停工或返工，并督促检查处理方案和纠正预防措施。

负责对本工程安全管理配备足够的人力、资金、设备、物资资源，保证安全保证体系在本标段工程中有效地运行。

健全安全生产奖励机制，对在安全工作中成绩突出的单位和个人进行奖励，对达不到安全目标要求的施工单位和个人进行处罚，并将安全管理作为考核单位和个人的重要内容。

2. 总工程师安全管理职责

贯彻执行国家、中国铁路总公司、住房和城乡建设部及省市、地方政府关于本项目安全法规、政策要求，对本项目安全目标的实现负全面监察责任，协助项目经理进行安全管理活动。

负责制订安全生产奖罚办法并检查落实，组织安检人员定期进行安全生产检查、先进经验交流活动，并开展相应评比活动。

负责安全管理检查记录的检查和审核。

负责组织、协调和督促处理跨地区的安全质量争端问题。

3. 安监工程师管理职责

贯彻执行国家、中国铁路总公司、住房和城乡建设部及省市、地方政府关于本项目安全法规、政策要求，参与安全管理制度、计划的制订和修改，负责安全保证体系的落实工作，制订内部安全监查工作程序及细则。

负责对现场工程施工的安全自检工作，对施工工序的安全性进行检查和控制，填报工程安全监查证，配合监理工程师做好安全检查及控制工作。

负责传达和落实上级部门、建设、监理等单位的安全文件。

负责工程安全管理的检验和评比工作，负责不符合安全保证体系措施的行为的处置方案及其纠正预防措施的制订和落实。

负责协调、解决跨作业队的安全质量争端问题。

填报安全月报、季报、年报，编写安检记录，以及总结交流安全生产管理经验。

5.3.1.5 施工安全重点

（1）施工中，认真执行《施工安全检查评分标准》《施工现场临时用电安全规范》，以及省、市主管部门颁布的防雨、防滑、防雷、防暑降温和防毒安全保护措施。

（2）建立强有力的安全管理各级保证体系，从组织上给予安全保证。

（3）各种施工作业人员必须持证上岗，配备相应的足够的安全防护用具和劳保用品，严禁工作人员违章作业、管理人员违章指挥。

（4）施工所用的机械、电器设备必须达到国家安全防护标准，各种自制设备、机电设备必须通过施工前安全检查及性能检验合格后方可使用。

（5）施工现场照明设施齐全，经常检修，保证正常的生产和生活。

（6）在施工重点部位悬挂安全标志，夜晚设置危险信号灯，危险地段设置明显的警示标志。

（7）施工期间，加强监控量测，及时反馈量测信息，发现问题及时采取措施，确保施工安全。

5.3.2 安全措施

5.3.2.1 施工前的安全预防控制措施

1. 安全责任的划分

项目部已建立《安全生产管理办法》《安全生产责任制度》，各类设备的《安全操作规程（细则）》，细化定期检查、交接班、设备保养和检修、安全教育、设备安全技术档案等制度。每台桩机"五个一"齐全，即："一机、一人（专职防护）、一本（机械施工日志）、一牌（设置标识牌）、一证（机械操作证）"齐全。

施工前，分部对施工区段进行任务划分，明确各施工区段里程、包保的安全生产责任人、作业队长、安全员等管理人员的安全责任。分部与分管段工点负责人、工点负责人与作业队、作业队与桩机操作人员层层签订安全包保责任状。安全责任分解如下：

项目部负责全标段的安全监督、检查，查处施工现场的不规范操作，定期对各分部的安全生产进行考核、总结。

分部本部负责本特大桥施工的日常安全事务管理，督促各作业队按安全生产技术组织施工，每日对各桩机进行安全巡查，每月对各桩机进行安全考核。

作业队负责本队的日常安全生产工作，管理好各台设备正常运转、操作手严格按规程操作。

2. 人员的安全培训

施工现场紧邻既有沪宁铁路，参加施工的人员必须进行思想教育、既有线施工常识的培训，掌握应知应会的知识，同时树立既有线施工的安全意识，确保既有线施工安全。

1）安全培训的主要内容

本工程施工涉及的各类法律法规、规范、规程和本项目的管理制度，建设单位、上海铁路局颁发的关于既有线施工安全管理文件等。

就本项目部的基本生产概况、施工工艺方法、危险区、危险部位及各类危险源及不安全因素和有关安全生产防护的基本知识入手，结合机械操作特点，实施安全操作、规范操作的技能培训，使所有操作工人熟练掌握安全操作技术要领。

大力开展营业线施工安全教育，预防事故发生，杜绝各类违章指挥、违章作业行为。

2）安全培训的效果

新工人（尤其是钻机操作手、吊车司机、装载车司机、挖机司机、）经过三级安全教育（项目部、各分部、班组），考试合格。工人变换工种前，应进行新工种的技术教育环节。

特殊工种通过专业技术培训并取得岗位操作证后，再接受项目部有针对性的安全培训，并经考试合格，持证上岗。及时组织学习上海铁路局、沪宁城际铁路股份有限公司下发的各类施工安全文件，深入领会文件内容，在施工中得到认识落实。培训期间，对参建人员进行施工注意事项安全交底。

3．工前对施工设备的安全管理

1）机械设备进场安全检查

机械设备进场时，由分部机械设备管理部门检查随机附带的各类证件，以确保设备处于寿命期。同时，安排机械专业人员对机械设备的重要部位、关键部位进行详细排查，发现问题做好标示以备处理。检查结果填入《机械设备维修记录》。杜绝损耗严重、接近报废的机械设备入场。

旧机械设备入场时，检查机械设备各配件的损耗情况，及时更换受损零配件。机械设备入场后，加强操作人员的操作培训，防止操作不熟练导致机械设备受损，造成安全隐患。

2）建立机械设备档案

由物机部建立大型机械设备进场台账（包括型号、名称、编号、证书、状况以及操作人员及操作证），台账中的数据要真实反映机械设备的安全状态，台账作为安全技术档案在项目部安质部备案。机械设备进场后，安质部根据机械设备出厂时的设计文件、合格证、安装手册及使用维修说明的要求，检查各项指标是否符合施工要求和安全技术规范要求，并附相关资料列入安质部档案中。同时向工程部提供机械设备报验所需资料，报监理审批。

4．技术和安全交底

开工前，工程部向参与施工的相关人员（分部经理、分部副经理、分部总工、安全总监、安质部长、安全员、机械设备操作人员、防护员等）进行施工工艺、质量标准及控制措施、既有线大型机械施工安全技术措施等内容的技术和安全交底，进行施工安全培训和考核。

5．施工环境及影响因素的调查

施工前，调查、掌握施工区域内的地质情况、地下水位，针对软弱地基层采取相应的技术应对方案及防护措施；了解施工周期内的恶劣天气情况（如大风、大雾、雨雪天气），从人力、物资上做好相应的安全防护预案；详细调查施工周边的地下管线、架空电线等，与设备产权单位联系，如需改移的，配合产权单位进行改移。不需要改移的，地下管线做好详细的地面标识，架空线下严格控制作业机械的运行范围，防止机械误触误撞；需要保护的光（电）缆等，详细调查后，制订防护方案，确保施工中不损害光（电）缆。

5.3.2.2 施工准备阶段采取的技术管理措施

施工准备阶段主要从平整场地、优化施工方案、设置设备标识牌等几个方面针对既有线桥墩施工采取相应的安全技术措施。

1. 保护地下管线措施

（1）开工前，及时向业主取得工作线路两侧地下管线图，根据地下管线图和其他管线资料，摸清管线走向。对于不明管线，必须在设备管理单位监督人员在场的情况下采用人工探挖。

（2）其他部分如有管线挖出，要及时报告现场监理和甲方，通知公用管线监护单位共同商量决定加固措施，一般可用钢丝绳、钢杆法兰螺丝吊起，上面盖草包或其他保护，防止外击伤，重要干线必须派专人监护。

（3）如在施工中意外挖坏或损坏图上没有标明的管线，或管线图上标明有误的管线时：一方面向业主和有关管线单位反映，要求组织抢险；另一方面立即报告自己的上级主管部门领导。

（4）保护事故现场，把出事点用护栏或红白带围起来，组织临时抢险队，全力以赴投入抢险任务，尽量缩短时间，使管线尽快恢复，减少损失。

（5）及时组织疏导交通，以免交通堵塞造成抢修困难，延误抢修时间，造成更大损失。

（6）事故原因，按照"四不放过"的原则查清事故原因，分清事故责任，提出整改措施，杜绝类似事故的发生。通报批评有关事故发生人员并该予一定的处罚。

（7）保护公用管线。在地下管线施工期间，要做到天天讲，时时讲，警钟长鸣。保护公用管线，主要依靠现场施工广大职工和全体现场管理人员，施工单位还特别需要各公用管线现场监护人员的指导和帮助。

2. 施工排水

根据现场调查情况，本次施工需要修筑临时排水沟，保持排水通畅。

3. 施工现场警示牌的设置

警示牌设置目的是为了提醒进入施工现场的管理人员、施工人员，在作业期间注重安全生产，减少人为因素对安全的影响，同时也对进入现场的非施工人员履行警告义务。警示标牌布置在施工现场醒目处和机械设备上。

4. 设备转场、移动

转场前，分部制订"专项方案、专项检测、专项见证、专项检查"制度。作业队队长会同安全员对设备转场路线及经过地段地质、地形条件是否符合设备稳定要求进行确认。确认后，由分部现场负责人向分部经理、安全总监提出设备转场申请，同意后实施转场。设备转场设专人指挥，严禁夜间转场、移机。

设备转场时，分部副经理、作业队长、技术负责人、领工员、安全员、技术员、防护员同时在现场把关。

移机就位后，所有现场把关人员检查、确认设备状态，并记录在案。

5.3.2.3 施工安全保障措施

1. 安全组织机构

按照"管生产必须管安全"的原则成立以项目经理挂帅和副经理、总工程师、安检负责人员组成的经理部安全领导小组,领导和组织实施本标段施工安全管理,确保安全目标实现。安质环保部具体实施各项安全管理工作,以专检和监督方式为主,实行安全生产一票否决权;经理部安全领导小组是安全管理的组织实施机构,项目作业队(架子队)安全工程师、工班安全检查员负责施工过程的安全监督。

图 5-9、图 5-10 分别为项目部、分部安全领导小组结构图。

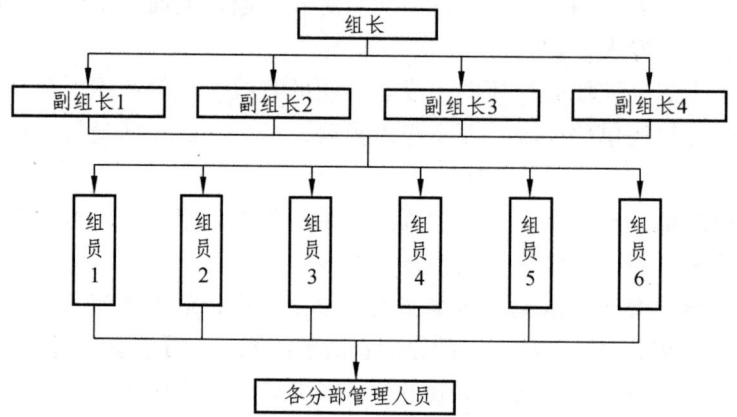

图 5-9　项目部安全领导小组结构图

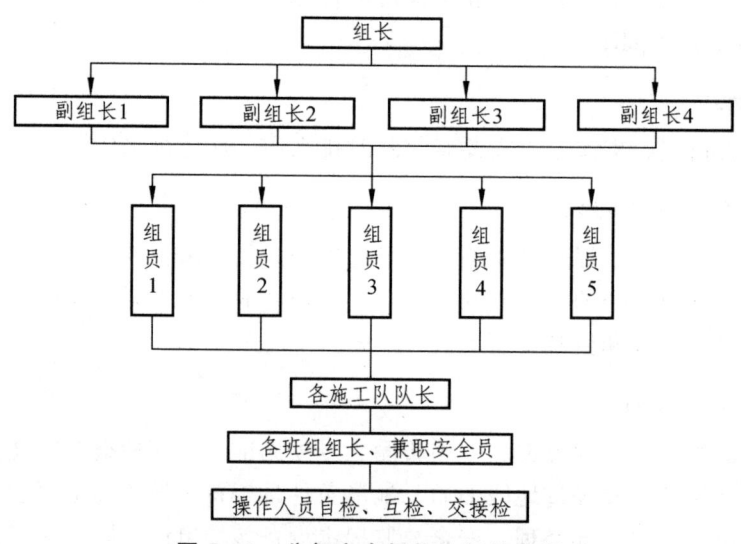

图 5-10　分部安全领导小组结构图

2. 安全保证体系

按照 GB/T 28001—2001 劳动卫生保障管理体系标准的要求建立项目安全生产保证体系,制订安全包保责任制,逐级签订安全承包合同。达到全员参加,全面管理的目的,充分体现"管生产必须管安全"和"安全生产、人人有责"。在编制施工技术方案的同时,编制各分项工程的安全技术措施,确保安全目标的实现。

针对本标段工点多、线路长、重难点工程多、参建人员及机械设备多、前后工序衔接紧密、施工干扰大等工程特点,从多层次、多方位建立健全安全生产保证体系,贯彻国家有关安全生产的法律、法规,定期不定期地召开安全生产会议,研究项目安全生产工作,发现问题及时解决。逐级签订安全承包合同,使各级明确安全职责和安全目标,制订好各自的安全规划,达到全员参与,全面管理的目的,充分体现"安全生产、事事相关、人人有责"。施工生产做到安全第一、预防为主,综合治理,消除隐患,实现安全生产之目的。安全保证体系如图 5-11 所示。

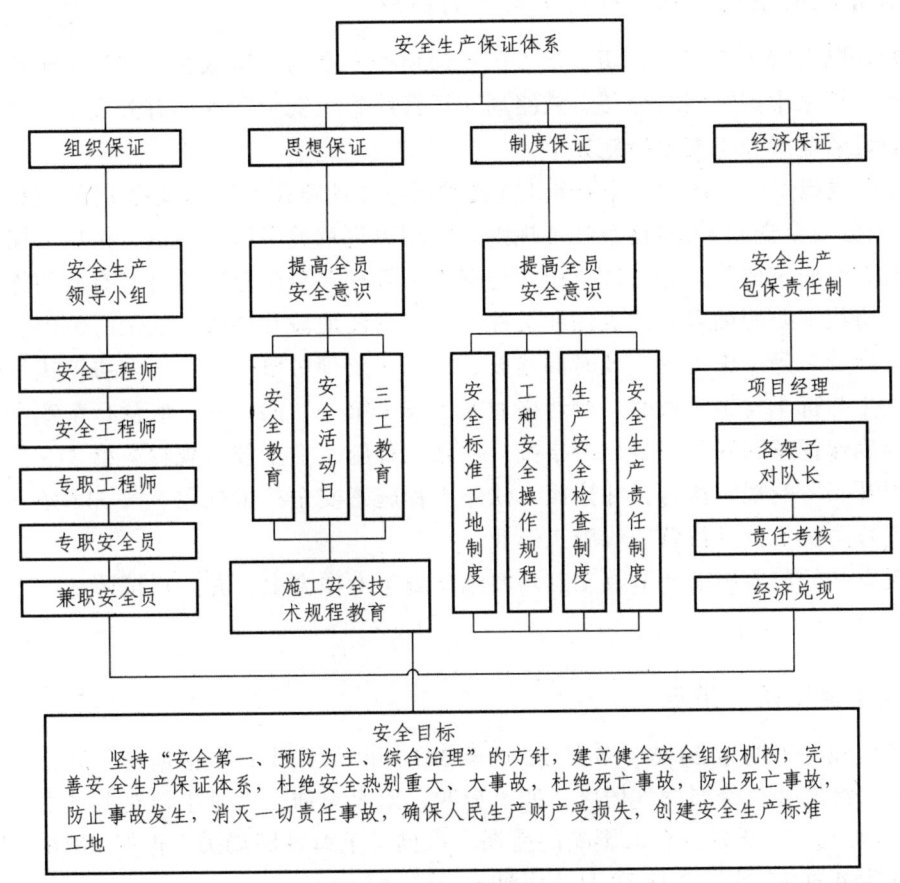

图 5-11 安全保证体系图

3. 安全管理制度

(1) 制订既有线安全管理规章制度。提前办理施工方案,做好与工务、车站的配合,签订施工配合协议,严禁扩大施工范围。施工时与有关工务等行车运营部门密切配合,确保行车安全。

(2) 持证上岗制度。要求持证上岗的工种,必须持本岗位培训《合格证》上岗,严禁无证上岗。封锁和慢行施工必须按规定设置防护,防护员必须经培训合格后方可上岗。

(3) 实行岗前检查制度。对主要工种的操作者,实行岗前检查,发现休息不好、饮酒等不利于安全的问题,禁止上岗。

(4) "三检"制。机动车辆必须实行"三检"制,按规定操作,严禁带病运行和无证操作。

(5) 防护员工作制度。防护员在执行职务时,必须穿着规定的防护员服装,佩戴易于识别的证章。按规定戴齐防护信号和备品。

防护员执行职务时应精神饱满，班前、班中不得饮酒，如有违反，立即停止其工作并给予行政处分。

防护员应熟悉本区段内的列车运行情况。

防护员必须持证上岗，随时接受上级领导和安全管理人员的检查。

5.3.2.4　保证既有线施工安全和行车安全的措施

为了做好既有线施工安全，切实把人民生命财产安全的大事放在铁路施工企业工作重中之重的位置，根据中国铁路总公司、铁路局对运营线施工安全管理的有关规定，结合工程实际情况，制订营业线施工安全措施如下：

（1）既有线施工的全体职工（劳务工）必须通过《铁路技术管理规程》《铁路行车组织规则》《铁路工务安全规则》《轨道车管理规则》等相关规章的考试，考试合格后上岗作业。

（2）既有线施工要与设备管理单位和行车组织等相关单位分别签订好有效的施工安全协议书。安全协议书要明确双方的责任和义务、施工责任地段和期限、安全防范内容和措施、结合部位安全分工等。施工中应及时向建设、设计、监理等单位反馈安全协议执行中存在的问题，当施工与行车发生矛盾时，要严格遵循"安全第一"的原则，服从行车安全的需要。

（3）为确保行车和施工安全，严格按《铁路工程施工安全技术规程》第313条"未设好防护，禁止开工"的规定执行，并按照《铁路工程施工安全技术规程》第318条规定设置防护，未设置好防护不得进行营业线施工作业。

（4）既有线的重要施工环节及工点均要编制施工专项方案，并严格按照施工方案及安全措施进行作业。

5.3.2.5　雨季施工防护措施

因深基坑施工工期为2016年5月25日至2016年8月31日，根据气象局公布资料显示工程所在地上海属亚热带湿润气候区，四季分明，雨水充沛，六月中旬至七月中旬为梅雨期节，盛行东南风，7~9月为台风影响的盛期。根据《上海铁路局关于做好2016年防洪工作的通知》规定4月15日到9月30日为汛期。

为了保证深基坑施工的顺利进行，采取以下防护措施：

（1）根据规划好的施工现场总平面布置图完善排水设施，主要施工通道边侧的排水沟应畅通。

（2）保证场内交通道路的完好，设专人负责排除道边及路口积水，保证雨后能及时排除场地内积水。在场地周围设置必要的截水沟、排水沟，尽量用原有的排水系统，并进行必要的整修、疏导，做到场地排水畅通。

（3）基坑边缘做好围堰，防止地表水流入基坑。在基坑周边设排水沟及若干集水坑，再用潜水泵抽到城市排水系统。潜水泵、排水管及电线要备足，同时安排好值班人员。对基坑边坡采取彩条布覆盖。

（4）基坑边的回填用土要用彩条布覆盖，防止下雨时淋湿，影响回填工作。回填土含水量大时应及时晾晒，雨天过后，回填土表面稀泥部分应铲除重新回填。

（5）钢筋作业要搭设防雨棚，焊接接头未冷却之前，严禁雨水冲刷，避免发生脆断。在大、中雨天时，严禁进行焊接施工，在细雨天时，焊接施工现场要搭设简易雨棚遮避防护。

（6）大雨天不安排浇筑砼。浇筑混凝土碰上雨天时，施工现场应搭设雨篷遮盖，已浇筑好的混凝土表面用塑料薄膜覆盖，防止刚浇筑的混凝土遭受雨水冲刷。下雨天应根据测定的砂石含水率及时调整混凝土搅拌用水量。

（7）所有原材料，特别是钢材、水泥和机械设备，都要有防雨措施，水泥要存放在有防潮的库房内，以免影响工程质量和造成不应有的损失。钢筋堆放要采取措施，防止泥浆污染。

（8）材料应按雨期施工计划用量及早组织进场，并妥善保管。水泥等应做好防止雨淋、受潮工作。

（9）雨季施工时遇恶劣天气，应停止露天作业。

（10）大雨过后，要及时对现场的排水系统、土方边坡、护栏、上下临时马道等进行检查，发现问题及时处理，尤其对基坑钢板桩围堰应认真检查，发现异常和隐患，及时组织力量排除。

（11）电气装置及机械设备应有防雨设施，开关箱采用铁皮防雨盖，机械设备尽可能搭棚防雨，无法搭棚时，应对电机采用覆盖措施防雨。雨停后，检查其状况、性能后方可进行试动转，杜绝重大事故发生。

5.3.3 应急预压

1. 编制目的

制订本应急救援预案，是为了在项目部管段内对可能发生突发既有铁路施工生产事故事件时，能够及时有效地整合人力、物力、信息等资源，迅速展开有组织的控制和救援，最大限度地降低和减少对环境的危害、人员伤亡和财产损失。

2. 工作原则

以人为本、安全第一；统一领导、职责分明；资源共享、协同应对；反应迅速、运转高效。

3. 重大危险源分析

根据项目部所辖范围内的工程特点，结合施工现场下施工的实际情况以及对重大危险源辨识分析的结果，可能或潜在的突发事件有：施工人员野蛮施工，不服从指挥，造成营业线行车事故；施工过程中挖断既有地埋光、电缆，中断信号，造成停车；施工机械倾覆侵限，造成中断行车及插打钢板桩施工对运营线路造成停车或中断。

4. 危险源应对措施

所有管理、作业人员必须经过上海铁路局营业线施工安全培训，考核合格后方可持证上岗。坚决杜绝施工过程中的"三违"作业。相关驻站联络员、现场防护员等重要人员必须结合实际施工配置到位，满足现场施工作业需求，并严格按照要求履行各自的职责。

施工前必须对既有线路的地埋光、电缆摸查清楚，由七标向我部现场交底清楚后采取防护措施对光、电缆进行有效的防护，施工过程中严禁使用机械对光、电缆区域进行开挖作业。所有施工机械、设备必须经过物机部门鉴定检验合格后方可投入使用，邻近既有线范围内必须拉设缆风绳，避免倾覆造成侵限，施工过程中严格执行"一机一人、人随机动"，杜绝因无人指挥或违规操作造成事故。

钢板桩插打过程中对营业线的运营安全保障措施：打拔机进场后进行各部件检测，查看其运转是否良好，检测合格后方可进行施工作业，打拔机司机必须持证上岗，具备熟练的操作技能，打拔机施工平台采用砖渣进行硬化处理，保证插打过程中的稳定性，钢板桩插打过程中保证一机一人防护，人随机走，打拔机在提升及打拔钢板桩过程中利用安全绳将钢板桩与振动锤进行连接，保证钢板桩从振动锤滑落后，不会倾倒至运营线路内。钢板桩插打过程中严格对运营线路进行监测施工，当观测值水平横向位移或垂向位移变化速率 > 2 mm/d（施工时间大于 3 天后按最近 3 天平均值计算），或累计水平（或垂直）变化量大于 10 mm 时应暂停施工，与监理和设备管理单位共同分析原因，制订补强措施。

5. 应急救援组织机构

为保证本工程施工安全，确保一旦出现险情，能够做到及时、迅速、有效救援，将险情控制在最小范围，将损失减小到最低限度，项目经理部成立应急救援领导小组，各分部及各施工队设立应急救援行动小组。行动小组由身体强壮、有吃苦耐劳精神、责任心强的工人和现场技术、管理人员组成，并配备足够的救援工具、材料和器材。

6. 应急响应（预案启动）

（1）当施工现场发生突发事件时，现场负责人应立即采取措施紧急疏散相关人员，停止施工作业，并立即报告当班领导，同时报告分部应急救援小组，分部再报告项目部应急救援小组。由项目部逐级上报上级有关部门。

（2）分部应急救援小组接到报告后应立即启动应急预案，按照预案规定迅速成立事件应急处理指挥机构进行统一指挥，有关人员立即到达规定岗位，采取有关的控制措施。

（3）项目部接到突发事件报告后，主管领导应根据事件性质及时按照有关规定采取措施，积极安排人员赶赴现场协助发生事件单位处理突发的事件。

（4）发生突发事件后，分部必须服从统一调度，按照要求积极调动人员与设备参加事件的处理；各相关分部、部门要服从项目部安排调遣，不得以任何理由或借口推诿。

（5）各抢救小组成员要保持镇定，分秒必争实施救援，尽量把事故控制在最小范围内，最大限度地减少人员伤亡和财产损失。

7. 应急响应程序

（1）启动预案：当突发事件的评估已达到应急预案启动条件时，项目部应立即以最快捷的方式逐级上报铁路运营管理部门以及沪通铁路项目部应急救援指挥中心启动应急救援预案。必要时，寻求消防（119）、医疗（120）、交通管制、抢险救灾等社会救援部门的帮助。

（2）事故发生后，组织应急救援人员进行全力抢救，同时通知驻站联络员、防护员快速联系车站值班员封闭行车区间，并立即逐级上报铁路局及沪宁城际铁路股份公司。

（3）实施救援：项目部应急救援领导小组接到救援报告后要在半小时内赶到事发现场，按照预案有关规定实施救援，控制事态扩大。

（4）响应结束：应急救援结束后，指挥中心宣布响应终止。由事故调查组按照有关规定展开事故调查取证工作。

5.3.4 雨季施工保障措施

1. 日常防备措施

（1）根据工程场地特点，合理布置现场，做到围堰平面排水设施满足最大降水时及时排水的需要，不形成积水、渍水。

（2）对基坑内外临时排水沟要经常维修和疏通，以保证畅通和排水，特别在雨天中要有专人进行养护。储备足够水泵、棚布、塑料薄膜等防雨用品，保证暴雨后能在较短的时间内排除积水。现场机械设备按规定配备必要的防护棚。应经常检查各类机械设备防雷接地装置是否良好。定期检查各类防雨设施，发现问题及时解决，并做好记录，特别是汛前和暴风雨来临之前的检查工作。

（3）派专人与气象台保持联系，及时掌握天气变化情况，避免雷暴时施工。密切注意天气预报和台风暴雨警告。

（4）施工阶段要注意掌握天气变化情况，防止雷雨突然袭击，雷雨天气禁止人员在基坑内施工作业。

2. 防洪排洪及施工应急措施

（1）收集月、旬、日天气预报资料，根据本工程的施工特点，设立应急保障管理机构，建立安全防洪领导小组，定期与市气象局联系，及时获得有关信息，加强对防洪工作的领导和指挥，进行科学预测，制订详细的异常天气防范措施和特殊气候的施工方案，为防汛工作提前做好准备。

（2）在汛期，及时与当地水利部门联系，争取在第一时间掌握第一手汛情资料，采取必要的防范措施，变被动防洪为主动防洪。

（3）进行防洪安全教育，提高全体施工人员的防洪安全意识，随时做好防洪准备，避免因洪水给施工带来的影响和损失。

5.3.5 环境保护

1. 管理目标

努力把工程和施工对环境的不利影响减至最低限度，确保铁路沿线景观不受破坏，地表水和地下水水质不受污染，植物有效保护，噪声、振动和扬尘的环境影响得到有效控制，文物得到有效保护；坚持做到"少破坏、多保护，少扰动、多防护，少污染、多防治"，使环境保护监控项目与监控结果达到设计文件及有关规定；做到环保设施与工程建设"同时设计，同时施工，同时交付使用"。其中：

（1）施工污水排放控制在工程所在环保部门要求标准内。

（2）环境敏感地区施工现场场界噪声达标排放。

（3）能源、原材料消耗控制在计划内。

（4）环境污染责任事故为零。

2. 管理检查制度

（1）建立"三级"检查落实制度，即领导层抓全面、管理层抓重点、实施层抓具体落实。

（2）施工过程中建立水土保持制度、生态环境保护和检查制度。

（3）向建设单位有关部门和当地政府环保部门、环保专家征求意见，及时制订整改措施，制订明确的奖惩制度和健全的机制，做到环保人人有责，把环保工作真正落到实处。

3. 环保管理主要措施

严格遵守环境保护相关的法律、法规、规章制度，保护和改善作业现场的环境，控制现场的各种粉尘、废水、废气、固体废弃物、噪声、振动等对环境的污染和危害。

保护当地自然植被，采取措施使地表植被的损失减少到最低限度。施工现场生产、原材料堆放处和材料加工场均在规划的区域内进行。修建的施工便道，要结合乡镇长远规划，选择线路。弃土场必须做好防护工作，确保不发生水土流失情况，并进行弃土场绿化。

严格按设计和业主规定的征地范围和数量丈量用地，严禁超范围占用土地和水面。施工临时设施在满足工程需要的前提下不占或少占农田，各种临时房屋采取因地制宜、简易方便的原则就近设置，充分利用荒地、线路附近的既有道路和房屋场地。

严禁随意践踏和破坏，施工场地周围的植物、植被，并在生活区设立植被宣传保护牌，告示参加施工人员对环境的保护人人有责。

在运输细粉状和易飞扬物料时用篷布覆盖严密，并装量适中，不得超限运输。对散装材料采用密闭运输、存放。

施工噪声主要包括施工现场、机械作业时和车辆运输时产生的噪声。为减少噪声影响，机械设备选型配套时优先考虑低噪声设备，尽可能采取液压设备和摩擦设备代替振动式设备，并采取消声、隔音、安装防震底座等措施。加强机械设备的维修保养，保证机械设备的完好率，确保施工噪声达到环境保护标准要求。

施工物料堆放应严格管理，防止在雨季或暴雨将物料随雨水径流排入地表及附近水域造成污染。

施工营地及施工现场设固定的垃圾桶或垃圾池盛放垃圾，分类标识存放，定期清理，运至指定的垃圾处理场或废品回收利用，不得乱扔、乱倒垃圾。

施工现场的塑料袋等白色垃圾安排专人清理，防止被风刮上既有铁路接触网。

5.3.6 文明施工措施

（1）料场、工地材料必须分类堆放整齐，工完料尽，清理恢复，不留尾巴。

（2）料场、施工场地、施工道路做到布置合理，场地平整，排水畅通。

（3）工地生活设施按平面布置图，安排合理，清洁文明，环境卫生，施工区域和生活区域应有明确划分，施工现场按要求设置标示标牌。

（4）施工现场各种料具、机械按施工平面图指定位置存放。

（5）生活垃圾应运至指定堆放场。占用农田要负责还田复耕。

5.4 临近既有线深基坑安全施工解决方案

5.4.1 临近既有线深基坑安全施工损失控制法的应用

损失控制是应对风险的常用策略之一，它是通过采取各种手段和方法，降低风险发生的概率或减轻风险损失程度，以此来达到控制风险的目的。

损失控制主要方法有两种：即损失预防和损失抑制。

损失预防是在风险发生前采取各种措施消除风险因素或减少可能会引发损失的风险因素。

损失抑制是指在损失发生时或损失发生后，采取措施控制风险事件造成的损失。损失抑制一般可分为两类：一类是事前控制，即在风险事件发生前采取措施来降低风险发生的概率或控制可能风险损失；另一类是事后控制，事后控制则是在风险事件发生时尽可能防止扩大和恶化，减少损失，并就产生损失大小和原因进行分析确认。

通过对临近既有线深基坑安全施工的风险评价，得出现场管理风险、施工作业风险和工程环境风险属于中等风险，需采取针对而有效的方法进行风险预防与风险控制。因而利用损失控制法对临近既有线深基坑安全施工风险进行损失控制，将风险发生的损失减少到最小。

5.4.2 针对施工作业风险的应对措施

5.4.2.1 地下管线调查与防护

施工前与负责三电迁改的Ⅶ标进行对接，必须摸清地下管线的具体情况，做好详细记录，对距离较近、变形反应敏感、直径大的管线进行重点保护。其他管线以监测为指导，及时采取跟踪保护措施。影响主体结构的管线，按照施工安排进行改移并加以保护，与地下管线产权单位共同协商，根据不同的管线种类，建立各类管线的管理基准值，通过监控量测及时掌握管线的变形状况，确保管线保护管理在可控状态有效进行。设专人管理管线保护施工。

（1）详细阅读和熟悉掌握设计、建设单位提供的地下管线、电缆等资料，并在开工前组织各管线、电缆等管理单位的协调配合会，进一步收集资料。在此基础上，对影响施工的地下管线、电缆等开挖必要的样洞，核对弄清地下设施的确切情况，做好记录。

（2）严格按照施工组织设计和地下设施保护技术措施的要求进行施工，各级负责人深入施工现场监护地下管线，督促操作人员遵守技术规程，制止违章操作、违章指挥和违章施工。

（3）开挖过程中，遇有电缆、管道或其他构筑物时，及时与有关单位联系，会同处理地下管线和各种构筑物，尽量临时迁移，雨污水管道采用临排措施，如无法迁移，必须挖出使其外露，并采取吊、托等加固措施，确保各种既有管线的安全。

5.4.2.2 临近既有线深基坑防护

基坑开挖完成后，即时对基坑四周进行防护。基坑防护范围为距离基坑边≥50 cm四周进行防护（距离便道不小于2 m），防护采用定型钢板网，标准节长2 m，防护高度为1.2 m，立柱为ϕ48 mm钢管刷红白相间油漆，底座钢板下焊接40 cm长钢管插入土中，确保防护网稳定（见图5.12）。防护网靠近便道一侧悬挂警示标牌。

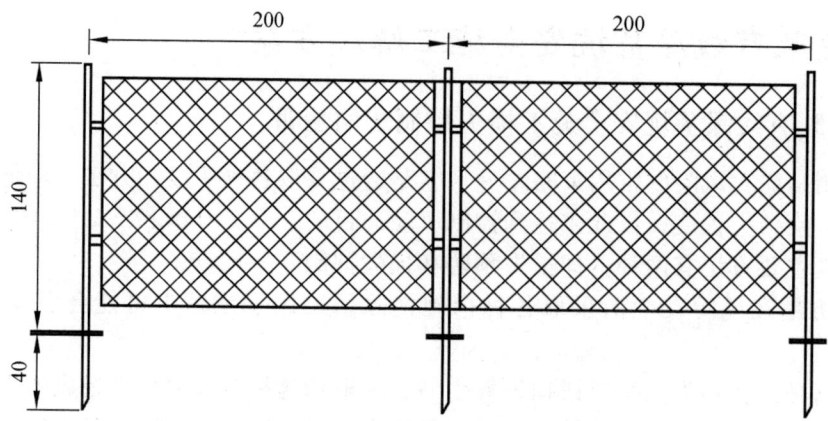

图 5-12 基坑防护钢板网结构图

5.4.2.3 施工期间铁路及基坑本身变形监测

1. 施工期间既有铁路监测

1）监测点设置

对既有铁路监测，监测桩埋设于既有铁路路基路肩内侧，基坑中心线对应路肩处设置 1 个，基坑中心线沿既有铁路路肩前后各 10 m 埋设另外两个监测桩，每个基坑对既有铁路监测桩共计埋设 3 个，监测桩采用人工开挖，长 40 cm，宽 40 cm，深 60 cm 小坑，基坑内浇筑 C25 混凝土，埋设 HRB400ϕ20 钢筋，钢筋埋入深度 55 cm，外露 5 cm，顶口切有十字丝，如图 5-13 所示。

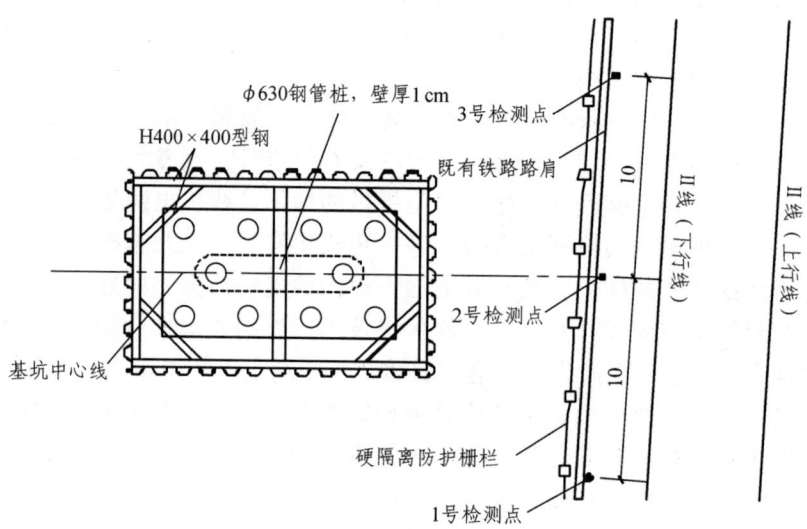

图 5-13 承台基坑施工线路监测点平面布置图

2）测量精度

沉降观测应采用二级水准测量标准。

3）测量频度

施工期间观测频次一般情况下 2 h 观测 1 次，施工完成后观测频次一般情况下 1 天不少于3次,观测时间不少于3天。施工完成3天后,前15天内每3天观测1次,第15~30天每星期观测1次,第30~90天每15天观测1次,以后每月观测1次。

4)观测资料分析

在施工过程中,应根据观测结果整理绘制"时间-变形量"曲线,分析监测对象的变形及发展趋势,并将观测资料提供给建设及运管等相关单位,作为监测对象变形评估的依据。竣工交验时,观测设备和观测资料与工程同时交给工程接收单位。

5)观测控制标准

观测值:水平横向位移或垂向位移变化速率>2 mm/d(施工时间大于3天后按最近3天平均值计算),或累计水平(或垂直)变化量大于10 mm时应暂停施工,与监理和设备管理单位(工务段)共同分析原因,制订补强措施。

2. 基坑监控监测

1)监测点设置

承台基坑监测点布置于钢板桩围堰顶口钢板桩上,监测点共计布设4个,位于钢板桩围堰每边中心点处,采用HRB400ϕ16钢筋,单根长度20 cm,钢筋顶部切割十字丝,钢筋高出钢板桩顶口5 cm,剩余15 cm与钢板桩进行焊接固定,如图5-14所示。

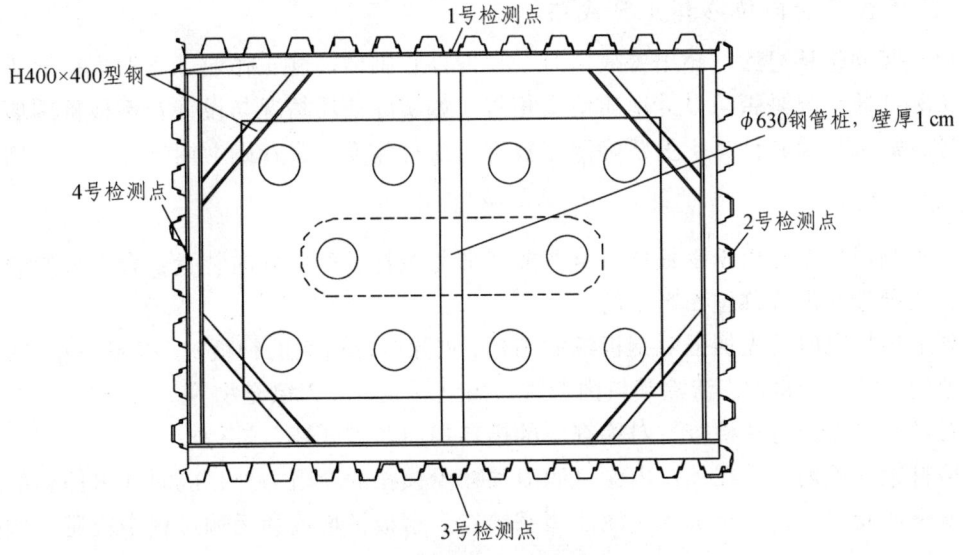

图5-14 钢板围堰基坑监测点布设平面图

2)测量精度

沉降观测应采用二级水准测量标准。

3)测量频度

施工期间观测频次一般情况下2 h观测1次,施工完成后观测频次一般情况下1天不少于3次,观测时间不少于3天。施工完成3天后,前15天内每3天观测1次,第15~30天每星期观测1次,第30~90天每15天观测1次,以后每月观测1次。

4)观测资料分析

在施工过程中,应根据观测结果整理绘制"时间-变形量"曲线,分析监测对象的变形及发展趋势，并将观测资料提供给建设及运管等相关单位，作为监测对象变形评估的依据。竣工交验时，观测设备和观测资料与工程同时交给工程接收单位。

5）观测控制标准

观测值：基坑邻近线路一侧位移单日位移达 2~3 mm 且不收敛时或累计位移达 10 mm 时，当其余 3 面基坑位移达 4~5 mm 且不收敛时或累计位移达 30 mm 时，必须停止施工，应立即采取卸载、回填基坑、拉锚等抢险措施，同时对线路采取限速或封锁的措施，确保线路稳定。

5.4.2.4 针对深基坑钢板桩围堰可能存在问题的处理措施

1. 钢板桩围堰四周地表竖向位移过大及钢板桩顶部水平位移过大

当钢板桩围堰四周地表竖向位移及钢板桩顶水平位移过大，超出警戒值时，应立即停止围堰内施工作业，排查基坑周边是否有土方或其他施工工具的堆放及是否有重车经过的痕迹，及时对基坑周边堆放物进行清除，并设置严禁车辆通行等标示标牌；清理完成后排查钢板桩围堰内支撑之间焊缝是否有撕裂，内支撑杆件是否有变形，若存在相关问题立即进行补焊及支撑杆件的增设。

2. 钢板桩顶竖向位移超出警戒值

钢板桩竖向位移过大，超出警戒值时，立即停止围堰内施工作业，立即进行地质情况的核对，实际地质情况是否与设计地质情况相符，如实际地质情况与设计及钢板桩围堰计算书存在差异，需进行重新计算，重新确定钢板桩的插打深度或进行围堰内支撑层数的增设。

3. 倾　斜

钢板桩倾斜主要是由于钢板桩自身扭曲变形与施打过程中导向装置不合理或遭遇坚硬土质锤力过大导致变形或移位而产生的。

遇到上述情况时首先加强对钢板桩的筛选，剔除变形过大的钢板桩，变形较小的钢板桩，运到工地后，需进行整理。清除锁口内杂物（如电焊瘤渣、废填充物等），对缺陷部位加以整修。并对锁口进行通过性检查，对检查出的锁口扭曲及"死弯"进行校正。

在插打钢板桩前，除在锁口内涂以润滑油减少锁扣的摩阻力外，同时在未插套的锁口下端打入铁楔或硬木楔，防止沉入时泥沙堵塞锁口。钢板桩堆放和运输过程中应避免碰撞，防止弯曲变形。

钢板桩施打时要确保导向装置的上下水平与垂直，在板桩垂直进入导向装置后，对板桩锁口进行限位，锁口限位装置要焊接牢靠，避免施工时振动脱落。

在施打前应熟悉了解施工区域的地质情况，遭遇较硬土质时，应使用功率较大的振拔锤，或将钢板桩底口截成一定角度，使应力集中，减小受力面，易于入土。

4. 锁口脱离

锁口脱离主要发生在不同类型或型号的钢板桩相互组合和变形钢板桩之间相互扣连时。

不同类型或型号的钢板桩锁扣类型截然不同，如国产钢板桩与德国拉森钢板桩，相互组合时锁口咬合不紧，极易发生锁口脱离，应避免这样组合使用。

变形钢板桩之间特别是两根同方向弯曲的钢板桩,在插打受力时,相互产生排斥,在锤击作用下极易脱离,所以应加强钢板桩使用前的检查筛选与整修工作。

5. 漏　水

围堰漏水主要是指钢板桩锁口漏水,锁口漏水主要是由于板桩插打不当、施工作业时碰撞等作用致使锁口发生变形,出现渗漏。出现渗漏时在锁口处的围堰外侧利用导管投撒煤渣、木屑、谷糠等或混合物,沉至漏水处即可堵塞漏水。

6. 管　涌

管涌主要是由于水头差引起的,当钢板桩插入黏聚力较小的饱和土中,特别是粉砂、淤泥中常有可能发生管涌现象。因此,在施工前应熟悉掌握施工范围地质情况,进行坑底管涌验算,确定板桩入土深度,即控制合理的渗水流程。做好封底混凝土施工质量,避免封底混凝土夹层,特别是在渗水流程较短的钢板桩边,以及与封底混凝土相结合的桩基周边在封底前应清洗干净,可适当降低此处封底标高,加厚封底混凝土,封底前尽量铺设预制板,避免浇筑时卷带泥土,形成混凝土夹层;注意封底顺序,遵循从周边向中间合龙,以增强封底质量;当发生管涌时,应尽快回水消除内外水头差,阻止管涌事态扩大,避免封底后底板掏空,造成更为严重的质量事故;对管涌处及时进行处理,如先用潜水员水下分段清理干净,再用不分散剂混凝土填充覆压,覆压之前埋设好压浆管,然后采用注浆固化。

7. 隆　起

隆起主要发生的地质条件是软弱有地下水的黏土层,当板桩背后的土柱重量超过基坑底面地基承载力时,地基的平衡状态受到破坏,就有可能发生坑壁坍塌,地基破坏等严重情况,为避免此种情况的发生,应对地基强度和稳定性进行验算,可将板桩周边一定范围内的土体在板桩施工前予以清除,降低内外土体高差,以及确定合理的钢板桩踢脚深度。

8. 倾覆垮塌

倾覆垮塌是钢板桩围堰施工中最为严重的事故,导致事故发生的原因分布在各个节段。主要体现在:

1) 钢板桩材料管理

钢板桩的类型和型号很多,实际施工时应根据受力计算要求选择合适的钢板桩,因此应在租赁和调拨、使用前对钢板桩材料进行严格检查,避免不同类型和型号的钢板桩混淆,特别是现在常用的拉森钢板桩外形和槽口基本相同,然而其抗弯截面系数却存在较大差别;要避免小截面钢板桩应用到大截面钢板桩上,产生板桩断裂,造成围堰垮塌。

2) 钢板桩焊接

原则上应避免使用焊接接长的钢板桩,如需使用时焊接质量应满足规定要求,特别是焊接绑板的钢板规格形状、设置位置、焊缝高度应满足要求,应将焊接断面尽可能放在离水面较近处,与完整钢板桩错开布置,降低或减少同断面焊接节面数量(不超过50%),避免应力集中对钢板桩造成破坏。

3) 围囹支撑

围囹支撑是整个钢板桩围堰的骨架,是平衡围堰内外受力状况的关键所在,如果围囹支撑不能满足要求,将导致整个围堰垮塌。因此,应根据围堰的受力状况,经过详细受力分析计算,确定围堰不同部位围囹材料的规格,在施工时应注意现场围囹的拼接质量,特别是焊接绑板的钢板规格形状,设置位置,焊缝高度应满足要求,拼接接头应尽量放在内支撑支撑点处。另外,同一围囹平面位置高差要满足要求,务必使围堰支撑受力在一最佳状态,最后避免不同部位围囹支撑为一独立受力体系,将平面体系升格为空间受力体系,将围囹上下用适宜材料(如型钢)连接为一整体,以增强整个围堰支撑的整体稳定性。

4)其他因素影响

撞击、围堰周边交叉作业都会引起围堰垮塌,在钢板桩围堰周围,应设置防撞桩,并设置警示标志,加强对往来车辆的管理与调度,避免碰撞。

围堰施工时严禁在围堰周边进行挖土作业,扰动土体,碰撞钢板桩。

5.5 临近既有线深基坑安全施工风险监控

5.5.1 临近既有线深基坑施工风险监控概述

无论项目管理单位采取什么样的风险控制措施,都很难将风险完全消除。而且原有的风险消除后,还可能产生新的风险。因此,在临近既有线深基坑实施的过程中,定期对风险进行监控是一项必不可少的工作内容。

5.5.1.1 工程风险监控的内涵

工程风险监控是指随时监测并记录工程项目的各项风险状态,并与风险管理目标相比较,如发生偏差,则及时采取控制措施的过程。从定义可知,风险监控包括对工程风险的监视和控制两大环节。前者是在采取风险应对措施的基础上,定期地对已识别风险进行跟踪检查,监测残余风险,观察并记录其发展变化;后者则是在风险监视的基础上,采取相应的技术、合同、经济或组织等手段,对原计划进行调整,以便使制订的风险策略更加符合实际。

风险监控是实时的、连续的,贯穿于整个工程建设的全过程。在某一时段内,风险监视和控制交替进行,即发现风险后应立即采取控制措施,而风险因素消失后立即进行下一轮的风险监测。风险监视和风险控制是相辅相成的,风险监视给风险控制提供实施风险应对策略的时机,提示风险管理者何时采取控制措施;风险控制则给风险监视提供监视内容,提示风险管理者下一轮应监视的重要风险。因此,工程上常将风险监视和控制结合起来考虑。

5.5.1.2 工程风险监控的必要性

风险监控是风险管理至关重要的一个环节,它能确保风险应对计划的实施,并保证风险管理的有效性和持续性,风险监控具体体现为以下几点:

1. 已识别的风险源对工程的影响程度,需要通过风险监控做出最新的评价

随着工程项目的进展,风险是不断变化的。例如,原来的关键风险现在消除了,而之前较小的风险成为关键风险。因此,应对工程风险进行持续地监控。

2. 原来对工程风险的判断是否准确，需要通过风险监控做出及时的评价

在工程实施初期，风险管理者对于风险的相关信息了解得非常有限。随着工程的开展，反映工程建设环境和工程实施方面的信息越来越多，对于各种潜在风险的认识也更加深入。因此，通过风险监视可以收集最新数据，更新原来的风险应对计划，以便进一步采取更具体的应对措施。

3. 已经采取的风险应对措施是否适当，需要通过风险监控做出客观的评价

通过工程风险的监控，若发现已采取的应对措施是合理的，达到了较理想的风险控制效果，则应做好后续监控工作；若发现已采取的措施有误，则应尽早采取纠正行动，以减少可能的损失；若发现应对措施并没有问题，但其效果不理想，此时，不宜过早地改变原决策，而要寻找原因，并适当调整应对策略，争取收到理想的控制效果。如果出现了新的可供选择的应对策略，或者风险因素和风险事件发生变化，则要制订新的风险应对策略。

4. 是否存在残余风险及未识别的新风险，需要通过风险监控做出全面的评价

采取风险应对措施后，往往会有残余风险或出现新风险，对这些风险需要在监控阶段进行识别、评价，并考虑其应对措施。

5.5.2 临近既有线深基坑施工风险监控过程

在临近既有线深基坑实施的过程中，应该定期对施工情况进行检查，监视风险发生情况与预期的状态相比是否发生了变化。

1. 实施风险应对计划

根据临近既有线深基坑施工风险应对计划的要求，制订针对性的风险管理措施，将其应用到施工过程中，按预定的应对计划安排建设工程各项风险应对工作。

2. 收集实际数据

通过对临近既有线深基坑施工风险跟踪调查，定期收集反映各项风险实际情况的相关数据。收集数据应当全面、真实、可靠。

3. 处理相关数据

对收集的实际数据进行整理、统计、分析等工作，以形成与风险管理目标具有可比性的数据。

4. 实际情况与风险管理目标相比较

将临近既有线深基坑施工风险实际情况与风险管理目标相比较，可以确定深基坑施工时风险应对工作的实际执行状况与风险管理目标之间的偏差。

通过比较，发现临近既有线深基坑施工风险实际情况与原目标存在偏差较小，满足原目标的要求。

5.6 临近既有线深基坑安全施工预期效果

5.6.1 临近既有线深基坑施工安全目标预期效果

由于蕰藻浜下行双线特大桥承台均属于临近营业线施工范围，施工过程采用的机械设备主要有打拔机、挖掘机、罐车、吊车等，在施工中防止机械设备对既有线偏压、位移及防止机械设备侵入铁路限界及基坑开挖过程中造成既有线路的移位及沉降为本工程控制重点及难点。

为了保障临近既有线深基坑的安全施工，通过建立安全组织机构、安全保证体系及采取相应的安全保证措施来保证临近既有线深基坑施工的安全目标。

通过认真贯彻落实国家、行业和地方政府的安全生产法规、规程，建立健全施工安全检查、监督网络体系，分阶段分部位做好安全检查与防护，使之做到经常化、制度化、标准化。建立和健全安全生产责任制：建立各级安全生产责任制，做到职责明确，落实到人，严格履行经理负责制；签定各项经济承包合同时，必须有明确的安全指标、奖惩办法等安全保证措施；承发包或联营各方之间应依据有关法规签订安全生产协议，做到主体合法、内容合法和程序合法，各自的权利与义务明确。对新工人实施指挥部、项目部和班组的三级教育，对变换工种的工人实施新工种的安全教育，并及时做好记录；工人必须熟悉本工种安全技术操作规程，掌握本工种操作技能。施工方案针对工程的特点、施工方法、所使用的机械、设备、电气、特殊作业、生产环境和季节影响等制订出相应的安全技术措施和审批手续。建立各级安全检查制度，有时间、有要求，重点、危险部位明确；检查记录齐全，隐患整改做到定人、定时、定措施；对大型施工机械等，应做好重要设施的验收工作，验收合格挂牌后方可使用；并形成良好的班前检查制度和周一安全活动制度，即经理部每周一要组织全体工人进行安全教育，对上周安全方面存在的问题进行总结，对本周的安全重点和注意事项做必要的交底。建立健全安全防火责任制，做到职责明确，防火安全制度齐全；建立一定数量人员的义务消防队和相应的活动制度；严格实行动用明火审批制度，做到手续完善，监护防范措施得力；重点防范部位明确，防火奖罚、火灾事故、消防器材管理记录齐全。抓好基坑开挖防护工作，严格按照施工方案进行开挖防护，坚持"先支后挖"原则，做好基坑四周临边防护，防护高度不低于1.2 m。抓好施工现场用电安全管理，要严格按规范、规定要求。使用五芯电缆、铁制配电箱、漏电保护装置等措施。执行"一机一闸""一箱一漏"，配电开关箱加锁。使用移动电动工具者，穿绝缘鞋、戴绝缘手套，采用36 V安全电压照明。使施工用电安全防护达到定型化，工具化。做好基坑排水工作，基坑四周设置土坎或适当放坡，防止附近地表水流入基坑内；基坑底设置排水沟与集水坑，并及时采用水泵将基坑内积水抽至基坑外附近水沟等保证措施，使临近既有线深基坑施工达到安全施工的预期效果。

5.6.2 临近既有线深基坑施工质量目标预期效果

根据临近既有线深基坑工程概况，经过工程施工的风险识别得到初步影响临近既有线深基坑安全施工的风险源，经过进一步的分析与评价得到最终的安全施工风险因素。通过采取做好技术培训和质量自控体系的培训；加强施工过程的监督和管理，发现不良苗头及时制止和纠正；严格报批程序，履行好"三检制"和"报检"制度；采用人工配合机械开挖基坑时，开挖至距基坑底 30 cm 时应采用人工修挖至设计标高，避免超挖；在基坑边堆放弃土、材料和移动施工机械，与基坑保持一定距离；做好施工记录，真实记录现场情况等针对性的措施，既保证了临近既有线施工的安全，更重要的是满足了临近既有线深基坑安全施工的质量目标要求，使工程得以健康地开展。

5.6.3 临近既有线深基坑施工进度目标预期效果

由于临近既有线深基坑施工具有规模大、工程结构与工艺技术复杂、建设周期长及相关单位多等特点，决定了临近既有线深基坑施工的进度将受到许多因素的影响。要想有效地控制工程建设的进度，就必须对影响工程进度的有利因素和不利因素进行全面、细致的分析和预测。这样，一方面可以促进对有利因素的利用和不利因素的妥善处理；另一方面，也便于事先制订预防措施，事中采取有效对策，事后采取妥善补救，以缩小实际进度与计划进度的偏差，实现对建设工程的主动控制和动态控制。

由 5.6.2 节对临近既有线深基坑安全施工的风险因素进行了识别，得出影响工程安全施工的风险因素主要有工程环境风险、组织与管理风险、技术风险、施工作业风险、现场管理风险，以及其他风险共 6 个目标层，经过对临近既有线深基坑施工风险分析与评价得出影响工程安全施工的主要因素是工程环境风险、施工作业风险和现场管理风险。

为了做好工期进度的管理工作，使工程按时完成，满足工期要求，采用风险损失控制法有针对性地对工程环境风险、施工作业风险和现场管理风险进行风险控制研究，不致工程延期，保证了施工进度。

5.7 小 结

主要结论如下：

（1）根据临近既有线深基坑的工程特点、施工关键及施工方案研究，制订了临近既有线深基坑施工安全管理体系，即风险识别、风险分析、风险评价、风险管理和风险监控。

（2）根据风险识别的目的、过程及识别内容，确定了影响临近既有线深基坑施工的风险因素，并建立风险源清单。

（3）根据风险评价指标体系建立的原则、步骤建立临近既有线深基坑施工的安全风险评价指标体系，依据层次分析法理论确定各风险源等级，得出处于高风险等级的因素为现场管理风险、施工作业风险及工程环境风险。

（4）针对风险评价得出的高风险因素分别进行临近既有线深基坑施工风险解决方案的编制。将风险应对措施应用到施工过程中，对其进行监控，得到临近既有线深基坑施工风险实际情况与原目标存在偏差较小，达到了预期效果。

第6章 下穿既有桥梁路基施工风险管理研究

6.1 下穿既有桥梁路基施工工程概况

6.1.1 工程概述

新建沪通铁路站前Ⅵ标安亭上行疏解线 YDK131+036.94～YDK131+117.94 段路基同时下穿既有京沪高铁和沪宁城际（交角均为 62°），位于上海市嘉定区内，下穿既有京沪高铁桥墩墩号为 452#～453#墩（K1285+337～K1285+370），下穿既有沪宁城际铁路桥墩墩号为 184#～185#墩（K33+942～K33+975），属高风险施工段，下穿长度 81 m（主要涉及 3 块板施工），路基基础结构采用钻孔桩板梁结构，下穿段钻孔桩共有 36 根，桩长 40 m，桩径 0.8 m，桩间距 2.6 m。采用全护筒跟进防护的桩有 6 根。

沪通铁路站前Ⅵ标安亭下行疏解线 DK131+063.94～DK131+144.94 段路基同时下穿既有京沪高铁和沪宁城际（交角均为 62°），下穿既有京沪高铁桥墩墩号为 453#～454#墩（K1285+370～K1285+403），下穿既有沪宁城际铁路桥墩墩号为 185#～186#墩（K33+975～K34+008），属高安全风险施工段，路基段下穿长度 81 m（主要涉及 3 块板施工），路基基础结构采用钻孔桩板梁结构，下穿段钻孔桩共有 36 根，桩长 40 m，桩径 0.8 m，桩间距 2.6 m。采用全护筒跟进防护的桩有 5 根。主要工程数量见表 6-1。

表 6-1 主要工程数量表

序号	里程范围	部位	数量	混凝土方量
1	DK131+063.94～DK131+144.94	⌀80 cm 钻孔桩	36 根	C35 混凝土 723.5 m³
2		板梁	3 块	C40 混凝土 505.4 m³
3		水沟	162 m	—
4	YDK131+036.94～YDK131+117.94	⌀80 cm 钻孔桩	36 根	C35 混凝土 723.5 m³
5		板梁	3 块	C40 混凝土 505.4 m³
6		水沟	162 m	

靠近既有桥墩采用全护筒跟进防护的孔桩，护筒采用搓管机分节埋设，5 t 小龙门配送护筒，冲击钻钻机成孔，钢筋笼采用小龙门吊装下放，孔口接长，混凝土在拌合站集中搅拌，混凝土罐车运输至现场，小龙门提升导管灌注混凝土。

未采用全护筒跟进防护的孔桩，护筒采用人工配合挖机埋设，正循环钻机（改良后施工高度为 7 m）成孔，钢筋笼采用钻机吊装下放，孔口接长，混凝土在拌合站集中搅拌，混凝土罐车运输至现场，钻机提升导管灌注水下混凝土。

根据设计图纸和现场实际,安亭上行疏解线 YDK131+036.94~YDK131+117.94 段与安亭下行疏解线 DK131+063.94~DK131+144.94 路基段下穿京沪高铁、沪宁城际同时施工,施工分为 5 个阶段。

第一阶段:施工下穿京沪高铁、沪宁城际既有桥梁桥下部分路基桩板结构钻孔桩,共 48 根(投影线外 12 m 以内),其中采用全护筒跟进防护的桩共有 11 根。

第二阶段:主要施工既有桥梁投影线外 12 m 以外范围的路基桩板结构钻孔桩,共 24 根。

第三阶段:施工桩顶 6 块板梁。

第四阶段:路基水沟施工。

第五阶段:轨道施工。

6.1.2 地质特征及参数

(1)人工填土,主要为既有桥梁路基填料,土石等级Ⅰ。

(2)粉质黏土,褐黄色、灰黄色,软塑,含氧化铁斑点,$\sigma_0 = 100$ kPa,土石等级Ⅱ。

(3)淤泥质粉质黏土,灰色~灰褐色,流塑,含云母、少量有机质等,$\sigma_0 = 60$ kPa,土石等级Ⅱ。

(4)粉质黏土,灰绿色~黄褐色,硬塑,含铁锰质结核,$\sigma_0 = 150$ kPa,土石等级Ⅱ。

(5)粉土,褐黄色~灰色,中密,饱和,夹粉砂,$\sigma_0 = 120$ kPa,土石等级Ⅰ。

(6)粉质黏土,灰色~灰褐色,软塑,含云母有机质,$\sigma_0 = 100$ kPa,土石等级Ⅱ。

(7)粉质黏土,灰褐色,软塑,$\sigma_0 = 120$ kPa,土石等级Ⅱ。

(8)粉质黏土夹粉砂,灰褐色,软塑,夹粉砂、粉砂,具交错层理,$\sigma_0 = 140$ kPa,土石等级Ⅱ。

(9)粉细砂,灰色,密实,饱和,$\sigma_0 = 200$ kPa,土石等级Ⅰ。

6.1.3 水文地质条件

地下水为空隙承压水,较发育,地下水水位 0.8~1.4 m。根据试验资料,部分段落地下水化学环境作用等级为 H_1;氯盐环境作用等级为 L_1。

6.1.4 工程重难点

本段路基下穿京沪高铁、沪宁城际铁路,属于邻近营业线 C 类施工。施工期间不需要天窗点及限速,不影响铁路正常运营,但需对既有桥墩及箱梁进行防护,经现场调查,既有桥梁桥下无贯通线或铁路地埋电缆等(与设备运营管理单位签订现场确认单),在确保既有桥墩和箱梁安全的同时保证现场连续施工,为本段路基施工重点。施工过程采用的机械设备主要为钻机、汽车吊、挖掘机、罐车、装载机、打拔机等,在施工中防止机械设备碰撞到既有桥梁桥墩与既有线箱梁,以及路基钻孔桩基础施工过程中可能出现的孔桩塌孔影响既有桥梁桥墩偏压、位移是本段路基施工控制重点。

6.2 下穿既有桥梁路基施工安全风险识别与分析

作为承托线路轨道的基础，路基必须保证轨道经常保持平顺，使列车通过时能在容许的弹性变形范围内平稳、安全运行。路基要承受轨道和列车荷载以及各种自然因素的作用，确保路基本体或其他地基不产生破坏和位移，以保证行车的安全畅通。路基状态主要涉及路基的强度刚度、稳定性、变形特性等工作状况与使用寿命，外界自然环境与人类活动、路基本身的设计与施工等都会直接影响到路基状态。影响路基状态的因素十分复杂，有必要对这些因素进行筛选，根据影响程度大小与影响的可能性，去除次要因素，保留主要因素。总体上影响路基状态的因素可大概分为内部因素与外部因素。

6.2.1 下穿既有桥梁路基施工的特点

下穿既有桥梁施工是一项复杂的工程，同时涉及一系列的社会、经济、环境问题，建设中的风险巨大，如果稍有不慎，则会对国家和人民财产造成无法估量的损失。所以，如何降低项目建设的风险、减少对既有铁路的影响，保证行车安全就成为当务之急。

1. 地下施工具有隐蔽性[136]

地下工程多为隐蔽性工程，因此，工程施工质量必须按规范和设计要求，一次达标。

2. 对施工变形控制要求严格

在施工中如变形较大的话会使铁路路基沉降、轨道结构变形，危害到既有线行车安全。

3. 受地质、水文情况影响较大

地层条件不仅影响到施工方法的选择，同样也影响到地表及线路沉降值。

4. 施工完成后对铁路的影响长期存在

由于线路沉降是一个持续的过程，并不能一次沉降到位，一般需要一个雨季才能基本沉降稳定。因此，施工完成后还需要对线路状态进行持续的监测。如有必要，需要对线路进行沉落整修，以保证行车安全。

5. 施工干扰大

由于在既有线高速铁路桥梁线下施工，属于交叉工程，因此，必须保证既有线运行安全、连续[137]。

为保证列车的顺利运行，铁路两侧地下均埋有水电、通信、信号电缆。因此，在施工前要对地下管线进行详细的调查。

6.2.2 下穿既有桥梁路基施工状态影响因素

6.2.2.1 内部影响因素

影响下穿既有桥梁路基施工状态的内部因素主要指其建设质量，包括路基自身的设计与施工，在满足设计标准与施工质量控制的前提下，路基土工程特性成为影响路基服役状态的主要内部控制因素。铁路路基土工程特性包含下述几部分内容：

（1）路基颗粒组成。沪通铁路位于上海地区，地质土属于黏性土，因此多发生地质灾害，研究表明路基黏粒含量超过30%，是病害地段颗粒组成。

（2）土体矿物组成。矿物成分不同将导致性质差异很大。土粒度不同其矿物成分也不同。研究表明路基土含蒙脱石、伊利石较多，易产生路基病害，由于蒙脱石伊利石有很强的亲水性，易吸水，遇水呈胶体，产生膨胀从而导致基床病害。

（3）土体塑性。土的液限及塑性指数反映了土体颗粒形状、比表面及亲水性。试验表明，翻浆冒泥的基床土液限塑性指数低于这一指标则很少产生病害。

（4）路基土渗透性。路基填筑材料宜采用弱透水性土或不透水性土，这类土渗透性很差、渗透性系数很低，这一类路基土不容易发生病害。

6.2.2.2 一般外部影响因素

外部影响因素概括为自然环境与人类活动，其中最为常见的主要是水、列车荷载、温度等。

1）水的影响

水是路基病害产生发展的最重要条件之一。导致路基病害的水的来源主要有地下水和地表水。地表水指大气降水、排水不良引起的积水、路旁池塘。地下水则是翻浆和泉眼的主要补给来源。

降雨对路基的影响主要体现在：降雨引发的对路基坡面冲刷。铁路路基坡面降雨冲刷是降雨汇水沿坡面汇流至坡脚排水沟的过程，属于局部水害现象。依据发展阶段和冲蚀形态，坡面冲刷类型主要有：面蚀、沟蚀与冲刷性坍塌。面蚀是最常见的形式，即地表径流冲走坡面表层土粒。沟蚀则指在雨滴击溅及坡面水流的共同作用下坡面出现细小的坑洞及沟槽，坡面径流汇集而增大产生细沟，单条细沟则进一步汇合，形成规模更大有一定深度宽度的浅沟，沟深大于1m、沟宽1~2m时，即为冲沟。冲沟进一步发展即会形成冲刷性坍塌，冲刷性坍塌是指强烈冲刷作用下部路基失去平衡，产生滑溜塌落。

地下水对路基的影响主要体现在：地下水在毛细作用下将沿土体中细小孔隙上升产生渗透，由路基内外含水量差异而产生横向吸附渗透，路基土对地下水的竖向抽吸，地下水通过孔隙上升积聚，都直接影响路基土性能的变化。地下水毛细作用与浸润都可能导致路基各种不可恢复的形变。

2）列车荷载影响

列车荷载影响主要包含列车荷载的特点与土的强度特征两方面。列车动荷载是造成基床变形的重要因素。列车动荷载主要特点是：

（1）列车动荷载动应力大、分布不均衡且具有随机性。它与机车轴重、运行速度、轨道有关。列车荷载产生的动应力远大于一般建筑地基基础，试验表明基床中动应力分布不均衡，钢轨下截面处应力最大，轨下为60~126 kPa，道心为轨下应力1/2左右，轨枕端头最小。基床动应力自基面向下衰减，衰减速度与基床土种类有关，一般情况下黏性土比砂性土衰减得快，饱和粉细砂基床动应力影响深度可达3~4 m。

（2）振动加速度大。列车振动荷载在路基中的传播可视为弹性波。由于振动的随机性，振动加速度变化波动范围很大，实测资料显示衡广线振动加速度为0.44~0.748，相当于双级烈度地震（约0.51g）。该振动强度说明静荷载条件下的规律无法准确描述动荷载作用下的应力变形规律。

（3）振动作用延时长频率高，随列车重量增加与速度提高，振动作用频率、时间频率均会增强，从而加剧基床变形。列车荷载作用还会加速道床翻浆冒泥的发展。

3）气温变化

在寒冷地区温度及其变化也是造成路基病害的原因之一。气温降低时土中自由水冻结，使土颗粒薄膜水向上层转移，土中水重新分布。水分上移补充形成不均匀冻胀。气温上升后上层解冻下层冻结，形成不透水层，上层水分集结致使基床呈现软塑状态，列车荷载作用下发生翻浆冒泥。若是岩质基床，气温与含水量变化促进材料风化和软化，从而形成病害。

6.2.3 下穿既有桥梁路基施工风险因素识别

除上述一般性的外部影响因素，洪涝灾害、地震等自然灾害也会对路基产生严重的结构性破坏，这里我们不对灾害类因素详细介绍，而是重点讨论沪通铁路临近营运线路基施工这一类活动对既有京沪高铁与沪宁城际桥梁带来的影响。

1. 打桩对既有桥梁的影响

施工扰动对既有桥墩路基状态的影响活动主要是打桩。打桩的影响具体体现为：打桩对周边地基土的影响分为两个部分，振动与挤土。打桩振动是动力加载过程，其产生的动能以应力波形式向周围扩散，与爆破产生的动能不同，打桩振动持续时间较长、能量较小[138]；而挤土效应主要是由于群桩进入地基后对周围土体的挤压作用，并导致桩周区域孔压变化。

打桩通过振动、挤压等作用直接改变路基周边区域原有地基的应力场、位移场，进而造成路基变形超限甚至失稳破坏。与自然灾害不同，施工扰动完全可以通过合理的规划设计、科学的监控预防措施、快速的应对策略与组织管理来有效地减小乃至消除其不利影响。

2. 路基施工对既有桥梁造成的风险

沪通铁路路基施工时对既有京沪高铁和既有沪宁城际铁路桥墩稳定性易造成一定的侵限，从而对既有京沪线和沪宁城际铁路的安全运营带来一定的危害，且新线路基施工中，路基的加固处理对临近施工的既有桥墩的稳定带来一定的影响，易造成既有桥墩发生水平位移、倾斜的风险，这些都对既有线的安全运营及通过能力构成了干扰和影响，临近既有桥梁路基施工阶段存在的风险如表6-2所示。

表6-2 临近既有桥梁路基施工阶段存在的风险

风险事件	风险期	引起因素
钻机流动作业；安装拆卸倾覆；侵限风险	6个月	起重作业人员无有效证件；无专人指挥；违反操作规程
钻孔桩塌孔对既有桥墩的风险	6个月	钻孔速度较快；成孔后耽误时间较长；造浆不满足要求
泥浆箱防护风险	6个月	未进行泥浆箱防护及标示
吊具损坏；吊物侵限风险	6个月	吊具未经检查验收参与施工使用导致中途断裂飞入营业线或吊物侵限
混凝土实体强度不合格	6个月	没有及时现场监控，未做好技术交底和培训工作；未对混凝土配合比的计量和坍落度进行控制
机械设备碰撞既有桥墩	6个月	对既有桥墩防护不到位；机械操作人员无有效证件；未按一机一人进行有效的防护；施工平台不稳定

3. 既有线运营对施工造成的风险

由于本工程的建设工期紧张、质量标准要求高，既有京沪高铁与既有沪宁城际铁路列车在运行时加在桥墩上的动荷载对沪通铁路路基的施工带来一定的作用力，影响路基施工的质量，易造成坍塌、土体倾斜等危害；紧邻既有线大型机械设备进场施工，机械设备高杆在施工过程中可能触碰到既有线高压线路，一旦发生触碰甚至倾覆，后果不堪设想，给施工人员人身安全、机械设备安全带来重大安全隐患；此外，地下管线、通信线路的专门保护，针对性相关措施的实施，都加大了施工难度，稍有不慎，即影响施工正常进行，都会造成施工进度的延迟及费用的增加。

因此，应尽可能地避免对既有线正常运行带来的影响和干扰，保证项目施工的顺利进行。

综上所述，得出影响下穿既有桥梁施工的主要安全风险源有以下内容，如所表6-3所示。

表 6-3 下穿既有桥梁施工安全风险源识别清单

序号	风险类型	风险源
1	自然环境	地质水文
2		作业天气及夜间照明
3		施工场地布置
4		既有铁路线结构及抗变形能力
5	施工原因	钻机流动作业；安装拆卸倾覆；侵限风险
6		钻孔桩塌孔对既有桥墩的风险
7		泥浆箱防护风险
8		吊具损坏；吊物侵限风险
9		混凝土实体强度不合格
10		机械设备碰撞既有桥墩
11		既有桥墩倾斜、沉降
12		高处坠落
13		施工机械设备的选择是否适用、先进和合理
14		施工方法是否选择得当
15		成品质量保护措施是否妥当
16		起重伤害
17		物体打击
18		机械伤害
19		机车伤害
20	组织管理	安全生产管理机构和制度的建立落实
21		现场安全管理不到位
22		参建单位合作关系
23		供应商的选择，材料、设备进场验收管理和使用管理是否合理
24		触电
25		火灾
26		中毒

6.2.4 下穿既有桥梁路基施工风险分析

新建沪通铁路站前Ⅵ标段安亭上行疏解线下穿既有京沪高铁与沪宁城际路基段主要采用钻孔桩施工方法对软土地基进行加固，主要包括钻孔桩施工阶段，板梁施工阶段。各阶段由于施工方法的不同，对临近既有营业线路基产生的影响也各不相同，主要表现为：

1. 钻孔桩施工阶段

钻孔桩施工阶段的施工工序为：平整场地、测定孔位、挖埋护筒（挖泥浆池、沉淀池）、钻机就位（泥浆制备）、钻进（泥浆循环、滤渣、补浆、测指标）、中间检查（测孔深、泥浆密度、钻进速度）、终孔（测孔深、孔径、孔斜度）、清孔（注清水、换泥浆、测密度）、测孔、安放钢筋笼、安放导管、二次清孔、灌注混凝土、凿桩头、桩基检测。钻孔桩施工阶段钻孔的开挖对于地基土体的影响与隧道开挖相似，是地基土体应力释放的过程。既有营运线附近的土体受到这一影响会在土体的应力、应变、位移等方面产生变化。

既有营运线路基附近土体的应力、位移等指标如果受钻孔开挖影响而产生较大的变化，不仅对既有营业线路的安全运营产生较大威胁，还会给新建线路的施工带来严重干扰与安全隐患。

2. 板梁施工阶段

板梁施工阶段的施工方案为：

（1）板梁单块尺寸为 27.0 m（长）×7.8 m（宽）×0.8 m（厚），板梁间设置伸缩缝，缝宽 0.02 m。板梁在现场进行钢筋绑扎、模板安装及混凝土浇筑工作。

（2）待桩基质量检测合格后，方可进行板梁施工。板梁采取分块施工，先采用混凝土破碎机将钻孔混凝土平台凿除（挖机配合自卸车运出场外），然后将同一块板梁下桩基桩头挖出（开挖深度为 0.8 m），人工清理桩头上的淤泥，然后采用空压机和风镐凿除桩头混凝土，凿除至板梁底面以上 10 cm，并使用高压水枪将桩头清洗干净。同时将板梁基底夯实并铺 5 cm 厚碎石垫层，在垫层上进行钢筋绑扎。

（3）板梁钢筋在钢筋场集中加工制作，板车运至现场进行绑扎，绑扎成型的钢筋骨架，其受力钢筋间距偏差控制在：排距为 ±5 mm，同排钢筋为 ±10 mm，箍筋、横向水平钢筋为（0，−20 mm）。钢筋绑扎后对规格、数量、排距、尺寸、标高、保护层厚度进行检查，确保符合规范要求。为防止混凝土浇筑时人员踩压等原因使钢筋骨架变形，适当增加架立钢筋的数量。板梁钢筋绑扎时应注意相关预埋件的埋设。钢筋绑扎完毕，由现场技术人员、质检工程师检查验收，并做好验收记录，合格后报请监理工程师验收。

（4）板梁模板采用大块钢模板，分块尺寸为 200 cm×80 cm。模板使用前采用打磨机将模板表面铁锈打磨干净，为防止接缝漏浆，在模板接缝处粘贴双面胶带，脱模剂采用柴机油，配合比为 2∶1。模板安装时严格控制结构尺寸及垂直度，四周采用钢管支撑牢固。

（5）板梁混凝土采用 C40 耐久性（防腐）混凝土，在拌合站集中搅拌，混凝土罐车运输至现场，人工配合挖机及溜槽分层进行浇筑，插入式振动棒振捣密实。

（6）混凝土浇筑完成后，及时采用土工布覆盖洒水养生，养生时间不少于 14 天，保持混凝土表面处于湿润状态。混凝土强度达到 2.5 MPa 后方可拆除模板，模板拆除后放至一旁存放并堆码整齐，以便下次使用。

（7）板梁混凝土施工完成后，及时施工两侧混凝土护栏，护栏钢筋在板梁施工时预埋在板梁内，并与板梁钢筋焊接成整体。

（8）板梁内表面刷两遍散热改性沥青，顶面铺设不小于 0.06 m 厚纤维网混凝土，并设置向外的 2% 横向排水坡，其上铺设道砟及轨道。

由于场地狭小，板梁在施工过程中，板梁钢筋在钢筋场集中制作，板车运至现场进行绑扎，因此，机械施工可能会碰撞既有铁路桥墩、磕碰既有桥梁箱梁底板，钻孔桩塌孔使既有铁路桥墩位移或沉降。

6.3 下穿既有桥梁路基施工安全风险评价

6.3.1 基于 AHP 的模型综合评价模型

模糊评价法是利用模糊集理论评价工程项目风险的一种方法。工程项目风险很大一部分难以用完全定量的精确数据加以描述，这种不能定量的或精确的特性就是模糊性。美国学者 L. A. Zadeh 在 1965 年就提出了模糊集理论，该理论在工程管理领域得到较为广泛的应用[139]。其综合评价结果的可靠性和准确性依赖于因素的合理选择、权重分配等，为了较好地解决这些问题，现将层次分析法与模糊评价法相结合形成基于 AHP 的模糊综合评价模型，其基本做法和步骤请参见 4.3.2.1。

6.3.2 下穿既有桥梁路基施工风险评价模型

本段路基下穿京沪高铁、沪宁城际铁路，属于邻近营业线 C 类施工。施工期间不需要天窗点及限速，不影响铁路正常运营，但需对既有桥墩及箱梁进行防护，经现场调查，既有桥梁桥下无贯通线或铁路地埋电缆等（与设备运营管理单位签订现场确认单），在确保既有桥墩和箱梁安全的同时保证现场连续施工，为本段路基施工重点。施工过程采用的机械设备主要为钻机、汽车吊、挖掘机、罐车、装载机、打拔机等，在施工中防止机械设备碰撞到既有桥梁桥墩与既有桥梁箱梁，以及在路基钻孔桩基础施工过程中可能出现的孔桩塌孔影响既有桥梁桥墩偏压、位移情况均为本段路基施工控制重点。

根据下穿既有桥梁路基工程所辖范围内的工程特点，结合施工现场下穿既有铁路路基施工的实际情况以及对重大危险源辨识分析的结果，可能或潜在的突发事件有：机械施工碰撞既有铁路桥墩；机械施工磕碰既有桥梁箱梁底板；钻孔桩塌孔使既有铁路桥墩位移或沉降。

为了加强评价模式的科学性，指标体系的构造和评价方法的选取尤为重要。采用层次分析法建立风险因素指标体系，如图 6-1 所示。

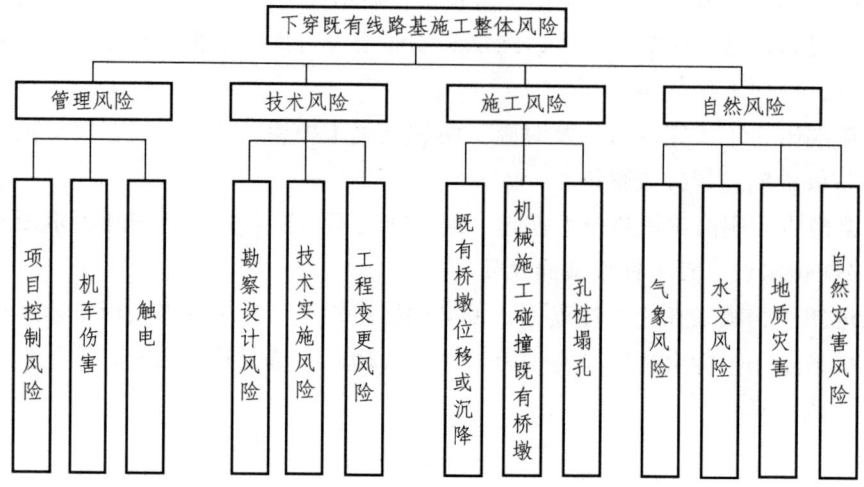

图 6-1 下穿既有桥梁路基施工风险指标体系

6.3.2.1 利用 AHP 确定各风险发生的权重

根据层次分析法的原理，由图 6-1 知项目的层次结构如下：

目标层：A——下穿既有桥梁路基施工的整体风险；

准则层（A_i）：A_1——管理风险；A_2——技术风险；A_3——施工风险；A_4——自然风险；

子准则层（A_{ij}）：A_{11}，A_{12}，…，A_{41}，A_{42}，A_{43}，A_{44}。

（1）根据有关本工程的资料征询有关专家意见，并经过综合权衡之后，确定 $A\sim A_i$ 的判断矩阵为：

$$A\sim A_i: \begin{bmatrix} 1 & 2 & 3/4 & 3/2 \\ 1/2 & 1 & 3/8 & 3/4 \\ 4/3 & 8/3 & 1 & 2 \\ 2/3 & 4/3 & 1/2 & 1 \end{bmatrix}$$

由公式计算该矩阵的特征值和特征向量为：

$$\lambda_{max} = 4.000\,0，w_j = [0.285\,7,\ 0.142\,8,\ 0.380\,9,\ 0.190\,5]^T$$

w_j 即为 A_i 的权重。

进行一致性检验：

$$RI = \frac{\lambda_{max} - n}{n-1} = \frac{4-4}{4-1} = 0$$

由于阶数为 4 阶，则 $CI = 0.9$，则

$$CR = \frac{RI}{CI} = \frac{0}{0.9} = 0 < 0.10$$

满足一致性检验要求。

（2）同理，可得到 $A_i \sim A_{ij}$ 的判断矩阵如下：

$$A_1 \sim A_{1i}: \begin{bmatrix} 1 & 2 & 3 \\ 1/2 & 1 & 7/4 \\ 1/3 & 4/7 & 1 \end{bmatrix}$$

$$A_2 \sim A_{2i}: \begin{bmatrix} 1 & 1/2 & 4/3 \\ 2 & 1 & 8/3 \\ 3/4 & 3/8 & 1 \end{bmatrix}$$

$$A_3 \sim A_{3i}: \begin{bmatrix} 1 & 3/2 & 1/2 \\ 2/3 & 1 & 1/3 \\ 2 & 3 & 1 \end{bmatrix}$$

$$A_4 \sim A_{4i}: \begin{bmatrix} 1 & 1/2 & 1/4 & 1/3 \\ 2 & 1 & 1/2 & 2/3 \\ 4 & 2 & 1 & 5/4 \\ 3 & 3/2 & 4/5 & 1 \end{bmatrix}$$

计算各自的最大特征值及其对应的归一化处理的特征向量：

$$\lambda_{\max 1} = 3.002\ 6;\ w_{1j} = [0.542\ 6,\ 0.285\ 6,\ 0.171\ 8]^T;$$

$$\lambda_{\max 2} = 3.000\ 0;\ w_{2j} = [0.266\ 7,\ 0.533\ 3,\ 0.200\ 0]^T;$$

$$\lambda_{\max 3} = 3.000\ 0;\ w_{3j} = [0.272\ 7,\ 0.181\ 8,\ 0.545\ 4]^T;$$

$$\lambda_{\max 4} = 4.000\ 5;\ w_{4j} = [0.100\ 1,\ 0.200\ 2,\ 0.394\ 2,\ 0.305\ 3]^T$$

可得单因素的指标权重集为：

$$w_1 = [0.542\ 6,\ 0.286\ 5,\ 0.171\ 8]$$

$$w_2 = [0.266\ 7,\ 0.533\ 3,\ 0.200\ 0]$$

$$w_3 = [0.272\ 7,\ 0.181\ 8,\ 0.545\ 4]$$

$$w_4 = [0.100\ 1,\ 0.200\ 2,\ 0.394\ 2,\ 0.305\ 3]$$

计算其相应的一致性指标，得

$$RI_1 = 0.001\ 3,\ RI_2 = 0,\ RI_3 = 0,\ RI_4 = 0.001\ 7$$

相应的 CR 如下：

$$CR_1 = 0.002\ 2,\ CR_2 = 0,\ CR_3 = 0,\ CR_4 = 0.001\ 9$$

均小于 0.1，故 $A_i \sim A_{ij}$ 判断矩阵满足一致性要求。

（3）计算各子准则层因素对目标层的权重为：

$$W = [0.155\ 0,\ 0.081\ 6,\ 0.049\ 0,\ 0.038\ 1,\ 0.076\ 2,\ 0.028\ 6,\ 0.136\ 4,$$
$$0.090\ 9,\ 0.272\ 8,\ 0.019\ 1,\ 0.038\ 2,\ 0.075\ 1,\ 0.058\ 2]$$

6.3.2.2 建立评判集

将风险程度分为 5 个等级：高风险 V_1、较高风险 V_2、中等风险 V_3、较低风险 V_4、低风险 V_5。评判指标采用加权平均法处理，对风险实行 5 分制，即：V_1、V_2、V_3、V_4、V_5 的得分分别为 5，4，3，2，1。于是得到向量 $C = [5,4,3,2,1]^T$。

6.3.2.3 单因素模糊评价

以既有桥墩位移或沉降风险为例，采用专家打分法对其风险程度大小进行模糊评判。请 15 位有丰富相关经验的专家对既有桥墩位移或沉降风险水平进行模糊估计，即该风险发生的概率和发生的后果严重程度的综合。打分后经统计，有 0% 人认为该风险高，6.67% 的人认为该风险较高，20% 的人认为该风险中等，60% 的人认为该风险较低，13.33% 的人认为该风险低。故既有桥墩位移或沉降风险评价的隶属度为：

$$(0.000\ 0,\ 0.066\ 7,\ 0.266\ 7,\ 0.666\ 7,\ 0.000\ 0)$$

类似可得到：

机械施工碰撞既有桥墩的风险隶属度为：

$$(0.000\ 0,\ 0.266\ 7,\ 0.600\ 0,\ 0.133\ 3,\ 0.000\ 0)$$

孔桩塌孔的风险隶属度为：

$$(0.000\ 0,\ 0.133\ 3,\ 0.533\ 3,\ 0.266\ 7,\ 0.066\ 7)$$

由上可得到施工风险因素的模糊矩阵：

$$R^3 = \begin{bmatrix} 0.000\ 0 & 0.066\ 7 & 0.266\ 7 & 0.666\ 7 & 0.000\ 0 \\ 0.000\ 0 & 0.266\ 7 & 0.600\ 0 & 0.133\ 3 & 0.000\ 0 \\ 0.000\ 0 & 0.133\ 3 & 0.533\ 3 & 0.266\ 7 & 0.066\ 7 \end{bmatrix}$$

管理风险的模糊矩阵为：

$$R^1 = \begin{bmatrix} 0.000\ 0 & 0.200\ 0 & 0.400\ 0 & 0.333\ 3 & 0.066\ 7 \\ 0.000\ 0 & 0.266\ 7 & 0.600\ 0 & 0.133\ 3 & 0.000\ 0 \\ 0.000\ 0 & 0.000\ 0 & 0.200\ 0 & 0.533\ 3 & 0.266\ 7 \end{bmatrix}$$

即项目控制风险隶属度为：

$$(0.000\ 0,\ 0.200\ 0,\ 0.400\ 0,\ 0.333\ 3,\ 0.066\ 7)$$

机电伤害的风险隶属度为：

$$(0.000\ 0,\ 0.266\ 7,\ 0.600\ 0,\ 0.133\ 3,\ 0.000\ 0)$$

触电风险的隶属度为：

$$(0.000\ 0,\ 0.000\ 0,\ 0.200\ 0,\ 0.533\ 3,\ 0.266\ 7)$$

技术风险的模糊矩阵为：

$$R^2 = \begin{bmatrix} 0.000\,0 & 0.000\,0 & 0.266\,7 & 0.533\,3 & 0.200\,0 \\ 0.000\,0 & 0.067\,7 & 0.666\,7 & 0.266\,7 & 0.000\,0 \\ 0.000\,0 & 0.000\,0 & 0.533\,3 & 0.400\,0 & 0.066\,7 \end{bmatrix}$$

即勘察设计风险隶属度为：

(0.000 0, 0.000 0, 0.266 7, 0.533 3, 0.200 0)

技术实施风险隶属度为：

(0.000 0, 0.067 7, 0.666 7, 0.266 7, 0.000 0)

工程变更风险隶属度为：

(0.000 0, 0.000 0, 0.533 3, 0.400 0, 0.066 7)

自然风险的模糊矩阵为：

$$R^4 = \begin{bmatrix} 0.000\,0 & 0.000\,0 & 0.266\,7 & 0.533\,3 & 0.200\,0 \\ 0.000\,0 & 0.066\,7 & 0.333\,3 & 0.466\,7 & 0.133\,3 \\ 0.000\,0 & 0.333\,3 & 0.533\,3 & 0.133\,3 & 0.000\,0 \\ 0.000\,0 & 0.200\,0 & 0.600\,0 & 0.200\,0 & 0.000\,0 \end{bmatrix}$$

即气象风险的隶属度为：

(0.000 0, 0.000 0, 0.266 7, 0.533 3, 0.200 0)

水文风险的隶属度为：

(0.000 0, 0.066 7, 0.333 3, 0.466 7, 0.133 3)

地质灾害的隶属度为：

(0.000 0, 0.333 3, 0.533 3, 0.133 3, 0.000 0)

自然灾害风险的隶属度为：

(0.000 0, 0.200 0, 0.600 0, 0.200 0, 0.000 0)

单因素模糊评价结果表示为：

$$B_i = W_i \cdot R^i$$

则：

管理风险的模糊评价结果为：

$$B_1 = w_1 \cdot R^1 = (0.000\,0,\ 0.184\,9,\ 0.423\,3,\ 0.310\,7,\ 0.082\,0)$$

技术风险的模糊评价结果为：

$$B_2 = w_2 \cdot R^2 = (0.000\,0,\ 0.035\,6,\ 0.533\,3,\ 0.036\,45,\ 0.066\,7)$$

施工风险的模糊评价结果为：

$$B_3 = w_3 \cdot R^3 = (0.000\ 0,\ 0.139\ 4,\ 0.472\ 7,\ 0.351\ 5,\ 0.036\ 4)$$

自然灾害风险的模糊评价结果为：

$$B_4 = w_4 \cdot R^4 = (0.000\ 0,\ 0.205\ 8,\ 0.486\ 8,\ 0.260\ 4,\ 0.046\ 7)$$

6.3.2.4　项目整体风险的模糊评价

$$R = \begin{bmatrix} R^1 \\ R^2 \\ R^3 \\ R^4 \end{bmatrix}$$

$$B = W \cdot R = (0,\ 0.150\ 2,\ 0.469\ 8,\ 0.324\ 3,\ 0.055\ 7)$$

采用加权平均法对评价结果进行处理，假设对项目风险实行 5 分制，即高风险 V_1、较高风险 V_2、中等风险 V_3、较低风险 V_4、低风险 V_5 分别得分为 5，4，3，2，1，于是可得到向量 $C = [5,4,3,2,1]^T$。

设对项目的最终的整体评价为 S，则

$$S = B \cdot C = (0,\ 0.150\ 2,\ 0.469\ 8,\ 0.324\ 3,\ 0.055\ 7) \cdot [5,4,3,2,1]^T = 2.714\ 5$$

即认为该项目的整体风险为中等风险，基本可以接受，但仍应加强各个阶段的风险管理。同时，由风险因素评价矩阵可以得知，本项目中风险程度较高的主要因素是 A_{11}，A_{12}，A_{22}，A_{31}，A_{32}，A_{42}，即：项目控制风险；机车伤害风险；技术实施风险；既有桥墩位移或沉降风险；机械施工碰撞既有桥墩风险。在施工过程中应加大这方面的控制，采取相应的风险应对措施。

6.4　下穿既有桥梁路基施工安全风险管理策略

钻孔桩施工过程中由于各项施工工序的进行会对临近既有营业线产生不同程度的影响。具体表现为临近既有营业线路基附近土体土压力变化的影响，临近既有桥梁桥墩水平位移变化的影响和路基沉降变化的影响。钻孔桩施工对临近既有桥梁带来的这些影响需要在施工过程中加以控制，保证钻孔桩施工产生的影响控制在合理范围内。

6.4.1　临近既有桥梁钻孔桩施工前准备

钻孔桩基工程施工前，需要做好施工资料和施工机械设备的准备工作，为保证施工过程的顺利进行做好铺垫。

临近既有营业线钻孔桩桩基施工开始前，需要准备工程所需资料，例如工程水文地质资料，安全控制方案，设计图纸，施工方案，临近区域的调查资料和施工现场周围环境，主要的施工设备及其配套设施的资料、所需材料的检验报告与配合比资料等[140]。

施工所需的机械与设备安排及要求需要根据实际地质条件等情况选择适当的施工机械及其配套设施，在施工前对钻机等设备进行检查与调试。由于临近既有营业线施工，必须谨慎选择钻机，钻机高度的选择不宜过高，钻机行走系统必须稳定。

6.4.2 钻孔桩施工过程中的安全控制

6.4.2.1 既有营业线附近的隔离栅栏过渡措施

将影响施工的既有营业线防护栅栏暂时改移到既有桥梁路肩外，距外侧钢轨的距离不小于 3.5 m 的安全距离。改移点设专职看护人员，严格禁止施工人员上道。首先，采用临时物理隔离封闭围护需拆除的既有栅栏段，然后改移既有营业线防护栅栏，按照"先防护，后施工"的准则，临时物理隔离防护采用钢管立柱加立面钢丝网封闭。栅栏高度不小于 2 m，且高度基本一致，稳定牢固，不容易发生变形、损坏。改移栅栏时，对危险的区域进行划分，设置警戒线，请工务部门派人前往施工现场进行指导改移工作。

6.4.2.2 对地下管线路设置保护措施

施工前与当地铁路相关工务、电务、信号、通信、给水等部门联系，对地下管线埋设及改迁情况进行确认，以确保不发生疏漏。

供电电缆和电气化杆改迁的安全防护措施：施工前由设备产权单位先在既有营业线两侧的适当位置架设两组横梁，把该组横梁抽出。对附加导线进行先期落地过渡处理，在工程完工后及时恢复。

在钻孔桩桩基施工开始前，由设施产权相关单位把通信光缆埋入影响施工过程以外的地下，采用砌砖混凝土和覆盖槽钢进行防护。施工过程中一旦挖出既有营业线相关管线，必须及时和相关部门取得联系，做好抢救措施，保证既有营业线的安全运营。

6.4.2.3 对软弱土层进行换填

发现施工区域所处地基承载力不能满足钻机施工行走所需的承载力要求时，需要相关试验室逐段检测施工区域的地基承载力，确定换填处理方案。换填处理后要达到的标准：地基土体密实、平整，不含有草皮和树根等杂物；地基承载力需要达到 70 kPa 以上；对地基土体中的坑穴要进行彻底处理，确保对既有营业线不会构成安全隐患。

6.4.3 钻孔桩施工机械安全的防护措施

在施工前制订专门的应急预案，并按照要求配备足够的人员和物资计划，同时要进行应急预案演练。要随时加强与各方的沟通及汇报工作，既有桥梁施工过程中发生问题要立即报告并按照应急预案尽快组织抢险。

对各类施工机械必须进行登记、编号，所有的施工机械都必须做到"一机一人"对应防护措施；现场施工人员必须掌握好设备到既有营业线、接触电网、架空电缆等与施工区域的相对距离，保证施工机械处于安全作业的范围内；大型机械设备参与临近既有营业线施工时，要制订专项的安全防护施工方案,并严格按照相关规定审批程序进行上报,直到相关部门审核批准后才能正式进行施工。临近既有营业线施工的各类大型机械设备的操作人员必须取得相关操作证书,且使用的相关设备必须正常运转。施工前必须检查各种机械设备的安全防护措施是否充分,地锚、缆风绳、钻机等设备的连接点是否正确,缆风绳在钻机上的固定位置是否牢固、有效。

6.4.4 钻孔桩施工现场的管理与控制措施

钻孔桩桩基施工前需要相关机械设备产权单位对附加导线进行落地绝缘处理。在钻孔施工时用钢索拉紧钻机,严防钻机倒向铁路。离既有营业线路近的桩基,在钢筋笼吊放的施工作业时,必须在批准的时间段内进行施工,派车站驻站的电话员、现场管理的安全员需进行全时段的安全防护;钻孔施工阶段排出的泥需要装车及时拉出,以防临近既有营业线路基被泡软,从而影响临近既有营业线路的稳定性。

新建铁路采用钻孔桩加板梁施工,在施工过程中存在雨水侵入新线路基本体的隐患,在钢筋笼的吊放过程和钻机钻孔施工作业中,存在施工设备倒向临近既有营业线路的潜在安全隐患,需要采取的防护措施为:

(1)在施工现场设置警示告知标识牌,警告标识牌的设置目的是为了警示进入施工现场的管理人员、操作人员,在施工作业期间要时刻注重安全生产,减少对安全生产影响的人为因素,与此同时也是对进入现场的与施工无关人员进行警告的作用。警告标识牌必须设置在施工现场醒目位置处和相关设备之上。

(2)钻机设备的安装、就位以及转移等施工过程,首先将各类配件安放至钻孔桩基础的施工区域,钻机的安装过程必须在指定的区域进行操作。钻机起吊立柱时,必须在吊车的周围设置安全警戒线,必须由安全员在现场监督钻机的安装等操作过程,吊车的操作人员必须持证上岗。在完成设备安装后,由操作熟练经验丰富的人员进行试机。钻孔机进行移位前,需要将钻机上的缆风绳和地锚进行牢固稳定的连接,并且预留出足够的调整长度;对钻机移位的路线进行详细规划,钻机就位以后,使用枕木或者钢板对钻机的底座或支撑面进行支垫,以保证钻机底座之间处于同一水平面上。钻机就位后需要对钻机自身钢丝绳全部进行张紧,以达到钻机的各部位连成一个整体的目的,增强钻机整体的抗倾覆系数。严禁在夜间对钻机进行转场、移机等操作。钻机等设备进行转场时,现场分管的领导、施工现场负责人、技术负责人、领工员、安全员、防护员等相关人员需要同时在场进行把关。钻机等设备移机就位后,必须经过所有在场相关把关人员的检查,确认设施设备处于安全状态,并进行记录。

(3)安全控制措施,必须严格按照审查通过的施工方案进行组织实施;严格遵守与各相关设备管理单位签订的安全管理协议和划订的施工界限,必须严格禁止任何未经过批准对施工范围进行的调整;严格执行施工进度计划上报的制度,没有施工计划严禁施工,严格禁止冒险蛮干,必须确保施工过程中各项施工工序安全进行;施工前,对现场施工作业人员必须进行临近既有营业线施工安全知识的学习和教育,并且做好相应学习记录,对学习者需要进行考核,考试合格的人员才能参与临近既有营业线的施工作业,考试不合格的人员严禁上岗作业;必须紧抓对一线员工的教育工作,尤其是农民工的安全教育,坚持以工种进行划分,开展多层次的安全教育活动,对安全风险和防护知识进行明确阐述,做好施工人员的培训记录，考核合格后才能上岗。安全责任必须真正地落实到每一项工序、每一道环节、每一个岗位上，将压力进行层层传递，把责任进行级级分解，必须切实地做到"安全生产，人人有责"的生产要求。定期进行安全质量检查和安全隐患排查工作时，必须把施工安全作为检查的重中之重，根据施工现场的实际情况进行安全专项检查。

6.4.5 临近既有桥梁施工现场的安全防护管理措施

临近既有营业线路施工的安全防护是安全管理的重要内容，是在施工现场避免出现安全事故的前提，临近既有营业线路施工现场的安全防护必须引起相关施工人员的重视。如果对安全防护工作不加以重视，就会对临近既有线路以及新建线路施工带来重大的安全隐患。临近既有营业线路施工的安全防护对技术性和专业性有较高的要求，临近既有营业线路施工的安全防护措施主要包括以下几点：

（1）基坑的防护措施。在临近既有营业线施工时，基坑处于临近线路的两侧，为了保证临近既有营业线路基的稳定，防止基坑塌方而伤到相关工作人员，对基坑护壁和基坑边坡都要进行设置适当的安全防护措施，例如基坑支护、边坡加固等。同时基坑周围要做基坑防护网，以防施工人员或者周围群众意外落入基坑。

（2）行车和施工人员安全的防护措施。施工现场必须由相关设备管理单位即路局下属的工务、电务、水电、机务、通信等部门指派专业人员进行防护，除此之外，施工单位还必须在施工区域的两端派遣指定防护人员进行防护，对行车和相关施工人员的安全进行保障。

（3）接触网的防护措施。在临近既有营业线进行施工作业时，为了避免对接触网的碰撞造成的接触网损坏、电弧误伤人等事故，施工期间必须保证大型机械设备与接触网保持足够的安全距离，严禁施工过程中发生设备侵限。

6.4.6 钻孔施工临近既有桥梁的监测控制措施

临近既有营业线施工前需要做好监测方案，施工中必须按照监测方案进行监测，监测数据应根据规范进行分析并作出评估。沉降值、位移值、受力变化等指标达到规定限制的60%应进行预警，到达80%必须进行警戒，做好改进施工工艺和增强防护措施后才能继续施工。

6.4.6.1 监测频次要求

钻孔桩施工前，进行测试初始读数。施工时间内观测频次一般情况下是2h观测1次，转孔桩施工地段如有异常变形时观测频次提高到1h观测1次；钻孔桩施工完后观测频次一般情况下1天不少于2次，观测时间不少于3天。并按照规范绘制沉降变形监测结果曲线图，随时了解、掌握既有桥梁路稳定情况；监测数据每天18:00点前向供电段、工务段等设备管理部门汇报监测数据，以确保监测数据的及时反馈。当监测发现变形速度异常时，项目部根据施工现场情况暂停施工，继续监测，并将监测情况及时汇报分管领导及相关部门，以便采取有效的应对措施，异常情况消除后，方可施工。

6.4.6.2 监测精度要求

竖向位移采用水准仪监测,应达到二等水准测量标准,测量精度应达到±1 mm,读数取至 0.1 mm。水平位移采用全站仪进行监测,利用施工现场稳定的测准基点,采用坐标形式对位移变化进行监控。

所有监测数据必须真实准确,清晰记录,不得存在涂改现象;记录数据必须签字齐全。监测数据必须及时录入电脑,校核无误后用计算机进行保存。

6.4.6.3 桥墩水平位移、沉降监测的控制标准

监测过程中,监测报警一般通过总变化量与变化速率两个指标进行控制,累计变形一般不能超过设计限值。在既有营业线列车不限速的状况下,桥墩的水平位移变化量不小于 2 mm/d,过着累计水平变化不小于 10 mm 时必须即刻停止施工;在既有营业线列车限速的状况下,桥墩的水平位移变化量不小于 6 mm/d,或者累计水平位移不小于 20 mm 时必须立即停止施工。

施工过程中如果发生线路变形、位移较大等现象,监测数据超过了预警指标,要即刻停止施工,同时及时通知相关管理单位、建设单位和监理单位等部门,并且启动相应应急预案。

6.5 下穿既有桥梁路基安全施工风险应对

6.5.1 风险应对的主要措施

风险应对是指通过降低风险事件发生的可能性,或者减轻其发生后的严重程度,来将风险达到一个可接受的程度。

6.5.1.1 风险回避

通过风险估计后,如果风险范围隶属于较大或很大的程度时,应考虑规避风险。即放弃使用有风险的项目资源、项目技术、项目设计方案等,从而避开项目的风险。例如:在技术不成熟的条件下,不能在等级高的高速铁路线路下方穿越。

6.5.1.2 风险转移

这类风险控制措施多数情况下用在那些发生概率较小,但是一旦发生则会有很大危害的风险事件。例如,通过合同或购买保险将项目风险转移给第三方。但是在下穿铁路施工中,铁路部门一般无法利用这种方式转移风险,因为一旦风险事件发生,可能危及行车安全,这不是第三方可以负担的。

6.5.1.3 风险控制

风险控制是指降低风险事件发生的概率或减轻其发生后的损失。在下穿既有铁路施工时,一般采取风险控制的方法来应对风险。

6.5.2 下穿既有桥梁路基施工风险应对措施

根据上述下穿既有桥梁路基安全施工的风险因素评价结果，可知施工中存在的管理风险、技术风险、施工风险及自然灾害的风险均处于中等风险级别，基本上可以接受，但仍应加强各个阶段的风险应对措施，减少风险发生的损失，使风险得以控制。

6.5.2.1 管理风险控制措施

1. 安全保证措施

1）安全组织机构

按照"管生产必须管安全"的原则成立以项目经理挂帅和副经理、总工程师、安检负责人员组成的经理部安全领导小组，领导和组织实施本标段施工安全管理，确保安全目标实现。安质部具体实施各项安全管理工作，以专检和监督方式为主，实行安全生产一票否决权；经理部安全领导小组是安全管理的组织实施机构，项目作业队（架子队）安全工程师、工班安全检查员负责施工过程的安全监督。

2）安全保证体系

按照 GB/T 28001—2001 劳动卫生保障管理体系标准的要求建立项目安全生产保证体系，制订安全包保责任制，逐级签订安全承包合同。达到全员参加，全面管理的目的，充分体现"管生产必须管安全"和"安全生产、人人有责"。施工生产做到安全第一、预防为主，综合治理，消除隐患，实现安全生产之目的。

制订既有线安全管理规章制度。提前办理施工方案，做好与工务、车站的配合，签订施工配合协议，严禁扩大施工范围。施工时与有关工务等行车运营部门密切配合，确保行车安全。

3）安全保证措施

（1）对所有参与施工的人员进行既有线施工安全培训，作业人员经考试合格并取得操作合格证方可上岗作业。对作业人员的教育、培训、考试形成记录和台账备查。机械进场后安排经安全培训合格的防护员及专职监护员采取"一机一人"制防护，安全员、防护员与监护员采取 12 h 轮班制度，保障施工时既有线的安全。

（2）对既有铁路桥下铁通、电力、信号等地下管线进行排查，并与沪通铁路站前工程Ⅶ标及运营管理单位现场进行签认，确认无误后方可进行施工。

（3）对所有施工机械根据下穿铁路桥下净空（最小为 7.7 m）进行限高，即所有进入桥下施工机械高度不超过 7 m（吊车在既有线 30 m 范围以外施工）。同时设备进场时安全质量部、物机部必须填报《大型机械设备登记表》，对设备的型号、名称、编号、证书、高度、状况，以及操作人员、操作证等进行登记、编号管理。在施工过程中每日统计表上动态反映出施工地点、危险源点、防护人员、防护措施等，以利于动态监控。

（4）对既有京沪高铁 452#、453#、454#桥墩及沪宁城际 184#、185#、186#桥墩四周采取防撞墩及钢管进行防护，防护高度为 4.0 m，防撞墩尺寸为 50 cm×50 cm×100 cm，周身刷红白条形油漆警示，钢管粘贴反光胶带，具体布置如图 6-2、图 6-3 所示。

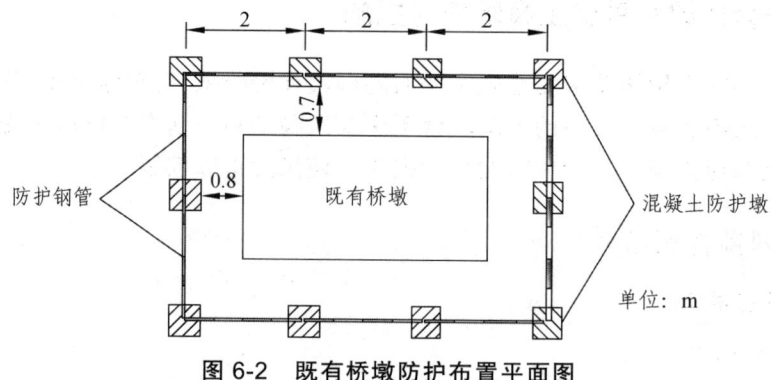

图6-2 既有桥墩防护布置平面图

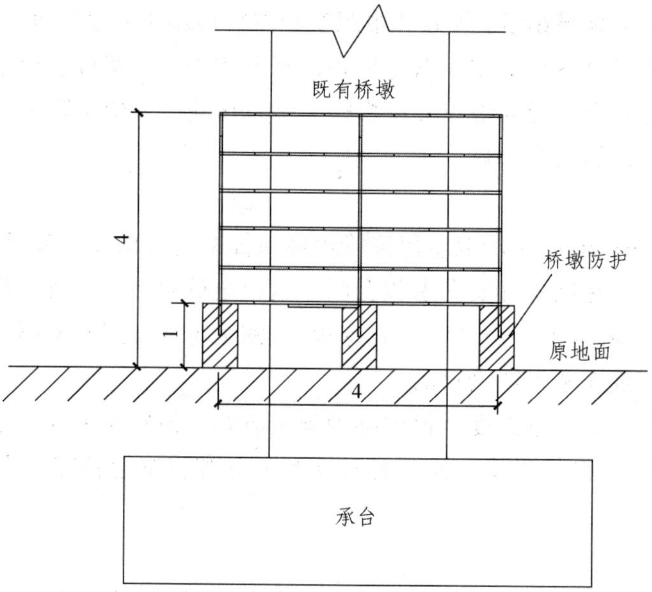

图6-3 既有桥墩防护立面布置图

（5）根据施工现场实际情况，场内施工便道（既有线箱梁投影线范围以外）采用砖渣碎石填筑，路面设单向2%横坡，内高外低，确保施工场地排水通畅，无积水。对钻机平台平整后采用20 cm厚C20混凝土进行硬化处理，确保平台稳定，并对钻机拉缆风绳固定，防止倾覆。

（6）钻孔桩施工时，靠近既有桥墩钻孔施工采用全护筒跟进防护，防止钻孔过程塌孔影响既有线路稳定。同时加强对既有桥墩的沉降观测，做好详细记录，及时反馈给设备运营管理部门，掌握轨面变化情况，及时采取应急措施。

（7）泥浆池布置在既有线30 m以外，并及时清理外运。泥浆排放按照方案规划要求设置排浆槽。

（8）施工现场弃土不得随意堆放在既有桥墩旁侧，采用拉土车及时外运至既有线施工范围以外指定地方存放。施工材料不得集中堆放。

（9）所有施工机械顺线路方向设置，并设置转向限制线、划分警戒区，设置安全警示牌，防止其施工过程中转向碰撞既有桥墩。

（10）路基水沟施工时精确放样出开挖边线，对距离桥墩较近水沟，在靠近既有承台一侧采用人工进行开挖，防止损坏既有承台混凝土面。

（11）轨道施工前后对既有桥墩进行监控观测，详细记录观测数据。

2．质量保证措施

1）做好技术培训和质量自控体系的培训

正式开工前，应做好图纸会审工作，根据设计资料、规范及专项施工方案，组织对现场施工的技术人员和施工人员做好技术培训，使其充分了解设计意图，熟悉施工工艺和施工规范。

2）加强施工过程的监督和管理，发现不良苗头及时制止和纠正

技术质量部将作为质量控制的牵头部门，严格按照设计交底和质量自控体系的规定，加大对作业一线的监督和检查力度，发现问题及时纠正，及时解决。

3）严格报批程序，履行好"三检制"和"报检"制度

配足配强作业一线的质检工作，从专职质检人员的素质、数量等方面给予充分保证。各单位要严格按照程序落实"三检制"和"报检制"，并与驻地监理建立良好的工作关系，为工程开展奠定坚实的基础。

4）做好施工纪录，真实记录现场情况

参加管桩施工的技术人员、质检人员要认真学习标准，做好现场的技术指导和质量监控工作，同时，认真做好工程日志、"管桩施工内控表"和各种技术资料（包括录像和照片等影像资料），确保内业资料做到及时性、准确性和可追溯性。

5）钻孔桩施工质量保证措施

（1）施工平台平整夯实后采用C20混凝土硬化，确保平台在钻进过程中的稳定。

（2）保持钢护筒内泥浆水头高度，平衡地层水压力。

（3）采用优质大比重泥浆护壁，钻孔时应由专人管理泥浆，经常测量泥浆指标，根据钻进情况及时进行调整。

（4）成孔过程中遵守钻孔技术措施，严格按照作业指导书施工，选择合理的钻进参数、合适的钻头，保证钻孔的直径和垂直度。

（5）严格按照设计孔深和直径进行施工，不超钻、不少钻，认真做好终孔清孔和验收工作。

（6）加强桩基础施工全过程的质量管理，从班组做起，严格遵守操作规程，维护泥浆性能，坚持工序交验制度。

（7）详细、认真、准确地填写钻孔原始记录，精确测量钻具长度，注意地层的变化，在地层变化与地质报告提供资料不一致时，及时与有关单位联系。

（8）钢护筒定位必须准确，施打过程严格控制竖直度在容许范围内，钢护筒刃脚必须到达方案制订的稳定土层中，以防在钻孔中由于刃脚处于软弱土层中造成漏浆、坍孔。

（9）钢筋笼严格按图纸加工，孔口对接丝套接头要拧紧、到位；声测管固定牢靠，接头密封严实；钢筋笼下沉到位后调整吊环位置，防止骨架偏位。

（10）导管初次使用前必须进行水密承压试验，合格后方可使用。导管应垂直缓慢下放，下放过程不得顶挂钢筋笼；导管下放时派专人对导管长度、丝扣连接及导管悬空等进行盯控，并做好记录。

（11）混凝土灌注过程必须连续，灌注前储备足够数量的砂、石料，水泥，要求拌合站两台搅拌机设备运转正常，派专人与拌合站进行联系；现场配置200 kW发电机作为备用电源，对施工机械如砼泵车、混凝土运输车、吊车等进行详细的检查。现场技术员认真填写灌注记录，随时量测混凝土灌注高度，按要求及时拆除导管，保证混凝土灌注质量稳定。

（12）现场试验员对每车混凝土的坍落度及和易性进行检查，确保混凝土入孔质量，不符合要求的混凝土坚决不得进行灌注。

6）板梁施工质量保证措施

（1）严格按照图纸设计，做好板梁分块沉降缝处理。

（2）混凝土浇筑分层振捣密实，分层厚度控制在30 cm。振动棒距离模板保持5~10 cm距离。

（3）在混凝土浇筑完成并且初凝后，及时采用土工布覆盖洒水养生，养生期不少于14天。

（4）模板拆除完成后，及时对基坑进行回填，基坑回填时应四周同步进行，分层夯实。

6.5.2.2 技术风险控制措施

1. 地质勘察风险控制措施

加强地质勘察工作，查阅有关地质、水文资料、现场观察，采用超前地质预报等方式监控地质变化情况，开展施工地质调查，在地表及围岩变形观察、量测时，应做好量测数据的记录并对其进行分析研究，及时掌握不良地质变化。

2. 设计风险控制措施

选择有实力的设计单位，对设计文件进行审查，严格控制设计产品质量，在准确掌握基础资料的基础上，重点审核工程设计所依据的规范和标准，设计规模、施工方案等。

3. 施工方法风险控制措施

施工方法一般有全面开挖法、台阶法施工、环型开挖预留核心土法、中隔壁法、双侧壁导坑法等，根据地形、工程地质、地下水等方面选择合理的施工方法。

4. 施工技术水平风险控制措施

选择有资质的、专业的施工队伍进行施工；在施工过程中保证开挖进尺的深度，加大围岩支护的强度等。

5. 施工机械设备选择风险控制措施

选择合理的施工机械，故障率高、稳定性差的施工机具不得使用。

6.5.2.3 施工风险控制措施

由风险识别、分析与评价结果可知施工风险的评价结果为中等风险，需制订有效的规避措施来控制施工风险的影响。

1. 既有桥墩位移或沉降

本段路基下穿京沪高铁、沪宁城际铁路，属于邻近营业线C类施工。施工期间不需要天窗点及限速，不影响铁路正常运营，但需对既有桥墩及箱梁进行防护。

进场道路从沿沪大道通过大众停车场西侧当地既有乡村水泥路面便道进入施工现场，对乡村便道路面宽度进行拓宽（拓宽至 5 m），以便施工机械进入场内施工。便道路面设单向 2%横坡，内高外低，确保施工场地排水通畅，路面无积水。泥浆池布置在既有桥梁 30 m 以外，利用当地废弃池塘存放泥浆，弃渣及时外运。机械停放区及材料堆放区布置在既有桥梁 30 m 以外新建线路红线以内。

施工前测量组对每个桩位进行放样，用石灰线及木桩做标记，并提前埋设好钢护筒（既有桥梁箱梁投影范围外 12 m 以内的钻孔桩护筒一起埋设，共 48 个），护筒埋设完成后再次对桩位进行复测，符合要求后方可进行下一步施工。护筒埋设完成后，对施工平台采用 20 cm C20 混凝土进行硬化处理，确保钻机施工平稳。

施工用电采用 200 kW 发电机自发电，施工用水从附近池塘采用用水泵抽取。拌合站采用 3#拌合站，钢筋场设置在大众停车场内。

1）邻近既有桥梁路基水平位移的现场监测分析

（1）监测目的。钻孔桩施工过程中，对邻近既有营业线桥墩的水平位移变化情况进行监测能够全面了解钻孔桩施工过程的安全性和对邻近营业线桥墩的影响程度，以确保工程的顺利进行。在出现异常情况时能够及时发现并进行反馈，采取必要的工程应急措施，甚至调整施工工艺或者修改设计参数，确保新建线路工程安全竣工与临近既有营业线的安全运营，监测的目的如下：

① 及时为本项目工程施工反馈京沪高铁高架变形信息，施工方可根据监测数据及时调整施工参数，优化施工工艺，消除安全隐患，是工程信息化施工的重要组成部分，是判断京沪高铁高架结构安全的重要依据。

② 为修正设计和施工参数、预估发展趋势、确保工程质量及京沪高铁的安全运营提供实测数据，是设计和施工的重要补充手段。

③ 为各相关单位优化施工方案提供信息。

2）既有桥梁桥墩监测点布设

根据相关规范确定监测对象为京沪高铁既有 452#、453#、454#、184#、185#、186#共 6 个桥墩。

（1）基准点的设置。在京沪高铁线路上远离监测点 50 m 外的稳定的桥墩上设置不少于 3 个沉降基准点，每次测量时形成附合线路，以检核自动化观测设备的数据是否准确有效。基准点需 1 个月联测一次。现场情况本项目分别在京沪高铁 450#、182#、456#桥墩上各设置 1 点基准点，共设置 3 点水准基准点。

（2）桥墩垂直位移监测（人工）。每个桥墩沿线路走向方向对称布设 2 个人工沉降观测点，测点应布设在桥墩的中部。采用在桥墩上用电锤钻孔的方法，将圆形的测量标打入钻好的孔内，并用速凝水泥或者树脂固定牢靠。共计布设 12 个人工沉降观测点。

（3）桥墩垂直位移监测（自动）。每个桥墩上布设 1 个静力传感器，同时在监测点两侧 30 m 外的桥墩上各设置 1 个静力水准传感器作为基准点，共计布设 8 个静力水准传感器。

（4）桥墩水平位移监测（自动）。每个墩身上对称布设 2 个水平位移监测点，监测点之间不能相互遮挡，便于自动全站仪的观测视线通视，共计布设 12 个水平位移监测点。

（5）监测点统计如表6-4所示。

表6-4 监测点统计

京沪高铁既有承台编号	监测项目		
	人工沉降测点编号	沉降（静力水准）测点编号	水平位移（自动全站仪）测点编号
454#	J454-1；J454-2	Z454	W454-1；W454-2
453#	J453-1；J453-2	Z453	W453-1；W453-2
452#	J452-1；J452-2	Z452	W452-1；W452-2
186#	J186-1；J186-2	Z186	W186-1；W186-2
185#	J185-1；J185-2	Z185	W185-1；W185-2
184#	J184-1；J184-2	Z184	W184-1；W184-2

备注：水准基准点3点、静力水准基准点2点、自动位移基准点4点。

3）监测技术方法

（1）桥墩垂直位移监测（人工）。采用绝对或相对高程系，在京沪高铁线路上远离监测点50 m外的稳定且便于长期保存桥墩上设置3个沉降基准点（见图6-5、图6-6），建立水准测量监测网，参照Ⅱ等水准测量规范要求用水准仪引测。历次沉降变形监测是通过高程基准点间联测一条附合水准线路，由线路的工作点来测量各监测点的高程。各监测点高程初始值在施工前测定（测量2次取平均为初始值）。监测点本次高程减前次高程的差值为本次沉降量，本次高程减初始高程的差值为累计沉降量。水准测量按照国家二等水准测量的要求执行，如表6-5所示。

表6-5 国家二等水准测量技术要求

等级	仪器类别	视线长度/m	前后视距差/m	任意一站上前后视距差累计/m	视距高度/m
二等	DSZ1	≥3且≤50	≤1.5	≤6.0	≤2.80且≥0.55

高程测量，将严格按照相关规范对垂直位移监测网的技术指标及技术要求进行。

观测顺序。往测时奇数站为：后—前—前—后；偶数站为：前—后—后—前。返测时奇数站为：前—后—后—前；偶数站为：后—前—前—后。每一测段的测站数均为偶数。

往返测安排在不同的时间段进行；由往测转向返测时，互换前后尺再进行观测；扶尺时借助尺撑，使标尺上的气泡居中，标尺垂直。

（2）桥墩垂直位移监测。

① 仪器性能。本方案选用具有RS485遥测接口的电容式静力水准仪及其变送器。配变送器的RJ-50型静力水准仪的主要技术指标如下：

量程：50 mm；分辨率：0.01 mm；测点精度：0.1 mm；遥测接口：RS485；适应工作环境温度：-30 ~ +60°C；适应工作湿度环境湿度：0 ~ 100%。

② 测量原理及结构。静力水准仪依据连通管原理的方法，用RJ电容传感器，测量每个测点容器内液面的相对变化，再通过计算求得各点相对于基点的相对沉陷量。

4）现场监测的主要内容

通铁路站前Ⅵ标下穿京沪高铁、沪宁城际铁路工程位于江苏省昆山市花桥镇天福村上海大众停车场（既有京沪高铁 K1285+337~K1285+403、既有沪宁城际铁路 K33+942~K34+008）。沪通铁路安亭上、下行疏解线分别从临跨的既有京沪高铁、沪宁城际铁路桥梁下方以桩板式路基穿过。在钻孔施工可能对既有铁路桥梁产生影响，根据设计文件及上海铁路局要求，必须在施工过程中对既有铁路桥梁进行监测，为施工及铁路安全运营提供可行性的参考数据。

为了能够使施工安全顺利进行提供有效的参考数据，做到信息化施工，确保京沪高铁的安全运营，根据本工程施工的特点，经现场周边环境考察，按设计单位提出的监测技术要求、业主招标文件要求、相关规范要求，综合考虑监测主要设置如下内容：桥墩垂直位移监测（人工）；桥墩垂直位移监测（自动）；桥墩水平位移监测（自动）。

2. 施工机械碰撞既有桥墩

由于对既有桥墩防护不到位；机械操作人员无有效证件；未按一机一人进行有效防护；违反操作规程，施工平台不稳定。针对施工机械碰撞既有桥墩影响既有线的运营，应采取加强人员、机械作业前检查，所有进入现场施工机械限高不超过 7 m，施工机械按照一机一人严格防护，过程加强监督检查，对既有线桥墩四周采用防撞墩加钢管架维护，对钻机平台采用混凝土硬化处理以防机械倾覆。

3. 孔桩塌孔

塌孔是钻孔桩施工过程中的常见现象，重点是如何进行补救，避免更大的损失。该桥发生塌孔后，施工部门与监理、设计代表进行了认真的分析研究，查明塌孔产生的原因，首先用锤球方法测出塌孔的具体位置，然后用砂和黏土的混合物进行回填，填至距地表面 1.5 m 处灌水，用水压法沉实，回填物沉实后再进行重新钻机。钻孔时通过分析产生塌孔的原因，对泥浆稠度进行调整，提高泥浆稠度，并加固钻孔，放慢钻孔速度，收到明显效果后，重新钻孔顺利完成。

钻孔桩塌孔虽不是质量事故，但会给工程施工带来不必要的麻烦。为了避免影响工期，减少不必要的损失，应采取以下几点预防措施：

（1）积极采取泥浆护壁措施，根据地质情况确定适宜的泥浆稠度，泥浆的密度用泥浆相对密度计测定或用同体积的泥浆与清水的比值计算出来。

（2）充分分析地质资料，对地质状况可能发生的变化做充分准备，选择适宜的、足够的钻孔机具。

（3）钻孔前应预埋护筒，并根据不同地质状况保证适宜的护筒埋置深度和护筒顶端高度。

预埋护筒时，护筒周围和底脚应做夯实防水处理，保证不透水，其底端深度应按下列情况埋置：

① 旱地或浅水处对于黏性土不小于 1.0~1.5 m。

② 深水及河床软土、淤泥层较厚，应尽可能深入到不透水层黏土内 1~1.5 m。

预埋护筒的顶端也应根据不同情况而定：

① 处于旱地时，除满足施工要求外，护筒顶端宜高出地面 0.3 m，以防止杂物、地面水落入孔内。

② 处于水中时，视地质情况的好坏，护筒顶端宜高出水面 1.0~2.0 m。

③ 当孔内有承压水时护筒应高出稳定期的承压水 1.5~2.0 m。

④ 钻孔过程中遇有松散砂土或流沙时，应控制好钻进速度，选区用密度、黏度、胶体率大的泥浆。

⑤ 地处深水或淤泥层较厚时，搭设工作平台，平台须牢固稳定，并且钻机底座和顶端应平稳，保证在钻孔过程中钻机不产生位移和沉陷。

⑥ 因故停钻时，护筒内应保持足够的水头高度，为防止因停钻时间过长泥浆发生沉淀，致使孔内水压减小，应派专人每隔一定时间测量孔内泥浆比重，并适时进行人工搅拌，以保证泥浆足够的稠度。

⑦ 清孔时应指定专人补水，保证孔内足够的水头高度，清孔完后应立即灌注水泥混凝土，尽量缩短灌注混凝土时间。

⑧ 施工部门应克服马虎思想和经验主义，以科学的态度对待施工，加强各环节的管理与控制，避免由于人为因素导致钻孔桩塌孔。

总之，钻孔桩施工是一个复杂的过程，有一定的隐蔽性，且对其影响的因素很多，施工难以控制。把握好钻孔施工，是施工企业施工能力和技术水平的具体体现，应提高全员的质量意识，努力把各种质量隐患消灭在萌芽状态。

6.6 下穿既有桥梁路基安全施工风险监控

6.6.1 下穿既有桥梁路基施工风险监控概论

在工程建设过程中，无论项目管理单位采取什么样的风险控制措施，都很难将风险完全消除。而且原有的风险消除后，还可能产生新的风险。因此，在下穿既有桥梁路基施工的过程中，定期对风险进行监控是一项必不可少的工作内容。

6.6.1.1 下穿既有桥梁路基施工风险监控的内涵

工程风险监控是指随时监测并记录工程项目的各项风险状态，并与风险管理目标相比较，如发生偏差，则及时采取控制措施的过程。从定义可知，风险监控包括对工程风险的监视和控制两大环节。前者是在采取风险应对措施的基础上，定期地对已识别风险进行跟踪检查，监测残余风险，观察并记录其发展变化；后者则是在风险监视的基础上，采取相应的技术、合同、经济或组织等手段，对原计划进行调整，以便使制订的风险策略更加符合实际。

6.6.1.2 下穿既有桥梁路基施工风险监控的重要性

下穿既有桥梁路基施工的风险监控是风险管理至关重要的一个环节，它能确保风险应对计划的实施，并保证风险管理的有效性和持续性。风险监控具体体现为以下几点必要性。

1. 对已识别的风险源对工程的影响程度做出评价

通过对下穿既有桥梁路基施工进行的风险识别、分析、评价、管理和监控可知，随着工程项目的进行，风险是不断变化的。例如，原来的关键风险现在消除了，而之前较小的风险成为关键风险。因此，应对工程风险进行持续的监控。

2. 对原来工程风险的判断是否准确做出及时评价

在工程实施初期，风险管理者对于风险的相关信息了解得非常局限。随着工程的开展，反映工程建设环境和工程实施方面的信息越来越多，对于各种潜在风险的认识也更加深入。因此，通过风险监视可以收集最新数据，更新原来的风险应对计划，以便进一步采取更具体的应对措施。

3. 已经采取的风险应对措施是否适当，需要通过风险监控做出客观的评价

通过对下穿既有桥梁路基施工风险的监控，若发现已采取的应对措施是合理的，达到了较理想的风险控制效果，则应做好后续监控工作；若发现已采取的措施有误，则应尽早采取纠正行动，以减少可能的损失；若发现应对措施并没有问题，但其效果不理想，此时，不宜过早地改变原决策，而要寻找原因，并适当调整应对策略，争取收到理想的控制效果。如果出现了新的可供选择的应对策略，或者风险因素和风险事件发生变化，则要制订新的风险应对策略。

4. 是否存在残余风险及未识别的新风险，需要通过风险监控做出全面的评价

采取风险应对措施后，往往会有残余风险或出现新风险，对这些风险需要在监控阶段进行识别、评价，并考虑其应对措施。

6.6.2 下穿既有桥梁路基施工风险监控过程

在下穿既有桥梁路基施工的过程中，应该定期对施工情况进行检查，监视风险发生情况与预期的状态相比是否发生了变化。

1. 实施风险应对计划

根据下穿既有桥梁路基施工风险应对计划的要求，制订针对性的风险管理措施，将其应用到施工过程中，按预定的应对计划安排建设工程各项风险应对工作。

2. 收集实际数据

通过对下穿既有桥梁路基施工风险跟踪调查，定期收集反映各项风险实际情况的相关数据。收集数据应当全面、真实、可靠。

3. 处理相关数据

对收集的实际数据进行整理、统计、分析等工作，以形成与风险管理目标具有可比性的数据。

4. 实际情况与风险管理目标相比较

将下穿既有桥梁路基施工风险实际情况与风险管理目标相比较，可以确定深基坑施工时风险应对工作的实际执行状况与风险管理目标之间的偏差。

通过比较，发现下穿既有桥梁路基施工风险实际情况与原目标存在偏差较小，满足原目标的要求。

6.7 下穿既有桥梁路基施工安全预期效果

6.7.1 下穿既有桥梁路基施工安全目标预期效果

通过对下穿既有桥梁路基施工的风险识别建立了影响下穿既有桥梁路基施工的风险源清单，对风险源清单中的各风险因素进行分析，并依据层次分析法建立风险评价模型，运用模糊数学理论进行评价，得出影响下穿既有桥梁路基施工的高风险等级的因素主要有项目控制风险、机车伤害风险、技术实施风险、既有桥墩位移或沉降风险、机械施工碰撞既有桥墩风险。针对这些高风险因素进行针对性的安全防护工作，建立安全组织机构、安全保证体系及安全保证措施。

（1）对所有参与施工的人员进行既有线施工安全培训，作业人员经考试合格并取得操作合格证方可上岗作业。对作业人员的教育、培训、考试形成记录和台账备查。机械进场后安排经安全培训合格的防护员及专职监护员采取"一机一人"制防护，安全员、防护员与监护员采取 12 h 轮班制度，保障施工时既有线的安全。

（2）对既有铁路桥下铁通、电力、信号等地下管线进行排查，并与沪通铁路站前工程Ⅶ标及运营管理单位现场进行签认，确认无误后方可进行施工。

（3）对所有施工机械根据下穿铁路桥下净空（最小为 7.7 m）进行限高，即所有进入桥下的施工机械高度不超过 7 m（吊车在既有线 30 m 范围以外施工）。同时，设备进场时安全质量部、物机部必须填报"大型机械设备登记表"，对设备的型号、名称、编号、证书、高度、状况，以及操作人员、操作证等进行登记、编号管理。在施工过程中每日统计表上动态反映出施工地点、危险源点、防护人员、防护措施等，以利于动态监控。

（4）钻孔桩施工时，靠近既有桥墩钻孔施工采用全护筒跟进防护，防止钻孔过程塌孔影响既有线路稳定。同时，加强对既有桥墩的沉降观测，做好详细记录，及时反馈给设备运营管理部门，掌握轨面变化情况，及时采取应急措施。

（5）泥浆池布置在既有线 30 m 以外，并及时清理外运。泥浆排放按照方案规划要求设置排浆槽。

（6）施工现场弃土不得随意堆放在既有桥墩旁侧，采用拉土车及时外运至既有线施工范围以外指定地方存放。施工材料不得集中堆放。

（7）所有施工机械顺线路方向设置，并设置转向限制线、划分警戒区，设置安全警示牌，防止其在施工过程中转向碰撞既有桥墩。

（8）路基水沟施工时精确放样出开挖边线，对距离桥墩较近水沟，在靠近既有承台一侧采用人工进行开挖，防止损坏既有承台混凝土面。

（9）轨道施工前后对既有桥墩进行监控观测，详细记录观测数据。并对风险防护措施在现场施工中的应用进行监控，最大限度地满足预期安全目标，保证现场无人员伤亡、机械损伤等状况的发生。

6.7.2 下穿既有桥梁路基施工质量目标预期效果

针对上述高风险因素进行针对性安全防护工作，通过以下质量保证措施进行质量控制：

（1）做好技术培训和质量总控体系的培训。
（2）加强施工过程的监督和管理，发现不良苗头及时制止和纠正。
（3）严格报批程序，履行好"三检制"和"报检"制度。
（4）做好施工纪录，真实记录现场情况。
（5）钻孔桩施工质量保证措施：
① 施工平台平整夯实后采用C20混凝土硬化，确保平台在钻进过程中的稳定。
② 保持钢护筒内泥浆水头高度，平衡地层水压力。
③ 采用优质大密度泥浆护壁，钻孔中专人管理泥浆，经常测量泥浆指标，根据钻进情况及时进行调整。
④ 成孔过程中遵守钻孔技术措施，严格按照作业指导书施工，选择合理的钻进参数、合适的钻头，保证钻孔的直径和垂直度。
⑤ 严格按照设计孔深和直径进行施工，不超钻、不少钻，认真做好终孔清孔和验收工作。
⑥ 加强桩基础施工全过程的质量管理，从班组做起，严格遵守操作规程，维护泥浆性能，坚持工序交验制度。
⑦ 详细、认真、准确地填写钻孔原始记录，精确测量钻具长度，注意地层的变化，在地层变化与地质报告提供资料不一致时，及时与有关单位联系。
⑧ 钢护筒定位必须准确，施打过程严格控制竖直度在容许范围内，钢护筒刃脚必须到达方案制订的稳定土层中，以防在钻孔中由于刃脚处于软弱土层中造成漏浆、坍孔。
⑨ 严格按图纸加工钢筋笼，孔口对接丝套接头要拧紧、到位；声测管固定牢靠，接头密封严实；钢筋笼下沉到位后调整吊环位置，防止骨架偏位。
⑩ 导管初次使用前必须进行水密承压试验，合格后方可使用。导管应垂直缓慢下放，下放过程不得顶挂钢筋笼；导管下放时派专人对导管长度、丝扣连接及导管悬空等进行盯控，并做好记录。
⑪ 混凝土灌注过程必须连续，灌注前需储备足够数量的砂、石料、水泥，要求拌合站两台搅拌机设备运转正常，派专人与拌合站进行联系；现场配置200 kW发电机作为备用电源，对施工机械如砼泵车、混凝土运输车、吊车等进行详细的检查。现场技术员认真填写灌注记录，随时量测混凝土灌注高度，按要求及时拆除导管，保证混凝土灌注质量稳定。
⑫ 现场试验员对每车混凝土的坍落度及和易性进行检查，确保混凝土入孔质量，不符合要求的混凝土不得进行灌注。
（6）板梁施工质量保证措施。
① 严格按照图纸设计，做好板梁分块沉降缝处理。
② 混凝土浇筑分层振捣密实，分层厚度控制在30 cm。振动棒距离模板保持5~10 cm距离。
③ 在混凝土浇筑完成并且初凝后，及时采用土工布覆盖洒水养生，养生期不少于14天。
④ 模板拆除完成后，及时对基坑进行回填，基坑回填四周同步进行，分层夯实。
通过以上针对性质量管理措施的实施，减少了施工过程中质量问题的出现，保证了预期施工质量目标的实现。

6.7.3　下穿既有桥梁路基施工进度目标预期效果

通过对上述安全风险管理措施的有效控制与现场监控，下穿既有桥梁路基施工作为全线的重点控制性工程，在保证施工质量与施工安全的情况下，率先完成了提前拉通和提前竣工的目标。

6.8　小　结

通过对下穿既有桥梁路基施工工程特点的研究，分别从下穿既有桥梁路基施工的特点、路基施工状态的内部和外部影响因素来进行路基施工安全风险因素识别与风险分析，并建立影响下穿既有桥梁路基安全施工风险源清单；基于 AHP 综合评价模型对下穿既有桥梁路基施工进行评价指标的建立，根据模糊评价方法对风险因素进行评价，得出各因素的风险等级。高风险因素主要有项目控制风险、机车伤害风险、技术实施风险、既有桥墩位移或沉降风险、机械施工碰撞既有桥墩风险。采取积极有效的措施对评价出的高风险因素进行针对性的风险应对措施，进行现场风险监控，使风险发生的概率及破坏程度得以降低，在安全、质量、工期方面达到预期效果。

第 7 章 黄封下行联络线特大桥 64 m 钢桁梁临近营业线施工组织研究

7.1 研究的背景和意义

7.1.1 研究的背景

铁路工程是大型的基础设施，施工涉及的内容很多，而且项目各工序相互交叉，涉及工程技术的合理性，人力资源和工器具的有效配置，以及工程质量要求、施工安全要求、工期要求、环保要求等多方面的内容。一个铁路工程项目在施工过程中，无论是空间上还是时间上，各种运输机械、施工机械等需要进行交叉操作，施工现场错综复杂。同时也需要各种原材料、半成品、构件等。只有不断改进完善施工组织计划和施工现场的监管工作才能防止现场施工作业的断断续续，才能保证施工的流畅性，才能保证各道工序之间合理连接。因此，这就要求施工单位必须依据施工现场的实际环境，合理快速地进行施工组织。

根据以往的施工经验我们不难知道，通过编制符合工程实际的施工组织设计文件，制定一个合理有效的施工组织设计方案，在保证施工质量的同时，可以使施工进度灵活安排，确保在建项目能够顺利竣工，还可以预判施工过程中的潜在风险，给劳动者提供安全保障，避免意外的出现。同时还可以节约成本、减少污染、保护生态环境。因此，编制合理的高速公路施工组织文件具有重要的社会意义和经济效益。

7.1.2 研究的意义

一个既科学又合理的施工组织设计，可以把施工过程中所有的施工流程串联起来，形成一个有机整体，使施工作业的各模块相互协调，保证连续施工，使铁路工程能够安全、优质、高效、环保地完成通过本课题的研究，可以寻求优质、安全、高效、环保的施工管理模式，并推广应用到其他同类项目管理中。

7.2 黄封下行联络线特大桥 64 m 钢桁梁施工组织编制原则及依据

7.2.1 施工组织设计编制原则

（1）加强现场施工安全及质量管理，以确保钢桁梁施工安全、质量为目标，编制本施工专项方案。

（2）文明施工，精心组织现场交通疏导工作，确保钢桁梁施工期间沪昆线安全畅通，保护施工区域及周边环境。

（3）采用成熟可靠的施工工艺、材料、设备，达到技术先进、经济合理、切实可行、安全可靠。

（4）严格遵守有关设计、施工规范、技术规程和质量评定及验收标准，确保工程质量达到验标要求，工期满足节点要求。

7.2.2 施工组织设计编制依据

（1）《铁路营业线施工及安全管理办法》（铁运〔2012〕280号）、《铁路营业线施工安全管理办法补充规定》（铁总运〔2014〕180号）文件。

（2）《上海铁路局营业线施工安全管理实施细则》上铁运发〔2012〕586号文件。

（3）《上海铁路局公务安全管理办法》上铁工〔2015〕648号。

（4）《普速铁路工务安全规则》（铁总运〔2014〕272号）。

（5）2014版中国铁路总公司《铁路技术管理规程》。

（6）依据新建上海—南通铁路南通—安亭段《施工图黄封下行联络线特大桥沪通平安施（桥）—50全一册》。

（7）新建上海—南通铁路南通—安亭段工程通用设计图《有砟轨道64m单线下承式简支钢桁梁》（肆桥Ⅵ-01）。

（8）《铁路桥涵工程施工质量验收标准》（TB10415—2003）。

（9）《铁路混凝土工程施工质量验收标准》（TB10424—2010）。

（10）《铁路混凝土工程施工技术指南》（铁建设〔2010〕241号）。

（11）《客货共线铁路桥涵施工技术指南》（TZ203—2008）。

（12）《铁路工程测量规范》（TB10101—2009）。

（13）《钢结构施工及验收规范》（GB50205—2001）。

（14）《铁路钢桥保护涂装及涂料供货技术条件》（TBT1527—2011）。

（15）《铁路钢桥高强度螺栓连接施工规定》（TBJ214—92）。

（16）《钢结构用高强度大六角头螺栓》（GBT1228—2006）。

（17）《钢结构用高强度大六角头螺栓、大六角螺母、垫圈技术条件》（GBT1231—2006）。

（18）《铁路桥梁球型支座》（TBT 3320—2013）。

（19）《铁路钢桥制造规范》（Q/CR9211—2015）。

（20）《铁路桥涵工程施工安全技术规程》（TB10303—2009）。

（21）《铁路工程基本作业施工安全技术规程》（TB10301—2009）。

（22）现场实地调查资料。

7.3 黄封下行联络线特大桥 64 m 钢桁梁工程概况

编制施工组织设计工程概况时，应包括线路概况、主要技术标准、主要工程项目及数量、工程特点、控制和重难点工程的分析和对策、其他有关情况。

7.3.1 线路概况

新建上海—南通铁路南通—安亭段第 HTZQ-6 标段包含正线、安亭上下行疏解线、安亭—黄渡增建Ⅲ、Ⅳ线和黄封上下行联络线，折合双线 31.639 km。黄封下行联络线特大桥位于上海市嘉定区境内，中心里程为 HFXDK001+868.98，桥梁全长 3 457.49 m。桥平面位于直线和曲线上，纵断面位于半径为 10 000 m 的竖曲线上。设计里程 HFXDK000+140.235 至 HFXDK003+597.725，跨越既有沪昆线里程为 HFXDK3+105.62，交角为 29°，桥下净空高度为 7.3 m。承台采用菱形承台，桥墩采用开孔式矩形墩。

主要技术条件：

（1）线路级别：铁路Ⅰ级。

（2）正线数目：单线。

（3）设计活载：中-活载。

（4）轨道类型：160 km/h。

7.3.2 拟建钢桁梁与既有沪昆线位置关系图

拟建 1-64 m 下承式简支钢桁梁上跨沪昆线，在里程 K16+470 处相交，交角为 29°，钢桁梁两主墩承台均为菱形承台，承台一角侵入铁路栅栏处。钢桁梁底部距离营业线轨面净高为 7.65 m，现场对营业线接触网承力索标高进行测量，成桥后的钢桁梁底部距离最高位置的承力索距离为 1.045 m。钢桁梁与既有沪昆线位置关系如图 7-1、图 7-2 所示。

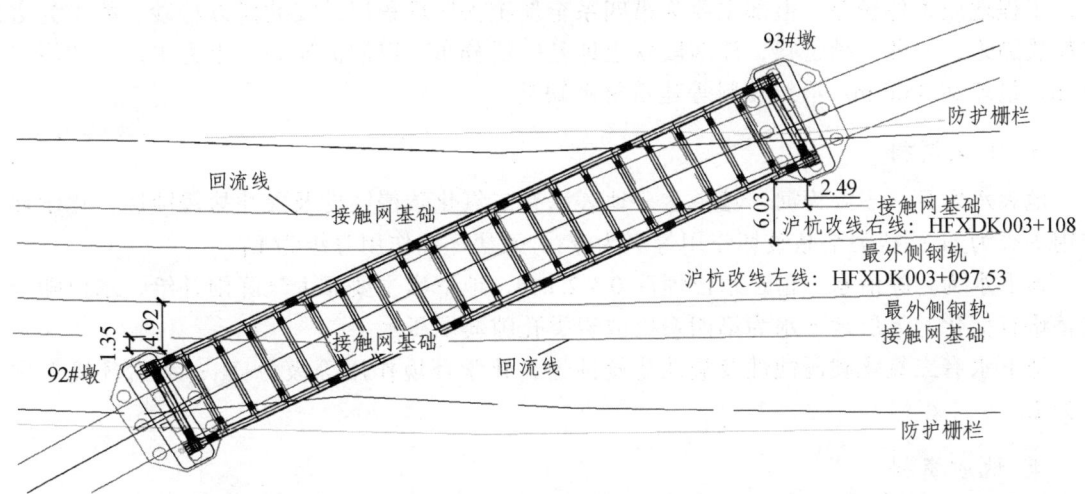

图 7-1　拟建钢桁梁与既有沪昆线平面位置关系图

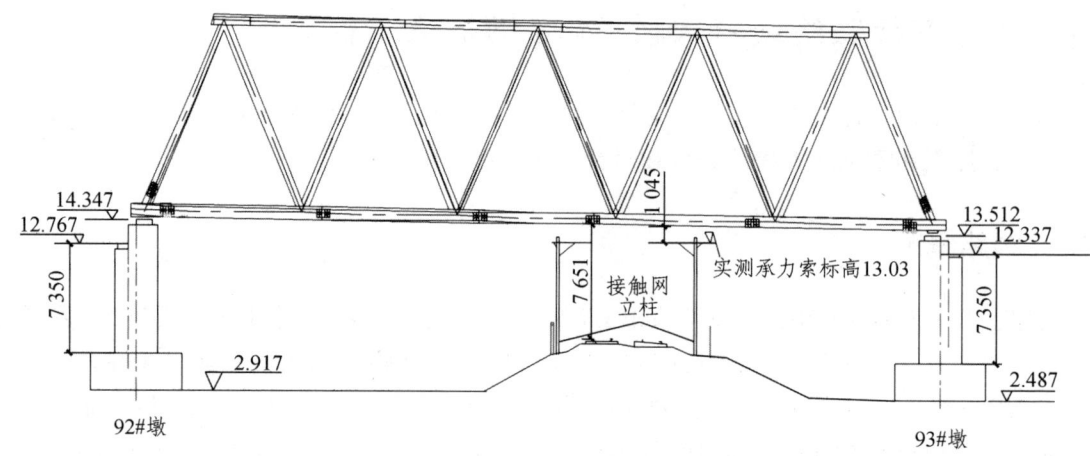

图 7-2 拟建钢桁梁与既有沪昆线立面位置关系图

7.3.3 黄封下行联络线特大桥 64 m 钢桁梁所在地区特征

7.3.3.1 自然特征

1. 地形地貌

所在地区为长江冲积平原河口新三角洲平原区,局部为湖沼积平原区。全线地形平坦,地势开阔,海拔标高 2.0~4.5 m。沿线河网密布,线路除跨越长江主河道外,还要跨越其支流,包括望虞河、新浏河、白茆河等河流。沿线水塘湖泊星罗棋布;通道内公路交通发达,城镇化较快,长江以南厂房、民居密布;其余空地多为高产农田、菜地。路基工程主要以路堤形式通过。

2. 地层岩性特征

线路所经地区为长江入海口新三角洲平原区,均为深厚第四系地层。成因主要为冲海积、海冲积,上海境内局部为冲积及湖沼积,具有海陆相相互交替沉积的特点,地层岩性变化较大,工程地质条件较差。上部主要为第四系全新统松散堆积层,江北段以粉砂、粉土为主,夹粉质黏土,松散~稍密状,江南段软土地基广泛分布,以淤泥质黏性土为主,一般厚 5~15 m,最厚达 35.6 m。沿线填料等建筑材料缺乏。

3. 水文资料

地表水发育,主要为河、塘中水。地表水有二氧化碳侵蚀性及酸性盐侵蚀性,化学环境作用等级为 H_1;盐类结晶破坏作用等级为 Y_1;氯盐环境作用等级为 L_1。

地下水为孔隙潜水,稳定水位埋深 0~2.1 m,地下水主要靠大气降雨补给,水位随季节交替略有变化。下层地下水为第四系松散岩类孔隙弱承压水。

地下水有二氧化碳侵蚀性及酸性盐侵蚀性,化学环境作用等级为 H_1;氯盐环境作用等级为 L_1。

4. 地质资料

桥址区场地地貌单元较简单,地形平坦开阔,根据工程地质机动钻探和静力触探的勘探资料及现场调查测绘,桥址处岩土层主要为第四系冲积、海冲积、冲海积松散堆积层,厚度较大,地基图层分布较稳定。桥址 15 m 深度范围内粉土为轻微液化土,属本区的主要不良地质。

7.3.3.2 交通运输情况

1. 线路状况

既有沪昆线为双线电气化铁路,属于繁忙干线。每天列车运行近 200 对,行车速度可达 200 km/h 以上(动车组),行车密度大,施工维修天窗时间:早 6:00 ~ 9:00。

2. 施工封锁及慢行

上跨既有沪昆线钢桁梁横移、转体及滑道梁安装施工属于邻近营业线 A 类施工。施工期间滑道梁吊装及钢桁梁横移需要天窗点,其他横移支架搭设需要进行硬隔离防护及限速,钢桁梁拼装施工远离营业线栅栏 10 m 外,不需要天窗点及限速。

7.3.4 技术标准

(1)铁路等级:Ⅰ级。
(2)正线数目:单线。
(3)限制坡度:6‰。
(4)设计速度:160 km/h,局部地段限速。
(5)最小曲线半径:平曲线半径 800 m,竖曲线半径 10 000 m。
(6)设计活载:"中-活载"。
(7)轨道类型:无缝线路有砟轨道。

7.4 黄封下行联络线特大桥 64 m 钢桁梁总体施工组织安排

7.4.1 工程施工总体目标

施工组织设计应围绕实现质量、安全、工期、环保等目标开展工作,按照各阶段要求,逐步深化细化。

7.4.1.1 质量目标

黄封下行联络线特大桥 1-64 m 钢桁梁是本标段的重点工程,也是本标段质量管理的重难点之一,为确保钢桁梁工程质量,本桥钢桁梁工程的质量管理目标:主体工程质量零缺陷,单位工程一次验收合格率 100%。

7.4.1.2 工期目标

本工程计划 2016 年 8 月 20 日开始施工,2016 年 12 月 10 日结束,总工期 110 天。

表 7-1 为钢桁梁横移施工时间安排表，表 7-2 为安全施工计划表。

表 7-1 钢桁梁横移施工时间安排表

序号	施工项目	开始时间	完成时间	备注
1	筑岛平台及临时支墩搭设	2016.7.15	2016.9.1	36 根管桩
2	滑道梁安装	2016.9.2	2016.9.2	93#墩施工完成后
3	钢桁梁拼装	2016.9.3	2016.11.3	
4	钢桁梁横移	2016.11.4	2016.11.4	
5	钢桁梁安装转轴	2016.11.4	2016.11.7	
6	钢桁梁转体	2016.11.8	2016.11.9	
7	钢桁梁落梁	2016.11.9	2016.11.9	拆除滑道梁

表 7-2 安全施工计划表

序号	类别	施工时间	施工地点	施工内容	设备管理单位
1	I级	2016.09.02—2016.09.03	沪昆线 K16+470	滑道梁安装	上海工务段
2	B	2016.11.04—2016.11.04	沪昆线 K16+470	钢桁梁横移	上海工务段
3	I级	2016.11.08—2016.11.09	沪昆线 K16+470	钢桁梁转体	上海工务段
4	I级	2016.11.09—2016.11.10	沪昆线 K16+470	滑道梁拆除	上海工务段
5	C	2016.07.15—2016.08.10	沪昆到达线	水上拼装平台施工	上海工务段
6	B	2016.08.10—2016.09.1	沪昆线 K16+470	临时支墩搭设	上海工务段
7	B	2016.9.3—2016.11.03	沪昆线 K16+470	钢桁梁拼装	上海工务段

7.4.1.3 安全目标

黄封下行联络线特大桥与既有沪昆线相交，钢桁梁横移支墩及滑道总高 11.7 m，再加上钢梁自身高度 12.8 m，总高度 24.5 m，临时支墩施工临近营业线，钢桁梁拼装时杆件吊装风险大，在施工过程中必须采取切实可行的防护和应急处理措施以确保 64 m 钢桁梁施工及营业线运营的安全，使黄封下行联络线跨沪杭线 1-64 m 钢桁梁得以安全施工。

7.4.1.4 环保目标

环境污染控制有效，土地资源节约利用，环保措施落实到位，节能、节材和水保措施落实到位。

（1）采取一切合理措施保护现场内外的环境，避免由于施工操作引起的粉尘、有害气体、噪声等环境污染，或其他由于环境污染的原因造成的人身伤害或财产损失。

（2）确保因施工产生的气体排放、地面排水、水土流失及污染等，不超过规定数值，也不超过适用法律规定的数值。

（3）保护饮用水源免受因施工活动造成污染。

（4）采取可靠措施确保水源和周围树木不遭到破坏，确保周围环境安静。

7.4.2 施工总体安排

7.4.2.1 施工总体规划

在场地平整、安全防护措施完成后,开展钢桁梁主墩钻孔桩及承台基础施工,主墩墩身施工过程中可同时施工钢桁梁临时支墩搭设以及钢桁梁线外拼装,待主墩施工完成且混凝土强度达到设计要求后,在天窗点期间内安装93#墩侧主墩滑道梁,滑道梁安装完成后安装临时支墩上横移滑道等,最后在天窗点期间内进行钢桁梁横移、转体施工,直至钢桁梁横移下落就位。

钢桁梁横移施工主要分为7个阶段:
第一阶段:筑岛平台及临时支墩搭设;
第二阶段:跨线滑道梁安装;
第三阶段:钢桁梁拼装;
第四阶段:钢桁梁横移;
第五阶段:钢桁梁转轴安装,试转体;
第六阶段:钢桁梁转体及落位;
第七阶段:滑道梁及支架、筑岛平台拆除。

7.4.2.2 总体施工方案

根据黄封下行联络线特大桥92#-93#墩两侧施工现场的具体情况,结合64 m钢桁梁自重大、跨度大、上跨营业线施工安全风险大的特点,为确保施工安全,钢桁梁施工采用线外拼装、整体横移20 m后安装92#墩处转轴,再以92#墩转轴为转点将钢桁梁逆时针旋转27°后就位方案,钢桁梁拼装场用地面积2 300 m²,即在92#墩西南侧30 m(顺线路方向右侧)搭设临时支墩拼装钢桁梁,待93#墩右侧滑道梁安装完成后,再通过横移支架及滑道梁将钢桁梁整体横移转体就位。

7.5 大型临时工程

7.5.1 进场道路

钢桁梁拼装基地进场道路可由惠平路转陇南路新建引入便道进入施工现场。

7.5.2 钢桁梁施工场地

为保证钢桁梁的施工,本着既经济节约又方便施工生产的原则,根据现场地形条件在92#墩西侧空地作为钢桁梁施工(存放和拼装)场地,共占地2300 m²。在拼装场范围内的河流上设置筑岛平台,陆地填砖渣夯实后进行硬化,以确保钢桁梁拼装吊装施工安全。钢桁梁场地平整及硬化施工与92#、93#墩基础施工同步进行,完成后施工临时钢管支墩,钢桁梁在临时钢管桩支墩上进行拼装。

7.6 工程重点、难点

1. 临近营业线施工安全压力大

黄封下行联络线特大桥与既有沪昆线相交，钢桁梁横移支墩及滑道总高11.7 m，再加上钢梁自身高度12.8 m，总高度24.5 m，临时支墩施工临近营业线，钢桁梁拼装时杆件吊装风险大，在施工过程中必须采取切实可行的防护和应急处理措施以确保64 m钢桁梁施工及营业线运营的安全。

2. 钢桁梁施工质量要求高

64 m钢桁梁施工技术复杂，尤其是钢构件的连接、钢梁涂层等施工，施工工艺复杂。钢桁梁的高空组拼加大了施工难度，钢桁梁杆件多，单根杆件含拼接板最大质量约16.5 t，施工拼装场地处于高空临时支架上，与地面有7~8 m的高差，因此，如何克服杆件的运输、吊装和组拼施工是本工程的主要难点。

3. 上跨营业线转体施工风险高

钢桁梁横移施工及滑道梁吊装需要多个天窗点，在天窗时间内，安全快速地完成既定工序是本工程的难点。

7.7 施工方案

总体施工工艺如图7-3所示。

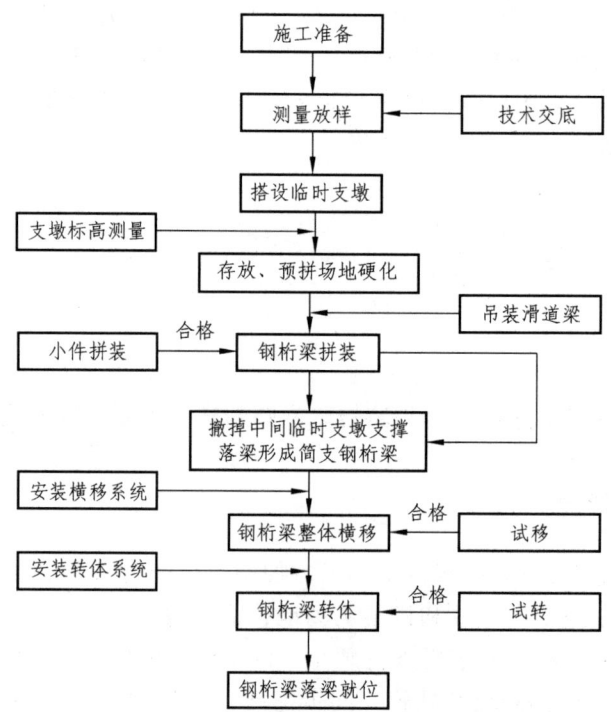

图7-3 钢桁梁横移转体施工工艺流程图

7.7.1 杆件的制造、运输、存放及矫形

7.7.1.1 杆件的制造

钢桁梁主要由以下杆件组成：上、下弦杆，斜腹杆，桥面系纵横梁，上平纵联，桥门架及横联等。64 m 钢桁梁纵向节段长为 5×12.8 m，主桁 362.9 t，上平纵联 27.6 t，桥门架 7.9 t，中横联 10.8 t，桥面板 149.4 t，高强螺栓 21 t，合计 579.6 t。为控制杆件生产质量，项目部选派一名专业技术人员驻厂进行全过程监控杆件生产。钢梁构件制作完成后，先在工厂内进行试拼装。试拼装应根据试件施工图进行，每拼完一个单元（或节间）应检查并调整好几何尺寸，再继续进行。钢梁在工厂试拼装合格后，进行拆分。为便于工地正确安装，拆分前应对各个节段和部件进行编号，并在两端标注节点序号，以防现场安装时搞混杆件的位置和方向，保证运输及现场安装顺利进行。

7.7.1.2 杆件的运输

（1）运输时要求加工厂家对零件进行配置并统一编号，按现场拼装节段顺序配装车，用大型平板车经施工便道运至施工现场。由于各杆件较重，大型、重要部位的杆件采用单层装车运输，小型杆件采用多层装运时，层间用橡胶垫软隔离，并捆绑固定，严禁在运输途中产生滑动造成结构变形和表面油漆损坏。

（2）加工厂家组织成立一个专门运输小组，负责组织指挥运输事宜。

（3）运输小组根据工程进度计划确定分批的运输时间、运量与要求，以及编队、配载、吊装捆绑加固的发运工作，做好发运批次、批量、数量和到达工地时间要求等交接手续。

（4）为确保安全准确，中途设联络人，及时保质保量将货物运至施工现场。

7.7.1.3 钢桁梁进场验收、检查及处理

杆件进场后，对进场杆件和制造厂提供的技术资料按照设计文件和《钢桥制造规则》进行质量检查，检查的内容包括：

（1）钢梁试装记录的检查：要复查 95%的孔眼是否能自由通过较设计孔径小 0.5 mm 的试孔器，和 100%的孔眼能自由通过较设计孔径小 0.75 mm 的试孔器，对试装记录有疑问时应要求厂方解释。

（2）焊缝重大修补记录的复查：抽查杆件修补后的焊缝质量是否符合《铁路钢桥制造规则》的规定，如工厂检查焊缝工序是在杆件矫正前，工厂还应提供经冷热矫正后不会再出现裂纹的试验资料，否则应要求厂方补做试验。

（3）主要杆件容许误差的复查：主桁杆、斜件及纵、横梁的外形容许误差，除设计另有规定外，不得超过《铁路钢桥制造规则》的有关规定。

（4）杆件外观（局部损伤、变形、油漆脱落等）检查：检查杆件在装卸运输过程中造成的局部损伤、变形、油漆脱落等情况，对损伤严重或有其他可疑情况时，应用放大镜或探伤器检查，大形杆件有扭曲情况应及时处理，对磨光顶紧部件，应检查顶紧面的密贴程度。

检查合格后按厂附杆件清单进行查对验收，并做好点收检验记录，同时安排专人进行清点分类，堆放在指定地点，轻吊轻放，以免碰撞变形。

对杆件因装卸运输而产生的局部变形或缺陷，可在现场采用冷矫或热矫或冷热矫相结合的方式进行矫正。冷矫可采用千斤顶或锤击的方式，热矫温度应控制在 600~800 ℃，并应有测温设备，一般使用"点加热法"或"线状加热法"。现场不能矫正者应退厂处理。

用干膜测厚仪测定进场后的杆件漆膜厚度，并做好记录，必要时补涂至符合要求。

对小面积油漆破损部位可用刮刀、钢丝刷、砂布清除铁锈，再用软毛刷或压缩空气清除干净后补漆；对于大面积破损部位，则应进行喷砂除锈，再按照规定要求重新补漆。

杆件进场后，安排专人进行清点分类，堆放在指定地点，轻吊轻放，以免碰撞变形，对进场杆件和制造厂提供的技术资料按设计文件和《钢桥制造规则》进行质量检查，同时还应按厂附杆件清单进行查对。

7.7.1.4 杆件的存放

根据该桥情况按每吨钢材堆存面积为 1~1.5 m^2 确定，吊卸杆件的机械采用 50 t 汽车吊，杆件存放要分别种类及拼装顺序，绘制杆件存放图，按图上位置堆放整齐，杆件放于枕木或混凝土垫块上，与地面保持 25 cm 的距离，支垫地面应有足够承载力，同时应满足以下要求：

（1）杆件堆放场地四周设排水沟，防止基底受水浸泡下沉，同时要做好覆盖，防止雨淋，加强保护，防止雨水积存在杆件上，较长杆件可在纵向稍留坡度，以利排水。

（2）杆件底与地面预留 25 cm 净空。

（3）杆件支点设在自重作用下杆件不致产生永久变形处。同类杆件多层堆放不宜过高，各层间垫块在同一垂直线上。

（4）将杆件刚度较大的一面竖向放置，长直杆件下应有足够的支垫，并调整到杆件两端、杆件长度 1/2 处、1/4 处，使杆件自重弯矩为最小，以防挠曲受伤。同类杆件多层堆放时，各层间的垫块应在同一垂直面上，弦杆一般堆 3 层，斜杆堆 3~4 层，截面较小时可增加堆放层数，但最多不超过 5 层，纵、横梁均应立放，相互间用角钢穿螺栓连接，其组合宽度小于梁高时，应在外侧加设斜撑。

（5）节点板和小部件分类堆放整齐，便于选用，高强度螺栓等易锈部件，要分规格存入库房内。

（6）堆放时，杆件间留有适当空隙，以便查对杆号及起吊操作。

（7）需要预拼的构件，在安排位置时靠近预拼台座，并按预拼顺序堆放，同时也结合使用装吊设置的性能安排杆件存放位置。

7.7.2 临时支墩及筑岛拼装平台施工

由于现场施工场地狭窄，两侧均为营业线，施工作业风险高，为减小拼装对既有铁路的影响，在河道上设置筑岛平台作为钢梁的拼装平台，在远离既有铁路处拼装后，整体横移转体就位。筑岛平台顺河流长度约 80 m，面积 1 205 m^2。为满足清污船的通行，在小里程侧预留 4 m 宽的河道，该侧采用钢板桩进行防护，设置小跨度型钢栈桥跨越预留通船河道。

横移临时支墩两侧均按 2 根一排进行布置，排间距为 3.0 m，单排 2 根钢管桩间距为 2.5 m，横移支架钢管桩入土深度为 26 m，露出地面部分高度为 10.4 m，总长共计 36.4 m，共布置 18 组。

钢桁梁转体临时支墩4根钢管桩间距为2.5 m×2.5 m正方形布置为一组，每根钢管下均采用直径1 m的钻孔灌注桩基础，桩长10 m。

拼装支架临1#-临4#墩，其结构形式自上而下为：双拼I56a型钢分配梁、20 mm厚钢板垫板、间距为2 m的$\phi 630\times 10$ mm钢管桩（打入深度为15 m）；滑道梁下支架布置自上而下为：箱型滑块、型钢滑块、MGE板、3 mm不锈钢板、4拼I56a型钢滑道、3拼I56a型钢分配梁、横向间距为2.5 m纵向间距为3 m的$\phi 630\times 10$ mm钢管桩。钢管桩入土深度16 m。

钢管桩采用振动液压锤进行搭设，单根钢管长度为9 m。距离沪昆线中心15 m范围的立柱均采用钻孔桩基础，以防止钢管打入土层对既有线路基产生挤压而位移。距离沪昆线最近的立柱为滑道1#最端头立柱，距离外侧铁轨5.7 m。该立柱直接支撑于承台上，承台施工时，预埋锚固钢板，待立柱施工时，钢管直接焊接于预埋钢板上。立柱安装时，设专人对吊车进行指挥，钢管下设置牵引绳索由人工牵引，钢管底距离地面高度控制在1 m范围以内，该营业线路基为高填方，且在路肩设置硬隔离栅栏，则可确保钢管不侵入铁路安全限界。

7.7.2.1 临时支架设计

拼装支架临时支墩从92#墩至93#墩编号为滑道一#、临1#-临4#、滑道二#临时支墩。1#-4#临时支墩设计为两排两列共16根$\phi 63\times 1$ cm钢管桩，钢管桩之间设置槽14剪刀撑，层距3 m，横杆为双榀I56a工字钢。

在滑道一#和滑道二#临时支墩上横桥向放置两榀I56a型钢，长为400 cm，间距3 m，型钢与钢管桩封板采用三角缀板焊接连接，型钢上横桥向放置滑道梁，滑道梁与型钢焊接连接。

横移滑道采用四榀I56a型钢，横移滑道布置于钢管桩顶扁担梁上，钢管桩顶扁担梁采用双榀I56a型钢，横移滑道长度分别为34.5 m和26 m，93#墩侧跨铁路滑道梁长25 m。

7.7.2.2 临时支墩及滑道安装

临时支墩施工时，钢管桩打拔机及汽车吊垂直于营业线放置，钢管及型钢吊装时，下口设置软绳人工牵引，防止下口摇摆侵入营业线。

钢管桩插打时应注意其垂直度控制，插打到位后及时焊接横纵向槽14剪刀撑，钢管桩连接时纵向、横向上下双道连接，上下间距为3 m，钢管桩连接牢靠后进行1#和3#临时支墩上部分配梁（双拼工56a型钢）的吊装，吊装采用人工配合50 t吊车进行，型钢与钢管桩封板采用小缀板焊接牢靠，在滑道一和滑道二临时支墩分配梁上设计位置放置横移滑道，横移滑道采用4榀I56a型钢，横移滑道与型钢顶面焊接牢靠。

为调节钢桁梁预拱度，临时支墩墩顶比梁底设计标高低3～5 cm，便于钢桁梁下弦杆安装。

临时支墩及横移滑道搭设完成后，分别在横移滑道外侧焊接长1 m槽14型钢，间距2 m，槽14型钢上部满铺钢板网做施工平台，外缘采用高1.2 m钢管防护，平台四周悬挂防护绿网。

7.7.2.3 桥墩上横移、转体支架设计

在92#墩墩身及承台上布置9处钢管桩支架及2处组合支架。钢管桩分别于与承台、墩身预埋钢板焊接。钢管桩上部放置4榀I56a型钢横担梁，横担梁上部与滑道梁焊接，钢管桩与墩身预埋钢板焊接，型钢上部与转体滑道梁焊接。92#墩高帽处中心处设置转轴装置，转轴待钢桁梁横移到位之后安装。

7.7.3 64 m 钢桁梁高位组拼

7.7.3.1 吊车的选用及站位

1. 吊车选用

本工程钢桁梁最重单件为 QB2 桥面板，总重为 17 t（含拼接板及填板）；施工时拟将 E0（E0⁻）节点和 E2（E2⁻）节点在场地预拼成型整体吊装，共重 22.96 t。

拼装杆件最大质量为 22.96 t（E0（E0⁻）节点和 E2（E2⁻）节点组拼），选用 200 t 汽车吊进行钢桁梁杆件吊拼装。200 t 吊车起重性能：吊车工作幅度 17 m，臂长 38.2 m，额定起重能力为 27 t，大于最大吊重，满足施工要求。

2. 吊车站位

钢桁梁拼装采用 200 t 汽车吊，最大杆件拼装质量为 22.96 t。钢桁梁距离沪昆线外侧钢轨 26 m，距离沪昆到达线外侧钢轨 17 m，钢桁梁高 12.7 m，钢桁梁在拼装过程中若发生倾覆也无法侵入既有铁路。

7.7.3.2 拼装步骤

钢桁梁拼装步骤为：下弦杆拼接—桥面板安装—斜腹板安装—上弦杆安装—上平联安装—门架安装—横联安装—员工走道、栏杆及防抛网安装。

1. 杆件预拼工艺

为了不影响高强度螺栓的扭矩系数，保证高强度螺栓施工质量，杆件预拼时不允许用高强度螺栓作为预拼螺栓，均采用普通螺栓进行预拼。所有杆件预拼前，杆件栓接面及拼接板必须洁净、干燥、无油污。钢梁杆件现场预拼主要分 3 种情况：

（1）栓合——拼接板、填板按设计图拼装定位，用 1~2 个普通螺栓栓合。

（2）栓带——拼接板、填板退后拼装接头用 1~2 个普通螺栓将其带在拼装杆件上。

（3）预拼——拼接板、填板按设计图拼装定位，高强螺栓终拧。

1) 下弦杆件的预拼

下弦杆件预拼时，下弦杆件只栓带与下弦杆件连接的拼接板和填板。拼接板栓带在后安装的杆件上，腹板、底板内外侧均按设计位置栓带，杆件顶板内拼接板栓带在设计位置，外拼接板退后栓带。栓带均采用 1~2 个普通螺栓将其带上。

2) 斜杆的预拼

工形斜杆无拼接板，一般箱型斜杆预拼时，将所有拼接板及填板按设计位置栓带，栓带均采用 1~2 个普通螺栓将其带上。特别要注意的是某些杆件箱内拼接板小而多，尤其杆件与上下弦对接连接，拼接板不能提前预拼，只将其放在斜杆上口箱内，安装时直接安装。

此处特别说明，根据支墩的搭设情况，下弦杆 E_0 节点与 E_1 节点在拼装场地预拼完成后一次吊装至支墩上。

2. 钢桁梁拼装步骤

步骤一：下弦桥面杆件安装。

分别在滑道一#墩和临1#墩上准确测量出钢桁架下弦中心线位置，并用醒目标记分别在两个桥墩上画出钢桁梁起终点与弦杆中心线交点的位置十字标记。然后再用钢丝连线，作为安装施工过程调整钢桁梁直线度的基准线。弦杆中心线钢丝与滑道一#墩和临1#墩顶有5~10 mm间隙。

先安装1#墩顶，将预拼完成的E0′和E2′节点，整体吊装至设计位置，然后安装桥面板，首先形成稳定的下弦平面框架。

步骤二：上弦杆、腹杆和桥门架横联安装。

在吊装前，先将每件上弦杆与节点连接的腹杆用螺栓连接成倒V形吊装单元后，再进行吊装，待腹杆与下弦杆节点螺栓连接后，再吊另一侧组拼合格的上弦杆、腹杆吊装单元，与相对应下弦杆节点螺栓连接。最后将桥门架或横联与两个单片桁架用螺栓进行可靠连接，调整桥型并进行螺栓初拧。

步骤三：上平联系统及附属件安装。

上平联系统及附属杆件多为质量较轻的杆件，因此采用高空散拼的方法进行安装，安装顺序为：由滑道一#墩和滑道二#墩进行安装。由于本工程钢桁梁起拱的方法为孔群错位起拱的方法，因此在安装过程中可以辅以2T的倒链进行安装。

步骤四：桥型调整、螺栓终拧。

按上述要求将全桥杆件安装完毕后，进行安装后测量，并根据测量结果利用墩顶液压千斤顶调整桥型数据并至合格。

步骤五：安装滑道梁，拆除临1#至临3#临时支墩。

全桥钢桁梁安装完毕后，拆除临1#至临3#临时支墩，将整桥成型放置于滑道一#墩和滑道二#墩。

7.7.3.3 钢桁梁杆件拼装工艺

钢桁梁杆件拼装工艺流程如图7-4所示。

1. 拼装前的准备

本桥1-64 m钢桁梁采用支架法高位拼装，由于该钢桁梁跨度大、安装复杂，为了安全、优质地架设钢梁，在拼装过程中必须对施工安全进行准确的计算及检算，为钢梁安全拼装提供依据。

同时，在钢梁架设前需准备以下技术资料：

（1）钢梁施工设计图、杆件应力表、杆件重量表、钢梁安装拱度图、钢梁支座安装位置图。

（2）桥址附近地形图、桥墩结构图及竣工里程、标高、中线测量资料。

（3）工厂试拼记录，包括钢梁轮廓尺寸、主桁拱度、栓孔重合率、试拼冲钉直径、杆件编号及重量、杆件发送表及拼装部位图。

（4）杆件出厂合格证及变更设计的竣工图。

（5）摩擦面出厂摩擦系数试验报告。

（6）高强度螺栓成品出厂合格证、试验报告。

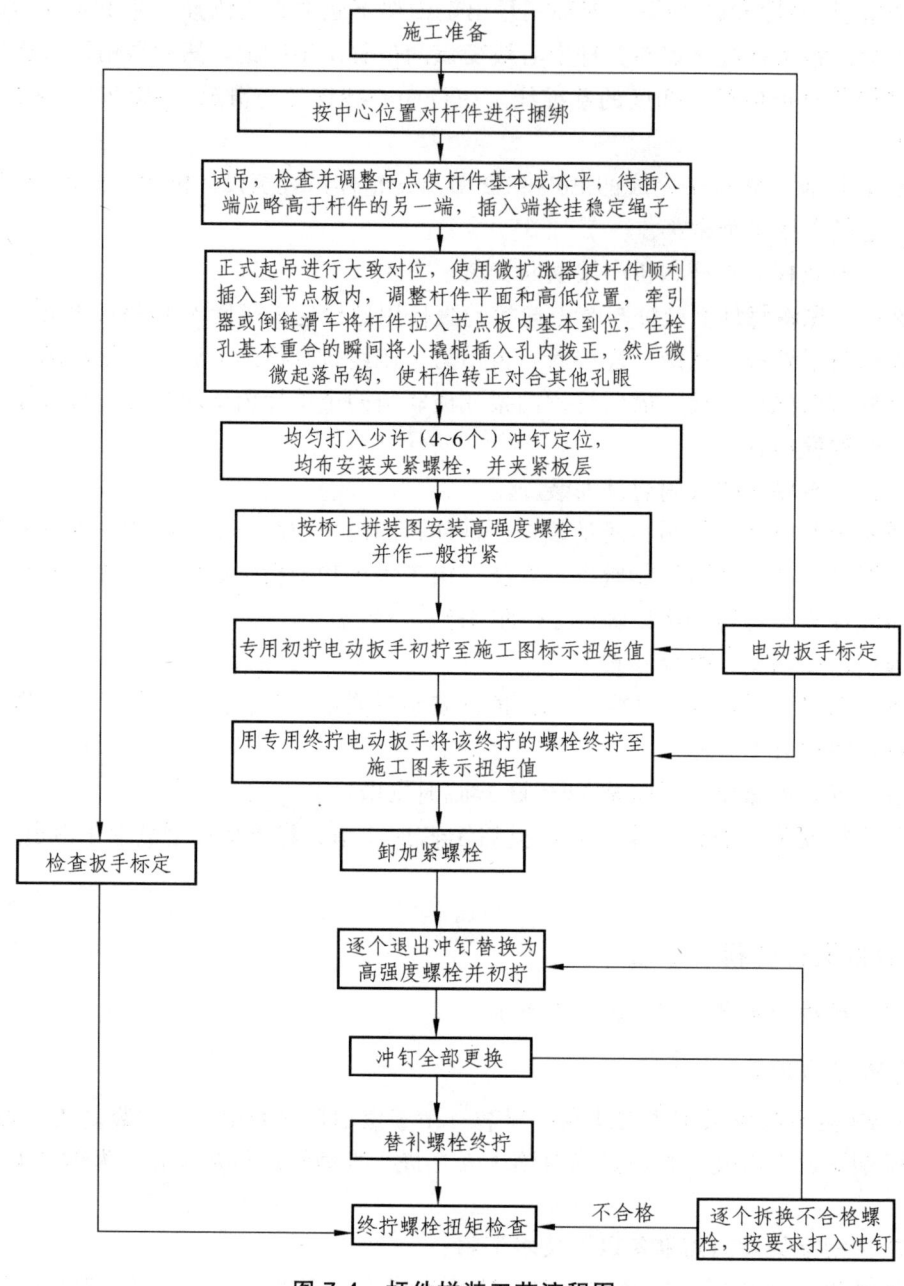

图 7-4 杆件拼装工艺流程图

2. 捆 吊

拴捆前再次检查该预拼好的联结板是否已经预拼好，有无妨碍拼装的螺栓等，接头处有杂物时应清除。

拴捆时应注意杆件上标示的重力大小及中心位置。杆件使用专用吊具拴捆、起吊，使弦杆、纵横梁尽可能地水平，斜杆保持 40°～45°的倾角，拼装用的脚手架应事先挂于节点板旁，随同杆件一起起吊。

3. 对 孔

杆件起吊就位对孔时，在栓孔基本重合的瞬间将小撬棍插入孔内拨正，然后微微起落吊钩，使杆件转动对合其他孔眼。弦杆先吊成较陡状态，待下端对合后再慢慢下放吊钩对合上端。对合弦杆时，用扁铲式小撬棍引导，用倒链滑车拉入节点板内。

4. 打冲钉穿螺栓

对好孔眼后，先在栓孔群四周打入不少于 4 个定位冲钉，随即安装 4~6 个安装螺栓，在确认板缝间无任何杂物时，即拧紧安装螺栓，使板缝基本密贴，再打入冲钉和穿入高强度螺栓。

高强度螺栓必须按照栓合图安装，事先在节点板上用粉笔或油漆做出明显标志，既方便施工，又防止装错。

拼装主桁杆件时，50%以上的孔眼均匀打入冲钉，30%的孔眼均匀安装高强度螺栓并做一般拧紧后，方可摘除吊钩，再将剩余的孔眼补上冲钉和高强度螺栓，并作一般拧紧。

5. 高强度螺栓施拧

1) 扳手的检验

钢梁拼装施工采用电动扳手扭矩法施拧，主要是施拧方便快捷，由于扭矩控制轴力的扳手，因各种原因显示数值与实际扭矩常有出入，故在施拧前和施拧后对扳手需做检验。

2) 扭矩系数的确定

运至工地的高强度螺栓，每批号随机抽取规定的数量送到有资质的检测单位进行逐个扭矩系数复验。当复验扭矩系数 $\sigma < 0.03 \sim 0.05$，离散系数 $C_v < 0.05 \sim 0.08$ 时，扭矩系数平均值 K 可用作栓合扭矩系数，否则应查明原因，并进行处理。

当每批螺栓数量较大时，如批号在 30 及以上，宜将扭矩系数相近的批号组合在一起，分成若干组，每组分别计算其标准差 σ、离散系数 C_v。当 σ、C_v 符合上述标准时，可将扭矩系数平均值 K 用作该组的栓合扭矩系数；若不符合上述标准，再将扭矩系数更相近的批号组合在一起，直至符合上述标准，尽量将施拧扭矩系数种类减少至最少，以方便施工。

3) 施拧工艺

（1）高强度螺栓长度必须符合拼装图要求，长度小于 100 mm 的螺栓，螺纹外露长度为 5~8 mm；长度大于 100 mm 时，螺纹外露长度为 5~14 mm。组装螺栓时，应注意将垫圈孔内径倒角处与螺栓头颈过渡圆弧处相匹配，不得装反。螺栓穿装方向应正确，主桁节点螺栓向外穿，纵梁上翼缘和上下纵联向下穿，其他部位视施工方便为原则。

（2）雨天不得施拧螺栓。雨后施拧螺栓时，节点板、孔眼、螺栓必须干燥，否则必须用高压风吹干再拧。

（3）螺栓施拧前，所有施拧人员应进行专门的培训，懂得高强度螺栓的施工工艺，防止漏拧、欠拧和超拧或施拧顺序出错，以确保螺栓施拧质量。

（4）初拧可用人工扳手或电动扳手。拧螺栓的顺序为由节点中央开始逐渐对称向外进行。初拧需使板层达到密贴并使螺栓受到不小于设计轴力 20%的预拉力。

（5）终拧采用电动扳手，拧螺栓的顺序同（4），终拧后的螺栓轴力应符合施工图要求，误差控制在 5%以内。终拧完后方能退冲钉，每退一个冲钉立即补上一个螺栓并初拧，待全部替补螺栓初拧完后再进行终拧。

（6）电动扭矩扳手应设专人在使用前进行标定，下班交回时复查误差范围。凡反应不够灵敏、误差大于 5% 的应立即停止使用。工地现场应设有校验设备，以便随时校验。

（7）终拧后的螺栓需用有色油漆在螺母上做标记，以免漏拧。经验收合格的螺栓，外漏部分应立即涂上油漆。板层间用腻子做成流水坡，防止雨水侵入板缝内。

（8）终拧后不允许有超过 2 mm 的板缝。

（9）除个别死角处和纵梁上翼缘连接螺栓可旋拧螺栓六角头外，其余必须施拧螺母。

（10）进行上下层作业时，应错开一个节间进行，以保证施工人员的安全。

图 7-5 所示为高强度螺栓施拧工艺流程。

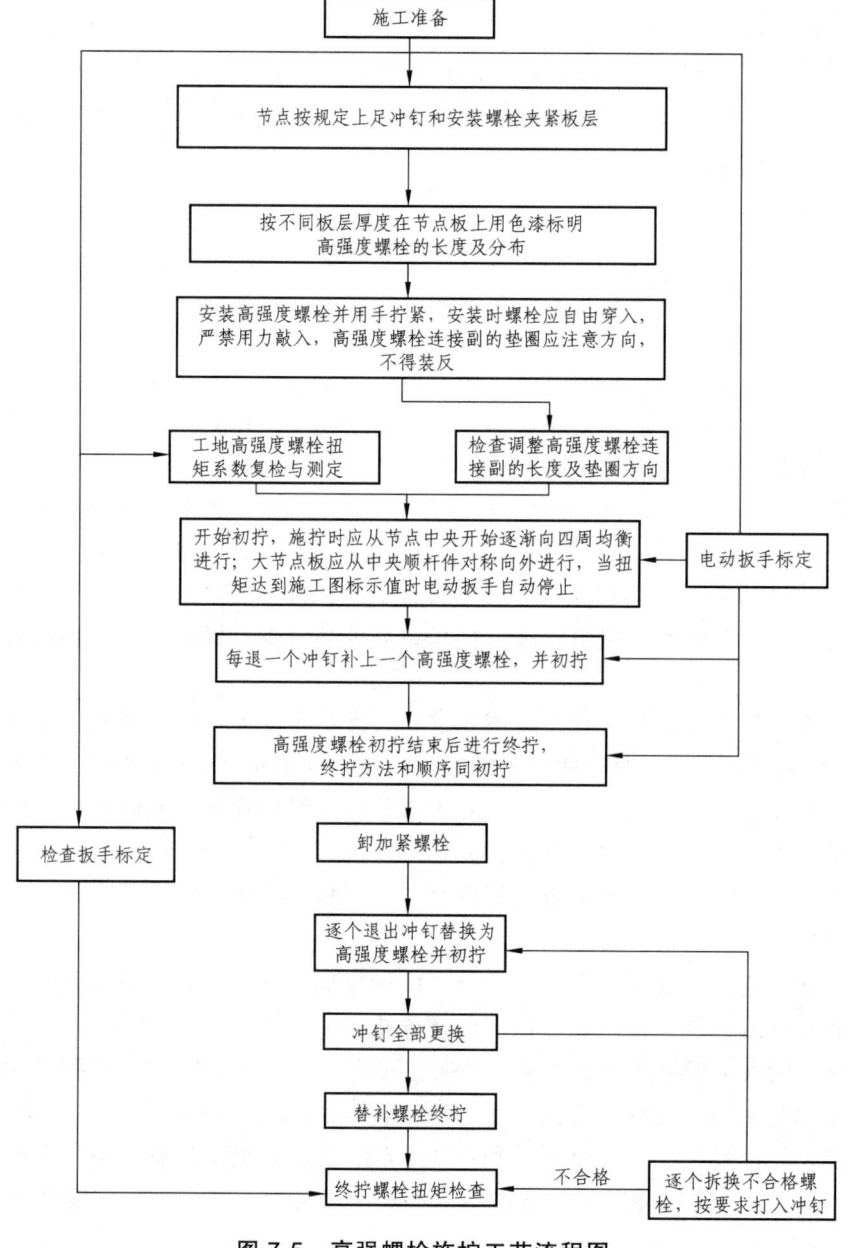

图 7-5　高强螺栓施拧工艺流程图

4）高强度螺栓的校验

高强度螺栓终拧完成后，应设专人按照验标进行检查验收，当天终拧完成的螺栓必须当天检查完毕。

现场检验方法大多采用退扣检查法。即用示功扳手测定螺母退扣刚转动时的扭矩值与规定值比较，其超拧值与欠拧值不得大于规定值的10%（规定值由工地通过试验确定。它是对终拧后的试件，经一定时间后测得螺母退扣刚转动时的扭矩值。因终拧时间与检查时间会有一定的间隔，规定值与终拧值有一定的差别）。

6. 拼装与栓合进度控制关系

（1）大节点终拧在拼装前端第二大节点前完成。

（2）为加强主桁在拼装时的横向稳定，桥门架、横联及上下平纵联等横向连接系应按拼装顺序图及时安装，但只安装25%的冲钉，其余安装高强度螺栓并初拧，但全部高强度螺栓的终拧不得落后拼装进度4个大节点。

7. 工地焊接

工地焊接前根据《建筑钢结构焊接技术规程》（JGJ81—2002）的要求进行工艺性试验，确定各种焊接工艺参数，并形成报告，用于指导现场焊接施工。为保证焊接质量，我们从钢梁生产厂家聘用2名经验丰富的专业焊工从事现场焊接作业。

工地焊接的步骤和要求：

（1）矫正接头部分的变形。块件运抵工地后，因运输或其他原因，接头处可能有某种变形，需在组拼前用千斤顶或火焰加热将变形矫正至容许范围内。

（2）吊装组拼。块件用吊车组拼时，严防碰伤接头，焊缝两侧的板块要相互对齐，防止发生歪扭现象。

（3）安装夹具。夹具是将焊缝两侧板块刚性地或弹性地连接在一起的专用设施。刚性固定是指焊接过程中不允许有相对位移的固定；弹性连接则允许有一定相对位移的固定。

（4）安装衬垫和调整坡口间隙。在焊缝下按照规定安装衬垫，同时精确地将坡口间隙和两侧板块高低，用调节螺钉、楔块等调整到验标允许的误差范围内，若确有困难达不到验标要求，可采用堆焊、研磨等办法将其整修合格。

（5）组立防护设施。组立防风壁和其他设施遮盖全部焊接接头，防止风雨侵袭。

（6）点固焊。即组装定位焊，系将两块板件的相互位置完全固定，以免在焊接时发生错动，在点固焊前必须首先进行预热，点固焊如有裂纹或其他缺陷时必须铲除重焊。

（7）焊前预热。为延缓焊接处的冷却速度，防止形成硬化组织，并且为了防止产生裂纹，在焊接前一定要对焊缝两侧的金属预行加热，预热温度按照规范规定执行。工地焊接的温度宜比《铁路钢桥制造规范》规定的温度略高。预热温度不足时可能产生裂缝，过高时又会影响金属材质，故应当用表面温度计严格控制。预热可用气体火焰、红外线、电热法等加热，厚板宜采用稳定加热、可控制温度的电热法。

（8）焊接施工。

① 焊接区的清除。焊接前必须清除焊接区的有害杂物。对焊接的清除范围是焊缝两侧各50 mm范围内的对接钢板的3个面；T形焊的清除范围是横板接触面从两个立边起算的30 mm范围内，和立板端部30 cm范围内的3个面，清除内容包括：

埋弧焊及低氢焊条焊接的杆件，焊接区及两侧必须清除铁锈、氧化皮等影响焊接质量的脏物；清除定位焊的飞溅熔渣；熔透焊缝的背面必须清除影响焊透的焊瘤熔渣、焊根等；多层焊的每一层必须将焊渣缺陷等清除干净，才能再焊下一层。

坡口范围内需用钢丝刷或通过打磨露出表面金属，然后才能按规定的焊接顺序施焊。

② 减少焊后变形的措施。为减少焊后出现变形和残余应力，现场考虑采取以下措施：增加焊缝的熔敷量，减少焊缝道数；均等对称地进行焊接；按可以消除变形的顺序和方向施焊。例如可选热量均匀分布的跳跃法、异向分段法和其他变形较小的施焊顺序施焊。

焊接工人对保证焊接质量关系重大，除必须持证上岗外，上岗前必须经过一定时期的培训，经考试合格后方可上岗。

7.8 施工组织设计管理

施工组织设计应围绕实现质量、安全、工期、环保等目标开展工作，按照各阶段要求，逐步深化细化。

7.8.1 施工组织设计质量管理

7.8.1.1 质量保证组织体系

为确保钢桁梁施工质量，施工过程中施工指挥部及项目部将建立完善的质量保证组织体系，成立质量管理领导小组，由工程管理部、安全质量部负责本工程质量管理工作，设置工地试验室，建立健全质量管理组织机构和工作制度，按ISO9000标准进行质量管理，对施工质量实行全过程控制，并对工程施工质量负全责。

7.8.1.2 质量保证管理措施

1. 工程质量监督制度

质检工程师应熟练掌握各项工程的检查验收和评定标准与程序，严格执行质量监控制度，及时对每道工序进行评价和对质量偏差进行纠正，消除不合格的原因，防止不合格工程的发生，自觉接受监督站、监理或各级主管部门提出的问题或整改指令，并督促按期整改和落实。

2. 工程材料质量监控制度

严格供应商资质审查，实行市场准入制度，在合格供应商范围内进行招标，重要材料实行驻场（厂）监造。检测部门按规定程序和频率，分别进行出场（厂）、进场和过程检验，并提供检测报告。不合格材料严禁使用，并及时清退。

3. 工程质量检测试验制度

严格工作程序，规范操作方法，按规定项目和频次对原材料和工程质量检测试验，凡需验证的试验项目必须由监理工程师在场监督下进行；钢梁涂装油漆等项目检测，由业主选定的检测单位统一进行。

4. 工序质量检查验收制度

每道工序完成后，及时报告监理工程师到场进行检查和签字认可。凡中国铁路总公司施工质量验收标准中规定需要设计人员参加的工序检查，应由监理工程师会同设计人员一并参加。未经监理工程师检查合格并签字的工序，不得进行下道工序施工。

5. 质量保证措施审批制度

开工前，先将各项工程质量保证措施报与总工程师进行审核，审核后再上报监理单位进行审批，关键或重要工程的质量技术保证措施应报咨询单位进行检算。

6. 工程施工质量验收评定制度

各分项、分部工程施工完毕后，由质量检验员及时进行质量检验评定上报监理工程师验收，合格后方可交由下道工序施工，并保存验评记录。各分项、分部工程完工后，由质量检验员组织分项、分部及单位工程汇总，并保存验评工程汇总记录。

7. 施工过程质量检查制度

严格执行工程质量"三检"制度（自检、互检、交接检），真实填写检查记录，及时向监理工程师报检；严格过程质量检查，强化关键工序旁站，及时到现场进行检查，并履行签字认可手续，杜绝不合格工程进入下道工序，严禁不合格材料进入施工现场；每月组织一次定期质量检查，每季度进行一次全面质量检查和总结。

8. 工程质量报告制度

发生工程质量事故后，责任部门应按规定及时逐级上报，并开展调查和处理工作，妥善保管有关资料；各部门每月底将管段内当月的工程质量检查情况和工程质量报表报公司；对监理、设计、建设单位及相关部门检查提出的问题或整改指令，各部门按期整改和落实，重要质量问题逐级上报。

9. 工程质量举报制度

在现场工程告示牌上，公布工程质量举报电话和通信地址，实现社会质量监督。由质量管理部门负责受理和处理，并对举报人严格保密。

10. 质量管理责任人登记制度

进场后及时对各主要管理责任人进行登记上报，主要人员包括第一负责人，安全、质量主要负责人。

11. 技术质量培训制度

施工前及时对主要管理、技术人员及施工人员进行质量教育和技术培训工作，严格执行规范和操作规程，提高参建各方人员的综合素质。同时，加强过程培训，确保全体参建员工人人参加培训，做到先培训后上岗。

12. 质量管理信息化制度

在质量管理和控制中，积极推行信息化管理，建立信息化管理网络，实现质量管理经验交流和学习。在梁体各杆件应力变化监控、大体积混凝土内部温度和裂纹控制等重点工序质量控制中，按设计要求提前设置相关检测元器件，采用先进的检测仪器设备和实行全过程监控检测，以数据为依据，保证每道工序质量全部合格。

7.8.1.3 分项工程质量保证措施

1. 钢梁杆件堆放质量保证措施

（1）堆放杆件场地，要平整稳固，并有良好的排水系统，以防地基沉落不匀引起杆件歪斜倾倒。

（2）杆件底与地面应留有一定净空，一般为 10~25 cm。

（3）杆件支点应设在自重作用下杆件不致产生永久变形处。同类杆件多层堆放不宜过高，各层间垫块在同一垂直直线上。

（4）杆件堆放地点应设在远离粉尘污染、腐蚀性气体处。

（5）应避免摩擦掉杆件拼接面涂层。

（6）对主桁弦杆、斜杆应将其主桁面内的板竖立，纵横梁将腹板竖立，多片排列时，应设支撑，用螺栓把各杆件彼此连牢。

（7）杆件堆放面应在便于查看处做好编码标记，标记要清晰。

2. 预拼前杆件质量保证措施

（1）应有钢梁试拼记录。

（2）应有焊缝检查记录（包括杆件冷热矫后，无裂缝的试验资料）。

（3）检查主桁弦杆、斜杆及纵横梁外形尺寸公差。

3. 钢梁预拼质量控制措施

（1）杆件预拼，应按拼装顺序要求，将杆件预拼预栓成单元。预拼单元重量不得超过吊机额定起重量。

（2）拼装主桁杆件要两侧对称进行，尽量避免长杆件处于臂悬状态，防止产生过大挠度影响杆件合龙，先装杆件不得妨碍后装杆件的安装和吊机的运行。

（3）在拼装平台上拼装钢梁，要估算到平台变形对调整拱度的影响，并考虑调整拱度和起顶钢梁的设顶位置。

（4）拼装平台上拼梁，冲钉和粗制螺栓总数不少于孔眼总数的 1/3，其中冲钉占 2/3；孔眼较少的部位，冲钉和粗制螺栓数量不少于 6 个或全部放足。拼梁冲钉的公称直径宜小于设计孔径 0.3 mm，并应与工厂试拼中工地钉孔重合率相适应。冲钉圆柱部分的长度要大于板束厚度。

（5）钢梁拼成立体系统，经检查杆件编号和数量符合设计要求，板束密贴达到标准，即可进行栓合。主桁节点栓合方向，原则由节点中心向外辐射状扩展栓合。

（6）扭矩法施工时，高强度螺栓应根据使用的施拧工具进行螺栓扭矩系数试验。从试验数据求数理统计值作为施拧依据，如离散性过大，要认真研究采取措施。高强度螺栓的初拧值，应根据试验确定，一般可取终拧值的 30%~70%，初拧后须对每个螺栓用敲击法进行检查。

4. 钢梁组拼质量保证措施

（1）拼装前应复查钢桁梁弦杆、斜杆等杆件两端拼接部分的宽度，如相邻两根弦杆的宽度误差大于 2 mm 时，应加垫经喷砂处理过的薄钢板。

（2）根据设计图和工厂提供的技术资料，逐件校核弦杆、斜杆、节点板等编号是否正确，并特别注意因起拱原因钉孔距不相平行的上弦节点板，分清正常、伸长、缩短等类型。

（3）确定杆件组拼办法，绘制预拼图，做好预拼前的准备工作。

（4）根据设计提供的预留拱度值，计算出各节间节点的标高，在支架顶面用型钢和钢板一次垫足。

（5）按拼装顺序在支架上拼装第一个节间的下弦、下平联和纵横梁，形成一个牢固框架，再对已拼好的钢梁轴线和预拱度进行检查，通过测量检查确认其中心位置、标高符合设计和规范要求，如有偏差利用千斤顶调整，确认合格后按规定将高强螺栓全部终拧。

5. 钢梁起落质量保证措施

起落梁使用的油压千斤顶，须带顶部球形支承垫、保险圈、升程限位孔。共同作用的多台千斤顶应选用同一型号，用油管并联油压千斤顶、油管、油泵、压力表可分别进行试验，如必须准确测定支点反力时，应由计量单位对千斤顶、压力表一并配套校正。

起落梁中，为适应支点水平位移，千斤顶底部应设置辊轴垫座，垫座中心与千斤顶中心轴重合，千斤顶中心轴应与支撑结构中心线重合。起落梁过程中对梁部各杆件应力变化情况，应事先详细计算。对起落梁高程、支点位移、跨中挠度等变化应观测记录。

起落梁时须设保险支座，拼梁与起落梁两工序不得同时进行。同一墩台的上下游两支点，除调整二者高程需分别起顶外，应同步进行。起落梁前必须栓合的部位在技术文件或施工细则中拟订。

千斤顶安放在墩台、支架及梁底的位置均严格按照设计规定，不得随意更改。

6. 支座安装质量保证措施

支座质量检查：支座材质和制造精度应符合设计要求；应有制造厂的成品合格证；较大跨度钢梁支座，还应要求附送铸件探伤记录及缺陷焊补记录；应做外观检查和对组装后的轮廓尺寸进行复核。

上、下摆接触部分应密贴。上摆槽形与下摆弧形部分，其顺桥方向的前后空隙要求一致，其公差为 ±1 mm。

固定支座定位（即钢梁定位）后活动支座底板安装应根据设计文件办理，以施工气温（温度计挂在支座所在的弦杆）为准。底板顺桥方向的容许偏差为 ±3 mm。

辊轴与下摆及底板之间应密贴，缝隙不得大于 0.2 mm。辊轴均应与桥中线垂直，辊轴之间的间距误差不得大于 1 mm。

7. 已完工程和设备的保护措施

（1）推行文明施工教育，落实已完工程保护责任制。

项目部成立已完工程保护检查小组，在文明施工领导小组的领导下直接开展工作。基层班组设已完工程保护员，负责已完工程保护工作，发现问题及时上报并果断处理。定期对管理和操作人员进行已完工程保护教育，提高职工自觉保护已完工程的质量意识。

（2）加强现场管理，科学组织作业。

合理安排施工顺序，避免或减少工序间的损伤和污染，凡下道工序对上道工序会产生损伤污染和破坏的，需先采取有效的已完工程保护措施，否则不许开工。

7.8.2 施工组织设计安全管理

7.8.2.1 安全管理组织机构

为保证黄封下行联络线特大桥 1-64 m 钢桁梁的施工安全，项目部成立以项目经理为首的安全领导小组，作业工班设专职安全员，形成安全管理网络。建立各级"标、保、考"安全责任制，坚持安全"三查"原则，明确分工，责任到人，充分发挥安监员、安全员的作用，跟班督导检查，及时消除险情隐患。

（1）认真执行《国营建筑企业安全生产工作条例》，深入开展安全预想预防活动，结合工程特点制订各专业、分部与分项施工作业安全技术措施和岗位安全责任制。

（2）坚持定期和经常安全检查制度，定期对安全状况分析、研究，及时解决施工中存在的安全问题。

（3）施工人员经考试合格后发给《安全上岗证》方准上岗，未经培训，干部不许指挥生产，工人不准上岗作业。特殊作业人员必须经地方劳动局等有关部门培训合格后，方准持证上岗。

（4）建立和完善各项安全作业制度和防护措施。执行集团公司各类人员（岗位）安全操作规程、安全奖罚细则、安全教育制度、安全检查整改措施、安全技术交底制度为主的各项规章制度，并狠抓落实，使全体施工人员有章可循、有法可依。

（5）认真实施标准化作业，开展安全质量标准工地建设，搞好文明施工，施工中严肃劳动纪律，杜绝违章指挥与违章作业，保证施工现场安全防护设施的投入，使安全生产建立在科学的管理、先进的技术、可靠的防护设施上，做到文明施工，有条不紊。

7.8.2.2 安全生产保证措施

1. 组织保证措施

项目部经理为安全生产领导小组组长，全面负责本项目的安全生产工作。经理、副经理、总工、安全总监、技术、安全、质量等主要负责人全部是经中国铁路总公司安全部门培训且考试合格的人员。

由项目经理、架子队队长负责，各作业点设安全监督岗，各自做好本岗位的安全工作。架子队专职安全检查员是安全生产的组织者和执行者，施工班组安全员是保证安全生产的直接人员。

2. 制度保证措施

根据建设单位和上级主管部门的安全生产管理办法，结合本项目特点，制订具有针对性的各项安全管理规章制度。做到有制度、有考核、有奖惩，使各项工作有章可循，主要包括以下内容：

（1）高空作业安全制度。
（2）车辆运输运行安全作业制度。
（3）各种机械的操作规则及注意事项。
（4）用电安全须知及电路架设养护作业制度。
（5）施工现场安保制度。
（6）防火、防风安全制度。
（7）各种安全标志的设置规则及维护制度。
（8）有关部门劳动保护法规的执行制度。
（9）安全生产宣传制度。
（10）各种安全标志的设置及维护措施等。
（11）重大安全应急救援预案的制订及演练。
（12）其他各种安全管理规定。

3．安全管理综合措施

1）安全生产教育与培训

项目部需经常开展安全生产宣传教育活动，使广大员工真正认识到安全生产的重要性、必要性，牢固树立"安全第一，预防为主"的思想，自觉地遵守各项安全生产法令和规章制度。

（1）建立安全教育培训制度。

由安全质量部对所有参建员工进行上岗前的安全教育，并做好记录。教育内容包括：安全技术知识、各工种操作规程、安全制度、工程特点及该工程的危险源等。参加施工的人员接受安全技术教育，熟知和遵守本工种的各项安全技术操作规程，经考核合格后，方可上岗作业，并定期进行安全技术考核。对于从事电器、爆破、焊接、机动车驾驶等特殊工种的人员，经过专业培训，获得《安全操作合格证》后，方准持证上岗。

（2）开工前安全教育培训。

64 m 钢桁梁工程每一单项工程开工前，对全体职工进行针对工程技术措施、施工方案、方法、工艺、质量标准的教育，以及重点、难点工程的安全和技术培训工作。

（3）"三级"安全教育培训。

施工人员进入施工现场，进行"三级"安全教育和培训。

一级为项目经理部安全教育培训。内容包括：一般教育（建筑施工的特点，它给劳动者安全带来的不利因素；当前的安全生产情况）；安全生产法规和安全知识教育（建筑法、消防法、宪法、刑法有关条款，中国铁路总公司颁布的企业安全生产条例、规定，地方政府和主管部门发布的有关安全生产规定，工段有关安全生产管理规定及细则，人力资源和社会保障部关于重伤事故范围的意见等）；建筑工程施工时容易发生的伤害事故及其预防。

二级为分部安全教育培训。内容包括：《建筑工人安全技术操作规程》有关规定；建筑工程现场的安全管理规定细则；在建工程基本情况和必须遵守的安全事项等。

三级为作业班组安全教育培训。内容包括：本班组生产工作概况、工作性质及范围；个人从事生产工作的性质，必要的安全知识，各种机具设备及其安全防护设施的性能和作用；本工种的安全操作规程；容易发生事故的部位及劳动防护用品的使用要求等。

(4)"四新"技术教育培训。

在采用新设备、新工艺、新材料、新技术时,首先对直接接触和从事该项工作的人员进行具体的方法、性能、规程等的技术培训,然后再上岗。

(5)特种作业人员安全教育培训。

特种作业人员除进行一般安全教育外,还要通过地方劳动部门对特种作业人员进行培训,和本工种的安全技术教育,经考核合格发证后,方准上岗操作。

定期对特殊工种进行复审。对从事有尘毒危害作业的工人,进行尘毒危害和防治知识教育。

(6)各级领导和安全管理干部的安全教育培训。

定期培训各级领导干部和安全管理干部,提高政策水平,熟悉安全技术、劳动卫生业务知识,做好安全生产工作。

培训主要内容:安全生产的重大意义;国家有关安全生产、健康与环境卫生方面的方针、政策、规定;安全生产法规、条例、标准;施工生产的工艺流程和主要危险因素,以及预防重大伤亡事故发生的主要措施;企业安全生产的规章制度、安全纪律以及保证措施;各级领导在安全生产中的职能、任务以及如何管理;编制、审查安全技术措施计划及施工组织设计安全技术措施的基本知识等。

2)安全生产检查

(1)开工前的安全检查。

工程开工前,由项目安全领导小组会同有关部门,对将开工的项目进行全面的安全检查验收,检查验收的主要内容包括:施工组织设计是否有安全措施,施工机械设备是否配齐安全防护装置,安全防护设施是否符合要求,施工人员是否经过安全教育和培训,施工方案是否进行交底,施工安全责任制是否建立,施工中潜在事故和紧急情况是否有应急预案等。

(2)定期安全生产检查。

经理每月组织一次由有关职能部门的负责人和项目专职安全员参加的安全生产大检查,并积极配合上级进行专项和重点检查;劳务队每旬进行一次检查;班组每日进行自检、互检、交接班检查。

(3)经常性的安全检查。

安检工程师、安全员日常巡回安全检查。使用《事故易发点检查表》每日进行检查,检查重点:施工用电、机械设备、临时支架工程、吊装作业、焊接作业、季节性施工等。

(4)专业性的安全检查。

针对施工现场的重大危险源,工段专职安全员负责对施工现场的特种作业安全、现场的施工技术安全进行检查。设备管理人员负责对现场大中型设备的使用、运转、维修进行检查。

(5)季节性、节假日安全生产专项检查。

春季检查防风、防火措施落实情况;夏季检查防洪、防暑、防雷电措施落实情况;节假日加班及节假日前后安全生产检查。

(6)安全检查记录。

定期检查按《建筑施工安全检查标准》(JGJ 59—99)进行检查、打分、评价;班组每日的自检、交接检以及经常性安全生产检查,可在相应的"工作日志"上记载、归档或使用《安全检查记录表》;专业性安全检查,季节性、节假日安全生产检查,使用《安全检查记录表》或《事故易发点检查表》。

（7）隐患整改。

隐患登记、分析。各种安全检查查出的隐患，要逐项登记，根据隐患信息，对安全生产进行动态分析，从管理上、安全防护技术措施上分析原因，为加强安全管理与防护提供依据。

整改：检查中查出的隐患应发《隐患整改通知书》，以督促整改单位消除隐患，《隐患整改通知书》要按定人、定时、定措施进行整改。

复查：被检查单位收到《隐患整改通知书》后应立即进行整改，整改完成后将《隐患整改反馈单》报回检查组并及时通知有关部门进行复查。

销案：有关部门复查被检查单位整改隐患达到合格后，在《隐患整改反馈意见单》上或检查台账上签署复查意见，复查人签名，即行销案。

3）安全技术交底制度

分项工程开工前，工程技术部编制详细的安全施工方案和技术措施，逐级进行交底，下达安全作业指导书，对施工人员进行安全教育和安全作业交底，说明操作程序要点、该工程的危险源采取的相应防范措施、施工注意事项等。

4）安全技术方案编制和审批

开工前制订好安全生产保证计划，编制安全技术措施，经有关部门批准，报安全监理审核，建立施工组织设计和重大方案的论证制度，确保施工方案的安全可靠性。

对于支架工程、车辆运输、施工用电、吊装等安全重点防范工程，结合现场和实际情况，单独编制安全技术方案。

5）安全奖罚措施

严格安全监督，筹备组建立和完善定期安全检查制度。按照定期检查、突击检查和特殊检查相结合的安全检查形式，查思想、查管理、查制度、查现场、查隐患、查事故处理等。定期召开安全例会，会后检查落实情况。

施工中，各项经济承包有明确的安全指标和包括奖罚办法在内的保证措施。根据年终对施工安全的考核，结合实际情况进行年终奖罚兑现。

6）安标工地建设

依据建设单位对安全管理的要求，结合局施工指挥部安全管理办法，实行目标管理，本项目全面实施"事故易发点控制法"，针对性强，记录规范，做到安全质量标准工地资料台账齐全，填写认真规范。施工现场文明整洁，辅助设施合理布置，材料堆码整齐有序，标识规范，安全警示标志齐全醒目，工作环境舒适安全。厂（场）内机动车辆、起重设备等档案齐全，定期检验。安全员、特种作业人员及主要技术人员持证上岗率达到100%。

认真实施标准化作业，严肃施工纪律和劳动纪律，杜绝违章指挥与违章操作，保证防护设施的投入，使安全生产建立在管理科学、技术先进、防护可靠的基础上。对可能突发的意外情况，制订应急预案。

4. 专项安全措施

1）临近营业线施工安全措施

（1）根据本工程黄封上行联络线特大桥的具体特点，加强现场作业人员关于临近营业线安全生产方面的培训教育，并认真学习执行国家有关安全施工规范，严格执行安全操作规程和上海局临近营业线施工的有关规定。

（2）制订可靠适用的施工安全防护监控措施，针对不同的作业地点和作业环境采取不同的安全监控防护方法，采取列车临近报警器或在车站调度值班室人员值守车辆通行确报等有效的早期预报，现场设置专职防护人员实施现场防护，安全员到施工场地进行监控。

（3）建立良好的施工安全作业环境，做好施工场地的布置，使作业场地通畅平整，所有物品的安放做到整齐有序安放可靠。大型机械设备停放及施工位置必须提前计划好，做到万无一失。

（4）临近营业线的一切施工，严格执行有关的防护规定，按规定设置防护标志和防护人员，并配备可靠的通信联络工具，随时与车站驻站防护人员保持联系。

（5）施工必须严密注视地上、地下管线的安全，施工前先与沪通铁路七标（中铁四局）单位联系，请求配合，查明地下管线走向和位置，做到"三不施工"，即不摸清地下设施位置不施工，影响设施正常运转不施工，没采取有效防护措施不施工。必须采取使用电缆探测器和挖探沟等行之有效的手段探明电缆管线的确切位置，做出明确的标志。

（6）坚持经常和定期安全检查制度，及时发现事故隐患，堵塞事故漏洞，对检查中发现的问题及时采取措施解决，并实行奖罚制度。

（7）与沿线各有关单位建立良好关系，取得支持、帮助和指导，施工中密切配合，确保施工安全。

2）用电作业安全措施

（1）安装、维修或拆除临时用电工程，必须由专职电工完成，电工必须持证上岗，实行定期检查制度，并做好检查记录。

检修电气设备时应停电作业，电源箱或开关握柄应挂"有人操作，严禁合闸"的警示片或设专人看管。必须带电作业时应经有关部门批准。

（2）照明电线绝缘良好，导线不随地拖拉或绑在支架上。照明灯具的金属外壳必须有效接地。室外照明灯具距地面不低于 3 m，室内距地面不低于 2.4 m。开关箱与用电设备实行一机一闸保护，箱内开关电器必须完整无损，接线正确，并设置漏电保护器。

（3）架空线设在专用电杆（水泥杆、木杆）上，严禁架设在支架上，架空线装设横担和绝缘子。架空线离地 4 m 以上，离机动车道 6 m 以上。

3）大型机械作业安全措施

（1）施工机械使用应符合下列规定：

① 机械设备使用前应经过调试、检测，确认技术性能和安全装置状态良好后方准使用，机械设备严格遵守建设单位的相关规定。

② 施工机械应指定司机负责保管，轮班作业应执行交接班制度。

③ 各种运输工具，吊车等机械的操作人员必须执证上岗，凡严禁载人的车辆、运输工具不得搭乘人员。严禁非司机开车，严禁酒后驾车。车辆、机械要经常维修、保养，保持良好。

④ 施工机械的各种标识及操作规程必须齐全。

（2）施工机械操作人员应符合下列要求：

① 操作人员应熟悉机械的性能和操作方法，并具有对机械发生事故时采取紧急措施的能力。

② 操作人员应按机械设备的规定使用，不得超出规定的使用范围或超负荷运转。

③ 驾驶室或操作室不得超乘、存放或运送易燃、易爆物品。

④ 操作人员不得擅自离开工作岗位，严禁疲劳作业，严禁机械带故障作业。

⑤ 机械设备在施工现场停放时，应选择安全地点，并将带负荷的部件放松，并设有制动、防滑、防冻措施。

⑥ 各类笨重物品的装卸，必须选择好场地，准备好合适的设备、工具，由指定的专人负责指挥，统一号令，统一行动。起重所用的器械工具必须经过仔细检验，不合要求的不得使用。

（3）施工机械检修保养符合下列规定：

① 机械设备不得在运转中进行维修、保养、调整。

② 液压系统发生故障，停止作业检修时，应释放压力。

③ 不得在坡道上停放或检修机械，当需在坡道上检修时应做好防护。

（4）钢丝绳的使用应符合下列规定：

① 用于走行的钢丝绳不得有接头、扭转、变形。

② 起重用钢丝绳的接头，必须采用插接，其插接长度不得小于钢丝绳直径的20倍，总长不得短于300 mm；非起重用钢丝绳接头，可用索卡连接，但必须经常检查紧固情况。

③ 钢丝绳有磨损或锈蚀时，应按规定降低使用等级或进行更换。当钢丝绳直径与公称直径相比减小7%或更多时，即使未断丝，该钢丝绳亦应报废。

（5）起重吊装作业应符合下列规定：

① 起重指挥应由技术培训合格专职人员担任。作业前，应对起重机械设备、现场环境、行驶道路、架空电线及其他建筑物和吊重物情况进行了解，确定吊装方法。

② 有下列情况之一者不得起吊：起重臂和吊起的重物下面有人停留或行走时；吊索和附件捆绑不牢时；吊件上站人或放有活动物时；重量不明、无指挥或信号不清时。

③ 起重机的变幅指示器、力矩限制以及各种行程限位开关等安全保护装置，应齐全完整、灵敏可靠，不得用限位装置代替操纵机构进行停机。

④ 不得使用起重机进行斜拉、斜吊。起吊重物时，不得在重物上堆放或悬挂零星物件。

⑤ 起重吊装物件时，不得忽快忽慢和突然制动。非重力下降式起重机，不得带荷自由下落。

⑥ 当工作地点的风力达到5级时，不宜进行起吊作业；当风力达到6级及以上或遇有大风、雷雨等恶劣天气及夜间照明不足时，不得进行起吊作业。

4）高空作业安全措施

（1）高空作业必须设置防护措施，并符合相关规定。施工中发现高处作业的安全技术措施有缺陷和隐患时，必须及时解决；危及人身安全的，必须立即停止作业。

（2）从事高空作业的人员要定期体检，严禁高血压、心脑血管病人登高作业；严禁酒后登高作业。

（3）高空作业人员必须戴安全帽、系安全带、穿防滑鞋，施工人员所持工具必须用绳挂在工具栏内，防止坠落伤人。

（4）高处作业与地面联系，应配有通信设备。运送人员和物件的各种吊笼，应有可靠的安全装置。

（5）夜间进行高空作业时，必须有足够的照明设备。6级以上大风，应停止高空作业。

（6）雨天进行高空作业时，应采取可靠防滑措施，水等应及时清除。

（7）高处作业所用的物料工具，均应堆放平稳，有可能坠落的物件，应一律先行撤除或加以固定。严禁抛掷传递物件。

（8）高空作业走行用的脚手板，厚度不小于5 cm，且两端用8号铁丝绑牢固定，严禁探头板。

5）消防安全措施

（1）现场的生产、生活区均设足够的消防水源和消防设施网点，消防器材配专人管理，组成15～20人的义务消防队，所有施工人员熟悉并掌握消防设备的性能和使用方法。

（2）做到施工现场的生活、生产设施布置符合消防要求。各类房屋、库棚、料场等的消防安全距离符合国家或公安部门的规定，室内不堆放易燃品；严禁在木工加工厂、料库等处吸烟；现场的易燃杂物，随时清除，严禁在有火种的场所或其近旁堆放等，使消防措施落到实处。

5. 现场及临时工程安全技术措施

针对黄封下行联络特大桥 1-64 m 钢桁梁工程特点、施工环境、施工方法、劳动组织、作业方法、使用的机械、动力设备；临电设施以及各种安全防护设施等制订切实可行的安全施工技术措施。

1）施工现场

施工现场常设一名经过培训具有担任安全工作资格的专职安全员，负责制订事故预防措施和检查、查看所有安全规则和条例的实施情况。

驻地管理人员一律佩证上岗，佩证内容有姓名、职务和本人照片，安全员的佩证为红色以示醒目。

2）场内交通及水电设施

临时道路、通道在狭窄、陡坡、急弯、穿越电力通信地段设置交通标志，大型施工机械及特种车辆通过时设有专人负责指挥。

工地施工用水和饮用水在施工前对水质进行化验鉴定，并采取相应的处理和防护措施。工地内合理布置排水沟。排水沟不得妨碍工地内的交通。

3）临时电力及照明安全

临时电力及照明严格按照安全规定执行和设置，不得变通。在施工作业区、施工道路、临时设施、办公区和生活区设置足够的照明。

4）安全标志

在施工区内设置标准的安全标志，以引起职工对现场不安全因素的注意，对威胁安全与健康的物体和环境做出快速反应。以红色安全色为主，提示内容有禁止标志、停止标志、交通禁令标志、消防和危险标志。如禁止入内、禁止火种、禁止通行、禁止停留、禁止起动、禁止攀登等。各种安全标志按国家标准要求的尺寸、颜色、几何图形、图形符号及补充标志等制作。

7.8.3 施工组织设计环保管理

7.8.3.1 管理组织机构

根据环境保护工作的需要，成立专职的环保组织机构，加大工作力度，做好施工期间的环保工作。成立以生产经理为组长的环境保护领导小组，安质部为日常的管理机构，安质部部长兼职抓环保工作，具体负责开展环保工作。邀请环保专家深入现场做技术指导，各施工队配环保检查员，负责施工过程中的环保工作，人员经过培训，可专职或兼职到作业点检查督促落实。坚持"管生产必须管环保"的原则，建立健全岗位责任制。结合施工组织设计，制订环境保护措施，从思想、宣传、组织、制度、措施、经济等方面入手，形成严密的控制格局，确实保证环境保护工作落到实处，使施工现场环境与生态保护工作满足国家和各级环保部门的标准。

7.8.3.2 环境保护管理检查制度

完善环保管理工作制度，明确各方责任，分级管理，层层落实。建立"三级"检查落实制度，即领导层抓全面，管理层抓重点，实施层抓具体落实。

环保监理制度：积极配合环保监理对施工期的环保工作进行全面监控，定期检查重点环境敏感点，根据检查报告针对性进行整改落实。

措施审查制度：对重点临时工程、环境敏感点的施工环保措施实施坚持上报审批制度。

监督检查制度：积极支持业主将环保检查结果纳入对施工单位的年度考评范围，针对性指定项目部内部的考核讲评制度。

内部建立"包保责任制"，运用行政和经济手段，加强环保工作的落实。实行"环保否决制"，即施工作业活动不符合环保要求的项目不得开工，具有强制否决权。严格落实"无条件服从制"，即无条件地接受环境保护监测单位的指导和监督，无条件遵守业主与环保部门签订的环保协议条款。

施工中细化建立生活区环保检查制度、水土保持制度、生态环境保护和检查制度。定期进行环保检查，及时处理违章事宜，经常向业主有关部门和当地政府、环保部门、环保专家征求意见，及时制订整改措施。

7.8.3.3 施工环境保护措施

1. 临时工程环保措施

（1）临时工程必须按照设计统一规划、业主要求和施工环保的要求进行实施。严格在设计核准的用地界和工程监理批准的临时用地范围内开展施工作业活动，绝不随意开挖、碾压界外土地。

（2）临时工程设施（如生活与生产房屋、钢筋加工场等）选址在地表植被稀少、易于恢复的地方；确有困难时，需经有关部门批准后修建。施工现场生产区和生活区种植树木花草进行绿化，美化施工环境。临时用地使用完后恢复至原有的地形地貌或比原有更改善的状况。

（3）合理布置施工便道，尽量减少施工便道数量，不在便道两侧就近取土，施工营地合理选择在一定的距离范围内。

（4）临时工程设施修建不切割、阻挡地表径流的排泄，不允许在临时工程附近形成新的积水洼地或负地形。

2. 废水、废渣处理措施

施工机械维修产生的含油废水、施工营地住宿产生的生活污水经生化处理达到排放标准后排入不外流的地表水体，不得在附近形成新的积水洼地，严禁将生活污水排入河流和渠道。施工废水按有关要求进行处理达标后排放，不污染周围水环境。

废水处理采用多级沉淀池过滤沉淀，废水处理的工艺流程为：废水→收集系统→多级沉淀池→沉淀净化处理→排入河道或沟渠。在施工时，对天然排水系统加以保护，不得随意改变，必要时修建临时水渠、水沟、水管等。

3. 防止空气污染和扬尘措施

（1）钢筋加工场、钢梁预拼场场地、施工便道和生产、生活区道路采取硬化处理，施工过程中经常洒水，防止扬尘对施工人员造成危害和对周边农作物的影响。

（2）在运输易飞扬的散料时，装料适中并用篷布覆盖。储料场松散易飞扬的材料用彩条布遮盖。避免运输、装卸过程中和刮风时扬尘。

（3）桥梁防水层、保护涂装等采用新型环保材料，防止铁路周围环境空气受到污染，保证空气质量。

（4）经常清洗工程车辆车轮和车厢。

4. 施工噪声控制措施

（1）对施工机械和运输车辆安装消声器并加强维修保养，降低噪声。钢筋加工、钢梁预拼等场地选择尽量远离居住区。车辆途经施工生活营地或居住场所时应减速慢行，不鸣喇叭。适当控制机械布置密度，条件允许时拉开一定距离，避免机械过于集中形成噪声叠加。

（2）合理安排施工作业时间，尽量降低夜间车辆出入频率，夜间尽量不安排噪声很大的机械施工。

7.8.3.4 施工水土保持措施

（1）合理安排施工用地，保护施工场地和临时设施附近的植被，及早施作防护工程、排水工程和裸露地表的植被覆盖，防止水土流失。

（2）临时工程设施修建不切割、阻挡地表径流的排泄，不允许在临时工程附近形成新的积水洼地或负地形。对施工人员加强保护自然资源的教育，在合同施工期内严禁随意砍伐树木。

（3）施工废水必须经沉淀处理，达标后排放。施工废渣和建筑垃圾按设计和建设单位要求堆放和运至指定位置，并采取防护工程措施，杜绝随意排放和倾倒。

（4）加强施工机械管理，注重日常保养，按照要求进行操作。防止油品存放和机械在使用、维修、停放时油料泄漏、渗漏，污染水体。

（5）施工完成后及时清除临时工程和设施及建筑垃圾。

（6）施工场地和道路硬化处理，周边和两侧设排水沟，防止排水引起水土流失。

7.8.4 施工组织设计工期管理

7.8.4.1 工期目标

本工程 2016 年 8 月 20 日开始施工，2016 年 12 月 10 日结束，总工期 110 天。

7.8.4.2 工期保证体系及组织机构

为保证 64 m 钢桁梁施工工期目标的实现，项目部抽调责任心强、经验丰富、有特长的骨干人员组成干练务实的分部，选择整体素质高、施工作业能力强、有突出业绩的专业协作队伍进场施工。并成立由项目部经理任组长，有关人员参加的工期领导小组，完善自上而下的管理保障体系，建立健全岗位责任制，从组织上、制度上、防范措施上保证总工期的实现。

具体施工按以下原则组织实施：

（1）以 64 m 钢桁梁专项施工方案为指导，贯彻重点先行的原则，强化关键工序的专业管理和过程控制，落实节点工期，在实施中及时优化调整，保证总工期目标的有序实现。

（2）确保各种生产资源的有效投入，为保证工期提供物质基础。保证在合同中承诺的装备、人力和资金的投入，为工程进度按期开展提供物质基础保障。

（3）根据工程进度实时进行调整。根据总体网络计划，对 64 m 钢桁梁工程实施动态、实时监控，在各个阶段结束后，保持经常性对比分析，评定项目进度状况，尤其是关键工序的工程进度，对下期工作做出安排，建立新的网络计划。根据形象进度拟定出单项进度指标，确保总工期目标的实现。

在过程控制中，实行施工进度报告（日报、周报）制度，掌控工程进展情况，及时比对重点工程的实际进度和计划进度的偏差，分析成因，采取相应的对策措施。

（4）建立进度管理激励制度，奖优罚劣。进场后，积极围绕业主要求组织开展建设高速铁路工程重要意义的宣传教育，增强所有参建人员的荣誉感、责任感、使命感、成就感，凝聚合力，为保证工期目标夯实思想基础。

适时组织多种形式的劳动生产竞赛，将行政管理措施和思想动员工作有机结合，样板先行，加强相互观摩评比，结合奖罚措施，确保参建全体人员始终保持旺盛的活力，达到掀起施工高潮，加快施工进度的效果。

7.8.4.3 保证工期的措施

精心编制实施性施工组织设计，科学组织施工，运用网络计划技术，实行动态管理，及时调整各分项工程的进度计划和机械、劳力配置，确保钢桁梁施工总工期按期完成。

（1）精心编制实施性施工组织设计，科学组织施工，实行动态管理，根据现场条件及时调整。及时调整各分项工程的进度计划和机械、劳力配置。贯彻重点先行的原则，强化关键工序的专业管理和过程控制，落实节点工期，在实施中及时优化调整，保证总工期和阶段工期目标的实现。

（2）强化计划管理，做好施工计划对保证工期是非常重要的，施工计划必须重视各工序之间的接口。

（3）选调技术全面、管理能力强的人员负责钢桁梁项目管理和技术工作。施工队伍抽调施工能力较强的专业劳务队，实行专业化施工。正式工程施工前，对全体参建人员进行技术和施工工艺培训，确保施工人员熟练掌握技术标准、施工工艺、检验检测方法、质量控制和保证措施、施工组织程序和主要机具设备使用性能，提高施工技术水平和科技含量，不断加快施工进度。

（4）积极采用国内外先进的施工机械设备和施工技术，根据工程规模配备足够的资金，确保工期目标的有序实现。

（5）实行工期目标管理责任制，严格计划、检查、考核与奖惩制度；定期召开项目管理会议，协调现场工序接口，加强施工调度工作，及时解决问题，使各项工作得以按计划推进。

（6）对工程周边材料调查、取样分析和试验，做好临时工程建设等基础性工作，为施工提供技术保障、压缩施工准备时间、尽早展开主体施工创造有利条件，加强过程控制。

（7）及时解决问题，避免搁置延误。重难点工序采取垂直管理，横向强制协调的手段，减少中间环节，提高决策速度和工作效率。

（8）施工安排做到沟通及时、定期协商、统筹兼顾、周密布置、有序推进。

7.8.4.4 工期控制方法

1. 以充分的施工准备来保证工期

本工程施工技术复杂，施工周期短，一要迅速完成临建工程，重点抓住通路、通电、通水及生产和生活房屋建设，同时做好征地拆迁工作，缩短施工准备时间。二要对施工方案、材料采样试验等重大问题提前考虑，提前解决技术难题，确保施工顺利实施。三要及早进场，做好开工前的各项准备工作。

2. 以技术装备的先进性保证工期

开展首段首件示范，快速形成成果，积极推广，保证科技生产力效益、效率最大化。及时总结经验，不断优化施工方案。

技术复杂工序或部位要超前组织技术攻关和技术咨询，对主要施工机械设备的选型配置要提前摸底、提前掌握、提前研究、提前培训、提前落实。邀请桥梁专家常驻现场进行方案优化、技术服务和课题攻关。

3. 以施工组织的严密性保证工期

成立有丰富的施工管理经验的项目组织机构，组织人员提前进行钢桁梁施工的技术培训与现场调查，充分细致地做好上场开工前的准备工作，快速组织进场；精心编制专项施工方案，并按施工组织设计要求配齐生产要素；弄准、吃透技术标准和工程项目数量，依靠科技进步，精心安排工序，保证均衡生产，以保证每个关键环节和阶段工期目标为前提来保证总体工期。

建立工程管理信息系统，全面收集工程测量、工程地质、钢桁梁拼装、工程试验、施工进度、资源配置、工序质量、现场各项检测和安全施工等方面的信息，综合分析、判定施工运行状态，针对存在问题，采取有效措施，实现施工过程有序可控。

4. 以安全质量的平稳性保证工期

抓质量、保安全、促进度，确保不出现任何安全质量事故，针对场地安全、设备安全、交通安全、技术方案的科学可靠性等方面制订严密管理措施。

5. 协调社会及周边关系保证工期

施工前，调查附近地区机关、居民、企业分布状况及作息时间、生活习惯和交通情况。施工时做好安排，对交通、居民、机关减少干扰，确保工程顺利进行。

积极主动同当地各级政府、有关部门和企业单位取得联系，共同协商，在开工前办理好申请、审批手续，签订合同、协议等，以免引起有关部门的强制停工，造成工期损失。

6. 工期风险管理

当出现突发事件、自然因素影响工期时（如遇到地震、火灾或疫情等），积极与建设单位密切联系，调整施工进度计划，增加人、财、物、机的投入，采取一切必要手段，尽量减少工期损失。

当出现人为突发事件影响工期时（如遇到与地方纠纷、劳务纠纷，涉及营业线行车安全等），除了紧紧依靠地方政府及运营站段的支持以外，还要加强与他们的联系，密切路地关系。

本工程建设工期遵循"统筹规划、科学组织，重点先行、分段展开、均衡生产、有序推进"的指导思想合理安排；高度重视、优先处理对工程影响大的钢梁订购等外在因素，创造工期保证的良好外部环境；抓住实施性施组动态调控、施工合同硬化监管、工程进度信息化管理和进度管理激励制度四项保障措施，确保工期节点可控。

7.8.5 雨季及夜间施工措施

7.8.5.1 雨季施工措施

根据工期安排，本桥钢桁梁施工受雨季影响较大。为保证雨季施工安全，全面落实中国铁路总公司和上海局关于雨季施工相关文件要求，制订防汛应急预案。措施如下：

（1）雨季施工期间，加强教育和监督检查。施工人员要注意防滑、防触电，加强自我保护，确保安全生产。各施工现场要组织防汛小组，遇有汛情及时，有组织地进行防汛。

（2）进入雨季，提前做好雨季施工中所需各种材料、设备的储备工作。

（3）施工期间，施工调度要及时掌握气象情况，遇有恶劣天气，及时通知项目施工现场负责人员，以便及时采取应急措施。钢桁梁杆件吊装，高空作业、大体积混凝土浇筑等更要事先了解天气预报，确保作业安全和保证混凝土质量。

（4）施工现场道路必须平整、坚实，两侧设置排水设施，纵向坡度不小于0.3%，主要路面铺设矿渣、砂砾等防滑材料，重要运输路线必须保证循环畅通。

（5）调集足够人力、材料、机具组织快速施工，尽量缩短雨季施工时间。

（6）根据"晴外、雨内"的原则，雨天尽量缩短室外作业时间，加强劳动力调配，组织合理的工序穿插，利用各种有利条件减少防雨措施的资金消耗，保证工程质量，加快施工进度。

（7）现场临时用电线路要保证绝缘性良好，架空设置；电源开关箱要有防雨设施；施工用水管线要进入地下，不得有渗漏现象；阀门应有保护措施。配电箱、电缆线接头、箱、电焊机等必须有防雨措施，防止水浸受潮造成漏电或设备事故。

（8）所有机械的操作运转，都必须严格遵守相应的安全技术操作规程。

7.8.5.2 夜间施工措施

根据钢梁施工工期紧的现实情况，必须利用夜间组织除钢梁主体吊装作业外其他工作内容的施工。

（1）夜间施工时，保证有足够的照明设施，能满足夜间施工需要。

（2）机械设备经常检修、保养，确保施工机械在全天处于良好的工作状态。

（3）施工现场配备一台 150 kW 发电机，一旦照明断电，立即采用发电机进行发电，使工地施工照明得到有效的保证，以保证施工顺利进行。

（4）施工现场设置明显的交通标志、安全标牌、警戒灯等，标志牌具备夜间荧光功能。保证施工机械和施工人员的施工安全。

（5）人员实行轮班制，保证施工人员精力充沛，确保施工安全。在人员安排上，夜间施工人员白天必须保证睡眠，不得连续作业。

（6）建立夜间施工领导值班和交接班制度，加强夜间施工管理与调度。在第六项目部工程部设置调度值班室 24 h 值班；在施工现场安排现场值班室。

7.8.6 风力测试及防护措施

（1）与当地气象部门密切联系，随时掌握现场风速。

（2）当风力大于 4 级时停止吊装作业；风力大于 6 级时停止所有高空作业，施工人员全部离开高空操作平台。

（3）支架上安全网采用细目铁丝网，减少迎风面积。

（4）生活区位置远离施工支架 30 m 以上。

（5）ϕ600 mm 大钢管支墩设置∠100 mm 角钢"X"形斜撑。

7.8.7 高空作业防护措施

7.8.7.1 钢桁梁拼装时防护措施

在临时支墩上焊接上下爬梯及操作平台，爬梯阶梯高 30 cm，外侧全封闭。平台骨架采用槽 14a 型钢，焊接在钢管桩上，骨架上满铺踏板，外侧设置栏杆进行全封闭。

7.8.7.2 钢桁梁横移转体时防护措施

在滑道支架的外侧搭设定制的上下梯道以供施工人员上下操作平台。在横移支架的横向分配梁上铺设槽钢纵梁，再满铺踏板，安装栏杆进行全封闭，作为操作平台。跨线滑道的操作平台设置在滑道，在滑道梁腹板悬臂安装牛腿骨架，上铺踏板和安装防护栏杆。

7.9 小 结

本章揭示了 64 m 钢桁梁临近营业线施工组织研究的背景和意义，阐述了铁路工程施工组织涉及的概念和作用，系统地介绍了铁路工程施工组织设计编制的依据、原则和的主要内容，应用到黄封下行联络线特大桥 64 m 钢桁梁施工中，详细地阐述了优化后的黄封下行联络线特大桥 64 m 钢桁梁施工组织设计。

得到以下结论：

（1）编制黄封下行联络线特大桥 64 m 钢桁梁施工组织设计时要结合黄封下行联络线特大桥 64 m 钢桁梁工程实际情况和施工单位人员、机械设备等因素，因地制宜，讲求实效，不能遵循相同的模式，流于形式。

（2）黄封下行联络线特大桥 64 m 钢桁梁施工组织设计编制的目的在于充分利用统筹学原理，合理安排资源投入，在确保工期、质量、安全和目标的前提下，以提高效率、降低成本为目标。

（3）深入研究黄封下行联络线特大桥 64 m 钢桁梁工程的背景概况、工程内容、约束条件，找出工程的重点、难点，并以此为立足点，结合实际，有针对性地进行施工组织设计的编制。

（4）通过工期保证体系和组织机构的建立，采取针对性的控制方法，科学地安排施工计划，优化施工组织方案，经过人、才、机、料的调整，使工期由原来的 110 天优化到 87 天。

第8章 基于动力仿真模型进行风险分析与评估

8.1 概述

为研究沪通铁路施工对临近京沪铁路和沪宁城际铁路的影响,以及对其的风险分析与评估,选取沪通铁路站前Ⅵ标下穿京沪高铁、沪宁城际铁路工点进行模拟分析。该工点位于江苏省昆山市花桥镇天福村上海大众停车场(既有京沪高铁 K1285+337~K1285+403、既有沪宁城际铁路 K33+942~K34+008)。沪通铁路安亭上、下行疏解线分别从临跨的既有京沪高铁、沪宁城际铁路桥梁下方以桩板式路基穿过。由于在钻孔施工可能会对既有铁路上列车的安全运营产生影响,因此对其进行仿真分析。

SIMPACK 中 Wheel/Rail 模块是德国宇航中心(DLR)集 20 多年轮/轨接触模拟的经验和现代先进的模拟技术及常用模拟工具于一体的技术结晶。由于 SIMPACK 自身开放和非常灵活的建模概念,使 SIMPAC 软件可以支持任何设计思路,无论从单个车轮还是到主动/被动系统。并使用户将精力致力于所计划的创新开发工作上。SIMPACK 轮/轨(Wheel/Rail)模块是 SIMPACK 软件的附加模块,用它可以对铁路系统动力学进行仿真分析。SIMPACK 软件具有的和 FEA、CAD、CACE 软件的广泛接口,友好的操作界面、强大和经过实验验证的轮轨接触建模以及著名的仿真精度和仿真效率,使 SIMPACK 作为多体系统仿真工具已成为铁路行业仿真领域的领导者。因此,选择 SIMPACK 软件进行模拟计算。

轨道不平顺是车辆振动的主要激扰源[141],现场施工也主要影响临近既有线的平顺性。因此,在模拟现场施工对临近既有线的影响时,将实测钢轨不平顺施加于模型中的线路上,来计算分析车辆系统的力学指标是否满足要求。

8.2 多体系统动力学基本理论

许多国内外专家学者都为多体动力学的研究和发展做出了开拓性的研究和贡献。多体动力学分析也已经发展成为一个包含多学科的研究分支和领域。要在几页较短的篇幅内全面完整概括出多体动力学基本理论的研究发展最新成果和国内外专家学者贡献的详细历史是不可能的,有兴趣的读者可以参考相关文献。为了强调本书的研究重点,下面结合 SIMPACK 的运动方程建立理论,简单介绍多体系统动力学的基本理论和 SIMPACK 中建立运动学方程的基本理论,特别是介绍拉格朗日和牛顿-欧拉两种方法,同时介绍 SIMPACK 在车辆动力学的使用方法及系统动力学方程求解问题。通过学习可以对多体系统动力学的基本理论有较深入的了解,为准确应用 SIMPACK 软件的学习打下良好的理论基础。

8.2.1 理论背景

对于任何一个复杂的机械结构系统进行动力学分析和计算时，首要的任务就是将这个系统进行合理的简化，建立一个由多个刚体（或刚柔体）组成的系统替代模型。多体系统是指由多个物体通过运动副连接的复杂机械系统。多体系统动力学的根本目的是应用计算机技术进行复杂机械系统的动力学分析与仿真。它是在经典力学基础上产生的新学科分支，在经典刚体系统动力学的基础上，经历了多刚体系统动力学和计算多体系统动力学两个发展阶段，目前已趋于成熟。大部分常规的机械部件可以描述成刚体和柔性多体系统模型，而且可以由机、电、液压以及其他系统部件组成。多体动力学在机械系统动力学仿真中可以被考虑作为积分平台。

如果多体系统是闭环系统，那么该等式模型结构会更加复杂。比如，公路车辆的车轮悬挂装置模型可以被看作是一个多体系统仿真的典型案例。通过约束对复杂动力学工况进行仿真，一个多体系统运动等式可以通过适当维数的常微分方程的二阶非线性系统给出，并且通过标准方法进行数值求解，其核心问题是动力学和运动学的建模和求解问题。多体系统研究开始于20世纪60年代，前期的20多年，侧重于多刚体系统的研究，主要是研究多刚体系统的自动建模和数值求解；到了80年代中期，多刚体系统动力学的研究已经取得一系列成果，尤其是建模理论趋于成熟，但更稳定、更有效的数值求解方法仍然是研究热点；80年代之后，多体系统动力学的研究更偏重于多柔体系统动力学，这个领域也正式被称为计算多体系统动力学，它至今仍然是力学研究中最有活力的分支之一，但已经远远地超过一般力学的概念和含义。

基于机械系统动力学仿真的模型依赖于模型建立方法的提高，以及强大而高效的数字处理技术和运用于工业的强大的仿真工具。在这一章中，将回顾多体系统动力学中传统的和更为先进的仿真算法，这些与多体数组和多体系统仿真包密切相关。这部分主要包括多体系统分析中的基础仿真算法，方程式的一般结构，包括闭环系统、内部力元的不同状态，以及系统的时间离散性，使等式模型具有强大而高效的数字处理能力的特殊微分代数方程时间集成方法，以及在多线性分析运用中的算法和工具。

8.2.2 多体系统建模基本概念

对于复杂的机械系统进行运动学和动力学分析时需要建立其物理模型，也称为力学模型，抽象的实质就是对系统进行定义，主要由物体、铰、外力（偶）和力元4个要素组成并具有一定拓扑构型的系统。下面先介绍描述多体系统的基本概念[143]。

（1）数学模型：分为静力学数学模型、运动学数学模型和动力学数学模型，是指在相应条件下对系统物理模型（力学模型）的数学描述。

（2）拓扑：多体系统中各物体的联系方式称为系统的拓扑构型，简称拓扑。根据系统拓扑中是否存在回路，可将多体系统分为树系统与非树系统。系统中任意两个物体之间的通路唯一，不存在回路的，称为树系统，系统中存在回路的称为非树系统。拓扑关系在后面的章节中结合实例进行介绍。

（3）机构：装配在一起并允许做相对运动的若干个刚体的组合。

（4）运动学：研究组成机构的相互连接的机械系统的位置、速度和加速度，其与产生运动的力无关。运动学数学模型是非线性和线性的代数方程。

（5）动力学：研究外力（偶）作用下机构的动力学响应，包括机械系统的加速度、速度和位置，以及运动过程中的约束反力。动力学问题是已知系统构型、外力和初始条件求运动，也称为动力学正问题。动力学数学模型是微分方程或者微分方程和代数方程的混合。

（6）静平衡：在与时间无关的力作用下系统的平衡，称为静平衡。静平衡分析是一种特殊的动力学分析，在于确定系统的静平衡位置。

（7）逆向动力学：逆向动力学分析是运动学分析与动力学分析的混合，是寻求运动学上确定系统的反力问题，与动力学正问题相对应，逆向动力学问题是已知系统构型和运动求反力，也称为动力学逆问题。

（8）连体坐标系：固定在刚体上并随其运动的坐标系，用以确定刚体的运动。刚体上每一个质点的位置都可由其在连体坐标系中的不变矢量来确定。

（9）广义坐标：唯一地确定机构所有机械位置和方位即机构构形的任意一组变量。广义坐标可以是独立的（即自由任意地变化）或不独立的（即需要满足约束方程）。对于运动系统来说，广义坐标是时变量。

（10）自由度：确定一个物体或系统的位置所需要的最少的广义坐标数，称为该物体或系统的自由度。

（11）约束方程：对系统中某机械的运动或机械之间的相对运动所施加的约束用广义坐标表示的代数方程形式，称为约束方程。约束方程是约束的代数等价形式，是约束的数学模型。

（12）微分-代数方程的求解：无论是缩并法还是增广法，问题还都是归结为常微分方程初值问题的数值求解，只是求解常微分方程的公式或是用于微分-代数方程转化为常微分方程之后，或是用于转化过程之中。为了使求解的数值方法具有普遍性，既可用于求解弹性问题，也可用于求解刚性问题，微分-代数方程所用的常微分方程数值方法一般采用的都是上节所述的求解刚性微分方程的方法。除了最常用的 BDF 方法，隐式 RK 方法也被考虑用于求解微分-代数方程问题，此外，预估-校正方法也广泛地用于求解微分-代数方程问题之中，它们都可求解存在刚性问题的微分-代数方程。

1. 系统定义四要素

系统定义的四要素主要包括：物体（Body）、铰（Joint）、外力（偶）（Outside Force/Moment）和力元。

（1）物体：多体系统中的构件定义为物体。首先说明的一点，多体系统力学模型中的物体定义并不一定与具体工程对象的零部件一一对应，它的定义与研究目的有关。在运动学分析中，通常将对其运动特性特别关心的零部件定义为物体。对于静止不动的零部件通常可以定义为系统运动的参考系。其次，是物体性质的假定，在计算多体系统动力学中，物体区分为刚性体（刚体）和柔性体（柔体）。刚体和柔体是对机构零件的模型化，刚体定义为质点间距离保持不变的质点系，柔体定义为考虑质点间距离变化的质点系。

（2）铰：也称为铰接或运动副，在多体系统中经常将物体之间的运动约束定义为铰。铰约束是运动学约束的一种物理形式。在实际工程对象的多体系统力学模型中，物体与铰的定义是相关的，即定义了物体，自然就会存在一个相应的铰。

（3）外力（偶）：多体系统外的物体对系统中物体的作用定义为外力（偶）。重力是系统典型的外力。需要注意的是在外力的定义中，对于刚体，力偶的作用与作用点无关，然而对于柔性体，力偶的作用与作用点有关。因为它不仅对其大范围运动而且对其弹性变形均有影响。

（4）力元：在多体系统中物体间的相互作用定义为力元，也称为内力。在实际的工程对象中，零部件之间的相互联系，一种是通过运动副（铰），另一种通过力（可以认为是力元）的相互作用。两者的本质差别是前者限制了相连物体的相对运动自由度，而后者没有这种限制。根据文献，适当地引入力元对于减少多体动力学的规模是非常有利的。一个模型中各刚体之间的弹簧、减振器等都可以看作是力元。力元是对系统中弹簧、阻尼器、作动器的抽象，理想的力元可抽象为统一形式的移动弹簧-阻尼器-作动器（TS-D-A）或扭转弹簧-阻尼器-作动器（RS-D-A）。当刚体之间的相对位置、速度等发生变化时，力元会在相邻的刚体上施加一定的力或力矩，力或力矩的大小与力元的特性有关，例如弹簧的刚度。

2. 其他基本要素

在 SIMPACK 以及其他的多体动力学软件 MSC.ADAMS、DADS 等建立的模型中，除了上述 4 个基本要素以外，还包含了以下的基本要素：

（1）系统参考坐标系：也称为惯性坐标系或参考框架（Reference Frame），刚体的绝对运动量都是相对惯性坐标系来定义的，比如对于铁道车辆进行动力学建模，惯性坐标系就可以设定在大地上不动的坐标系，同刚体一样，在惯性坐标系上也可以定义各种各样的标记（Marker）。定义这些标记时，点的坐标是相对于系统坐标而言，也可以在该坐标系上定义移动标记（Move Marker），这些移动标记的移动可以和某些刚体的运动有关。

（2）标记：即一些特定的点，例如弹簧两端必须连接在两个特定的点上，而这两个特定的点又必须位于不同的刚体上，这样就需要在这些刚体上特定的位置定义标记。因此，标记必须是与某个刚体有关，或与惯性坐标系有关。

注意：一个刚体上标记的定义一定是相对刚体的连体坐标系而言的，这样做是非常方便的。

（3）约束（Constraint）：对系统中某机械的运动或机械之间的相对运动所施加的限制称为约束。约束分为运动学约束和驱动约束，运动学约束一般是系统中运动副约束的代数形式，而驱动约束则是施加于机械上或机械之间的附加驱动运动条件。

其他的基本要素还有传感器等，这里就不详细介绍。

8.2.3 车辆多体动力学建模基本理论

车辆系统动力学仿真的准确性经常依赖于先进的建模方法、强有效的数值求解技术以及工业应用上强大的仿真工具。通常来说，机械系统可以描述为刚体或是弹性体组成的多体系统模型，通过机电、液压和控制等其他系统部件的相互作用。因此，有必要深入了解工业多体仿真软件包采用的方法和算法。这里主要从车辆系统动力学的角度去理解和处理动力学的数值问题和数值方法。以最简单形式表示的多体系统运动方程，可以表达为一个非线性的二阶系统常微分方程，或者中阶的可以通过数值方法求解的矩阵。如果多体系统有一个运动的闭环，求解的模型方程通常是非常复杂的。随着多体计算程序的不断发展，计算机辅助设计越来越多地应用于车辆系统动力学领域。目前，国内外多体应用软件的多体系统程序在理论、计算和软件开发上都已经展开了大量工作，其中一个重要的特点就是对并行处理方法建立和求解运动方程，旨在加快对车辆系统进行实时的动力学仿真速度。另外一点就是，这些多体应用软件发展的一个重要方向，经常涉及多个学科的交叉，比如多体系统与 CAD 系统的结合、多体系统中弹性体的处理及其与有限元程序的结合、多体系统中反馈控制部分的分析与设计、多体系统与仿真语言如 MATLAB 工具的结合等，这里仅进行简单的概括，详细的介绍请参见相关文献。

8.2.3.1 基本分析方法

对机械多体系统，尤其是车辆系统的分析有多种方法。最流行的且在许多软件中经常使用的方法就是建立系统运动方程，并对其进行时间积分，即所谓的动力学分析。但车辆动力学分析法还经常涉及其他非标准化的分析方法，如图 8-1 所示。下面将逐一进行简单的介绍。

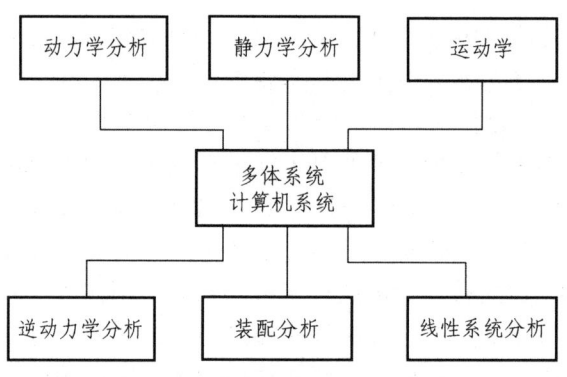

图 8-1　多体系统主要分析模型

（1）运动学分析：给定系统一个运动量（称为运动学驱动），计算各物体间的相对运动（位置、方向、速度和加速度）。

（2）动力学分析：由给定的初始状态，考虑多体质量特性和一组施加的作用力，计算多体的运动。

定义一组相应的初始状态常常是不易做到的。因为在开始分析时，总是不能充分地确定每个坐标的初始值。必须定义一组合理的广义坐标（独立的或最少的自由度），这需要在对运动方程式积分前进行预分析。动力学分析的结果是每一个时间步长下所有物体的位置、方向、速度和加速度。力元（施加力）和运动副（约束力）的内力也可能是所需要的结果。

（3）静力学分析：考虑所有物体的质量特性和施加于物体的力，进行两种形式的静力学分析，在一组给定的力（预加力）的作用下，计算系统的静平衡位置，在系统保持特定的初始状态（即静平衡位置），计算所有力元上的合力。要对任何一个有意义的线性系统进行分析，上述两步是必须进行的前提步骤。

（4）逆动力学分析：为使系统产生特定的运动，计算所需的施加力，即激励或称之为作动力。其结果如同动力学分析一样是物体的位置、速度、加速度、各力元受到的力和连接的约束力。这些力可理解为产生所述运动所必需的作用力。还有一个特点，在车辆分析中有可能涉及弹性动力学，它介于运动学和逆动力学分析之间，是在只忽略物体的质量特性的情况下，计算某种运动所需的力。

（5）装配分析：决定是否所有物体和它们之间的连接方式及约束成功地联系在一个给定的结构中。

（6）线性系统分析：首先，对一个给定的名义状态，可以将非线性方程线性化。其次，可以计算系统特征值（固有频率、阻尼系数）和特征向量（雅可比矩阵）。再次，线性分析法可用来计算传递矩阵（离散化模态）、系统可控性、可观性、频率响应，相对于设计参数变化的特征值灵敏度、频响灵敏度等。最后，也是非常重要的一点，即进行时域内（协方差）或频域内（谱密度）的统计分析。

8.2.3.2 计算方法

从前面的分析方法可以看出，利用特定初始条件的运动方程式计算出各状态分量的时间历程是车辆系统动力学研究的主要问题之一。因而选择合适的数值积分方法是动力学仿真的一个重要因素。值得一提的是，对带有特定初始条件和已知激励的常微分方程式的求解远不是车辆系统动力学中唯一要解决的数值问题。同时要注意，尽量选择软件中采用的数学库来解决多体系统和车辆动力学的数值问题，如对时间历程进行计算的 CSSL 仿真软件。当然，由于这些软件中的积分算法必须解决差别很大的各领域问题，所以通常不能很好地适用于多体系统和车辆问题，而且对一些重要问题的公式，它们甚至没有相应算法。

8.2.3.3 数值积分法

1. 常微分方程组（ODEs）

在使用广义坐标时，如果系统运动方程能推导为显式的常微分方程式，那么可用的积分方法就很多。在多体车辆动力学中，低阶显式的龙格-库塔法，例如带有误差控制的变步长 Runge-Kutta-Battis 法，被证明是很有效的，多步积分法，如 Adams-Bashforth-Moulton 公式，对多输出或方程右侧很难计算的函数问题也是很有效的。多体车辆问题中，常遇到的一个问题与系统的刚性微分方程式有关。对于常微分方程组（ODEs），微分方程式表示为

$$\dot{x} = f(x, t) \tag{8-1}$$

雅可比矩阵（线性化的系统矩阵）

$$J = \frac{\partial f}{\partial x} \tag{8-2}$$

若特征值分布非常离散，则称系统是刚性的。刚性系统中车辆动力学中经常出现，如模型中包括摩擦元件，沿公路或铁路低速运行的车辆，或小蠕滑时。对多体系统，由 Gear 发展的基于所谓 BDF（Backward Difference Formulas，向后差分公式）的多步积分法被证明适用于解决这种问题，对刚性方程而言，新的发展还包括隐式龙格-库塔法。

2. 微分代数方程组（DAEs）

多体系统的另一重点是，运动方程式不一定会导出常微分方程的解，而且由第一定律推

导的运动方程(第一类拉格朗日方程式或带有附加力约束方程的牛顿-欧拉方程)首先导出如下一组微分方程和代数方程

$$M(p)\ddot{p} = f(p,\dot{p},t) - G^{\mathrm{T}}(p)\lambda \quad 且 \quad g(p) = 0 \quad (8\text{-}3)$$

式中,P 表示刚体坐标(或是运动量);$M(p)$ 是质量矩阵;f 是施加力向量;l 是拉格朗日乘子或约束力向量;G 是约束矩阵,可以表示为:

$$G = \frac{\partial g}{\partial p} \quad (8\text{-}4)$$

以上方程,常被称为运动方程解析式的方程,从这些方程可确定一组广义坐标下的常微分方程,即拉格朗日第二类方程,从数学上讲是状态空间方程。描述式方程有一个有趣的特点,可使原方程的稀疏矩阵得以保持,而如果被简化为状态空间形式,就不存在这种情况。

然而实际确定这些方程,尤其是在闭环时,可能是格外困难的,因为它们的推导依赖于非线性函数方程的解。这些解一般在每步积分中须重新计算。在这种实际结论下,已做了大量研究工作来着手解决这种描述式方程即微分代数方程(DAE)。

微分代数方程可以用与隐式常微分方程组类似的方式来理解和求解

$$f(x,\dot{x},t) = 0 \quad (8\text{-}5)$$

然而由于 MBS 方程的形式,在近来更多的研究中,遇到一些与数值处理有关的特殊问题。在讨论算子形式的计算问题时,微分代数方程的阶次起重要作用,以式(8-3)、式(8-4)、式(8-5)形式给定的微分代数方程称为 3 阶问题。数值上看,它们是病态的[如果式(8-4)中数值误差为解中含有项]。过去的一些多体系统程序是基于 3 阶公式的解,因此存在数值问题计算的难度。

对约束方程(8-4)进行一次微分

$$\frac{\partial g}{\partial p}\dot{p} + z(p) = 0 \quad (8\text{-}6)$$

或二次微分

$$\frac{\partial g}{\partial p}\ddot{p} + z(p) = 0 \quad (8\text{-}7)$$

分别得到速度级或加速度级的约束关系。等式(8-3)、(8-7)称为二阶等式,等式(8-5)、式(8-6)称为一阶等式。

一阶问题可以仅通过代数过程转化成常微分方程,它们的数值处理同常微分方程的数值处理一样。从这一方面讲,一阶公式可能是一种较好的公式,但从另一方面讲,由于微分过程中信息的丢失,可能使数值解在位置和加速度级偏离约束。

解决的办法是使用所有这 3 种约束方程,采用所谓 Baumgarte 稳定性来衰减这种偏差

$$\frac{\partial g}{\partial p}\ddot{p} + z_2 + 2\alpha\frac{\partial g}{\partial p}\dot{p} + \beta^2 g(p) = 0 \quad (8\text{-}8)$$

或者采用一种现代映射技术，这是因为 Baumgarte 方法会导致增大所求解问题的刚性，影响数值求解技术的性能。在目前的多体系统程序中，这两种处理代数微分方程的技术都在采用。其他形式则是从数值上建立起上述方程的状态空间形式，并用经典的常微分方法来求解。

下面简要介绍数值积分法以外的数值方法。

8.2.3.4 代数方程求解

许多车辆动力学问题都需要求解代数方程，如下面的一些情况：

（1）借助运动学约束方程计算系统的位置和方位，得到一组连续的初始条件。

（2）计算多体系统的静平衡（给定结构上的名义耦合力或给定外载下的平衡位置）。

（3）将一组代数微分方程的坐标数降到最少，导出运动方程的显式状态空间，后者包括对质量矩阵求逆。

由此可见，在多数情况下要求解非线性代数方程。这项工作通常采用牛顿-拉夫森迭代法完成，以达到均匀（整体）的收敛性。

8.2.3.5 线性系统分析的数值分析

线性系统分析首先需要数值的线性化，即导出表示状态空间方程的线性系统矩阵

$$\dot{x} = Fx + Gu \tag{8-9}$$

$$y = Cx + Du \tag{8-10}$$

通常，只计算系统矩阵 F，然而除了特征值、特征向量，即稳定性和模态的计算外，还需要输入矩阵和输出矩阵。这些分析可能包括：

（1）通过变换矩阵求解系统的时域响应。

（2）频响、伯德图和奈奎斯特图。

（3）时域内的随机分析（协方差分析）或频域内随机分析（谱密度）。

（4）控制系统设计。

因此，系统具有高的阶次或车辆所具有的特性，如运行于不平顺轨道上多轴车辆的特性，需要分析方法具有有效的算法。在这些情况下，输入向量 u 有如下特殊形式

$$u(t) = \begin{bmatrix} \xi(t-t_1) \\ \xi(t-t_2) \\ \vdots \\ \xi(t-t_N) \end{bmatrix} \tag{8-11}$$

这里，是第一轴上的输入向量。例如周期性输入的传递函数应修改为

$$G(j\omega) = C(j\omega E - F)^{-1} G_\xi(\omega) \tag{8-12}$$

且

$$G_\xi(\omega) = \sum_{i=1}^{N} G_i \mathrm{e}^{-j\omega t} \tag{8-13}$$

为对应于输入向量项的列向量。

同样情况下进行谱密度或协方差分析时，也要注意选择恰当的算法。

8.3 多体动力学 SIMPACK 概述

8.3.1 概 述

SIMPACK 是专家级机械系统动力学性能仿真分析软件,为德国 SIMPACK AG 公司的旗舰产品。利用 SIMPACK 软件,可以仿真计算复杂机械系统运动学、动力学特性,分析其振动特性,受力状况及零部件的运动位移、速度、加速度等。其最基本的原理就是通过搭建包括运动部件、铰接、约束以及力元素等在内的机械系统的动力学模型,利用 SIMPACK 的解算器来获取该系统在受到外部激励下的动态响应。

由于 SIMPACK 软件强大的运动学动力学分析功能,SIMPACK 软件可以用来仿真模拟现实世界中的任何机械、机电系统,从仅仅只有几个自由度的简单系统到高度复杂的机械、机电系统。SIMPACK 强大的仿真能力使其可以被应用于产品设计、研发、制造到优化整个寿命周期(PLM)。SIMPACK 软件拥有同类软件中解算速度最快、精度最高、稳定性最好的求解器,在保证了极高的解算速度和稳定性的同时不失友好的操作特性。同时,SIMPACK 软件独有的全代码输出及实时仿真功能,可以实现 HIL(硬件在环)仿真,这是其他多体动力学软件所不具备的。

SIMPACK 这些先进的特性使其赢得了广大的客户群,如德国宇航局、空客公司、BMW、Daimler Chrysler 和 Siemens 等,这些客户均长期利用 SIMPACK 进行研发。

8.3.2 SIMPACK 多体系统运动方程理论

利用多体动力学软件 SIMPACK 建立复杂的动力学模型时,模型可以只含有刚体,也可以包含柔性体,即综合考虑刚体和柔性体耦合建模。刚柔体耦合模型能较为准确地反映系统中刚性体和柔性体的相互作用关系,为深入研究重载车辆——无砟轨道动力学性能提供了基础[144]。

1. 运动方程建立

利用多体动力学软件建立模型时,需要首先确定系统参考坐标系。SIMPACK 软件将惯性坐标系定义为系统的参考坐标系。空间刚体 R_i 的位置可以利用与体对齐的直角坐标系确定,即利用单位矢量与空间刚体坐标系统对齐。用向量 $\bar{e}_{Ix}$,$\bar{e}_{Iy}$,$\bar{e}_{Iz}$ 表示刚体位置,刚体 R_i 质心的原点坐标 $\bar{e}_{ix}$,$\bar{e}_{iy}$,$\bar{e}_{iz}$,位移矢量 $\bar{r}_i(3\times1)$ 和旋转矩阵 B_{Ii} 由参考坐标系定义,刚体坐标系如图 8-2 所示。

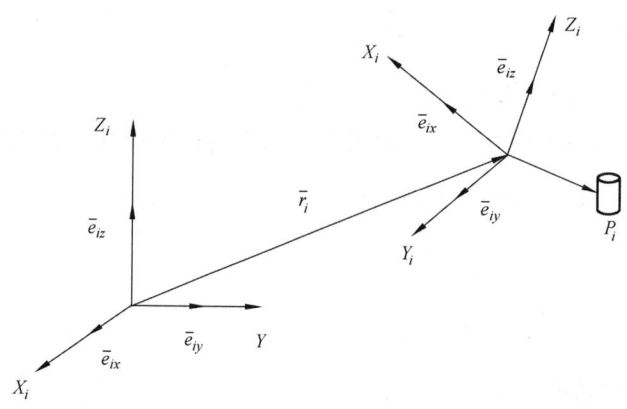

图 8-2 刚体坐标系

由3个直角坐标系定义自由体的位移矢量在多体系统中利转化为一系列矩阵存储在软件中。

$$r_{ix} = \begin{pmatrix} r_{ix/I} \\ r_{iy/I} \\ r_{iz/I} \end{pmatrix} \quad (8\text{-}14)$$

利用 Euler，Kardanic 角以及3个单元旋转矩阵定义包含有3个幅值的旋转矩阵函数。旋转矩阵可以表示为：

$$B_{Ii} = B_{Ik}(\alpha) = B_{kj}(\beta) = B_{jI}(\gamma) = \begin{pmatrix} c\beta c\gamma & -c\beta s\gamma & s\beta \\ c\alpha s\gamma + s\alpha s\beta c\gamma & c\alpha c\gamma - s\alpha s\beta s\gamma & -s\alpha c\beta \\ s\alpha s\gamma - c\alpha s\beta c\gamma & s\alpha c\gamma + c\alpha s\beta s\gamma & c\alpha c\beta \end{pmatrix} \quad (8\text{-}15)$$

式（8-15）中，$\sin\alpha = s\alpha$，$\cos\alpha = c\alpha$。利用自由体的6个自由度确定单自由体 F_i 位移，即将6个广义坐标由 $[6\times1]$ 的位移矢量表示。

$$Z = [r_{xi} \quad r_{yi} \quad r_{zi} \quad \alpha_i \quad \beta_i \quad \gamma_i]^T \quad (8\text{-}16)$$

$$B_{Ii} = B_{Ii}(Z), \quad r_{i/I} = r_{i/I}(Z) \quad (8\text{-}17)$$

由参考系统 I 可得质心 M_i 的速度是：

$$v_{i/I} = J_{ci/I}\dot{z} = \begin{bmatrix} 1 & 0 & 0 & 0 & 0 & 0 \\ 0 & 1 & 0 & 0 & 0 & 0 \\ 0 & 0 & 1 & 0 & 0 & 0 \end{bmatrix} \begin{bmatrix} \dot{r}_{xi} \\ \dot{r}_{yi} \\ \dot{r}_{zi} \\ \dot{\alpha}_i \\ \dot{\beta}_i \\ \dot{\gamma}_i \end{bmatrix} \quad (8\text{-}18)$$

利用 Jacobi 矩阵可以得到质心的位移方程：

$$v_{i/I} = J_{ci/I}\dot{z} = \begin{bmatrix} 1 & 0 & 0 & 0 & 0 & 0 \\ 0 & 1 & 0 & 0 & 0 & 0 \\ 0 & 0 & 1 & 0 & 0 & 0 \end{bmatrix} \begin{bmatrix} \dot{r}_{xi} \\ \dot{r}_{yi} \\ \dot{r}_{zi} \\ \dot{\alpha}_i \\ \dot{\beta}_i \\ \dot{\gamma}_i \end{bmatrix} \quad (8\text{-}19)$$

没有参考系统 I 时，质心的位移方程可简化为：

$$v = J_{ci}\dot{z} \quad (8\text{-}20)$$

同理，可以利用 Jacobi（3×6）矩阵计算得到角速度：

$$\omega_i = J_{wi}\dot{z} \quad (8\text{-}21)$$

$$J_{\omega i} = \begin{bmatrix} 0 & 0 & 0 & 1 & 0 & s\beta \\ 0 & 0 & 0 & 0 & c\alpha & -s\alpha c\beta \\ 0 & 0 & 0 & 0 & s\alpha & c\alpha c\beta \end{bmatrix} \quad (8\text{-}22)$$

根据体间的运动约束可以定义体的角速度和平动自由度。对于包含了 q 个约束的 p 个刚体的系统，模型自由度的总数 f 如（8-23）式所示：

$$f = 6p - q \tag{8-23}$$

在多体系统中，应用拉格朗日第二方程（Second Kind Lagrange Equations）或牛顿-欧拉方程（Newton-Euler Equations）都可以得到轨道结构运动方程。

2. 拉格朗日第二方程

拉格朗日第二方程可以描述由 p 个刚体和一个完整的环组成的多体系统。根据拉格朗日第二方程，多体系统的基本运动微分方程如下：

$$\frac{\mathrm{d}}{\mathrm{d}t}\left(\frac{\partial T}{\partial \dot{z}}\right)^{\mathrm{T}} - \left(\frac{\partial T}{\partial z}\right)^{\mathrm{T}} = Q \tag{8-24}$$

式（8-24）中，T 是多体系统在惯性坐标系统下 p 个刚体的动能，T 可以表示如下：

$$T = \frac{1}{2}\sum_{i=1}^{p}(v_i^{\mathrm{T}}m_i v_i + w_i^{\mathrm{T}} I_i w_i) \tag{8-25}$$

根据每个刚体 K_i 受到的作用力 F_i 和力矩 M_i 可以得到广义力的矢量 Q。

$$Q = \sum_{i=1}^{p}(J_{ci}^{\mathrm{T}}F_i + J_{wi}^{\mathrm{T}}M_i) \tag{8-26}$$

综合式（8-24）~（8-26），可得到由拉格朗日第二方程确定的多体系统运动方程：

$$M(z,t)\ddot{z} + G(z,\dot{z},t) = Q(z,\dot{z},t) \tag{8-27}$$

3. 牛顿-欧拉方程

在多体系统中利用牛顿方程可以得到每个刚体的基本运动方程：

$$F_i = m_i \alpha_i \tag{8-28}$$

考虑力矩 M_i 作用，根据欧拉方程有：

$$I_i \alpha_i + \omega_i I_i \omega_i = M_i \tag{8-29}$$

没有约束的广义力：

$$Q(z,\dot{z},t) = J^{\mathrm{T}}(z,t)e(z,\dot{z},t) \tag{8-30}$$

利用 D'Alambert 原理缩减系统阶数有：

$$J^{\mathrm{T}}Q^z = 0 \tag{8-31}$$

综合式（8-27）~（8-31），可得牛顿-欧拉法方程建立的多体系统运动方程：

$$M(z,t)\ddot{z} + G(z,\dot{z},t) = Q(z,\dot{z},t) \tag{8-32}$$

比较式（8-27）和式（8-32）可知，根据拉格朗日第二方程和牛顿-欧拉方程可以得到相同的多体系统运动方程。

8.3.3 SIMPACK 轮轨模块

SIMPACK 轮轨模块（Wheel/Rail）是 SIMPACK 软件的核心模块之一，它凝结了德国宇航中心（DLR）20 多年轮轨接触模拟的实践经验及领先的建模思路和理念。SIMPACK 轮轨模块在开发时，通过大量的铁路车辆现场和室内试验修正了系统的本构关系和相关参数，得到与实际情况十分接近的数值积分方法，具有很高的计算准确性和效率。SIMPACK 轮轨模块可应用于各种不同类型铁路系统动力学仿真，能完美地解决绝大多数铁路车辆系统动力学仿真分析问题，可采用频域或者时域法对车辆动力学进行仿真计算。

SIMPACK 轮轨模块基于多体动力学理论，可便捷地自动建立系统的通用数学模型，分析车辆垂向、横向、纵向空间动力学问题，也可以研究两种方向以上的空间耦合动力学问题。同时，SIMPACK 轮轨模块可以实现有限元模型与多体动力学模型的耦合建模，在车辆-轨道耦动力学分析中可以将钢轨、轨枕、轨道板、道床板等结构以柔性体表示，这样可以深入地研究重载车辆-无砟轨道系统的轮轨动力响应，探讨高速或重载铁路车辆轨道结构动力特性，为车辆、轨道结构参数的取值提供理论依据。

全新的 SIMPACK 轮轨模块在继承以前版本优点的基础上，进一步优化模块建模方法，提升了计算效率和精度。新版本的 SIMPACK 轮轨模块采用了全新的相对坐标系、子结构建模法和递归算法，优化了轮轨接触关系，提供了丰富的车辆建模单元和线路模型库，完善了轨道不平顺的时域和频域分析，实现了求解器稳定、高效地，全自动、变参数地进行结构参数优化计算，增加了模型的试验验证计算。

8.4 SIMPACK 的前处理

在正式进行轨道车辆的动力学建模与仿真前，首先对轨道车辆的轮轨建模步骤进行简单介绍，以便读者对整个车辆动力学的分析过程有一个基本的理解。为了能准确进行轨道车辆动力学的有效分析，建议学习 A. H. Wickens 编著的《Fundmentals of Rail Vehicle DynamiCs》、洪嘉振编著的《计算多体动力学》和王福天编著的《车辆系统动力学》，这样可以更加准确地对轨道车辆动力学分析过程形成一个较为清晰的概念。

8.4.1 建模基础

正如《SIMPACK 动力学分析基础教程》中所说，无论是通用的机械系统动力学建模，还是对复杂的车辆动力学建模，其根本都是要了解如何利用该动力学分析软件，达到什么分析目的，然后才考虑如何实施动力学仿真的过程。这里首先列出轮轨建模的基本步骤如下：

（1）轨道车辆的拓扑关系（Topology of a railway vehicle）。
（2）轮对参考坐标及其他（The wheelset reference frame and other）：
① 参考坐标和传感器（Reference frames and sensors）；
② 坐标系（Coordinates system）；

③ 运动学（Kinematics）；

④ 力元（Force elements）。

（3）建立轮对的 10 个步骤（How to model a wheelset in 10steps）。

（4）轨道及柔性轨道（Tracks & Flexible tracks）。

（5）建立二轴转向架（Setting up of a two axle bogie model）。

（6）车辆（Vehicle Globals）。

（7）接触模型（Contact models）。

（8）轨道设计的计算方法（Calculation methods for railway design）。

（9）二轴转向架的分析（Analysis of the two axle bogie）。

（10）轨道激励（Track excitations）。

（11）轮轨外形的生成（Wheel/Rail profile generation）。

（12）独立轮对的转向架（Bogie frame with independent wheels）。

8.4.2　轨道车辆的拓扑结构

多体系统建模中，各物体的连接方式统称为系统拓扑构型，简称拓扑。常用轨道车辆的拓扑关系表明了车辆组成部件之间的拓扑关系，对于一般的轮轨应用，SIMPACK 提供了轮轨铰接，类型 07 号或 09 号。如果激活轮轨的铰接功能，SIMPACK 将会自动产生指定的 MBS 元素，如参考坐标系、标志、传感器、约束和力等。在轮轨动力学建模中，各种参考坐标系和其他元素装配后会被自动添加在轮轨模型上。

8.4.3　轨道坐标系及其他

轮对的参考坐标、标志点和传感器可以简单叙述如下：

1. 参考坐标

对于常规车辆的动力学建模和仿真而言，SIMPACK 主要提供了 07 号、09 号铰接描述轮轨关系。为了准确描述轮轨接触关系，在轮轨建模中引入了 6 个坐标系，用以描述轨道车辆各个刚体的相对运动关系。

（1）轨道坐标系（Track Frame）：轨道车辆以一定的行驶速度沿轨道中心线向前运动，通过该坐标系定义了系统中各个刚体沿线路前进时的相对坐标，刚体的运动微分方程就是在该参考坐标系中建立的。

（2）车轮坐标系（Wheel Reference Frame）：顾名思义，就是固定在车轮上的坐标系，用以描述车轮相对于系统参考坐标系或其他参考坐标系、连体坐标系的几何和运动学关系。

（3）车轮踏面坐标系（Wheel Profile Reference Frame）：表示轮轨由于具体外形产生的接触关系，轮轨相对外形在车轮踏面上的参考坐标系。

（4）轨面坐标系（Rail Profile Reference Frame）：功能和车轮踏面坐标系一样，只是位置在轨面上。其重要功能之一，就是用于施加激励，描述轨面实际状态。

（5）车轮接触坐标系（Wheel Contact Frame）：表示在轮轨接触过程中转动的轮在轨道上实际接触点的位置和方向，连同轨接触坐标系一同描述轮轨接触的几何关系和运动关系。

（6）轨接触坐标系（Rail Contact Frame）：同轮接触坐标系一样，轨接触坐标系是表示在轮轨接触过程中前进的轨面上实际接触点的位置和方向。

2．标志点

对于轮轨接触模型的具体应用而言，下面的标志点将会在多体系统中，自动添加在上面的轮轨接触模型中。

（1）车轮踏面轮廓参考点（$M_Wheel_ProfRef）：车轮踏面外形的参考坐标系的参考点，位置在轮对的中心，取决于轮对的几何尺寸。

（2）车轮接触点（$M_Wheel_Contact）：在车轮的接触坐标处，标志点的位置取决于接触点的计算、摩擦力和轮轨约束参数等。

（3）轨面轮廓参考点（$M_Rail_ProfRef）：轨道轮廓参考点位置依赖于轨距和轨面斜度。

（4）轨面接触点（$M_ Rail_Contact）：在轨道的接触坐标处，标志点位置取决于接触点的计算、摩擦力和轮轨约束参数。

（5）轨道坐标系标志点（$M_Rail_Track_Frame）：沿着轨道方向移动的参考坐标系上的点。

（6）轨道照相点（$M_Rail_Track_Camera）：沿着轨道方向移动的参考坐标系上的点，参考坐标系的方向，忽略轨道的超高。

3．传感器

对于轮轨特定的测量方法而言，下面的一些传感器将会自动添加在各个刚体上。

（1）轨道坐标系传感器（$S_Rail_Track_Frame）：主要是测量标志点$M_Rail_Track-Frame和惯性坐标系统之间的相对运动，为了计算车辆相对于固定的惯性坐标系统的相对位置，这个传感器的设置是非常必要的，测量时忽略轨道曲线和超高。

（2）轨道照相点传感器（$S_Rail_Track_Camera）：和$S_Rail_Track_Frame一样，主要是测量标志点$M_Rail_Track_Frame和惯性坐标系统之间的相对运动，但是它考虑轨道曲线和超高的影响。

（3）轨面参考点的传感器（$S_Rail_ProfRef）：主要是测量轨道外形和惯性坐标系统之间的相对运动。测量中包括轨道的超高、曲线和轨道的激励。

（4）车轮踏面参考点的传感器（$S_Wheel_ProfRef）：主要是测量轮廓外形和惯性坐标系统之间的相对运动。

（5）钢轨接触点的传感器（$S_Rail_Contact）：主要是测量轨道接触系统和惯性坐标系统之间的相对运动。

4．坐标系

在 SIMPACK 软件中，轮轨的 07 号铰接主要采用如图 3.3 所示的轨道坐标系。

"independent"表示独立铰，具有独立自由度，需要使用一个微分方程描述运动。

"dependent"表示非独立铰／相关铰，意味着只需要一个代数方程就可以描述独立铰坐标表述的独立性。

5．力　元

为了有效描述轮轨之间的摩擦力，SIMPACK 在每个轮轨接触系统之间引入了一种特殊力元，即 89 号力元。在缺省的情况下，常使用 Kalker 简化理论进行计算，除此之外，还可以通过下面的方式计算轮轨摩擦力：

（1）线性饱和函数（Linear Function with Saturation）。
（2）双曲正切近似函数（Tangens Hyperbolicus Approximation）。
（3）Vermeulen-Johnson 近似函数（Vermeulen-Johnson Approximation）。
（4）Kalker 简化理论（缺省方法）[Simplified Theorie of Kalker（default）]。
（5）用户自定义法则（User Defined Force Law）。

除此之外，用户可以插入一个常量，如摩擦系数 μ，或者输入一个变量 μ 作为 S 坐标或 Y 坐标的函数，以便模拟不同的轨道状态和轨缘滑动，如 mue = const.；mue = mue（S）描述轨道状态；mue = mue（Y）描述轮缘滑动（Flange lubrication）。

8.4.4 前处理基本功能

SIMPACK 的轮轨前处理程序有以下功能：
（1）对测量得到的任意车轮和轨头型面进行拟合。
（2）计算轮轨接触约束问题。
（3）进行轮轨接触点求解。
（4）确定轮轨摩擦参数。

在下面两种情况下可以调用轮轨模块的前处理程序：
（1）点击"Pre_Process"下的"Wheel/Rail Profile Approxin"菜单。
（2）在轮轨接触数表缺失、轮轨参数变化等情况下，SIMPACK 会自动调用该程序。轮轨前处理程序还可以处理以下两种情况：
（1）标准状况：不随轨道坐标变化而变化的轮轨型面。
（2）不连续状况：随着轨道坐标 s 的变化，不连续变化的轮轨型面。

轮轨前处理程序也有两种情况：一种是常规的轮轨接触问题；另一种是所谓的"快速轮对表述"法。

8.4.4.1 轮轨型面测量数据拟合

轮轨前处理程序能对轮轨型面的测量数据进行三次样条拟合。输入数据文件的格式必须满足如下要求：前两行是注释；第三行是数据行数；第四行以后是数据，每行两个，分别是踏面横坐标、垂坐标。坐标点的单位可以是 m 或 mm，SIMPACK 在轮轨前处理主界面中有单位转换系数。轮轨型面拟合前的操作过程如下：
（1）型面数据文件保存在目录：$SIMPACK_MODEL/run/dat/wheel_rail_profiles_measured。
（2）拟合后的文件保存目录：$SIMPACK_MODEL/run/dat/wheel_rail_profil es。
（3）选择垂向坐标 z 的方向：若测量数据和拟合数据 z 向相同，选择 z 向上；否则 z 向下。
（4）选缩放比例：测量数据单位是 mm 时选择 0.001，是 m 时选择 1.000。
（5）选择拟合数据最小间距（单位 m），这是为了避免拟合点数太多。
（6）选择拟合点处拟合数据与测量数据的最大误差（单位 m）。
（7）选择拟合方法：

方法 1：允许多点，各点必须升序排列；
方法 2：光滑处理数据，然后插值；
方法 3：所有点的权重相同，权重是根据相邻点的间距决定的。

为了检查拟合和插值数据，可以画图显示各点拟合函数值、导数和曲率的图形。拟合之后需要选择保存，并定义保存的文件名。拟合的最大点数 $n_{node} = 600$。

8.4.4.2 随轨道坐标变化的轨头型面拟合

在轨头型面随轨道坐标 s 变化的情况下（这里称为"依赖于轨道的轨头型面"，或"s 变量型面"），一般来说，只是在轨道的某些区段，根据 s 离散得到定义轨头型面的断面，并根据这些断面的型面插值可以获得整个轨道的型面。

1. 概　述

描述整个轨道上轨头型面的基本方法是：根据某些断面上的型面，采用 B 样条插值得到中间各断面上的型面。插值时需要将各断面上的坐标对应起来，这里取单位化后的型面横坐标相同的点为对应点。

只需定义最初的各断面型面坐标，其余工作在前处理中自动完成，并将文件按 SIMPACK 格式保存在特定目录下。

2. 准备工作

首先需要生成不同轨道坐标断面上轨头型面的文件集，该断面能完整描述整个轨道上轨头的型面。如果是模拟道岔，就需要生成至少 4 个型面文件集：2 个文件集描述踏面/轮缘与轨道接触（左右各一个），2 个描述轮背与背轨接触。如果仅仅要描述具有轨头型面变化的直线或曲线轨道，只需要 2 个文件集（左右各一个，可以在相同断面位置，但不是必须）。同一个轨道的文件集必须保存在以下目录中的同一个子目录下：$SIMPACK_MODEL/run/dat/wheel_rail_varprof_measured，如子目录 Test_Profiles。生成的文件包括：记录文件集中文件名的文件"*.vrp"，断面上型面文件"*.dat"。文件格式如下：

.vrp 文件，这个文件记录型面数据文件名".dat"。这个文件名是任意的，只要求后缀必须是"*.vrp"，注释行以"!"开头，且并不一定要在文件开头。

第一列：离散断面的序号。

第二列：相应断面的轨道中心线坐标 s，s 坐标不必等距变化，也不必从 $s = 0$ 开始。如果需要，可以将开头和最后一个离散断面延长到计算区域之外。s 坐标必须递增排列，如果原始数据不是增序的，则断面文件需要增序排列。

第三列：断面文件名。断面文件包含断面上的型面数据，且保存在同一目录下。相同或不同轨道坐标下的断面文件可能不止一个，需要取不同的文件名。

3. 3D 图形

如果在轨道坐标 $s = s_k$ 处，断面突变，可以通过三维图形来观看。这种情况下，在 $s = s_k$ 处的第一个型面将用于之前轨道型面的插值，而在 $s_k \leqslant s \leqslant s_{k＋1}$ 段，$s = s_k$ 处的第二个型面将被采用，所以这里会出现轨道型面突变。

4. 截面参考坐标系

轨道断面选取没有必要从 $s = 0$ 开始。可以在定义轨道文件时定义测量点偏移量 s_0，直线轨道长度 track.par（8，1），直线轨道长度（Length of the Straight Track）减去 s_0 就得到测量段面坐标的偏移量，即 offset = track：par（8，1）– s_0（对曲线轨道）或 offset = s_0（对直线轨道）。

型面文件*.dat：每个文件描述一个断面上的型面坐标。文件名任意，注释行以"!"开头。第一列表示型面横坐标 y，第二列表示型面垂坐标 z。坐标 y 和 z 必须根据 98 号移动标记点定义的轨面坐标系 $P_{r/l}$ 来给定。坐标原点在左右钢轨的轨道半宽 r_y 位置，垂向坐标向下。左右轨面都定义在右轨坐标系，软件会根据该轨面赋予那个钢轨自动镜像。

5. s 变量轨面数据前处理合处理界面

两个断面上钢轨型面要实现插值，必须保证其横坐标点一一对应。但一般测量数据不能保证横坐标宽度和数据点数相同，为此需要采用插值的方法生成拟合数表，使两个断面具有相同的横坐标离散。步骤如下：

（1）输入测量的断面数据。

（2）选择插值方法和参数，给定离散点数。离散点数设置如果选择"variable"而不是"fixed"，则只能用于型面分析，不能生成数表。

（3）点击"perform approximation"，生成新的插值型面，然后点击保存。

（4）结果文件保存在$SIMPACK_MODEL/run/dat/wheel_rail_varprof 目录下的子目录中，和数据文件同一目录，如系统自带的 Test_Profiles 子目录就包含了 4 个".vrp"文件。

（5）在 MBS-Setup 界面下，首先选择该子目录，然后将.vrp 文件赋予对应的轨道。以上默认子目录中的示例文件并不是在实际断面上测量的数据，故不能用于仿真。

6. 型面拟合界面说明

生成 s. 变量的轨面文件时，需要选择"Rail Profiles"和"s-varaible"选项，轮背型面文件生成时只能选择"Wheel Profles"和"s-constant"。在文件夹"$SIMPACK_MODEL/run/dat/wheel_rail_profiles/"中有一个默认的"S1002Back.wp"文件，它是 S1002 车轮的轮背型面。s- 变量轨道型面的保存目录必须是"$SIMPACK_MODE L/run/dat/wheel_rail_varprof-measured"的子目录。边界数据范围是用于确定拟合的范围，单位要和测量数据一致。若边界范围小于实际数据范围，对拟合结果就没有影响。轨道坐标可以定义断面在轨道上的位置，执行这个界面下的图形显示，以及检查轨道上各个断面的形状。拟合完成后，在 plot 后面点击相应的选项，可以查看型面的外形、导数和曲率。最后点击"Save"保存拟合好的型面，接着再进行下一个".vrp"文件的拟合。

其他各项设置在前面都已经提到过，要详细了解，可以查看帮助文档，其中还有一个关于道岔的简单示例。

8.4.4.3 轮轨接触前处理

通用（轮轨）接触前处理器（General Contact Pre-processor）生成包含二维 B 样条系数的数表，可以是以下类型：

(1) 轨道坐标系中，轮对接触点的横向和垂向坐标。
(2) 车轮和轨道在轮轨物理接触点的坐标。
(3) 蠕滑力计算需要的参数。

通过对摇头角和踏面几何外形函数的二次拟合，将常规三维轮轨接触问题转化为两个二维接触问题：

$$f_i(y,\varphi,\psi) = [1-(\psi/\psi_1)^2]f_i(y,\varphi,0) + (\psi/\psi_1)^2 f_i(y,\varphi,\psi_1) \tag{8-33}$$

接触几何计算的控制参数存放在目录 "\$SIMPACK_MODEL/run/dat/wheel_rail_profiles/" 里的 "OnePointContact.pp" 文件中。该文件的任何数据改动，都会自动重新生产接触数表。用户的原始踏面数据文件必须存放在目录 "\$SIMPACK_MODEL/run/dat/wheel_rail_profies_measured/" 里面。

1. 输入数据处理

在指定踏面和轨头文件后，接触几何数据和蠕滑参数是由子程序生成的，软件主要提供两种不同算法。

(1) 刚性接触算法。

刚性接触计算中采用了牛顿二分法。刚性接触时，对大多数轮轨接触情况，输入数据都不光滑。例如，型面~阶导数不连续，这导致了接触点产生跳跃，尤其在轮缘根部的变化更加明显。为了提高光滑处理的效果，在计算中建议将坐标系旋转，使其在一个垂直于型面的平面。如果将 ".pp" 文件中的 "IROT" 标志设为 0，程序将计算轮对侧滚角；如果设为 1，轮对侧滚角将直接采用参数 AROT 的值。参数 "x_{1Jump}" 和 "s_{Jump}" 足估计的接触点跳跃值。如果确定没有跳跃点，需设置 $s_{Jump} \leq 1$。

(2) 输入数据的几何光滑处理。

半弹性接触模型需要根据离散点数据计算一个加权值，然后对原始数据进行光滑处理。参数 EPSREG = ε 定义了光滑的强度，设定较小的值可以得到一组光滑数据（推荐值为 2×10^{-5}）。例如，在离散点 s_i 处的垂向位移 d 可以表达为：

$$d(s) = \varepsilon \ln\left(\frac{1}{s_{\max}-s_{\min}}\sum_{i=1}^{N}\Delta s_i e^{\frac{d_i-R_0}{c}}\right) + R_0 \tag{8-34}$$

踏面和轮缘离散方法不同，参数 s_{Bound} 定义了两者之间的边界。dels$_1$ 和 dels$_2$ 分别是两者的离散间距。（推荐值：$s_{Bound} = -0.0025$；dels$_1 = 0.0002$；dels$_2 = 0.001$）。".pp" 文件中有一行数据专门定义是采用刚性接触还是半弹性接触。

2. 数据插值

B 样条插值也有一些设置参数，但一般都推荐默认值。当然有时候也会出现数值问题，这时，响应窗口会提示错误，有些问题可以通过修改参数解决。".pp" 文件中各参数的意义在文件中有详细的说明，这里不再给出详细说明。一般计算中采用文件 "One Point Contact.pp" 中的默认值即可。

8.5 SIMPACK 的后处理

SIMPACK 后处理允许显示各种分析计算的结果。常用的设置为：MBS 仿真结果的 2D、3D 动画显示，包括在线时间积分、在线运动学分析、时间历程的快速 Fourier 变换（FFT）。

8.5.1 从命令执行 SIMPACK 模式

许多 SIMPACK 模块可以从命令窗口直接得到。在 Windows 或 UNJX 操作系统中，在一个 shell 中生成 SIMPACK_setup 文件。用户不必启动 SIMPACK GUI，仅需在命令行输入相关的命令。这些命令适合在批处理文件中定义。它的优点是许多命令可以连续运行，如连续运行一个星期。在命令窗口可直接运行 SIMPACK，用户只需连同选项一起给出需要运行的 SIMPACK 模块。

通过命令窗口能得到如下功能：

（1）时间积分，平衡计算和逆运动学分析，选项有：
① 完全测量，有或没有 ABF 和 H3D 输出；
② 选择性的测量，有或没有 ABF 和 H3D 输出；
③ 0DMU 输出到新的或已存在的 MBS 文件；
④ 动画显示数据。

（2）测试调用：
① 标准测量调用；
② 代码输出测试调用；
③ 协同仿真测试调用；
④ 仿真程序块测试调用。

（3）线性系统分析。

（4）虚拟测试实验室：
① 时间积分和测量；
② 特征值；
③ 关键参数；
④ 线性系统分析；
⑤ 动画显示数据的生成。

（5）列出模型数据库。

（6）SIMPACK 模型分析。

（7）复制工况 1 终止数据至：
① 初始状态；
② 线性化状态。

（8）将力单元 Marker 之间的距离赋给<modelnfune>.sys 文件中未伸长的弹簧长度。

（9）线性系统矩阵分析：
① SIMPACK；
② SIMPACK 和 MATLAB。

(10) 特征值分析 (没有或有 DMU 输出到新的或已存在的 MBS 文件):
① 为了初始状态;
② 为了线性化状态;
③ 为了运行 1 的终止状态;
④ 为了运行 2 的终止状态。
(11) 动力弹簧生成:
① 多质量弹簧;
② SIMBEAM 模型。
(12) 为时间积分、平衡计算或逆运动学分析打开或关闭在线测量。
(13) 在通用显示中将所选择的显示页和数据组输出到:
① SIMPACK Plot Matrix;
② 以 csv 的格式,用逗号隔开;
③ MATLAB。
(14) 使用滤波器进行结果对比。

将"SIMPACK"直接键入命令窗口,将会显示软件信息。SIMPACK 输出这些任务与可用的任务标志和选项一起执行。

8.5.2 时间积分、平衡计算和逆运动学分析

这些模块(有或没有测量)可以直接从命令窗口启动,从文件<modelname>.num6 中控制这些计算,如表 8-1 所示。例如,对于时间积分,可以从下拉菜单:"Calculation_Time Integration- Configure"中进行编辑。

表 8-1 积分与测量选项

任务标志	功 能
nomeas	仅执行时间积分
Full	具有完全测量的时间积分
fullsbr	具有完全测量和 sbr 输出的时间积分
fullabf	具有完全测量和 ABF + H3D 输出的时间积分,更多信息见 SIMREF 103
full mbsnew	时间积分、完全测量、中心演播室输出、生成新的 mbs 文件
full mbsadd	时间积分、完全测量、中心演播室输出和已存在文件的扩展
Sel	有选择性测量的时间积分
selsbr	有选择性测量的时间积分和 sbr 输出
selabf	有选择性测量的时间积分和 ABF + H3D 输出
sel mbsnew	时间积分、有选择性测量、中心演播室输出、生成新的 mbs 文件
sel mbsadd	时间积分、有选择性测量、中心演播室输由和已存在文件的扩展
selani	有选择性测量和动画显示数据的时间积分
youtsbr	有 Y-Output Vector 结果和动画显示数据的时间积分

运行时间积分，步骤如下：

（1）一旦设置好时间积分，则必须打开 SIMPACK 的命令窗口，或在 UNIX 中确保文件 SIMPACK_setup 被找到。

（2）改变模型被积分的目录。

（3）运行没有测量的时间积分，模型命名为 oscillator two_mass，输入以下命令：

① SIMPACK integ nomeas oscillator_two_mass;

② 结果被保存于子目录的输出中，即与模块从 GUI 运行有相同的位置。

有两种方法控制测量结果的生成：

（1）如果 TASK-FLAG 被留为空白，即 SIMPACK integ modelname，那么测量结果数据的生成将通过 GuI 的"Measurement conngguration"窗口中的设置进行控制，并保存在文件 <modet>.num6 中，即"catcutatton→Measurements→configure"，然后被写入 sbr 文件的输出数据类型，如 Force Elements，Sensors 必须在这里定义。

（2）如果 TASK-FLAG 在命令行中输入，它将优先于在"Measurement Configuration"窗口中的设置："Driven Equilibrium"和"Inverse Kinematics"模块有相同的选项，除了它们不能使用任务标志"selani"或"nomeas"进行运行。

8.5.3 线性系统矩阵及分析

性系统矩阵使用模块 flaglinear_mat 调用，为进行 SIMPACK 的线性系统矩阵分析，在命令行输入：SIMPACK lincar_mat SIM PACK oscillator_two_mass。

相关的标志如表 8-2 所示。

表 8-2 线性系统矩阵选项

任务标志	功　能
SIMPACK	SIMPACK 的矩阵
Matlab	MATLAB 的矩阵

线性系统分析模块使用 flag linear_ana 模块调用，可用如下分析类型：

（1）频率响成——任务标志"frf"。

（2）线性系统响成——任务标志"lsr"。

（3）谱分析——任务标志"spc"。

结果以线性（任务标志"lin"）或对数（任务标志"log"）频率分布被输出到一个特定文件，格式为 csv（以逗号隔开的格式）。输入最小频率和最大频率以确定频率范围，也输入被观察的频率数量。

为了进行 SIMPACK 的线性系统分析，在命令行输入：SIMPACK linear_ana frf 5 50 10 lincsv eng.csv engine。上面命令进行的频率响应分析，其频率范围为 5~50 Hz，频率行数为 10，以线性格式输入到文件 eng.csv。

8.5.4 特征值计算

特征值计算使用 flag linear_eig。可用的线性化状态是名义状态，它作为时间积分的初始状态、线性化状态、run 1 或 run 2 的积分终止状态使用。结果可以输出到 CentricStudio。

输出到 Centric Studio 的功能还可在 GUI 的"Eigenvalues"窗口进行，即"File→Export Results→To New MBS File"或"File→Export Results→To ExistingMBS File"。

对于使用线性化状态、结果不输出到 Centric Studio 的特征值进行分析，例如，模型名为"oscillator_two_mass"，其命令行的执行语句为：SIMPACK linear_eig linst oscillator_two_mass。相关的标志如表 8-3 所示。

表 8-3 特征值选项

任务标志	线性化的状态
Inist	SIMPACK 初始状态
Linst	MATLAB 线性化状态
Endst1	积分 run1 的终止状态
Endst2	积分 run2 的终止状态

另外，如果结果被输出到 Centric Studio，那么还要输入标志"mbsnew"来创建一个新的 MBS 文件，或输入"mbsadd"对已存在的 MBS 文件进行扩展。

8.5.5 在线测量与结果输出

可以在命令行打开和关闭计算的在线测量。命令行选项优先于文件<model-name>.num6 中的关键词 slv.meas.online，命令行为：SMPACK-online-measuremens = disable integ full oscillator。在线测量标志见表 8-4。

表 8-4 在线测量标志

选项标志	功能
Enable	打开在线测量
Disable	关闭在线测量

一旦获得测量结果，即进行了 Full Measurement，那么就可以将结果以 SIMPACK、MATLAB 或 csv 格式输出。用户可以定义结果被输出到哪个文件。格式如下：

（1）作为 SIMPACK Plot Matrix 的 SIMPACK 格式。它可在以后被 SIMPACK GeneralPlots 输入，文件扩展名应为.plm，以便 SIMPACK 能将它识别为一个图形矩阵。

（2）MATLAB 格式。它可以被 MATLAB 读入和显示，文件扩展名为.m。

（3）csv 格式。值由逗号隔开，文件为标准的 ASCII 格式，能被不同的程序读入，文件扩展名为.csv。

测量结果输出格式如表 8-5 所示。

表 8-5　结果输出的格式

任务标志	输出格式
Plotmat	SIMPACK 的 SIMPACK Plot Matrix
Csv	逗号隔开的 ASCII 格式
Matlab	MATLAB 格式

下面以 csv 格式将模型 oscillator 的结果输出到文件 oscillator.csv。命令行：SIMPACKresexport csv oscillator.csv oscillator。缺省时，第一个图形设置（plot case 10），伴随所有的显示页将被输出到特定文件。然而，也可以设定输出哪一个图形设置，以及设定单个的显示页。下面的例子输出第二个图形设置的第三个显示页。SIMPACK resexport-plcase = 2-plpage = 3 csv oscillator.csv oscillator。为了输出所有显示页，要么不输入选项-plpage，或者输入-plpage = all。

结果对比将为特定图形设置对比所有定义坐标下的曲线 1 和 2。两者的不同是以 ASCII 格式被写入特定的输出文件。最大百分比差异出现的坐标也将输入到文件。该功能与 Filter400 模式 2 提供的功能相同。如命令行：SIMPACK rescompare-plcase = l oscillator.dev 0 oscillator。

如果图形设置选项-plcase 没有定义，那么将使用图形设置 1。计算的容差定义了计算使用哪一个成对值。进行偏离的百分比计算时，将不考虑小于容差的任何成对值的差异。

8.6　高速动车动力学建模

研究车辆各种动力学性能时，需将实际的系统抽象为物理或力学模型，再建立相应的数学模型即系统运动的微分方程，以求其解。车体、转向架构架、轮对与弹性悬挂装置共同组成了一个由弹簧、阻尼和质量组成的系统。但是，车辆系统是一个复杂的多体系统，各部件间存在相互作用与相对运动，轮轨间的相互作用也十分突出。因此，根据不同的研究目的，为了尽量实际地反映车辆的主要动力学特性，并利于计算分析，需要将动力学模型进行适当的近似化处理，再进行动力学建模和仿真分析。

8.6.1　线路条件

选取沪通铁路站前Ⅵ标下穿京沪高铁、沪宁城际铁路工点进行模拟分析。建模主要模拟京沪高铁的运行，来分析临近施工对京沪高铁运行的影响。

京沪高速铁路，作为京沪快速客运通道，是我国"四纵四横"客运专线网的其中"一纵"，也是我国《中长期铁路网规划》中投资规模大、技术水平高的一项工程。是中华人民共和国成立以来一次建设里程长、投资大、标准高的高速铁路。线路由北京南站至上海虹桥站，全长 1 318 km，纵贯北京、天津、上海三大直辖市和冀鲁皖苏四省，连接环渤海和长江三角洲两大经济区。基础设施设计速度为 380 km/h，目前运营速度降低为 300 km/h。

选取京沪高铁 K1284 + 370 ~ K1286 + 370 来进行模拟分析，该段为直线段，列车时速 300 km，监测到的轨道不平顺如图 8-3 ~ 图 8-6 所示。

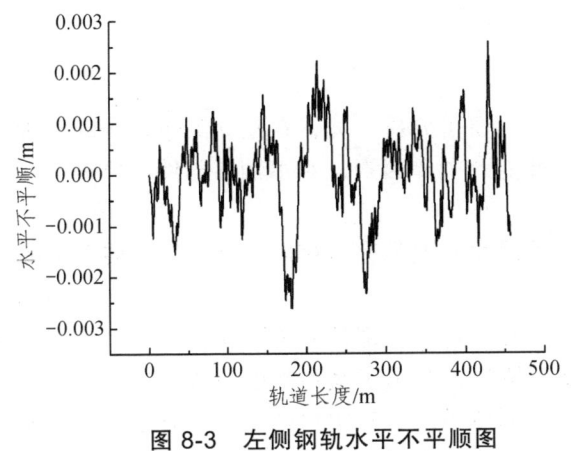

图 8-3　左侧钢轨水平不平顺图

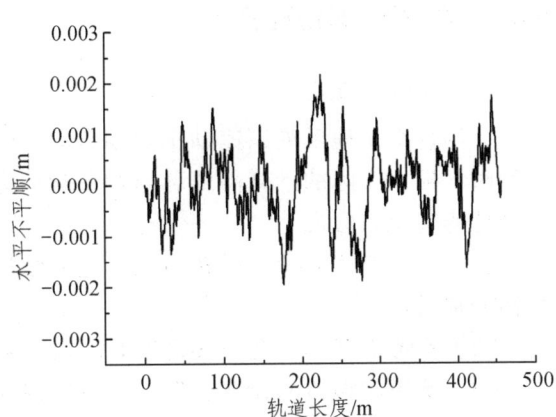

图 8-4　右侧钢轨水平不平顺图

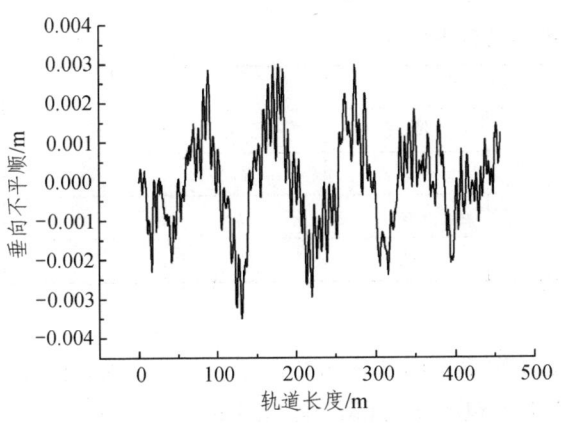

图 8-5　左侧钢轨垂向不平顺图

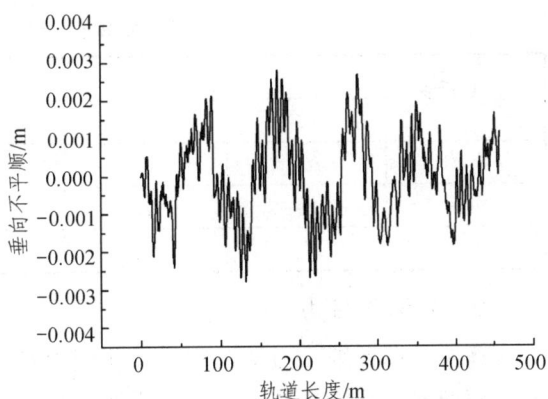

图 8-6　右侧钢轨垂向不平顺图

8.6.2　车辆系统动力学模型简化原则

铁道车辆系统是一个复杂的多自由度机械系统，模型简化处理时一般遵循以下原则：

（1）忽略影响程度较小的因素，忽略轨道振动。不考虑钢轨的弹性变形。由于钢轨的弹性变形仅在高频时对车辆的动力学性能有比较大的影响，在线路主要的低频率激扰下对车辆的动力学性能影响甚微，因此对线路只考虑其不平顺的激扰。

（2）依据研究目的和对象的不同，可以对系统部件的自由度进行取舍。

（3）对某些部件是进行线性化还是非线性化处理，需要做较为全面的衡量。

（4）通常，建立用于研究车辆或列车特性的动力学仿真模型时，除弹性元件外，系统中的各个部件如车体、转向架构架、轮对等都视为刚体。但当车体、构架、轮轴等的弹性变形与刚体的小位移量处于一个数量级时，就必须考虑其弹性。

（5）轴箱弹簧、空气弹簧和减振器等部件通常模型化为弹簧与减振器，空气弹簧除了有弹性作用外，还有减衰作用，可视为弹簧与减振器并联系统。在动力学建模时，将悬挂系统质量分配到相应的部件内后，可将各种弹簧与减振器处理为无质量的弹簧-阻尼系统。

8.6.3 高速动车物理模型

1. 基本假设

为尽量真实地反映高速动车的动力学性能，同时便于分析计算，在建立高速动车的物理模型时，根据实际的计算需要和影响车辆动力学性能的主要因素，对车辆各部件需要进行一些合理的简化与假设：

（1）同一车体的前、后转向架无论是结构还是尺寸参数都完全相同，且车体、转向架的结构分别对称。

（2）不考虑车体、转向架构架和轮对的弹性变形，将这些部件视为刚体。

（3）不考虑钢轨的弹性变形，将轨道视为绝对刚性，只考虑其不平顺激扰。

文中研究的高速动车系统可以被模拟成一个多刚体系统，其中包括 1 个车体、2 个转向架构架及 4 个轮对，系统主要部件自由度如表 8-6 所示，共计 42 个。

表 8-6 客车模型运动自由度

构件名称	运动形式					
	纵向	横向	垂向	侧滚	点头	摇头
车体	X_C	Y_C	Z_C	θ_C	β_C	ψ_C
构架	X_t	Y_t	Z_t	θ_t	β_t	ψ_t
轮对	X_w	Y_w	Z_w	θ_w	β_w	ψ_w

2. 系统作用力

高速动车系统动力学模型中，作用力类型及其作用方向如表 8-7 所示，一、二系悬挂装置可模型化为系统悬挂力。需要说明的是表 8-7 中不包含所有部件受到的重力。

表 8-7 系统作用力

力作用截面	作用力		
		名 称	坐标系中投影方向
中央悬挂界面	空气弹簧力	中央空气弹簧力	纵向、横向、垂向
		空气弹簧节流阻尼力	垂向
		垂向减振器阻尼力	垂向
		横向减振器阻尼力	横向
		抗蛇行减振器阻尼力	纵向
		横向止挡力	横向
		牵引拉杆力	纵向
轴箱悬挂界面	一系悬挂力	轴箱弹簧力	垂向
		轴向定位装置力	纵向、横向
		减振器阻尼力	垂向
轮轨界面	轮轨力	法向力	纵向、横向、垂向
		蠕滑力	纵向、横向、垂向
		蠕滑力矩	纵向、横向、垂向

3. 高速动车动力学模型拓扑图

拓扑图能够准确地描述部件之间作用力的数目、类型和作用界面等。利用车辆系统拓扑图不仅有利于使用计算机语言编写车辆系统动力学模型，对于成熟商业软件如 SIMPACK、ADAMS、NUCARS 等，在建立车辆系统动力学模型时也十分有用。高速动车动力学模型的拓扑结构如图 8-7 所示，图中作用力用黑点表示。

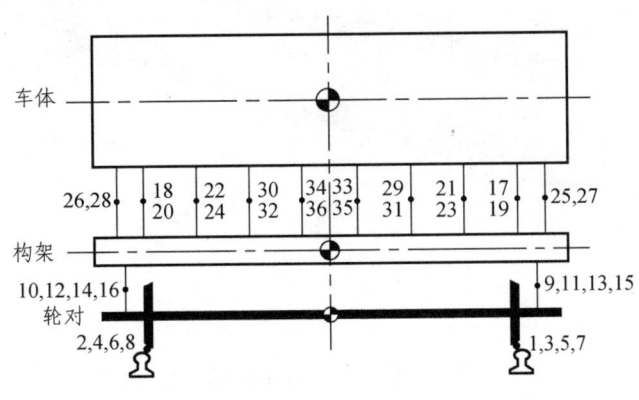

（a）侧视图

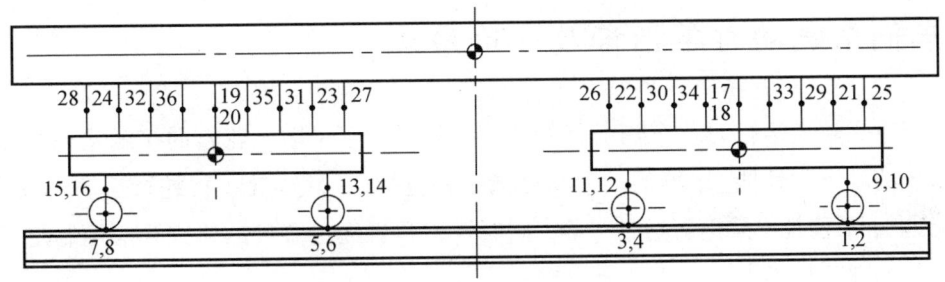

（b）正视图

图 8-7　动力学模型拓扑图

1~8—轮轨力；9~16—一系悬挂力；17~20—中央悬挂力；21~24—横向减振器阻尼力；
25~28—抗蛇行减振器阻尼力；29~32—横向止挡力；33~36—牵引拉杆力

8.6.4　高速动车动力学仿真模型

根据以上所述的内容可知，从多刚体动力学的角度看，动车是由 1 个车体、2 个转向架组成，车体与转向架之间通过二系悬挂连接，而转向架构架与轮对轴箱之间通过一系悬挂连接。在 SIMPACK 软件中，车体、转向架构架和轮对轴箱等刚体的质量和转动惯量用 Body 体来定义；弹簧和减振器等悬挂元件用力元 Force 来定义，非线性元件则用函数来定义；用铰 Joint 和约束 Constraint 来定义各部件之间的运动连接形式；各个零部件的自由度用铰 Joint 来定义。

铁路动力学的通用坐标系定义为：坐标系以轨面中心为原点，以前进方向为 x 轴正向，以前进方向的右方为 y 轴正向，以垂直向下为 z 轴正向。

根据 CRH380A 型动车组参数，建立起动车的 SIMPACK 动力学计算模型，如图 8-8 所示。

图 8-8　高速动车模型

8.7　车辆系统动力学指标及评价系统

铁路车辆在轨道运行时，车辆运行的速度、轨道的不平顺、轮轨的接触状态等等都会影响车辆系统的动力学性能，车辆的动力学性能主要包括运行稳定性（抗蛇行运动）、安全性（曲线通过能力）、平稳性（乘坐舒适性）等，同时铁路学者经过多年的研究和应用制定了大多数动力学性能的评价标准[145]。

8.7.1　稳定性指标及评价指标

车辆的运行稳定性指标与车辆的临界速度密切相关，临界速度是车辆从稳定的蛇行运动过渡到不稳定蛇行运动时的速度，临界速度是衡量车辆运行稳定性的重要指标。车辆系统临界速度的获得主要有两种方式：滚振试验台试验和动力学仿真。采取的是通过动力学仿真获取车辆系统的非线性临界速度。车辆系统动力学仿真临界速度的方法是给车辆系统施加一个初始激扰（采用的是给车辆系统第一轮对一个 8 mm 初始横移量），通过改变仿真速度使车辆运行于一个无其他激扰的直线轨道工况，根据仿真结果中轮对横移的收敛、发散情况来定车辆系统的临界速度。如图 8-9 所示，轮对横移量在 523 km/h 时处于收敛状态，在 524 km/h 时处于发散状态，即此时车辆系统的临界速度为 523 km/h。这也是需要输出的仿真结果。由于实际线路条件比仿真线路工况更加复杂、恶劣，在相关研究中，研究人员把车辆系统的最高运行速度上浮 10%的速度作为临界速度的评价标准。研究对象为最高运行速度 380 km/h 的 CRH380A 型动车组，那么 418 km/h 即为该车辆的稳定性限定值。

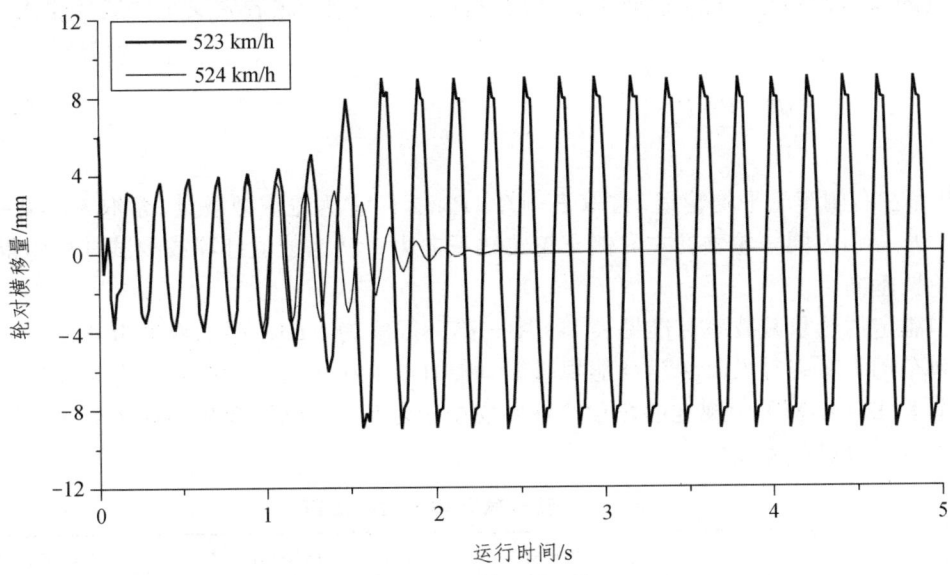

图 8-9 临界速度仿真

8.7.2 安全性指标及评价指标

1. 脱轨系数

车辆运行时,在线路状况、运用条件、车辆结构参数和装载等因素最不利的组合条件下可能导致车轮脱轨。评定防止车轮脱轨稳定性的指标用"脱轨系数",Nadal 根据爬轨侧车轮处于脱轨临界状态时的轮轨接触点上力的平稳条件,给出了单轮脱轨系数计算公式:

$$\frac{Q}{P} = \frac{\tan\alpha - \mu}{1 + \mu\tan\alpha} \quad (8\text{-}35)$$

式中,Q 为轮轨横向力;P 为轮轨垂向力;α 为轮对轮缘角;μ 为轮轨间的摩擦系数。

我国制定的脱轨系数标准见表 8-8 中,第一限度为合格标准,第二限度增大了安全裕度的标准,另外,《铁道机车动力学性能试验鉴定方法及评定标准》(TB/T 2360—93)、《高速试验列车动力车强度及动力学性能规范》(95J01-L)和《高速试验列车客车强度及动力学性能规范》(95J01-M)中规定的爬轨侧车轮的脱轨系数安全限定值也在表中给出。而我国高速动车组的脱轨系数安全限定值采用 0.8。

表 8-8 脱轨系数安全限定值

指标	GB 5599—85		TB/T 2360—93		95J01-L(M)	高速动车组
脱轨系数	第一限度	第二限度	良好	合格	≤0.8	≤0.8
	≤1.2	≤1.0	0.8	0.9		

2. 轮重减载率

轮重减载率是评定车辆在轮对横向力为零或接近于零的条件下,因一侧车轮的严重减载而脱轨的安全性指标，它与脱轨系数并用对机车车辆/动车组脱轨安全性进行确认。其表达式为：

$$\frac{\Delta P}{\overline{P}} = \frac{\overline{P} - P_d}{\overline{P}} \quad (8\text{-}36)$$

式中，$\overline{P}$ 为左右侧车轮平均轮重，常取 $\overline{P} = (P_1 + P_2)/2$；$\Delta P$ 为轮重减载量，常取 $\overline{P} = (P_1 - P_2)/2$，其中 P_1、P_2 分别为同一轮轴的左右侧车轮轮轨垂向力；P_d 为数值计算或测试过程中得到的实时动态轮轨垂向力。

我国制定的轮重减载率标准见表 8-9 中，第一限度为 0.65，第二限度为 0.6，另外，《高速试验列车动力车强度及动力学性能规范》（95J01-L）和《高速试验列车客车强度及动力学性能规范》（95J01-M）中规定的轮重减载率安全限定值为 0.6。而我国高速动车组采用的轮重减载率安全限定值为 0.6。

表 8-9 轮重减载率安全限定值

指标	GB 5599—85		95J01-L（M）	高速动车组
	第一限度	第二限度		
减载率	≤0.65	≤0.6	≤0.6	≤0.6

3. 倾覆系数

倾覆系数用于评价铁道车辆在离心力、侧向风力及横向振动惯性力等不利组合下车辆是否会向一侧倾覆。倾覆系数表达式为：

$$D = \frac{P_2 - P_1}{P_2 + P_1} \quad (8\text{-}37)$$

式中，其中 P_1、P_2 分别为同一轮轴的左右侧车轮轮轨垂向力，当车辆某一侧车轮的轮重减至零时（$P_1 = 0$），车辆处于临界倾覆状态，此时 $D = 1$。因此，为保证车辆不发生倾覆，应使得 $D < 1$。我国《铁道车辆动力学性能评定和试验鉴定规范》（GB 5599—85）和《高速试验列车客车强度及动力学性能规范》（95J01-M）中规定的车辆倾覆系数 $D < 0.8$。而我国高速动车组采用的倾覆系数安全限定值采用 0.8。

4. 轮轨垂向力

轮轨垂向力是由于机车车辆自重及各种动力干扰因素所引起、车轮在平行于钢轨断面对称轴方向作用到钢轨上的力。日本新干线采用轴重 170 kN 标准荷载，设计荷载为 270 kN；英国铁路根据轮轨冲击力的特性定义了轮轨垂向力的限值标准：

$$\begin{cases} P_1 \leqslant 400 \text{ kN} \\ P_2 \leqslant 250 \text{ kN} \\ P_1 + P_2 \leqslant 600 \text{ kN} \end{cases} \quad (8\text{-}38)$$

德国联邦铁路规定，就线路负荷而言，轮轨垂向力不允许超过极限值 170 kN。我国在《高速试验列车动力车强度及动力学性能规范》（95J01-L）中规定，动力车通过直线、曲线、道岔和桥梁时，导向轮对每个车轮作用于轨道的垂向力峰值极限值为 $P_{\max} = 170$ kN。

5. 轮轨横向力

铁路轨道结构在垂向方向具有相当的强度储备,横向上基本是在保证线型圆滑的前提下,凭经验来保证轨道有一个适当的强度。当线路状态恶化时,过大的轮轨横向力可能导致扣件破损、轨道不平顺出现,甚至出现钢轨翻转引发列车脱轨。轮轨横向力限制主要根据木枕线路道钉所能承受的横向力极限或者钢轨弹性和扣件的横向设计荷载来确定。木枕钩头道钉轨道在过大的轮轨横向力作用下,表现为道钉被挤出引起轨距扩大,道钉上拔起引起钢轨转动(抗翻钢轨)两种破坏形式。

我国《铁道车辆动力学性能评定和试验鉴定规范》(GB 5599—85)中对于木枕线路沿用了日本有铁垫板情况下的标准:

(1)道钉拔起,道钉应力为弹性极限的限度:

$$Q \leqslant 19 + 0.3 P_{\mathrm{st}} \tag{8-39}$$

(2)道钉拔起,道钉应力为屈服极限的限度:

$$Q \leqslant 29 + 0.3 P_{\mathrm{st}} \tag{8-40}$$

式中,P_{st} 为车轮的静荷载。

对于采用弹性扣件的轨道,轮轨横向力应小于扣件的横向设计载荷,日本新干线采用的扣件横向设计载荷极限值为轴重的 0.4 倍,欧美铁路根据试验结果,一般也取 0.4 倍轴重作为轮轨横向力的极限值,即

$$Q \leqslant 0.4(P_{\mathrm{st1}} + P_{\mathrm{st2}}) \tag{8-41}$$

式中,P_{st1}、P_{st2} 分别为左轮及右轮静荷载(kN)

经过计算轴重为 14 t 的 CRH 型动车组的轮轨横向力为 $Q < 56$ kN。

6. 轮轴横向力

无缝铁路稳定性问题研究表明,过大的轮轴横向力是导致轨排横移、无缝线路动态失稳、产生胀轨跑道现象的最主要原因。因此,除了保证线路的纵、横向阻力外,限制轮对作用于线路的最大横向力也是很重要的一个方面。

在《高速试验列车动力车强度及动力学性能规范》(95J01-L)和《高速试验列车客车强度及动力学性能规范》(95J01-M)中:

(1)动力车通过直线、曲线、道岔和桥梁时,导向轮对作用于轨道的横向力峰值极限

$$\lim Q_{\mathrm{a}} = 0.85(10 + P_0/3) \tag{8-42}$$

(2)动力车在线路正线上运行时,导向轮对的横向力均值极限值为:

$$\lim Q_{\mathrm{a}} = 0.33(10 + P_0/3) \tag{8-43}$$

(3)车辆横向力允许限度采用以下标准评定:

$$Q_{\mathrm{a}} = 0.85[10 + (P_{\mathrm{st1}} + P_{\mathrm{st2}})/3] \tag{8-44}$$

参照轮轴横向力限度计算方法得到轮轴横向力限度值:$Q_{\mathrm{a}} = 48$ kN。

7. 磨耗功率

国外文献中把轮轨间的蠕滑力和蠕滑率之间的乘积定义为轮轨磨耗功率,简称磨耗功。轮轨磨耗功是衡量车辆系统运行品质的重要指标,轮轨磨耗功率直接关系轮轨的磨耗速度,轮轨磨耗功率越大,轮轨磨耗越严重,轮轨的服役寿命就越短、维修成本就越高。其表达式为:

$$W_t = \frac{\mu}{0.6} \cdot \frac{T_x V_y + T_y V_x}{A} \tag{8-45}$$

式中,T_x、T_y 分别为轮轨接触斑处的纵向蠕滑力和横向蠕滑力;V_x、V_y 分别为轮轨接触斑处的纵向蠕滑力和横向蠕滑率;A 为轮轨间接触斑的面积;μ 为轮轨之间的摩擦系数。

虽然轮轨磨耗功率是评价车辆运行品质评价指标常用指标,但到目前为止,还没有明确的限定标准。

综上所述,参考相关标准,用于评估车辆系统安全性指标的限定值见表 8-10。

表 8-10 车辆系统安全性指标限定值

脱轨系数	轮重减载	倾覆系数	轮轨垂向力	轮轨横向力	轮轴横向力
$Q/P \leq 0.8$	$\Delta P/\overline{P} \leq 0.6$	$D \leq 0.8$	$P_{max} \leq 170$ kN	$Q \leq 56$ kN	$Q_a \leq 48$ kN

8.7.3 平稳性指标及评价标准

车辆系统在运行过程中产生的各种振动是影响车辆运行平稳性(乘坐舒适性)的重要原因。目前,评价车辆平稳性的指标包括车体振动加速度和 Sperling 平稳性指标。

1. 车体振动加速度

车辆振动加速度是车辆运行平稳性最直接的评价标准。在我国《铁道机车动力学性能试验鉴定方法及评价标准》(TB/T 2360—93)及《高速试验列车动力强度及动力学性能规范》(95J01-L)中均采用最大振动加速度 a_{max} 来评定,见表 8-11。而在我国《高速动车组整车试验规范》中规定动车组车体横向、垂向加速度口 $a_{max} < 2.5$。另外,在 GB 5599—85 中对用于评估车辆运行平稳性的加速度采集位置作了规定,具体位置位于转向架中心上方横向 1 m 的车体地板上。

表 8-11 我国机车振动加速度平稳性评定等级

评价指标	垂向 a_{max}/(m/s^2)	横向 a_{max}/(m/s^2)
优秀	2.45	1.47
良好	2.95	1.96
合格	3.63	2.45

2. Sperling 平稳性指标

Sperling 平稳性指标基于大量试验制订的用于评定车辆本身的运行品质和旅客乘坐舒适

性的平稳性指标，该指标不仅考虑了振动加速度，还考虑到了振动加速度的频率。其中用于舒适度的评价指标 W 表达式为：

$$W = 0.896 \sqrt[10]{\frac{a^3}{f} F(f)} \qquad (8\text{-}46)$$

式中，a 为振动加速度（单位为 cm/s²）；f 是振动频率（单位为 Hz）；$F(f)$ 是与振动频率有关的修正系数。

以上是根据单一频率的等幅振动得到的。$F(f)$ 的引入是考虑了人体对各种振动频率的敏感度不同而引入的一个修正函数，在常用的频率范围内，垂向和横向的 $F(f)$ 值是不同的。

垂直振动：

$$F(f) = \begin{cases} 0.325 f^2 & (f = 0.5 \sim 5.4 \text{ Hz}) \\ 400/f^2 & (f = 5.9 \sim 20 \text{ Hz}) \\ 1 & (f > 20 \text{ Hz}) \end{cases} \qquad (8\text{-}47)$$

横向振动：

$$F(f) = \begin{cases} 0.8 f^2 & (f = 0.5 \sim 5.4 \text{ Hz}) \\ 650/f^2 & (f = 5.4 \sim 26 \text{ Hz}) \\ 1 & (f > 26 \text{ Hz}) \end{cases} \qquad (8\text{-}48)$$

由于车辆振动的随机性，还需将振动波形按照频率大小进行分组，各组不同加速度的值相加即为总的平稳性指标，其表示公式为：

$$W = (W_1^{10} + W_2^{10} + \cdots + W_n^{10})^{\frac{1}{10}} \qquad (8\text{-}49)$$

我国在对车辆平稳性评价时也经常采用该指标，但对评价等级做了简化，如表 8-12 所示。而在我国《高速动车组整车试验规范》中规定动车组客室 Sperling 平稳性指 $W \leq 2.5$。

表 8-12 Sperling 平稳性指标评价标准

平稳性等级	评定	平稳性指标		
		客车	机车	货车
1	优	<2.5	<2.75	<3.5
2	良好	2.5~2.75	2.75~3.10	3.5~4.0
3	合格	2.75~3.0	3.10~3.45	4.0~4.25

8.7.4 动力学模型结果的输出

直线线路工况和大半径曲线线路工况主要影响车辆的运行平稳性，小曲线工况下主要影响车辆安全性。因此，在直线工况下，仅对车辆运行平稳性进行研究。选取车体振动加速度和 Sperling 平稳性指标作为评估标准。

1. 车体振动加速度

评价车辆平稳性最直接的指标就是车体加速度。相对于轮缘上的横向力和车轮上的垂向力等用来计算脱轨安全性的一些力元信息，车体加速度信息更容易获取。车体垂向和横向加速度响应时间历程如图 8-10、图 8-11 所示。由图知车体垂向最大加速度为 0.461 m/s²，横向最大加速度为 0.795 m/s²，参照表 8-11 可知，营运线列车通过施工区域时垂向和横向运行平稳性等级均为优秀。

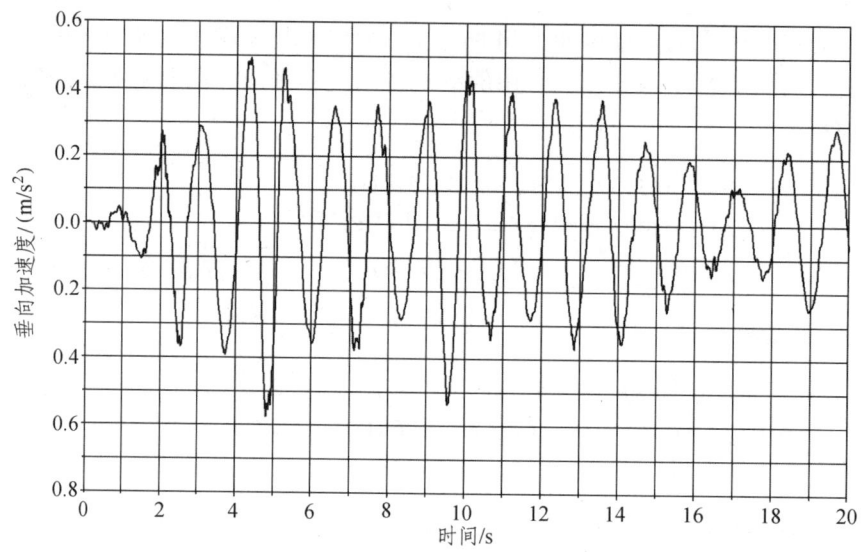

图 8-10 车体垂向加速度

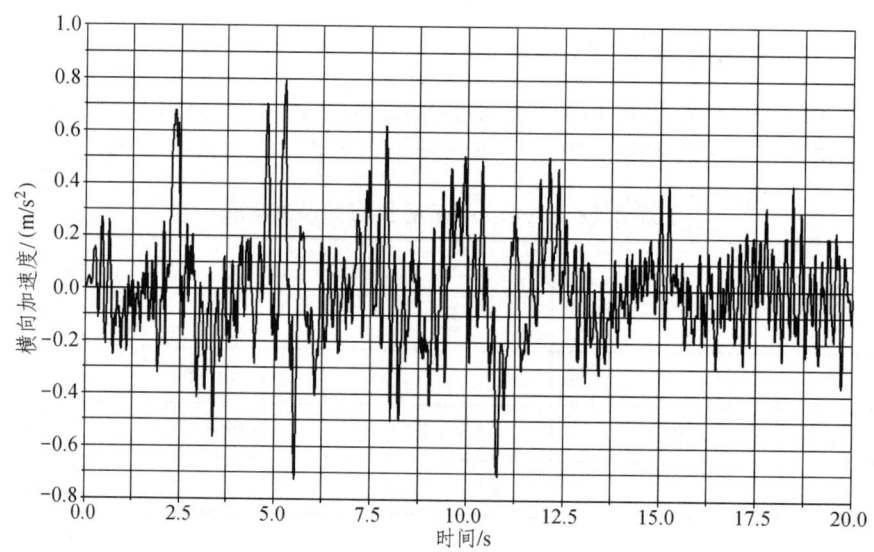

图 8-11 车体横向加速度

2. Sperling 平稳性指标

公式（8-47）和（8-48）中 $F(f)$ 是根据单一频率的等幅振动得到的，由于车辆振动实际上是随机振动，从车体上测得的加速度包含了车辆的整个自然频率，因此，需要将测得的加速度按频率分组,统计每一频率段中不同加速度的值。总的平稳性指标按公式(8-49)计算。

利用 Matlab 软件编程计算该型城市轨道交通车辆运行平稳性指标 W。平稳性指标的计算时间一般为 18 s,由于列车车体有效的振动信号一般低于 10 Hz,因此对传感器输出的车体振动信号必须先进行滤波。整个平稳性指标计算过程中,首先对测得的车体垂向、横向振动信号采用 40 Hz 低通滤波器滤波;然后在 0.5~40 Hz 进行频率分组,根据式(8-47)和式(8-48),统计每个频率段中不同加速度的平稳性指标值;最后对各频率段的平稳性指标值进行加权处理,计算出垂向平稳性指标 $W = 1.518\ 6$,横向平稳性指标 $W = 2.029\ 7$。参照表 8-12 可知,营运线列车通过施工区域时垂向和横向运行平稳性等级均为优,且在计算时间内,车体垂向平稳性优于横向平稳性。

8.8 小 结

本章主要介绍了多体动力学基本理论,SIMPACK 软件、车辆系统动力学模型的建立、车辆系统动力学指标和评价体系,并得到了在实测轨道不平顺下,京沪高铁上列车运行的平稳性指标。

轨道不平顺是车辆振动的主要激扰源,现场施工也主要影响临近既有线的平顺性。因此,在模拟现场施工对临近既有线的影响时,将现场施工影响下的实测钢轨不平顺施加于模型中的线路上,进行了列车平稳性分析。分析结果表明:营运线列车通过施工区域时,平稳性指标均满足运营要求。

第9章 结 论

铁路作为我国国民经济的先导产业、基础产业，在经济社会发展中具有特殊重要的地位和作用。目前，我国铁路建设工程项目进入了一个新的高峰期，铁路建设的速度已经超乎人们的想象。但与此同时，我国铁路建设工程具有投资大、施工周期长、施工技术复杂、不可预见风险因素多、环境影响大等特点，在施工中，由于政治、经济、气象、水文地质、施工方案、资源供应、施工环境等不确定因素的影响，工程建设过程中出现的施工安全风险问题也比较复杂，在铁路建设过程中的安全事故经常发生。因此，急需提出适合中国铁路建设的施工安全风险评估方法、风险控制方法、风险监控方法以及相关创新技术来提高我国铁路建设工程风险管理水平。

沪通铁路为引入上海站，在既有京沪铁路的安亭至黄渡站区间内增建三、四线工程，为引入虹桥铁路枢纽新建黄封上下线联络线工程，工程将对既有的安亭、黄渡车站进行改造、过渡和关停，同时工程地处京沪高铁、沪宁城际高铁，既有京沪、沪杭铁路的两侧及夹心地，施工对营业线运营将产生重大影响，行车干扰大，安全风险巨大。因此，课题主要以沪通铁路Ⅵ标段为依托，进行跨区间既有线改造施工安全技术研究与分析。

（1）对工程风险管理进行系统的阐述，以工程风险管理为基础，对蕰藻浜Ⅰ线特大桥施工进行了风险识别、风险分析、风险评价、风险防控措施应对及风险监控。通过专家调查法对蕰藻浜Ⅰ线特大桥施工进行了风险识别，得出了影响蕰藻浜Ⅰ线特大桥施工安全的风险源清单；采用层次分析法与特征灰类值法得出各风险等级；同时，根据风险评价的结果采取措施对高风险因素进行应对与管理，对钢桁梁进行现场拼装，采取拖拉横移法进行蕰藻浜Ⅰ线特大桥的架设，进行便道及栈桥的施工、钢桁梁架设施工、连续梁悬臂浇筑施工、既有线监控观测及施工防护措施等对蕰藻浜Ⅰ线特大桥进行安全施工，有效地降低了对既有京沪线运行安全造成的影响。提出了蕰藻浜Ⅰ线特大桥施工安全风险管控模式，形成了贯穿工程建设全过程的风险识别、分析、评价、控制、监控的控制体系，明确了工程建设各阶段的安全风险管控工作重点和工程参建单位安全风险控制的工作内容与职责。为跨区间既有线改造施工安全关键技术研究打下了坚实的基础。

（2）以沪通铁路与京沪线同孔下穿既有G1501绕城高速工点为背景，对多次拨接线路施工安全措施关键技术进行了综合研究。通过对施工段自然环境、施工不当、组织管理风险进行识别，建立了影响施工的41项风险源清单与安全风险评估指标体系。基于AHP模型进行各指标评价，通过AHP确定各风险发生的权重，建立评判集，进行单因素模糊评价与项目整体风险的模糊评价，得出工程中高风险因素有4项，即场地布置、钻孔桩塌孔使既有线桥墩位移或沉降、安全生产管理机构的建立落实、边坡开挖稳定性因素；采取针对性措施对高风险因素进行风险规避与防护，对既有京沪线采取便线拨接，对下穿既有G1501绕城高速桥墩进行钢护筒跟进、防护桩施工、高压旋喷桩施工、双头搅拌桩施工、泡沫轻质土施工、施工监控观测等技术方法对既有线进行保护，从而降低新建沪通铁路对既有京沪线和G1501绕城高速的运行安全造成的影响。丰富和完善了拨接线路施工安全风险管理体系。

（3）通过蕴藻浜Ⅰ线特大桥承台深基坑工程，对既有线（营业线）侧深基坑防护关键技术进行研究。对工程勘察阶段、设计阶段、施工阶段、监测阶段进行风险识别，建立了影响工程施工的 26 项风险源清单，进一步对风险源进行深入分析研究，用层次分析法确定高风险的因素 3 项，即现场管理风险、施工作业风险及工程环境风险。然后采取针对性措施对高风险因素进行风险防护与规避，并通过地下管线调查与防护、钢板桩围堰、基坑防护、施工期间既有铁路检测、基坑监控监测、深基坑钢板桩围堰存在问题处理措施等施工技术方法，确保高质量、稳安全施工，使工程得以顺利进行，达到预期效果。

（4）以沪通铁路站前Ⅵ标安亭上行疏解线 YDK131+036.94~YDK131+117.94 段路基下穿既有京沪高铁和沪宁城际为工程背景，对下穿既有高铁施工安全风险关键技术进行研究。对下穿既有桥梁路基施工的自然环境、施工原因及组织管理方面的风险因素进行识别，建立了影响路基施工的风险源清单 26 项，并对风险源进行分析与评价，利用层次分析法对各指标进行权重计算，建立评判集，进而对单因素进行模糊评价，得出管理风险、技术风险、施工风险、自然灾害风险及项目整体风险的模糊评价结果，得出施工中处于较高风险的主要因素 6 项，即项目控制风险、机车伤害风险、技术实施风险、既有桥墩位移或沉降风险与机械施工碰撞既有桥墩风险。进而采取板梁结构施工、全护筒跟进及桥墩监控等技术方法对高风险因素进行针对性风险管理，对风险措施应用在项目中的施工情况进行现场监控，使施工顺利进行，达到预期效果。

（5）以黄封下行联络线特大桥 64 m 钢桁梁工程为依托，对临近营业线施工组织关键技术进行了深入研究。对该重难点工程进行了施工安排与专项施工方案的编制，通过施工组织设计管理对黄封下行联络线特大桥 64 m 钢桁梁临近营业线施工进行质量管理、安全管理、环保管理、工期管理、风力测试防护措施编制及高空作业防护措施编制，对施工中存在的高风险工点进行施工监控与系统管理，确保高质量、稳安全施工，使工程得以顺利进行，达到预期效果。

（6）通过动力学仿真软件 SIMPACK，对营业线列车通过施工区域的全过程进行动力仿真计算及运营性能评估。现场施工主要影响临近既有线的平顺性，轨道不平顺是车辆振动的主要激扰源，通过将现场施工影响下的实测钢轨不平顺施加于模型中的线路上，进行了列车平稳性分析。结果表明：营运线列车通过施工区域时，平稳性指标均满足运营要求。

（7）通过对沪通铁路跨区间既有线改造施工重难点的风险管理，总结出一套风险管理制度，即通过对现场施工环境、方案等的了解，运用风险识别方法识别出影响安全施工的风险因素，并对风险因素进行分析与评价，得出影响安全施工的风险因素排名，从而对风险因素进行针对性的风险管理，采取钢桁梁拖拉横移、便道及栈桥的施工、钢桁梁架设施工、连续梁悬臂浇筑施工、钢护筒跟进、桥墩监控、防护桩施工、高压旋喷桩施工、双头搅拌桩施工、泡沫轻质土施工、施工监控观测等技术方法进行施工，保证既有线的安全运行与施工的安全。

本研究依托沪通铁路站前Ⅵ标段施工实例，建立了工程风险管理体系，以此为基础对多次拨接线路施工安全措施，既有线（营业线）侧深基坑防护，下穿既有高铁施工安全风险，临近营业线施工组织等关键技术进行了深入研究，通过动力学仿真软件 SIMPACK，对营业线列车通过施工区域的全过程进行了研究，从机理上揭示新线施工对临近既有线安全运营影响的规律，提出了适合沪通铁路建设的施工安全风险评估方法、风险控制方法、风险监控方法以及相关创新技术，提高了我国铁路建设工程风险管理水平，为类似工程提供了参考。

参考文献

[1] 中华人民共和国铁道部. 铁路隧道风险评估与管理暂行规定[Z]. 2007.

[2] 中华人民共和国铁道部. 铁路建设工程安全风险管理暂行办法[Z]. 2010.

[3] 中国铁路总公司. 铁路建设工程风险管理技术规范[S]. 2014.

[4] 亨利·法约尔. 工业管理和一般管理[M]. 北京：机械工业出版社，2013.

[5] 格拉尔. 费用控制的新时期—风险管理[J]. 哈佛经济评论，1956.

[6] 全美反舞弊性财务报告委员会. 企业风险管理整合框架[S]. 2004.

[7] 全国风险管理标准化技术委员会. 风险管理指导原则和实施指南[S]. 2009.

[8] 马丁·鲁斯摩尔，约翰·拉夫特瑞，查理·赖利. 项目中的风险管理[M]. 北京：中国建筑出版社，2011.

[9] Cooper B D, Chapman C. Risk Analysis for Large Projects ± Models, Methods and Cases[J]. Journal of the Operational Research Society, 2010, 38（12）：1217-1217.

[10] Simms I, Fairley C K. Epidemiology of genital warts in England and Wales: 1971 to 1994.[J]. Genitourinary Medicine, 1997, 73（5）：365-7.

[11] Mammino A, Tonon L, Tonon F. Risk Analysis as Design Tool in Fire-Safety Retrofit of Two Italian Tunnels[J]. Transportation Research Record Journal of the Transportation Research Board, 2002, 1814（1）：93-102.

[12] The British Tunneling Society, The Association of British Insures. Joint Code of Practice for Risk Assessment of Tunnel Works[Z]. 2003.

[13] International Tunneling Association. Guidelines for Tunneling Risk Management[Z]. 2004.

[14] Einstein H H. Risk and risk analysis in rock engineering[J]. Tunnelling & Underground Space Technology, 1996, 11（2）：141-155.

[15] Min S Y, Kim T K, Lee J S, et al. Design and construction of a road tunnel in Korea including application of the Decision Aids for Tunneling-A case study[J]. Tunnelling & Underground Space Technology, 2008, 23（2）：91-102.

[16] Grasso P, Mahtab M. On the development of a risk management plan for tunnelling[J]. Proc Aites.

[17] Sorrill C M. Risk Analysis for Large Projects: Models, Methods and Cases[M]. Wiley, 1987.

[18] 刘金兰，韩文秀. 关于工程项目风险分析的模糊影响图方法[J]. 系统工程学报，1994（2）：81-88.

[19] 刘金兰，韩文秀，李光泉. 大型工程建设项目风险分析方法及应用[J]. 系统工程理论与实践，1996，16（8）：62-68.

[20] 王忠法，黄建和. 风险分析方法与三峡工程投资风险分析[J]. 人民长江，1997（7）：4-6.

[21] 杨建平，杜端甫. 项目风险的一种模糊分析方法[J]. 北京航空航天大学学报，1998（1）：71-74.

[22] 沈国柱. 风险模糊分析法[J]. 系统工程与电子技术，2000，22（10）：90-93.

[23] 侯福均，肖贵平，杨世平. 模糊事故树分析及其应用研究[J]. 河北师范大学学报自然科学版，2001，25（4）：464-467.

[24] 钟登华，张建设，曹广晶. 基于AHP的工程项目风险分析方法[J]. 天津大学学报（自然科学与工程技术版），2002，35（2）：162-166.

[25] 余建星，李成，王广东. 基于过程分析的工程系统风险分析方法[J]. 船舶工程，2003，25（5）：53-55.

[26] 王晓东，柳再生. 模糊神经网络系统在黄河防洪决策中的应用[J]. 华北水利水电大学学报（自然科学版），2003，24（2）：65-66.

[27] 朱木秀，冯定，陈治国，等. 风险分析方法研究[J]. 现代机械，2004（2）：19-20.

[28] 王岩，黄宏伟. 地铁区间隧道安全评估的层次-模糊综合评判法[J]. 地下空间与工程学报，2004，24（3）：19-23+140.

[29] 程锡礼，张延林，崔新生. 蒙特卡洛仿真在工程项目进度管理中的应用[J]. 工业工程，2004，7（3）：51-55.

[30] 王志国. 抽油泵可靠性的故障树及模糊综合评判[J]. 流体机械，2004，32（3）：11-13.

[31] 贺海挺，吴剑国，张爱晖. 跨流域调水工程失效概率的模糊事件树分析方法[J]. 中国农村水利水电，2005（3）：40-42.

[32] 李安云. 层次分析法在工程项目风险管理中的应用[J]. 重庆科技学院学报（社会科学版），2005（3）：55-59.

[33] 谢亚伟，金德民. 工程项目风险管理与保险[M]. 北京：清华大学出版社，2009.

[34] 沈建明. 项目风险管理[M]. 第2版. 北京：机械工业出版社，2010.

[35] 温国锋. 基于成熟度的工程项目风险管理能力提升模型研究[J]. 现代物业新建设，2015（6）：66-69.

[36] 张向东. 高速铁路施工项目动态风险管理探讨[J]. 国防交通工程与技术，2010，08（6）：42-44.

[37] 王有志，张滇军，郝红漫. 现代工程项目管理[M]. 北京：中国水利水电出版社，2009.

[38] 周国华，彭波. 基于贝叶斯网络的建设项目质量管理风险因素分析—以京沪高速铁路建设项目为例[J]. 中国软科学，2009（9）：99-106.

[39] 刘炳南，蔡萌京沪高速铁路项目施工阶段风险因素实证分析[J]. 科协论坛，2009（9）：143-144.

[40] 王长峰. 研发项目过程风险管理方法综合集成问题研究[J]. 中国管理科学，2009，17（4）：148-155.

[41] 邹领权. 高速铁路施工动态风险管理研究[J]. 长沙铁道学院学报（社会科学版），2011，12（2）：194-196.

[42] 郭仲伟. 风险分析与决策[M]. 北京：机械工业出版社，1987.

[43] 国家机械工业和会质量安全监督司. 机械工厂安全性评价[M]. 北京：机械工业出版社，1988.

[44] 林静. 化工部制定1993年劳动安全卫生工作要点[J]. 劳动保护，1992（12）：5-6.

[45] 国家技术监督局发布. 圆柱螺旋拉伸弹簧（圆钩环压中心型）尺寸及参数（GB/T 2088—1997）[S]. 北京：中国标准出版社，1997.

[46] 郝树青，黄宏伟. 基于风险分析的长大隧道火灾安全疏散[J]. 地下空间与工程学报，2008，4（6）：999-1005.

[47] 张顶立. 海底隧道不良地质体及结构界面的变形控制技术[J]. 岩石力学与工程学报，2007，26（11）：2161-2169.

[48] 汪涛，廖彬超，马昕，等. 基于贝叶斯网络的施工安全风险概率评估方法[C]//2010中国. 2010：384-391.

[49] 华燕，王际芝，汪东. 建筑企业需要什么样的安全管理[J]. 土木工程学报，2003，36（3）：79-83.

[50] 丁传波，黄吉欣，方东平. 我国建筑施工伤亡事故的致因分析和对策[J]. 土木工程学报，2004，37（8）：77-82.

[51] 黄玲，陈龙. 基于网页分块的正文信息提取方法[J]. 计算机应用，2008，28（s2）：326-328.

[52] 中华人民共和国标准化法[M]. 北京：法律出版社，1989.

[53] 中华人民共和国建筑法[M]. 北京：法律出版社，1997.

[54] 建设工程质量管理条例[J]. 建设监理，2000，29（1）：3-5.

[55] 安全生产法编写组. 中华人民共和国安全生产法[M]. 北京：中国工人出版社，2013.

[56] 铁路建设管理办法. 铁道部令〔2003〕第11号.

[57] 国家安全生产监督管理总局. 建设工程安全生产管理条例[J]. 建筑安全，2004，19（2）：43-48.

[58] 黄守刚. 铁路工程建设安全生产管理[M]. 北京：中国铁道出版社，2011.

[59] 建设管理司. 铁路建设项目管理指南[S]. 2007.

[60] 中华人民共和国铁道部. 铁路隧道风险评估与管理暂行规定[S]. 2007.

[61] 中华人民共和国铁道部. 关于加强铁路隧道工程安全工作的若干意见. 2007.

[62] 中华人民共和国铁道部. 铁路建设工程质量安全监督管理办法. 2008.

[63] 中华人民共和国铁道部. 关于推进建设单位标准化管理工作的指导意见. 2008.

[64] 中华人民共和国铁道部. 铁路建设项目现场管理规范[S]. 2008.

[65] 中华人民共和国铁道部. 地铁及地下工程建设风险管理指南[S]. 2008.

[66] 中华人民共和国铁道部. 铁路建设项目施工现场设计配合管理暂行办法[S]. 2009.

[67] 中华人民共和国铁道部. 铁路建设责任追究暂行办法. 2009.

[68] 中华人民共和国铁道部. 铁路建设工程安全风险管理暂行办法. 2010.

[69] 中华人民共和国铁道部. 关于贯彻国务院进一步加强企业安全生产工作通知的实施意见. 2010.

[70] 中华人民共和国铁道部安全监察司. 铁路安全风险管理文件汇编. 2012.

[71] 中华人民共和国铁道部安全监察司. 关于推行铁路安全风险管理的指导意见. 2012.

[72] 中华人民共和国铁道部运输局. 铁路营业线施工安全管理办法. 2012.

[73] 中华人民共和国铁路总公司. 铁路安全管理条例. 2013.

[74] 国家铁路局国铁科法. 铁路工程建设标准管理办法. 2014.

[75] 国家铁路局国铁工程监. 铁路建设工程质量安全监管暂行办法. 2014.

[76] 中国铁路总公司. 铁路建设工程风险管理技术规范. 2014.

[77] 国家铁路局国铁工程监. 铁路建设工程质量安全监管暂行办法. 2014.

[78] 中华人民共和国交通运输部. 铁路建设工程质量监督管理规定[Z]. 2015.

[79] 白峰青. 地下工程的可靠性与风险决策[J]. 辽宁工程技术大学学报, 2013, 6（3）.

[80] 徐上进. 风险管理方法在隧道施工中的应用[J]. 山西建筑, 2003, 29（3）: 176-177.

[81] 郑碧仿. 呼准铁路工程项目有效控制研究[D]. 成都: 西南交通大学, 2005.

[82] 张庆松, 李术才, 韩宏伟, 等. 岩溶隧道施工风险评价与突水灾害防治技术研究[J]. 山东大学学报工学版, 2009, 39（3）: 106-110.

[83] 范玉祥, 何亚伯, 汪琴, 等. 隧道施工安全风险的模糊综合评判[J]. 土木工程与管理学报, 2010, 27（1）: 46-50.

[84] 仇文革, 李俊松. 小净距大跨度公路隧道安全风险管理与施工技术[J]. 现代隧道技术, 2011, 48（5）: 18-22.

[85] 李冬梅. 铁路隧道风险评估指标体系及方法研究[D]. 成都: 西南交通大学, 2008.

[86] 李冬梅, 仇文革. 矿山法施工山岭隧道风险指标体系[C]//上海国际隧道工程研讨会. 2007.

[87] 付磊, 王志杰, 李冬梅. 隧道工程可研阶段地质风险评估[J]. 路基工程, 2009（1）: 152-153.

[88] 贺志军. 山岭铁路隧道工程施工风险评估及其应用研究[M]. 长沙: 中南大学, 2009.

[89] 胡学夫. 火山岩裂隙岩体深埋隧道涌水量计算方法研究——以青云山隧道 F9 断层带为例[D]. 武汉: 中国地质大学（武汉）, 2011.

[90] 余朝阳. 青云山特长隧道通风技术研究与应用[C]//中国国际隧道工程研讨会，2009.

[91] 王兴中. 铁路营业线施工风险分析与管理研究[J]. 铁道建筑，2011（4）：120-121.

[92] 冉龙华. 铁路工程项目施工风险管理及对策研究[D]. 成都：西南交通大学，2007.

[93] 施泽勇. 建筑工程施工风险管理研究[J]. 科技风，2011（4）：269-269.

[94] 肖婧. 风险管理在深基坑工程中的应用研究[D]. 长沙：中南大学，2009.

[95] 葛飞龙. 道路桥梁设计的现状与改善措施探析[J]. 房地产导刊，2015（11）.

[96] 艾婵. 大型LPG球罐失效模式与风险分析方法研究[D]. 武汉：武汉工程大学，2014.

[97] 孔建会. 项目风险分析方法与管理研究[J]. 项目管理者联盟，2013.

[98] 刘河军. 我国财政安全问题研究——财政风险的识别、度量与控制[D]. 北京：中国人民大学，2003.

[99] 黄飞元. 基于危险源理论的建筑工程施工安全风险管理研究[D]. 福州：福州大学，2014.

[100] 赵军. 基于系统动力学的线路提速改造施工质量风险控制研究[D]. 成都：西南交通大学，2015.

[101] 邓世川. 基坑工程施工安全风险评价指标体系的构建[J]. 科技视界，2013（3）：52-53.

[102] 赵旭. 桥梁施工期安全监测与应急救援系统研究[D]. 武汉：武汉理工大学，2011.

[103] 刘昂. 医学高校重点学科评价指标体系的构建研究[D]. 北京：中国医科大学，2014.

[104] 王艳萍. 低碳经济指标体系的评价方法研究[D]. 南京：南京信息工程大学，2013.

[105] 刘金海. 大跨斜拉桥施工安全风险评价[D]. 武汉：华中科技大学，2011.

[106] 张波. 预应力混凝土连续梁桥施工挠度控制方法的探讨[D]. 南京：南京林业大学，2007.

[107] 朱吉祥，张礼中，周小元，等. 基于尺度效应的滑坡影响因素的权重修正研究[J]. 水土保持研究，2015，22（5）：181-185.

[108] 崔钢，吴凤平，李明孝，等. 基于模糊层次分析法的公路桥梁施工安全风险评价研究[J]. 中国市场，2016（41）：46-49.

[109] 黄灵芝. 基于模糊集合论的大坝结构可靠度及下游风险分析[D]. 西安：西安理工大学，2015.

[110] 易云兵，姚安林. 基于不确定层次分析法确定管道风险因素权重[J]. 天然气工业，2006，26（3）：149-151.

[111] 袁正国. 临近铁路既有线的深基坑施工方案优化研究[J]. 国防交通工程与技术，2015，13（2）：43-45.

[112] 张继林. 钢板桩支护在临近既有线深基坑支护中的应用[J]. 科学之友，2010（7）：30-33.

[113] 曹艳. 对建筑工程土建施工中桩基础技术的应用研究与分析[J]. 经济管理（全文版），2016（7）：52.

[114] 赵伟民. 浅谈太原南站动车运用所既有线施工安全风险控制[J]. 中小企业管理与科技旬刊，2016（8）：64-66.

[115] 马威铭. 风险管理在建设工程施工安全监督管理中的应用[D]. 广州：华南理工大学，2013.

[116] 胡跃华. 建设项目施工安全监理的风险管理与防范措施研究[J]. 经营管理者，2012（7）：284-284.

[117] 铁路行车事故处理规则. 铁道部令〔2000〕第 3 号.

[118] 王飞娟，武媛媛. 从地下管线建设管理论地下管线施工图设计文件审查工作要点[J]. 城建档案，2016（9）.

[119] 林振宇. 浅谈水泥搅拌桩加土层锚杆在深基坑支护中的应用[J]. 福建建材，2008（03）.

[120] 张彬. 钢板桩与支撑体系间空隙大小对围堰系统内力变形影响研究[D]. 广州：华南理工大学，2012.

[121] 刘兴斌. 铁路新线施工组织和紧邻既有线运输组织的协调管理分析[J]. 建筑工程技术与设计，2016（5）.

[122] 尹有富. 关于铁路建设工程项目的标准化管理体系探讨[J]. 建筑工程技术与设计，2015（1）.

[123] 黄建陵，杨丁颖，徐林荣，等. 铁路新线施工组织和紧邻既有线运输组织的协调管理分析[J]. 铁道科学与工程学报，2010，07（3）：71-76.

[124] 刘兴斌. 铁路新线施工组织和紧邻既有线运输组织的协调管理分析[J]. 建筑工程技术与设计，2016（5）.

[125] 操臣，查晨昕. 跨既有线施工安全保证措施[J]. 技术与市场，2013（5）：219-219.

[126] 田家琳. 地铁新线区间隧道下穿地铁既有线的二衬施工技术[J]. 铁道建筑，2008（6）：60-62.

[127] 王莹，苗建瑞，刘军. 客运专线列车运行图的滚动优化编制方法[J]. 2007.

[128] 任继尧. 浅析城市施工中损坏地下管线的原因与保护[J]. 科技信息：科学教研，2008（24）：129.

[129] 王元清，武延民，石永久，等. 低温对结构钢材主要力学性能影响的试验研究[J]. 铁道科学与工程学报，2005，2（1）：1-4.

[130] 许强，汤明高，徐开祥，等. 滑坡时空演化规律及预警预报研究[J]. 岩石力学与工程学报，2008，27（6）：1104-1112.

[131] 林娴. 基于熵度量法的基坑工程项目风险管理研究[D]. 重庆：重庆大学，2006.

[132] 夏青. 中国城市商业效率及其影响因素研究：基于 DEA、Malmquist 生产率指数和 Tobit 模型的实证分析[D]. 北京：中国人民大学，2011.

[133] 赵越. 基于灰色系统理论的信息安全风险评估方法的研究与应用[D]. 长沙：国防科学技术大学，2011.

[134] 王以彭，李结松，刘立元. 层次分析法在确定评价指标权重系数中的应用[J]. 南方医科大学学报，1999，19（4）：377-379.

[135] 郝鑫磊. 加强安全生产法制建设完善安全生产法律法规体系—访国家安全生产监管总局政策法规司司长支同祥[J]. 劳动保护，2012（7）：38-40.

[136] 雷风. 地下工程的风险防范效益评估模型[J]. 上海铁道科技，2008（2）：77-79.

[137] 杜洪涛. 城市综合交通枢纽的规划与设计研究—以广州铁路新客站为例[J]. 城市规划，2006，30（7）：85-88.

[138] 王丽，梁飞，赵伟. 既有铁路旁打桩对路基安全性的影响数值[J]. 现代商贸工业，2014，26（14）：178-179.

[139] 董元晨. 基于AHP—模糊—致矩阵基础上的工程项目风险评价方法研究[C]//江苏省土木建筑学会工程管理专业委员会2006—2007年学术年会. 2007.

[140] 赵国营. 减小钻孔桩加固新线路基施工对临近既有线影响的措施[J]. 商丘职业技术学院学报，2016，15（2）：83-86.

[141] 张永贵. CRH2-300型动车组拖车轮轴振动性能研究[D]. 北京：北京交通大学，2009.

[142] 陈泽深，王成国. 铁道车辆动力学与控制[M]. 北京：中国铁道出版社，2004.

[143] 缪炳荣，方向华，傅秀通. SIMPACK动力学分析基础教程[M]. 成都：西南交通大学出版社，2008.

[144] 缪炳荣，罗仁，王哲，等. SIMPACK动力学分析高级教程（轨道车辆）[M]. 成都：西南交通大学出版社，2010.

[145] 庞松林. CRH2型高速动车组车轮镟修策略的研究[D]. 北京：北京交通大学，2016.